PERCURSOS
DA POESIA BRASILEIRA

Do século XVIII ao século XXI

UNIVERSIDADE FEDERAL DE MINAS GERAIS
REITORA Sandra Regina Goulart Almeida
VICE-REITOR Alessandro Fernandes Moreira

EDITORA UFMG
DIRETOR Flavio de Lemos Carsalade
VICE-DIRETORA Camila Figueiredo

CONSELHO EDITORIAL
Flavio de Lemos Carsalade (PRESIDENTE)
Camila Figueiredo
Eduardo de Campos Valadares
Élder Antônio Sousa Paiva
Fausto Borém
Lira Córdova
Maria Cristina Soares de Gouvêa

Antonio Carlos Secchin

PERCURSOS
DA POESIA BRASILEIRA

Do século XVIII ao século XXI

autêntica (EDITORAufmg)

Copyright © 2018 Antonio Carlos Secchin
Copyright © 2018 Editora UFMG
Copyright © 2018 Autêntica Editora

Todos os direitos reservados pela Autêntica Editora e pela Editora UFMG. Nenhuma parte desta publicação poderá ser reproduzida, seja por meios mecânicos, eletrônicos, seja via cópia xerográfica, sem a autorização prévia das Editoras.

COORDENAÇÃO EDITORIAL
Beatriz Trindade

ASSISTÊNCIA EDITORIAL
Eliane Sousa

DIREITOS AUTORAIS
Anne Caroline da Silva

PRODUÇÃO GRÁFICA
Warren Marilac

EDITORA RESPONSÁVEL
Maria Amélia Mello

EDITORA ASSISTENTE
Rafaela Lamas

REVISÃO
Carla Neves
Carolina Quetz
Lívia Martins
Luanna Luchesi

CAPA
Diogo Droschi

Dados Internacionais de Catalogação na Publicação (CIP)
(Câmara Brasileira do Livro, SP, Brasil)

Secchin, Antonio Carlos
　　Percursos da poesia brasileira / Antonio Carlos Secchin. – 1. ed. – Belo Horizonte : Autêntica Editora : Editora UFMG, 2018.

　　　368 p.
　　　Inclui bibliografia.
　　　ISBN: 978-85-513-0302-3 (Autêntica)
　　　ISBN: 978-85-423-0256-1 (Editora UFMG)

　　　1. Poesia brasileira　　2. Poesia brasileira - História e crítica　　3. Poetas brasileiros - Crítica e interpretação　　I. Título.

17-09193　　　　　　　　　　　　　　　　　　　　　　CDD-869.109

Índices para catálogo sistemático:
1. Poesia : Literatura brasileira : História e crítica 869.109

Av. Antônio Carlos, 6.627 | CAD II | Bloco III
Campus Pampulha | 31270-901 | Belo Horizonte-MG | Brasil
Tel.: (55 31) 3409 4650 | Fax: (55 31) 3409 4768
www.editoraufmg.com.br | editora@ufmg.br

GRUPO **AUTÊNTICA**

Rio de Janeiro
Rua Debret, 23, sala 401
Centro . 20030-080
Rio de Janeiro . RJ
Tel.: (55 21) 3179 1975

www.grupoautentica.com.br

Belo Horizonte
Rua Carlos Turner, 420,
Silveira . 31140-520
Belo Horizonte . MG
Tel.: (55 31) 3465 4500

São Paulo
Av. Paulista, 2.073,
Conjunto Nacional, Horsa I
23º andar . Conj. 2310 - 2312
. Cerqueira César . 01311-940
São Paulo . SP
Tel.: (55 11) 3034 4468

Nota do autor

Disseminados em cinco livros de minha autoria e em outros de que fui organizador, os textos aqui reunidos compõem uma espécie de "leitura seletiva" da trajetória de nossa lírica. Como em toda operação seletiva, outros nomes/ obras poderiam constar deste elenco, e, frente ao cânone consolidado pela historiografia literária, algumas inclusões de nomes/obras causarão surpresa. É diversificada a abordagem, ora em registro panorâmico de determinando período ou questão, ora em registro minucioso dos processos de elaboração de um poema. A linguagem também não se pretende padronizada, pois levou em consideração o veículo ou o público a que se dirigia, optando-se por tom mais distenso em palestras e artigos destinados a ouvinte ou leitor não especializados. Porém, em qualquer circunstância, e a justificar um eixo de unidade ao conjunto, trata-se de ensaios que implicitamente trabalham a questão: "Por que ler este poeta?". O primado concedido à indagação da fatura estética dos textos foi atitude constante. Extraídos das publicações originais, os estudos encontram-se reagrupados em sequência cronológica da produção dos poetas, não por pressupostos "evolucionistas", mas para não elidir a referência minimamente histórica em que tais obras originalmente se apresentaram.

Há cinco ensaios total ou parcialmente inéditos em livro: "Gonçalves Dias: poesia e etnia", "Álvares de Azevedo: Morfeu & a musa" (partes 2 e 3), "Cenas do baile", "As ruas" e "Ferreira Gullar: essa voz somos nós". Os demais foram inicialmente publicados nas obras a seguir citadas, e aqui reaparecem com pequenas mudanças. Efetuei atualização em "O Nobel para Gullar". Há eventuais omissões, em alguns ensaios, de referências bibliográficas completas, devido ao fato de certos textos originarem-se da transcrição direta de palestras ou terem surgido sob forma de prefácios.

Poesia e desordem. Rio de Janeiro: Topbooks, 1996.
Escritos sobre poesia & alguma ficção. Rio de Janeiro: EdUERJ, 2003.
Memórias de um leitor de poesia. Rio de Janeiro: Topbooks, 2010.
Papéis de poesia. Goiânia: Martelo, 2014.
João Cabral: uma fala só lâmina. São Paulo: Cosac Naify, 2014.

Sumário

I
Questões de princípios

Poesia e desordem [1996]	11
Memórias de um leitor de poesia [2010]	14

II
Percursos da poesia brasileira

Tomás Antônio Gonzaga: retratos de família [2010]	25
Pátria, Portugal, Poesia [2010]	30
Um mar à margem: o motivo marinho na poesia brasileira do Romantismo [2003]	46
Gonçalves Dias: poesia e etnia	62
Álvares de Azevedo: Morfeu & a musa	71
Os sexos do anjo: Casimiro de Abreu [2003]	79
Fagundes Varela: poemas de oito faces [2010]	83
Fagundes Varela, poeta-profeta: o social no Romantismo [1996]	94
Cenas do baile (Bernardo Guimarães, Vitoriano Palhares e Castro Alves)	101
Presença do Parnaso [2010]	111
Cruz e Sousa: o desterro do corpo [2003]	120
Euclides da Cunha: três faces da poesia [2014]	133
Alphonsus de Guimaraens: um corvo e seu duplo [2014]	143
Mário Pederneiras: às margens plácidas da modernidade [2010]	149

Viagem à beira de Bopp [2003]	160
Jorge de Lima: a clausura do divino [2010]	184
Cecília Meireles e os *Poemas escritos na Índia* [2010]	192
Cecília Meireles: só sombra [2014]	198
Suíte drummondiana	201
Alguma polimetria [2014]	201
A infância da poesia [2003]	210
A rasura romântica [2010]	216
A rosa, o povo [2014]	225
As ruas	231
Duas vezes Drummond	238
Quarteto [2014]	238
O dicionário devora o inseto [2014]	239
Vinicius de Moraes: os caminhos de uma estreia [2010]	241
Mário Quintana: a desmontagem do mundo [2014]	246
Suíte cabralina	249
Marcas [1996]	249
Morte e vida cabralina [1996]	265
Do fonema ao livro [2003]	271
A literatura brasileira & algum Portugal [2014]	279
As Espanhas de Cabral [2014]	294
O Nobel para Gullar [2006]	307
Ferreira Gullar: essa voz somos nós	321
Ivan Junqueira: o exato exaspero [1996]	329
Caminhos recentes da poesia brasileira [1996]	334
"As vitrines", de Chico Buarque: a poesia no chão [2010]	351
Poesia e gênero literário: alguns contemporâneos [2003]	356
Paulo Henriques Britto, desleitor de João Cabral [2014]	362

I
Questões de princípios

Poesia e desordem

Antes de arriscarmos algumas considerações sobre o lugar do discurso poético na nova ordem mundial, talvez convenha sumariar certos pressupostos ideológicos que a compõem e, a partir daí, tentar caracterizar a poesia como um espaço de insubordinação. Fala-se no fim da História, traduzido no amortecimento das polarizações entre sistemas capitalistas e socialistas, com a proclamada vitória da aliança entre capitalismo e liberalismo econômico. Ora, é inegável que a maior parcela da poesia engajada situa-se à esquerda no espectro político: são raros os cantores e cultores da civilização contemporânea que conseguem passar ao largo das mazelas e injustiças sobre as quais a nova ordem se alicerça. Por outro lado, a poesia de tema explicitamente social costuma ser criticada por uma dupla ineficácia: por não atingir o grande público, fracassaria como instrumento efetivo das transformações que prega; e, por precisar atingi-lo, tampouco se realizaria como objeto estético, sujeita a um imperativo de comunicabilidade imediata simetricamente inverso a um patamar mais consistente de elaboração formal.

Assim resumido, tal impasse escamoteia um dado fundamental: a pressuposição de que exista uma ordem intrinsecamente boa, um seu avesso satânico, e que caiba à poesia, como catequese, abraçar o lado do bem e exorcizar os fantasmas que o ameaçam. Mas de que lado fica o bem? Como constranger a poesia a seguir apenas a trilha previamente mapeada do Paraíso? Não se trata aqui do endosso de uma arte alienada de compromissos com seu tempo, até porque isso seria impossível: pouco importa que o poeta queira anular a temporalidade; o poema se incumbe de repô-la, nem que seja pelo viés em negativo da recusa. Trata-se de propor que a poesia deva guardar, antes de tudo, um compromisso interno na sinalização de espaços onde o maior imperativo seja o enfrentamento de normas que ameacem a pluralidade. Tudo poderia ser outro, embora o discurso da ordem nos queira persuadir de que preexista uma indicação do lugar que as coisas devam ocupar no mundo, e que nesse lugar se imobiliza uma atribuição de valor e de sentido. Apenas os que supõem que a poesia esteja a serviço da confirmação de lugares devem estar inquietos com o advento de uma nova ordem política, de indecisas fronteiras: a poesia tende a fortalecer-se quando não é convocada para a consolidação de visões dicotômicas da realidade, podendo assumir, ao contrário, sua condição de processo fomentador de sentidos à deriva. Há muitos modos de aprisionar o transbordamento do mundo; não queiramos que a poesia seja mais um. Ela deve ser a palavra vigorosa diante de todo arbítrio classificatório, a voz que não se pode perceber senão nas margens. Por isso, a poesia representa a fulguração da desordem, o "mau caminho" do bom senso, o sangramento inestancável do corpo da linguagem, não prometendo nada além de rituais para deus nenhum.

A poesia não se compromete com A verdade, pois um de seus atributos é exatamente o de prover um circuito clandestino de sentidos que faça oscilar o terreno sólido onde versões de verdade se sedimentaram. Nessa operação, a metáfora ocupa um posto privilegiado. Ao aproximar elementos em geral dissociados, ela desencadeia conexões encobertas pela anestesia do discurso pragmático, guardião feroz da (utópica) univocidade. Mas, ao mesmo tempo em que desvela afinidades, a metáfora também introduz tensões e atritos, uma vez que os termos são subtraídos de suas sintaxes habituais. Justapostos em novo contexto, intercambiam parcelas insuspeitadas de significação, resguardando, porém, um resíduo intransferível, responsável por A ser *como* B, e não A *ser* B. A metáfora é, assim, aquilo que aproxima e, simultaneamente, aquilo que afasta, ao sustentar uma junção baseada na diferença: caso contrário, estaríamos no domínio do contínuo, do indiferenciado, vale dizer, do cancelamento da própria possibilidade de se produzir (e se perceber) diferença. A ordem do discurso poético se abastece na *desordem sob controle* que a metáfora introduz: ela desencadeia, no interior do poema, mecanismos associativos dificilmente localizáveis fora dele, sabotando a expectativa de uma comunicabilidade tácita e harmônica em prol da reverberação de zonas mais sombrias e conturbadas da linguagem. Nessa perspectiva, podemos ampliar nossa reflexão, sugerindo que a poesia poderia ser também encarada como uma espécie de grande metáfora da língua, um discurso que, simulando ser à imagem do outro, já que dele utiliza as palavras e a sintaxe, acaba gerando objetos que desregulam o modo operacional e previsível da matriz. O poema é a doença da língua e a saúde da linguagem.

Ele serve para quê? Talvez para insistir que há sempre restos, equívocos, lapsos, fraturas na sintonia do homem com o real. Ignorá-los é acreditar na adequação entre palavras e coisas, na vigência de um discurso homogêneo que negasse a cada um a possibilidade de negociar com as palavras as frestas de perturbação e mudança de que elas e nós necessitamos para continuarmos vivos; a isso dá-se o nome de estilo. É claro que situar a poesia como metáfora da língua não passa de uma... metáfora, inclusive porque a mudança de um registro a outro (de pretensão literária) não é mensurável por um instrumental que permitisse inequivocamente verificar se determinada enunciação atingiu ou não o estatuto poético. O recorte entre prosaico e poético é administrado por inúmeros vetores culturais, por mais que isso desagrade aos caçadores da essência perdida, e perdida por jamais haver existido. Ainda assim, retornemos à metáfora: o que ela propicia é a perpétua possibilidade de substituições e de intercâmbios, num universo sem teleologia onde, havendo embora lugares marcados pelas normas da língua, não há elementos cativos com direito a ocupá-los. Esse movimento é a base da relação do poético com a própria língua, na medida em que ela passa a incorporar o alargamento de limites que a poesia vai promovendo. O desafio ao poeta é conscientizar-se de que nenhuma incorporação dá conta do largo horizonte ainda a transgredir. Esse mover de peças no tabuleiro da linguagem pressupõe a ousadia do lance novo, efetuado, porém, a partir de certos procedimentos que permitam apreender no gesto de ousadia a amplitude de seus efeitos: a poesia não pretende ser espelho do caos, hipótese em que, ausente qualquer padrão de reconhecimento, tudo, isto é, nada seria poético.

Discurso da desordem consequente, a poesia não precisa lamuriar-se diante da ordem tecnológica e nela acusar o inimigo obstrutor de seu alcance. Excluída há mais de um século do grande circuito de consumo, ela pode vigorar sem outro compromisso que não seja a afirmação de que nossa liberdade passa não apenas pelas palavras em que nos reconhecemos, mas, sobretudo, pelas palavras com as quais aprendemos a nos transformar.

Memórias de um leitor de poesia

Brás Cubas, no capítulo inicial de suas *Memórias póstumas*, confessa ao leitor não saber se começaria o livro narrando a própria morte ou descrevendo seu nascimento. Também hesitei se falaria a partir do momento presente ou se traçaria a genealogia (ou arqueologia) de meu afeto para com a Faculdade de Letras da UFRJ, onde ingressei, no milênio passado, em 1970, como aluno do curso de Português-Literaturas – há tanto tempo que, se este convite para proferir a aula inaugural [de 2004] viesse um pouco mais tarde, haveria o risco de ela ser também a aula final, unindo as duas pontas da vida, como tentou fazer Dom Casmurro.

Acabei optando, então, por abrir a palestra com uma espécie de depoimento, um relato que começa ainda bem antes de 1970 – não minhas "memórias póstumas", mas, digamos, minhas "memórias prévias" ao período na Faculdade de Letras. O escritor José Américo de Almeida, com precisão, denominou seu livro autobiográfico de *Antes que me esqueça*. O que sustenta toda memória é o mais cruel esquecimento. Somos o que sobrevive em nós frente às ruínas de tudo aquilo que não foi possível apagar. E recordo-me de que, no mesmo passo em que se revelava meu desconforto para com a matemática, desabrochava o amor pela língua portuguesa. Aos 5 anos era leitor, aos 6 já queria ser escritor. Mais tarde, quando cursava o antigo ginásio, uma professora de português anunciou que iria apresentar a poesia moderna, e, sem nenhuma preparação, atirou sobre a turma "No meio de caminho", de Drummond, evidentemente para obter a gargalhada coletiva. Mas ali, em meio à quase unanimidade do escárnio, percebi um novo ritmo, uma nova tonalidade, bem diferente da velha melodia que predominava nas antologias ginasianas. A partir de uma cena montada para ridicularizar a poesia moderna frente aos jovens e parnasianos ouvidos da turma, fui atraído pela beleza estranha daquele discurso, seduzido pela força da poesia, no início de uma viagem sem fim. Quando hoje me dizem que não há saída para a poesia, respondo que poesia só tem entrada, e nos conduz a caminhos que jamais supúnhamos existir.

Recordo-me do impacto, logo transformado em entusiasmo, diante da descoberta de *A rosa do povo*, de Carlos Drummond de Andrade, que li num exemplar surrado, da biblioteca regional de meu bairro. Fui leitor voraz e constante de bibliotecas públicas, num período em que não tinha condições de constituir o meu próprio acervo.

A experiência de leitura nesses anos de formação guarda um peso inexcedível, na medida em que, de algum modo, eu buscava na literatura algumas respostas para perplexidades pessoais e acabava descobrindo que, em vez de respondê-las, a arte desdobrava ou aprofundava essas questões, insinuando que resposta, se existir, será a de cada um, sem haver fórmula que nos assegure a felicidade. "Não há guarda-chuva contra o tédio", eu leria, muito depois, num poema de João Cabral. De qualquer modo, me sentia vocacionado não apenas para a linguagem artística, fosse como leitor ou criador, mas também para a socialização dessa vivência literária, através do magistério.

Quando cursei a Faculdade de Letras, então situada na Avenida Chile, vivia-se o apogeu do estruturalismo, cuja versão caricata, muito praticada entre nós, se resumia à criação de fórmulas semi-ininteligíveis enunciadas com muita pompa, banida toda a historicidade da arte, como se ela não fosse a testemunha privilegiada de nossa existência em suas múltiplas metamorfoses, impregnada do sonho e do suor da aventura humana. Lembro-me da euforia com que alguns comemoravam o fato de, finalmente, estarem sendo "científicos" em suas análises literárias, descartando toda uma longa série interpretativa em nome daquele novo e asséptico modelo. De tudo o que se produziu nesse período, será que algo conseguiu sobreviver?

Apostar na "objetividade" da análise era afirmar que o incontestável sentido da arte estaria escondido no objeto artístico, à espera do primeiro explorador-cientista que o trouxesse à tona. Prefiro pensar que os sentidos afloram a partir do embate entre a voz do texto e a escuta do leitor, tornada então uma outra voz no exercício da crítica. Historicamente, as obras vão incorporando atribuições de sentido, sem que nenhum deles seja definitivo ou não possa ser bruscamente virado pelo avesso. Exemplifiquemos com o enigma de Capitu. Em um ensaio, observei que, como *Dom Casmurro* foi publicado em 1899, durante sessenta anos Capitu pôde trair Bentinho em paz, pois a suspeita – não de adultério, mas de inocência – só foi explicitamente formulada em 1960, e não por acaso por uma escritora norte-americana, no período em que se consolidavam nos Estados Unidos os estudos de linhagem feminista. Impossível, portanto, atribuir um sentido sem levar em conta as condições históricas que viabilizam a sua formulação.

Voltemos à década de 1970. Se os anos eram de chumbo, as palavras precisavam ser levíssimas, para deslizarem suavemente e não serem capturadas pelas antenas e redes de um regime político silenciador. Às vezes, em sala de aula, diante de um texto, tinha a impressão de que éramos um bando de entomologistas búlgaros analisando os matizes cromáticos da asa esquerda de uma borboleta da Finlândia. Todos suspeitavam de todos, talvez até de si mesmos. A insegurança, difusa, era tão insidiosa, que, além do medo de falar, havia até o medo de ouvir. A metodologia hegemônica e quase compulsória na área das ciências humanas desestimulava qualquer discurso de contestação, num ambiente de apatia e de sufoco político.

Tive experiências com o ensino do primeiro grau à pós-graduação, convivi de perto com a realidade das classes sociais mais contrastantes, e um imperativo ético sempre me acompanhou: tratar desse objeto tão sutil, que é a poesia, sem desligá-la da prática da vida e da capacidade transformadora que ela pode trazer a cada um, mas, ao mesmo tempo, sem jamais deixar de focalizá-la na especificidade de sua linguagem, sem reduzir a obra a mero reflexo de realidades que lhe preexistam.

De modo mais concreto, passo a transmitir-lhes alguns dados para consideração, ciente de que, muito em breve, vocês, na prática do magistério, estarão se defrontando com várias situações por que já passei, frente à responsabilidade de fazer com que se aprimore, sobretudo no ensino básico, o desempenho linguístico e literário de seus futuros alunos. Mediante tal aprimoramento, torna-se possível alavancar os segmentos socialmente desfavorecidos, na medida em que os sistemas de inclusão e exclusão, tanto ou mais do que étnicos ou sociais, são também linguísticos e culturais. Se a literatura é a linguagem levada ao seu extremo, ao seu potencial máximo, desejemos que ela seja praticada (como criação ou leitura) a partir de um solo ou base a que todos tenham acesso, uma espécie de mínimo múltiplo comum da língua, de onde poderá brotar o literário. Sonegar aos alunos esse mínimo múltiplo comum, em nome da aceitação acrítica das diferenças, é fazer o jogo imobilista de um poder que deseja ver pessoas e palavras condenadas à clausura de seus guetos de origem.

E o que nos leva à literatura, senão essa promessa de mudança – de olhar, de cidade, de vida – com que ela nos acena? Porém, chegados a ela, ou aconchegados por ela, como transformá-la em objeto de estudo? É possível transmitir o movimento e a vertigem da palavra sem deixar-se embaralhar por eles? Qual o ponto de distanciamento discursivo no qual estarei suficientemente longe de meu objeto de estudo para não me dissolver nele, e suficientemente perto para tê-lo ao alcance de minha apreensão, e, só assim, perceber-lhe o funcionamento?

Na prática, o que primeiro observo em muitas turmas não é exatamente a sedução pelo poético, mas um certo temor reverencial, como se as pessoas se sentissem lidando com um discurso quase intimidador no seu hermetismo, e a cuja complexa inteligibilidade supõem que jamais terão acesso. Sob esse ângulo, a poesia parte de uma dupla desvantagem frente à ficção: não é preciso ser "especialista" para se entender ou acompanhar uma história. O poema, em geral, não possui enredo; fica-se com a falsa impressão de que não há nada a acompanhar, e, portanto, não há meio de se falar alguma coisa sobre coisa alguma, como se a lírica fosse prosa por subtração, desfalcada dos elementos que sustentam a narratividade da ficção. A narrativa nos acompanha desde a infância, somos imemorialmente imersos num universo de histórias: as familiares, as comunitárias, as ficcionais, não apenas nos livros, mas também nas revistas, nos filmes, nas telenovelas. A ficção vem a nós; a poesia, nós temos de buscá-la. Daí, inevitavelmente, seu caráter mais diferenciado, exigindo uma postura frente à linguagem que não é regida pelos mesmos mecanismos que regem a ficção. Categorias como personagem, ponto de vista e narrador costumam ser irrelevantes para a análise do poema, sem que muitas vezes, apavorados, saibamos o que pôr em seu lugar. Surge, então, a tendência de refugiarmo-nos na mera descrição externa do poema, arrolando características técnicas que, no máximo, seriam relevantes para um começo de conversa, mas nunca para substituir-se a uma análise. Damos a interpretação por encerrada, quando, a rigor, ela sequer começou.

Diria que os modos de se equivocar no ato interpretativo não são muitos, mas são insidiosos, pois, aliados da inércia mental e do descompromisso crítico, apresentam-se na condição de fórmulas supostamente facilitadoras, que nada dizem, porém, da especificidade de seu objeto.

É o caso, por exemplo, da aplicação mecânica das "características de estilo de época", cujo mais notável efeito é nivelar todos os escritores de um período, como se tais características fossem uma versão leiga da tábua de Moisés: o artista que infringisse os mandamentos estéticos de seu estilo seria taxado de herege e condenado ao fogo do esquecimento, enquanto aos mais bem-comportados, fiéis seguidores da cartilha, estariam assegurados o céu da mediocridade e a presença eterna nos manuais escolares.

Outro equívoco frequente consiste na utilização de elementos biográficos, de dados históricos ou de categorias filosóficas de maneira atomizada ou meramente "ilustrativa" da vida do escritor, da História ou da Filosofia, mas sem nada dizer do processo de reelaboração própria de todos esses elementos no território particular de cada texto.

Ainda no rol das principais armadilhas interpostas entre o intérprete e o texto, não se podem esquecer os recursos à paráfrase e à já referida descrição técnica. Na paráfrase, tratam-se como sinônimos "entender" e "analisar" um texto. É verdade que, diante do citado temor reverencial frente a um poema, alguém até comemore o simples fato de perceber do que ele trata, e, assim, não se sentir de todo excluído da fruição daquele universo – mas isso, insisto, constitui-se apenas num primeiro (e talvez necessário) passo. Quanto à descrição técnica, no seu nível mais simples – reconhecimento dos padrões formais do poema e do conjunto básico de procedimentos intitulados "figuras de linguagem" – ela, descrição, costuma ser penalizada pela míngua ou pelo excesso. Pela míngua quando é ignorada, sob a acusação de que seus cultores são meros formalistas, sobre os quais pesa o anátema de reduzir a dimensão literária a uma contagem do número de sílabas do verso ou à enumeração burocrática de paralelismos e antíteses. Ora, a negação do conhecimento teórico camufla apenas o elogio da ignorância. A prática interpretativa não se reduz ao domínio do aspecto técnico, mas, de todo modo, não pode fazer-se sem ele. Confinados à técnica, temos o excesso, a transformação do instrumento em fim. Sem a técnica, não temos nada. Existem estudantes já quase profissionais em Letras que não distinguem um verso de uma linha, têm dificuldades com a leitura em voz alta do poema, por desconhecerem noções básicas de ritmo, e hesitam em declarar se determinado verso tem oito ou onze sílabas, confundindo realidade fonética com representação gráfica. Como acreditar que esses alunos possam encontrar algum prazer na frequentação ou no ensino da poesia?

Parece óbvio que, se um professor não entende ou não gosta de um texto (ou ambas as coisas, apesar de muitas vezes, por afetação intelectual, simularmos que gostamos de algo que não entendemos), ele deveria evitar trabalhá-lo em sala de aula, porque essa rejeição é transmissível, e pode induzir o aluno a supor que estudar literatura é repetir o que o texto já disse (paráfrase) ou dissecá-lo em suas tediosas exterioridades formais (descrição técnica).

O ato crítico fecundo, com a indispensável utilização do arsenal teórico e técnico, se inicia exatamente onde a paráfrase acaba: naquele ponto em que começamos a perceber relações que, embora presentes no texto, não são fornecidas em sua linearidade. A paráfrase serviria, digamos, para uma espécie de assentamento do terreno, para que todos partissem de um mesmo patamar, com boa noção sobre aquilo de que trata o poema – e até esse estágio inicial é menos atingido do que se imagina, exatamente porque alguns se perdem antes dele. Por exemplo: o desconhecimento do significado de uma ou duas palavras-chave pode inviabilizar a compreensão de um texto inteiro, mas quantos estudantes teriam coragem de dizer frente aos colegas que ignoram o sentido de tais palavras? Acabam, assim, comprometendo todo o subsequente esforço analítico. Se a base primordial de entendimento – parafrástico – está invalidada, já ficará necessariamente prejudicada qualquer leitura que a partir dela se estabeleça. A paráfrase é fundamental para que partamos todos de um mesmo texto, cabendo à leitura interpretativa torná-lo um outro texto – porque, para permanecer o mesmo, de que serviria o ensino de literatura?

Uma interpretação "funciona" quando entramos por um poema e saímos por outro, com palavras idênticas às do primeiro, mas inteiramente transfiguradas pela mediação do gesto crítico, responsável pela multiplicação de sentidos que se ofertavam no contato inicial. Interpretar é perceber relações, desdobrar ressonâncias e caminhos subjacentes na organização do discurso, ou, para dizer de modo sintético, interpretar é dar sentido à forma.

Redundar o sentido do sentido é fazer paráfrase; assinalar a forma da forma é limitar-se à descrição técnica; mas perceber de que modo e em que direções os sentidos se constroem e se expandem através da materialidade do texto, isto, sim, pode ser entendido como interpretação. Evidentemente, o resultado da interpretação variará, dependendo do manancial de informações de que o leitor disponha e de sua capacidade de abstração, de perceber relações – quanto menos óbvias, potencialmente mais portadoras de sentido. Um nível de abstração zero seria o da paráfrase, onde só se consegue captar o que está literalmente dito, na estrita cadeia sequencial do discurso. Como variam, de leitor a leitor, o repertório de informação, a sensibilidade e a capacidade de abstração, as leituras interpretativas podem variar infinitamente, justapondo-se, contrapondo-se, ignorando-se, mas validando-se, em primeira e última instância, desde que apresentem sustentação e coerência argumentativa – daí não haver necessariamente uma linha de abordagem, seja qual for, intrinsecamente superior às demais, porque, se houvesse, ela seria a portadora da "verdade" do texto. Uma leitura não se valida por sua filiação, e sim, digamos, pela descendência, isto é, por aquilo que ela conseguiu gerar de produtivo e consequente em contato com o texto analisado, seja qual for o terreno de onde partiu o seu discurso – filosófico, sociológico, psicanalítico...

Assim, são inúmeros os caminhos que podem levar a uma leitura fundamentada do texto literário. Resta saber se as construções desse caminho – as avenidas, as bifurcações, as estradas secundárias, os becos que inscrevemos num texto –

são ensináveis. Temo decepcionar dizendo que não. Por um simples motivo: se a proliferação de sentidos que o crítico desencadeia na análise de um poema se baseia num gesto intransferível, que mistura sensibilidade, cultura e capacidade de estabelecer nexos, como ensinar alguém a atribuir sentido?

Pode-se ensinar a técnica; pode-se falar do conteúdo; mas não se pode, a rigor, ensinar alguém a perceber determinado sentido que não está explícito, mas dissimulado nas malhas da forma. Inexistindo o sentido "verdadeiro", as percepções poderão ser múltiplas e legítimas, o que não significa, por outro lado, acatar o vale-tudo de que qualquer leitura seja pertinente. O vale-tudo literário, como o linguístico, acarreta a demissão da própria capacidade crítica, pois, se tudo é "sim", nada é "sim", pela inexistência do "não" e do "talvez" que o delimitam. Esse o desafio: não há nada de necessário que deva ser dito sobre um texto (porque, se houvesse, seria a sua "verdade"), mas, nada sendo necessário, isso não significa que tudo seja possível. Às vezes é tênue a fronteira entre o pertinente e o impertinente numa operação de leitura, e é nessa fronteira que mal-entendidos costumam prosperar. Em nome de valores supostamente "democráticos", alguns consideram autoritária a intervenção de um professor que ouse invalidar determinadas leituras. Ora, tal intervenção só será criticável se, com argumento de autoridade, a leitura do mestre se impuser como a única via de entendimento de um texto. Mas é bastante democrático, agora sem aspas, o gesto de quem, ao ensinar, sabe compreender o ponto de vista do outro, e, sob essa perspectiva, ter firmeza e fundamentação para assinalar deficiências e impasses no interior da linha argumentativa alheia, em atenção e benefício do próprio aluno. Aceitar a extrapolação como recurso analítico é esvaziar inteiramente o literário, pois implica admitir que falar de um texto se reduza a só falar de tudo o que está fora dele, extrapolado. Como ele é pequeno, e o mundo é grande, há muito mais coisas lá fora do que dentro da obra; assim, se poderia especular sobre tudo, sem que nada fosse pertinente ao texto-trampolim de onde o pretenso discurso crítico saltou.

O que se "aprende" num poema não se transpõe diretamente para outro; este, por sua vez, criará desafios e estabelecerá conexões intransferíveis para um terceiro. Portanto, a análise produtiva trabalha na contramão de qualquer fórmula confortável que anule a particularidade do objeto com que ela se defronta. Resumindo: a técnica é transmissível; o que fazer com ela, não, pois sua aplicabilidade e rendimento variarão no corpo a corpo frente a cada texto. Paralela à técnica, é necessária a consideração da pergunta: "E daí?". Tomemos um exemplo. Cem por cento das pessoas reconhecerão que determinado poema, composto de dois quartetos e dois tercetos, é, com toda probabilidade, um soneto. Isso é ensinável, é unanimemente identificável – estamos no domínio da exterioridade formal, mas – e daí? Por que motivo o poeta teria optado pelo soneto? Há algum ganho de sentido perceptível na escolha dessa forma? Só então – caso consiga dar sentido à forma – eu estarei iniciando a análise. Se o soneto for parnasiano, eu poderia estabelecer um paralelo entre a aspiração parnasiana de um mundo simétrico, sob controle, e a construção de um objeto verbal igualmente equilibrado e sem fissuras. Passamos de uma percepção técnica geral (trata-se de um soneto) para uma atribuição de sentido particular: o soneto como réplica formal da ideologia parnasiana. Do mesmo modo, seria insuficiente dizer que no verso 3 do poema "x" se percebe uma metáfora. Que campo de significações ela desencadeia? É claro, porém, que só poderei me aventurar na prospecção analítica caso saiba previamente reconhecer o que é uma metáfora – para sair dela enquanto simples evidência retórica e retornar a ela enquanto ganho de significação para a leitura.

Dentro dessa ambivalência, a de um percurso fiel ao texto, para não extrapolá-lo, mas também infiel, para surpreendê-lo naquilo que em superfície ele nos sonega, não pode haver receituário para a interpretação de uma obra. Se cada uma delas me diz algo diverso, eu terei de ir sucessivamente me reaparelhando no próprio percurso para entrar em sintonia com essas manifestações diferenciadas. Por mais preparados que estejamos, amparados pelo conhecimento da teoria e pela leitura de 500 poemas, não dispomos de plenas garantias de sucesso na tentativa de atravessar criticamente o texto 501.

Se a interpretação não se confunde com a paráfrase (que, essa, seria, até certo ponto, apreensível por todos), nem se reduz à técnica (também apreensível), o que fazer? Como fazê-la? Creio que, se ela não pode ser ensinada, pode, em paradoxo aparente, ser aprendida – ou melhor, apreendida. Aprender a apreender não é pouco, na experiência cognitiva. É possível aguçar a percepção do funcionamento da máquina textual, não para reproduzir indiscriminadamente as engrenagens de um modelo, mas, quem sabe, para identificar a reutilização de suas peças, articuladas de outro modo, num texto seguinte – gerando certamente novos sentidos, a partir, todavia, de um material de cujo funcionamento começamos a nos tornar mais cientes. Ao término de um curso de literatura, espera-se que os alunos estejam um pouco menos inocentes e um pouco mais sábios – sábios não apenas na acepção de um saber acumulado, porém na de um saber que tenha o gosto e o gozo da descoberta, o risco da interpretação, o prazer de ultrapassar um limite perceptivo que parecia intransponível. Sem o risco de cada um como sujeito de sua própria aventura de fruição e descoberta, não existe análise, e sim a reprodução de sentidos já cristalizados, o que é a própria negação da literatura. A palavra do outro – professor, escritor – tende a carregar-se de um paralisante poder de verdade. Ainda assim, é importante ouvi-la – não para repeti-la, mas para iniciarmos nosso discurso a partir do ponto onde ela se cala, e, assim, evitar que nos transformemos em meros bonecos de ventríloquos do pensamento alheio. A análise implica, também, uma perda da inocência. Estamos capacitados à interpretação quando começamos a perceber as astúcias do significante, a sutileza dos fonemas, as malícias da sintaxe, o corpo espesso da palavra – quando, enfim, não mais caímos, ingênuos, na conversa do poeta, nem acreditamos de imediato no que ele aparentemente diz que está dizendo. O poema sabe mais do que o poeta, e às vezes insinua o contrário do que o autor supõe estar afirmando. É nesse território de seduções e desafios que se trama a palavra do crítico.

Gostaria de encerrar essas considerações atando, agora sim, as duas pontas deste discurso, ao reintroduzir o tom mais biográfico que marcou o início da aula. Uma das maiores alegrias que o magistério me proporcionou foi a de perceber que, com relativa frequência, pude auxiliar algumas pessoas a superar resistências contra a poesia, ou, melhor ainda, perceber que, para uns poucos, a poesia passou a integrar também a cesta básica dos alimentos indispensáveis à vida. Para concluir, lerei um poema de um autor gaúcho, Ricardo Silvestrin, de quem nada conheço, salvo este texto – uma bela declaração de amor à poesia, em sua inesgotável capacidade de resistir e de se sobrepor a todas as fórmulas a que tentam reduzi-la:

não quero mais de um poeta
que a sua letra
palavra presa na página
borboleta
nem quero saber da sua vida
da verdade que nunca foi dita
mesmo por ele
que tudo que viveu duvida
não revirem a sua cova
o seu arquivo
é no seu livro que o poeta está enterrado
vivo[1]

---

[1] SILVESTRIN, Ricardo. *Palavra mágica*. Porto Alegre: Massao Ohno, 1994. [s.p.].

II
Percursos da poesia brasileira

Tomás Antônio Gonzaga:
retratos de família

Na maioria das liras[1] que consagra a Marília, Tomás Antônio Gonzaga, pela interposta figura de Dirceu, cria um campo elocutório marcado pela proximidade entre o pastor e sua musa, conforme comprovam as inúmeras ocorrências de verbos em segunda pessoa do singular, destacando um "tu" quase sempre à mão, disponível, apto a ouvir e aprender os ensinamentos que, de modo menos ou mais explícito, são veiculados pelo discurso do poeta. A estratégia de Dirceu é ardilosa: ele escamoteia a condição tutelar, preferindo apresentar-se como simples propagador de verdades oriundas dos "verdadeiros" mestres, ou seja, a História e a Natureza. Na condição de (aparente) porta-voz de ensinamentos que emanam de um outro, pode demonstrar um certo desinteresse pelas questões práticas que o assediam, em prol da difusão de leis gerais acima das pedestres circunstâncias em que ele e a pastora se encontram. O fato, porém, é que tal discurso, de índole universalista, acaba por insinuar-se nas situações concretas vividas pelo pastor, apontando soluções que vão ao encontro de seus interesses. Marília deve aceitar os ditames de Dirceu não porque ele, claramente, os formule, e deles se beneficie, mas porque a História e, com mais frequência, a Natureza assim determinam. Cabe à pastora, portanto, curvar-se a tão sábios e superiores desígnios. Senão, leiamos a lira XIX[2]:

---

[1] As citações de poemas de Tomás Antônio Gonzaga seguirão as lições do livro *Marília de Dirceu*, com texto estabelecido e anotado por Sergio Pachá (Rio de Janeiro: Academia Brasileira de Letras, 2001).

[2] Gonzaga (2001, p. 63-64).

Enquanto pasta, alegre, o manso gado,
Minha bela Marília, nos sentemos
À sombra deste cedro levantado.
  Um pouco meditemos
  Na regular beleza,
Que em tudo quanto vive nos descobre
  A sábia Natureza.

Atende como aquela vaca preta
O novilhinho seu dos mais separa,
E o lambe, enquanto chupa a lisa teta.
  Atende mais, ó cara,
  Como a ruiva cadela
Suporta que lhe morda o filho o corpo,
  E salte em cima dela.

Repara como, cheia de ternura,
Entre as asas ao filho essa ave aquenta,
Como aquela esgravata a terra dura,
  E os seus assim sustenta;
  Como se encoleriza
E salta sem receio a todo o vulto
  Que juntos deles pisa.

Que gosto não terá a esposa amante,
Quando der ao filhinho o peito brando
E refletir então no seu semblante!
  Quando, Marília, quando
  Disser consigo: "É esta
De teu querido pai a mesma barba,
  A mesma boca e testa."

Que gosto não terá a mãe, que toca,
Quando o tem nos seus braços, co' dedinho
Nas faces graciosas e na boca
  Do inocente filhinho!
  Quando, Marília bela,
O tenro infante já com risos mudos
  Começa a conhecê-la!

Que prazer não terão os pais, ao verem
Com as mães um dos filhos abraçados;
Jogar outros a luta, outros correrem
Nos cordeiros montados!
Que estado de ventura:
Que até naquilo, que de peso serve,
Inspira Amor doçura!

Um mundo em perfeita harmonia é o que se depreende no primeiro contato com o texto. Num cenário idílico, o poeta suprime a "crueza" dos relacionamentos animais, mas é pródigo em mostrar suas consequências: a reprodução das espécies. A boa natureza, portanto, é aquela gestora do *télos* perpetuador, objetivo máximo (quando não exclusivo) dos intercursos sexuais. Observe-se, na primeira estrofe, e ao longo do poema, a minimização dos elementos mais propriamente "animalescos" do reino animal, através de mecanismos que configuram modelos exemplares, passíveis de transposição, quase sem interstícios, para o reino humano. Assim, o gado é "alegre" e "manso". Marília, convidada a deixar-se levar pelas lições da Natureza, senta-se, com o poeta, confortavelmente "à sombra". Dirceu não pede que a amada lhe dirija o olhar: ao contrário, encaminha o seu olhar e o dela para uma paisagem que, a princípio, é alheia ao amor de ambos, mas que, ao fim e ao cabo, inequivocamente ensinará que é conveniente a prática amorosa, em obediência às regras procriadoras da Natureza. Relação movida não a desejo, mas a persuasão e convencimento: "meditar" é o verbo que ocupa o centro da estrofe.

As duas estâncias seguintes registram o que o poeta e a pastora observam; o filtro indutor de Dirceu se concentra apenas em cenas de maternidade. Frente à massa bruta que compõe o horizonte do visível, o poeta-pedagogo recorta os elementos que mais servem a seus objetivos, e os descreve à maneira de uma realidade que fosse casualmente localizada, e não minuciosa e estrategicamente construída. Da vaca, anota a capacidade de reconhecimento do novilho; da cadela, o poder de suportar a dor e mesmo as agressões do filhote; da galinha, a tenacidade em prover o sustento e a defesa dos seus. Em nenhuma das ocorrências se registrou qualquer função para o masculino, além, é claro, do inevitável, mas não expresso, papel no ato da fecundação.

Diante de um quadro que parece dizer mais respeito à zoologia do que ao reino dos homens, o poeta, sem mediação, arremata o ensinamento, deslocando-o agora, algo abruptamente, à esfera do humano: "Que gosto não terá a esposa amante,/ Quando der ao filhinho o peito brando". Vacas, cadelas, galinhas e mulheres, todas essas espécies necessitam curvar-se à mesma e única lei. Nem o espaço marinho dela escapa, como se lê na lira VIII ("Se os peixes, Marília, geram/ Nos bravos mares e rios,/ Tudo efeitos de Amor são"[3]).

Simetricamente construído, o poema dedica três estrofes à caracterização da maternidade animal e três à humana, como um espelho em corpo inteiro da primeira. As estâncias 4, 5 e 6 operam uma retomada quase ostensiva de vários tópicos disseminados na parte inicial. O tema do reconhecimento se transpõe da vaca à mulher e ao bebê ("'É esta/ De teu querido pai a mesma barba,/ A mesma boca e testa." [...] O tenro infante já com risos mudos/ Começa a conhecê-la!"). A resignação à dor, outra marca previamente localizada no mundo animal, ressurge em "até naquilo, que de peso serve,/ Inspira Amor doçura". Muito mais tarde, aliás, um escritor brasileiro, Coelho Neto, diria que "Ser mãe é padecer num paraíso"[4] – verso que, pelo que vimos, teria sido do agrado de Dirceu.

Observe-se ainda que, tal como ocorrera com a figuração materna no campo da Natureza, a mulher surge exclusivamente em situação de pós-parto, após haver cumprido sua nobre "missão": ei-la esposa amante (esposa, e não mulher; amante do filho, claro), com um peito fonte de sustento, e não alvo de desejo ("Quando der ao filhinho o peito brando"). Como se observou nas lições extraídas do reino animal, o masculino, na prática, desaparece de cena: já cumpriu sua função fecundadora, eximindo-se, depois, de responsabilidades pela educação ou pela subsistência da prole. Afinal, Marília já não terá aprendido, nos retratos vivos de família estampados pela Natureza, que a fêmea é quem "esgravata a terra dura,/ E os seus assim sustenta"?

A assunção de um universal e suposto modelo animal, transposto a padrão inconteste da conduta humana, é a base argumentativa de Dirceu. Conforme expressa a estrofe final, trata-se, no poema, de desejos humanos "Nos cordeiros montados", adaptados a um regime de "naturalização" que, afinal, não consegue dar conta da força do amor e da paixão. O discurso do poeta, de um lado, insiste na vontade de domesticação das pulsões, na obediência ao código de uma regular/reguladora beleza, apaziguadora e simétrica, colhida em abundantes exemplos da "sábia Natureza". Mas, por outro lado, convencer Marília de que o amor visa apenas "A nossa conservação"[5] (lira VIII) é tarefa árdua, na medida

---

[3] Gonzaga (2001, p. 26).

[4] Coelho Neto (1904, p. 159).

[5] Gonzaga (2001, p. 28).

em que, às vezes, o próprio Dirceu parece não crer integralmente naquilo que propala. Senão, como entender o que diz na lira XXI,[6] onde apresenta perspectiva antagônica aos valores que de modo tão ferrenho defendeu?

> [...] Se estou, Marília, contigo,
> Não tenho um leve cuidado;
> Nem me lembra se são horas
> De levar à fonte o gado.
> [...]
> Ando já com o juízo,
> Marília, tão perturbado,
> Que no mesmo aberto sulco
> Meto de novo o arado.
> [...]
> Que efeitos são os que sinto?
> Serão efeitos de Amor?

O amor, portanto, não é apenas o bem-comportado sentimento a reboque de uma Natureza que, com regularidade, fecunda, produz e gera, mas também o vetor que desestabiliza o previsível ciclo da vida, introduz a assimetria, franqueia as portas da loucura. O estudo dos processos de recalque desse ímpeto entrópico, sublimado em tantos textos de *Marília de Dirceu*, talvez acrescente insuspeitadas doses de veneno ao anódino leite extraído do alegre e manso rebanho.

Referências

COELHO NETO, Henrique. Ser mãe. In: FREIRE, Laudelino (Org.). *Sonetos brasileiros*. Rio de Janeiro: M. Orosco & C., 1904.

GONZAGA, Tomás Antônio. *Marília de Dirceu*. Texto estabelecido e anotado por Sergio Pachá. Rio de Janeiro: Academia Brasileira de Letras, 2001.

---

[6] Gonzaga (2001, p. 67-68)

Pátria, Portugal, Poesia

Foi bastante ambíguo o modo como os poetas românticos brasileiros se posicionaram frente ao legado de Portugal. De um lado, após a independência política conquistada em 1822, era importante afirmar os traços diferenciadores da nova nação. De outro, todo o arcabouço político, econômico e social do país fora delineado pelos portugueses há pouco retirados de cena. Além disso, a vastidão territorial do país, e a consequente dificuldade de comunicação entre as províncias, favorecia a existência de focos comunitários com graus diversos de adesão à ideia da Independência, tanto que, à data nacional – 7 de setembro – somam-se datas regionais de conquista da autonomia do país, como o 2 de julho, louvado por tantos poetas da Bahia.

Desenvolveu-se no país um curioso processo que buscava, no primeiro momento romântico, promover diferenças na prática literária acopladas a uma ferrenha preservação linguística – imaginação tropical administrada pela morfologia e pela sintaxe lusas. Essa espécie de colonialismo gramatical, e a gradativa ultrapassagem de seus limites, foram questões que atravessaram o século XIX, gerando diversas e polêmicas respostas.

Algumas delas, de modo sumário, apresentaremos aqui, não sem antes recordar que, em sessão da Assembleia Constituinte do Brasil, em 1823, quando se discutia o local de instalação da primeira Universidade do país, um importante parlamentar, José da Silva Lisboa, advogou a escolha do Rio de Janeiro, guiado não por critérios financeiros ou administrativos, e sim linguísticos:

> Uma razão mui poderosa [...] para a preferência da Universidade nesta Corte é para que se conserve a pureza e pronúncia da língua portuguesa. [...] Nas províncias há dialetos, com seus particulares defeitos. É reconhecido

que o dialeto de São Paulo é o mais notável. A mocidade do Brasil, fazendo aí os seus estudos, contrairia pronúncia mui desagradável.[1]

A estrita obediência aos padrões gramaticais portugueses soava, assim, como um traço de afirmação dos doutos frente às variações dialetais dos incultos. O idioma, essa marca inapagável que o colonizado contraiu do colonizador, deveria vestir solenes trajes lusos para situar o escritor brasileiro na esfera "civilizada" do mundo. Escrever a si mesmo com a palavra tutelada pelo outro não era tarefa simples. Sucessivos deslizamentos e deslocamentos efetuados na matriz acabaram conduzindo a uma modalidade brasileira da língua portuguesa, a ponto de nem as semelhanças soarem como submissão, nem as divergências, como conflito.

Eis a tarefa dos primeiros românticos brasileiros: submeterem-se à norma portuguesa, sob pena de serem desqualificados como escritores; mas levarem em conta que não eram autores lusitanos. De algum modo, caberia a eles encarnar, ideologicamente, o papel de porta-vozes da mudança, na medida em que a afirmação de uma pátria brasileira teria de passar pelo rompimento com os vínculos paternos. Porém, em vez de negação do elo ancestral, prefiro falar de denegação, uma falsa negativa que acolhe o sim dentro do não.

Há vários exemplos desse movimento contraditório, de querer ao mesmo tempo matar o pai e não deixar de invocá-lo. Vejamos como pátria, Portugal e poesia se articulam na obra dos escritores românticos brasileiros, considerados na sucessão cronológica de seus autores canônicos, após os quais examinaremos alguns poetas ditos menores, nenhum deles reeditado.

Gonçalves Dias abre seu livro de estreia – *Primeiros cantos,* de 1846 – com aquele que se tornaria o mais famoso poema de toda a literatura brasileira, a "Canção do exílio" – "Minha terra tem palmeiras,/ Onde canta o Sabiá;/ As aves, que aqui gorjeiam,/ Não gorjeiam como lá".[2] Não é gratuito o fato de a seção inicial do volume portar o nome de "Poesias americanas". A grande musa é a própria terra, louvada, porém, de um ponto de ausência, o exílio, e, não sem certa involuntária ironia, exílio no solo do colonizador: o texto é produzido em "Coimbra, julho de 1841". Se os versos se elaboram a partir de uma ausência – a do emissor, frente ao objeto amado –, notemos que esse objeto, o país, também se constrói pela ausência de signos humanos ou culturais, sendo, em contraparte, saturado de um imaginário da natureza: pássaros, árvores, estrelas – metáfora

---

[1] Barbosa (1961, p. 25).

[2] Dias (1957, p. 83).

Pátria, Portugal, Poesia

de uma nação que ainda é um texto virgem como a natureza, pronto a ser modelado por seus nativos cantores.

Enquanto as civilizações europeias puderam arrolar batalhas e conquistas, materializadas em epopeias e cantos cívicos, no Brasil o recurso à natureza representou uma espécie de elisão da história, de recalque à circunstância de que o solo brasileiro foi o espaço de uma dominação em que, por muito tempo, a história de um outro povo, o português, foi ali, e por esse povo, escrita. Exibir a pujança de um enredo a vir, cujo exuberante cenário induz a crer que será glorioso, era modo de se opor à história alheia antes desenrolada, fazendo *tabula rasa* dos processos sociais que constituíram o país, substituídos pelo imaginário de um tempo inaugural, paradisíaco, fora do calendário. Daí também, nessa faixa cronológica do primeiro Romantismo brasileiro, a insistência na elaboração mítica do personagem indígena, indispensável à formulação de um real sem fissuras. Literalmente, o inferno seria o outro, o que veio depois, para introduzir o horror, a violência e a desordem no paraíso. É o que narra, referindo-se aos navios europeus, Gonçalves Dias, em "O canto do piaga", na verdade um contracanto melancólico entoado pelo índio: "Não sabeis o que o monstro procura?/ Não sabeis a que vem, o que quer?/ Vem matar vossos bravos guerreiros,/ Vem roubar-vos a filha, a mulher!".[3]

Apesar do tom, dramático e incisivo, neste e em outros textos o poeta não acusa diretamente Portugal, país que por mais de uma vez o acolheu, e que, mesmo no cotejo desfavorável da "Canção do exílio", foi então referido apenas como o "aqui", local de uma escrita nostálgica. Em Gonçalves Dias, o retorno ao Brasil, a rigor, não resolveu a questão do exílio; apenas fez com que se acendesse no poeta a consciência de um novo exílio: a perdida raiz do idioma. Daí, então, o regresso a essa outra origem, à pátria da palavra portuguesa em seu estado de gestação, onde mergulhou para, em linguagem arcaica, redigir as *Sextilhas de Frei Antão*, em 1848: "Bom tempo foy d'outr'ora/ Quando o reyno era christão".[4] Observe-se, na elaboração desse texto, um gesto programático do poeta, pois, no prefácio, anotara: "quis [...] estreitar ainda mais, se for possível, as duas literaturas – Brasileira e Portuguesa –, que hão de ser duas, mas semelhantes e parecidas como irmãs que descendem de um mesmo tronco".[5] A partir daí, e até hoje, as metáforas da árvore, do tronco e dos galhos prosperariam para definir a relação entre ambas as literaturas... Mais tarde, elaboraria um *Dicionário da*

---

[3] Dias (1957, p. 92).

[4] Dias (1957, p. 393).

[5] Dias (1957, p. 268).

língua tupi. Todas essas experiências e preocupações fazem de Gonçalves Dias o poeta que mais se empenhou em intervir nas múltiplas facetas culturais e linguísticas do nosso Romantismo.

Outro aspecto a não se negligenciar no processo de legitimação da literatura brasileira é seu largo recurso à epígrafe: de um lado, tributo a uma fonte inspiradora; de outro, uma autonobilitação no gesto mesmo de convocar matrizes elevadas e canônicas, como se algo da grandeza do homenageado pudesse transpor-se no discurso do homenageante. O que particulariza as epígrafes de Gonçalves Dias é a variedade de sua procedência: são extraídas de nada menos do que sete idiomas; entre esses avultam o francês, o que não surpreende, e o próprio português, mas o de Portugal, confirmando nossa hipótese de que o antigo Reino, repelido no plano político, reafirmava-se obliquamente no plano cultural.

Às reverências epigráficas se soma outra, talvez de maior vulto: a fortuna crítica, materializada em artigos de jornais ou prefácios. Com frequência, eram portuguesas as autoridades que se pronunciavam sobre os rumos que deveria seguir a literatura brasileira, e nenhum aplauso de escritor local se comparava à consagração do elogio proferido por autor lusitano. Na edição dos *Cantos*, de 1857, Gonçalves Dias reproduziu o que considerou como a grande satisfação de sua vida literária: um artigo entusiástico de Alexandre Herculano, intitulado "Futuro literário de Portugal e do Brasil", datado de 1847. Dissertando longamente sobre a decadência espiritual de seus conterrâneos, Herculano afirmava: "Separado da mãe pátria/ [...] o Brasil/ [...] é a nação infante que sorri; Portugal é o velho aborrido e triste".[6] E fazia um reparo: "Nos poetas transatlânticos há por via de regra demasiadas reminiscências da Europa".[7] Assim, na esteira de comentários formulados por Almeida Garrett, o principal defeito de um poeta brasileiro consistia em não sê-lo suficientemente.

O mesmo recurso legitimador, e agora em dose dupla, compareceria no livro *As primaveras* (1859), de Casimiro de Abreu, poeta falecido aos 22 anos, e, por traços biográficos, ainda mais vinculado a Portugal do que Gonçalves Dias. Não apenas residiu em Lisboa, como lá viu subir à cena sua obra *Camões e o Jao.* A dose dupla de juízos favoráveis, emitidos por Ramalho Ortigão e Pinheiro Chagas, consta de edições póstumas de *As primaveras*, respectivamente de 1866 e 1867, com uma peculiaridade: uma editada no Porto, outra em Lisboa. Das quatro primeiras edições do livro, três foram portuguesas... Ramalho afirma:

---

[6] Dias (1957, p. 69).

[7] Dias (1957, p. 75).

"Não verseja, poeta; não conta, suspira".[8] A espontaneidade alimentada pela natureza tropical poderia, assim, servir de álibi para uma eventual insuficiência técnica... Já Pinheiro Chagas lastima a morte prematura de Casimiro, pois o Brasil necessitava de "um poeta verdadeiramente nacional, um gênio inspirado pela musa nativa"– de novo, é Portugal quem pede mais Brasil ao Brasil. Após elogiar Casimiro de Abreu, Álvares de Azevedo e Junqueira Freire – "esses tinham um sabor nacional"; "eram verdadeiramente americanos pelo ardor dos sentimentos", conclui, contraditoriamente, pela afirmação da lusitanidade: "referve um Etna de poesia no espírito desses portugueses da América".[9]

Se o mais conhecido poema da literatura do país foi escrito em Portugal, o segundo mais famoso também o foi: "Meus oito anos". "Oh! que saudades que tenho/ Da aurora da minha vida,/ Da minha infância querida/ Que os anos não trazem mais!".[10] Diversamente da canção de Dias, esta, além do exílio do espaço, também lastima o irreversível exílio do tempo, "que os anos não trazem mais". Dialoga, porém, com o poema anterior ao situar a pátria no âmbito da pura natureza. Em outro poema da seção – a que, não à toa, intitulou "Canção do exílio" – não falta sequer o sabiá, desta vez, porém, "corretamente" pousado numa laranjeira, em vez de na palmeira gonçalvina. Denomina Tomás Antônio Gonzaga de "o Petrarca brasileiro",[11] comprovando a desinformação sobre a efetiva nacionalidade do poeta portuense, ignorância, aliás, que o terá favorecido, nos vários textos laudatórios que o evocaram como glória nativa. A temática social é quase ausente em Casimiro, e seu discurso sobre Portugal se vaza em tom conciliatório, a ponto de transformar a luta pela Independência em uma celebração festiva e musical entre amigos: "Um povo ergueu-se cantando/ – Mancebos e anciãos –/ E, filhos da mesma terra,/ Alegres deram-se as mãos;/ Foi belo ver esse povo/ Em suas glórias tão novo,/ Bradando, cheio de fogo:/ – Portugal! Somos irmãos!".[12] Assim, o pai expulso retornava, transformado em querido irmão.

Em Álvares de Azevedo, morto aos 20 anos, considerado o maior nome do Ultrarromantismo brasileiro, e o menos comprometido com a afirmação localista, Portugal se faz presente em longo ensaio de natureza cultural e histórica, dissociado de tensões ou ressentimentos pós-coloniais. O texto se intitula "Literatura

---

[8] Abreu (1866, p. II).

[9] Abreu (1867, p. VI).

[10] Abreu (1866, p. 27).

[11] Abreu (1866, p. 14).

[12] Abreu (1966, p. 15).

e civilização em Portugal". O poeta analisa, com grande simpatia, as obras de Camões, Antônio Ferreira, Bocage, Alexandre Herculano e Almeida Garrett. E, na contramão do fervor nacionalista, afirma: "Sem língua à parte, não há literatura à parte".[13] É famosa a fala de um personagem seu, Macário: "nos mangues e nas águas do Amazonas e do Orenoco há mais mosquitos e sezões do que inspiração".[14] Ao examinar o complexo problema dos autores nascidos no país no período colonial, pondera: "Os poetas, cuja nascença tanto honra ao Brasil, alçaram seus voos d'águia na mãe pátria".[15] Curiosamente, sendo, em aparência, tão pouco "nacional", Álvares abrasileirou o discurso literário, incorporando registros morfossintáticos que fugiam à rígida ortodoxia gramatical. Pouco tempo após a morte do poeta, versos de sua autoria já surgiam em epígrafes de novos autores do país. Pela primeira vez, o romântico já podia chorar sob a sombra de um padrinho e um padrão brasileiros, sem pedir licença às lágrimas metrificadas por Bocage ou Garrett.

Na sequência dos nomes canônicos do Romantismo no país, surge Fagundes Varela, cujo título mais famoso, *Vozes da América* (1864), expressa o desejo, afinal malogrado, de integração americana como contraponto à origem europeia. A segunda edição, ampliada, da obra veio a lume na cidade do Porto. Varela escreveu um poema em homenagem à data da Independência, "Sete de Setembro", serviço poético-militar obrigatório de quase todos os românticos, mas, à medida que outros conflitos nas províncias ou com países vizinhos (em especial, a Guerra do Paraguai) se avolumavam, começaram a tornar-se pálidas ou extemporâneas as manifestações de ressentimento contra a antiga Metrópole. Em Varela é nítida a adesão a um conceito universalista de liberdade, para além de um patriotismo tópico. É o que se lê no próprio "Sete de setembro", onde, ao longo de 11 estrofes, sequer são citados Brasil e Portugal. Eis os últimos versos:

> Liberdade gentil, mil vezes salve!
> Salve! sem peias devassando os ares,
>   Espancando os bulcões!
> Salve! nos paços de opulentos sátrapas!
> Salve! na choça humilde do operário!
>   Salve até nas prisões![16]

---

[13] Azevedo (1942, p. 339).

[14] Azevedo (1941, p. 195).

[15] Azevedo (1942, p. 341).

[16] Varela (1962, 357).

No derradeiro grande romântico, Castro Alves, intensifica-se a visada pan-americanista, e a consequente retração da presença portuguesa. É certo que, no teatro, escreveu *Gonzaga ou a revolução de Minas*, mas, como dissemos, Tomás Antônio ainda era tido por brasileiro em boa parte do século XIX. "O livro e a América" é uma eloquente conclamação à modernidade e ao progresso pela via da leitura:

> [...] Oh! Bendito o que semeia
> Livros... livros à mão-cheia...
> E manda o povo pensar!
> O livro caindo n'alma
> É germe – que faz a palma
> É chuva – que faz o mar.[17]

Portugal e seus heróis estão ausentes do panteão castro-alvino. Assim, em "Ode ao dous de julho", o poeta refere-se à terra "Colúmbia" e não cabralina... No mesmo diapasão, a estrofe final de "O navio negreiro", ao invectivar o regime servil, reescreve a descoberta do país e a proclamação da Independência substituindo o nome de dois protagonistas: em vez de Pedro Álvares Cabral, Cristóvão Colombo; no lugar do imperador Dom Pedro, o brasileiro José Bonifácio de Andrada e Silva:

> Mas é infâmia demais!... Da etérea plaga
> Levantai-vos, heróis do Novo Mundo!
> Andrada! arranca esse pendão dos ares!
> Colombo! fecha a porta dos teus mares![18]

O leitor de hoje pode supor, pelo arraigado prestígio de Castro Alves, que o combate à escravidão foi o nutriente ideológico do pensamento do país, nos decênios finais do século XIX no Brasil. O tema da escravatura, no entanto, dividia opiniões, enquanto o mito da pátria necessita de consenso para fortalecer-se. Daí que o grande fator de imantação cívica, mais do que o combate à escravidão, tenha sido a Guerra do Paraguai, em que os brasileiros se sentiam irmanados contra o inimigo comum. A magnitude da repercussão literária da

---

[17] Alves (1953, p. 31).
[18] Alves (1953, p. 524).

guerra pode ser restabelecida pela leitura de vários poetas hoje esquecidos. O severo filtro da história literária muitas vezes nos induz a crer que a fisionomia de um período se confunde com a imagem que dela traça a obra dos canônicos, quando, a rigor, eles expressam – como qualquer escritor – apenas um determinado ponto de vista sobre sua época. Lidos sem o contraponto de outras vozes hoje inaudíveis, os canônicos fornecem uma versão do passado que pode não dar conta de certos ângulos desse mesmo passado, quando ele, então, era presente. Daí porque buscamos também recuperar alguns nomes laterais ao consolidado panteão romântico, que parte de Gonçalves Dias e se encerra em Castro Alves. A leitura dos nomes olvidados, se não faz necessariamente emergir valores literários de monta, justifica-se, ao menos, pela possibilidade de abrir caminho à reconsideração de verdades e valores dados como definitivos.

O combate à escravidão, por exemplo, que muitos supõem matéria quase privativa do estro castro-alvino, foi tema trabalhado desde os primórdios do Romantismo, constando, inclusive, do livro que oficialmente "inaugura" o movimento, os *Suspiros poéticos* e *Saudades*, de Gonçalves de Magalhães, de 1836 – publicado 34 anos antes das *Espumas flutuantes*, de Castro Alves. O discurso antiescravagista romântico se pautou por duas claves, a piedosa e a pragmática. Pela primeira, o espírito cristão da sociedade brasileira deveria condoer-se das maldades cometidas contra os africanos e seus descendentes em solo pátrio. Pela segunda, pragmática, era melhor libertá-los antes que eles o fizessem por si mesmos, pois daí poderia advir feroz retaliação, ameaçando a integridade e as propriedades dos homens brancos.

Já a poesia patriótica, fermentada pelo ardor bélico do conflito com o Paraguai, repousava numa contradição básica: conclamava os cidadãos a não se tornarem escravos de outro povo e silenciavam sobre a existência de povos mantidos escravos no próprio território brasileiro. A incitação xenófoba surge no pórtico de *Cantos d'aurora* (1868), coletânea de Moniz Barreto, cuja razão de ser o autor credita unicamente à guerra: "Só uma grande vitória, alcançada pelas armas brasileiras contra o tirano do Paraguai, poderia convidar os amantes da poesia à leitura do meu despretensioso livro".[19] A promessa é cumprida – e como! – no interior da obra, na seção intitulada "Inspirações da campanha do Paraguai", onde se lê: "contra a firmeza estoica dos teus bravos,/ que dos marcos da glória não se afasta,/ a paraguaia víbora se arrasta";[20] e na seção "Lira do povo",

---

[19] Barreto (1868, p. 5).

[20] Barreto (1868, p. 346).

com o nada sutil verso "Enfim chegou a hora do extermínio" (de "Brasileiros, à guerra"[21]).

Sanguinário diante do Paraguai, é suavíssimo no trato com Portugal, agindo como um dos mais fervorosos representantes do veio lusófilo do Romantismo brasileiro, sempre pronto a destacar convergências, afinidades, e a silenciar sobre impasses e confrontos. Até onde pudemos averiguar, é o único poeta do período a unir os dois países em título de poema ("Portugal e o Brasil"), não por acaso oferecido ao Gabinete Português de Leitura, em texto que realça o nome de Cabral:

> [...]   Longe o ódio e políticos enganos
> de um ou outro pensar caduco e vil;
> a conquista melhor dos lusitanos
> é que floresça e eleve-se o Brasil.
> [...]
> Honra aos que realizam tais ideias,
> o Brasil bem conhece Portugal,
> porque o sangue, que gira em nossas veias
> é o sangue dos filhos de Cabral.[22]

A insistência em uma plena união desmentida pela História é traço obsessivo em Moniz Barreto. Seu equívoco era supor que os dois países formavam uma unidade com diferenças, quando o que efetivamente ocorria era uma dualidade com semelhanças.

A ideia da união, evidentemente, agradava aos poetas que gravitavam, ou acalentavam o desejo de fazê-lo, em torno da Corte brasileira, por seus vínculos de sangue com a portuguesa. Franklin Dória, futuro Barão de Loreto, assim se manifesta em *Enlevos*, de 1859, num poema encomiástico intitulado "Pedro I": "Duas c'roas por tuas houveste,/ Em dois mundos bateste co'o cetro! [...] Qual desvela-se um pai por seus filhos/ Tal por nós te empenhaste, Senhor!".[23] Em "O dous de julho", contorna a dificuldade de identificar os portugueses como adversários ao dizer que o inimigo era "o ávido europeu".[24] Como tantos outros, escreveu poema sobre Gonzaga. No surpreendente "O povo", alçou as classes

---

[21] Barreto (1868, p. 237).

[22] Barreto (1868, p. 276).

[23] Dória (1859, p. 17).

[24] Dória (1859, p. 39).

populares à categoria de protagonista, mas não sem deixar de observar que a massa inculta, com a qual dizia identificar-se, deveria ser guiada por Deus.

Se Moniz Barreto é encarnação da corrente lusófila, Bittencourt Sampaio representa a lusófoba. Um franco e desabusado confronto com Portugal transparece em suas *Flores silvestres*, de 1860. É certo que, em alguns poemas, ele prefere ater-se à generalidade do "europeu". Após os suaves gorjeios líricos da seção inicial do livro, o poeta abre a segunda parte com uma incitação cívica – "À mocidade acadêmica" – de flagrante espírito revanchista: "É nas Letras que a pátria querida/ Há de um dia fulgente se erguer./ Velha Europa curvada e abatida/ Lá de longe que inveja há de ter".[25] Fica difícil saber o que mais o alegra, se a ascensão do país ou a decrepitude europeia. O rancor ressuma dos versos de "O canto de guerra": "Não vedes que a Europa, de inveja levada/ Nos rouba as riquezas, que o solo produz?".[26] Em outros textos, a acusação se particulariza, e à nação portuguesa são atribuídas as causas das principais mazelas brasileiras, inclusive a da escravidão. Observe-se a extrema contundência de alguns trechos de "À liberdade":

> Portugal! Por que assim te alucinas
> Rei potente que o orgulho perdeu?!
> [...]
> Deixa em paz este povo selvagem,
> Não lhe roubes o filho, a mulher!
> [...]
> Do Africano não ouves o gemido?
> Em ferros oprimido
> Não o vês a chorar?
> [...]
> Portugal! A ti somente
> Lanço a minha maldição!
> É meu país inocente,
> Não sonhou a escravidão.
> Foste tu que em longe terra
> Mandaste com surda guerra
> Os pobres homens prender!"[27]

---

[25] Sampaio (1860, p. 92)

[26] Sampaio (1860, p. 97).

[27] Sampaio (1860, p. 160).

A comparação com a Europa – invariavelmente amesquinhada – é outro recurso no processo de consolidação da nacionalidade. Recordemo-nos de que a "cartilha" de identidade poética do país – a "Canção do exílio" – já se pautava pela competição entre o "lá" e o "cá". O poema inicial do livro *Últimas páginas* (1858), "Brasil", de Pedro de Calasans, reincide na mesma tecla: "E as luas formosas de pálidos lumes,/ E as flores e os dias e os gratos perfumes/ São mimos, que a Europa bem pode invejar".[28] Uma variante curiosa se localiza em "O Brasil" (1853), de Marques Rodrigues, no livro *Três Liras* (reunião de poemas de Marques Rodrigues, Trajano Galvão e Gentil Homem de Almeida Braga):

> [...] Os templos soberbos da Grécia formosa,
> E os arcos de Roma, de Roma orgulhosa,
> Não cobrem, não ornam meu pátrio Brasil:
> Estátuas não temos, primores das artes,
> Mas temos os bosques por todas as partes,
> E as verdes palmeiras viçosas a mil.[29]

Aqui, de início, descreve-se a não paisagem, ou uma paisagem por subtração, tudo o que ela não contém – mais uma vez, esse "não" identifica-se com a História. Depois, o Brasil se revela o espaço da arte espontânea da natureza, arte sem artista, criatura sem criador (salvo o divino).

Um traço comum identifica esses nomes excluídos do cânone: foram autores que pouco circularam literariamente pelo Rio de Janeiro, daí conservarem certo provincianismo, às vezes saboroso, que os faz guardiões da memória afetiva de suas origens. Trajano Galvão, por exemplo, nas *Três liras*, celebra não a data nacional da Independência, mas a data regional, 28 de julho, de seu amado Maranhão, que ele, pesaroso, denomina "pobre estrela sem luz".[30] Tal gesto de retração do conceito de pátria, até reduzi-lo ao âmbito daquilo que a vista concretamente alcança, no despojamento de uma paisagem em tudo oposta ao apelo épico e grandiloquente do patriotismo guerreiro, encontra delicada manifestação nos versos de um obscuro poeta baiano, Almeida Freitas, autor de *Folhas dispersas* (1870):

---

[28] Calasans (1858, p. 2).

[29] Rodrigues *et al.* (1853, p. 66).

[30] Rodrigues *et al.* (1853, p. 11).

Minha pátria não é o mundo inteiro,
És tu, amável terra da Oliveira,
Tu, pequena porção de uma província
Mesquinha de um Império, um ponto, um nada
Na vastidão do globo
[...]
Pobre de cabedais, pobre de glória,
Humilde, não és nada sobre a terra.
Assim mesmo, que santas alegrias

Sinto ao lembrar-me que és a pátria minha.[31] Parodiando o famoso poema de Alberto Caeiro, seríamos tentados a dizer que o Tejo não é mais belo do que o rio que corre pela aldeia de Almeida... E lembremo-nos também de que, quase cem anos mais tarde, um poeta neorromântico, Vinicius de Moraes, desenvolveu outra sinonímia entre "Pátria minha" (1949) e pátria mínima: "A minha pátria é como se não fosse, é íntima/ Doçura e vontade de chorar; uma criança dormindo/ É minha pátria".[32]

Restaria ainda, no rol dos ditos menores, falar de um poeta à margem, por vincular-se a dois países e, talvez exatamente por isso, estar excluído do cânone de ambos. Referimo-nos ao português de nascimento Augusto Emílio Zaluar, autor de vasta obra, e que, em *Dores e flores* (1851), publicado no Rio de Janeiro, revela o outro ângulo do exílio, invertendo os termos da equação *lá x cá* formulada por Gonçalves Dias.

A perda de um referencial identificador se revela em versos como:

[...] Que busco? Que mundo habito?
Quem sou eu? – Que importa quem?
Sou um trovador proscrito,
Que trago na fronte escrito
Esta palavra: – *Ninguém*.[33]

No preâmbulo do livro, sob forma de carta a um amigo argentino também exilado, Zaluar rememora as condições nas quais redigiu seu livro: "Foi no Brasil,

---

[31] Freitas (1870, p. 5).

[32] Moraes (1949, p. 7).

[33] Zaluar (1851, p. 20).

a duas mil léguas distante de Portugal, que compus a maior parte dos versos".[34] Duas mil léguas é o tamanho da longa saudade do poeta, traduzida na insuficiência do próximo e na magnificação do longínquo: "O sol da pátria estava longe para as aviventar [as flores], o daqui era muito forte para elas, queimou-as".[35] Observemos também a operação de regulagem da chama semântica da palavra: o mesmo signo – calor – do ponto de vista do Brasil conota intensidade, luz, vibração; do ponto de vista português, um indesejável excesso, o estiolamento. A sensação ressurge no poema "Numa ilha americana":

> [...] Onde irei, estrangeiro n'este solo,
> Buscar um peito que minh'alma entenda?
> Em ludíbrio da sorte, e sem conforto,
> Errante nestes plainos abrasados
> D'Americana plaga? Quem me acoite[36]

Trata-se, literalmente, de um autor em trânsito entre duas culturas – não é fortuito que o primeiro poema do livro tenha sido escrito a bordo de um navio; intitula-se "Ao deixar Portugal" – embora Portugal nunca o tenha deixado. No Brasil, Augusto Emílio busca a invisível paisagem: "Oh! que saudade tamanha/ Não tenho aqui a montanha/ Onde nasci".[37] Na terra estranha, o sopro da brisa é "preguiçoso", a virgem é "indolente", e as aves que ali gorjeiam não gorjeiam como lá:

> [...] n'estas plagas,
> Onde nem aves tenho que me entendam,
> E poisadas nos galhos das florestas,
> Da pátria me recordem os gorjeios
> Do rouxinol saudoso em noite amena![38]

O rouxinol, claramente, representa uma versão em "primeira classe" do tropical e humilde sabiá... Outros poemas insistem no confronto. A simplicidade

---

[34] Zaluar (1851, p. 10).

[35] Zaluar (1851, p. 9).

[36] Zaluar (1851, p. 1863).

[37] Zaluar (1851, p. 69).

[38] Zaluar (1851, p. 66).

do espaço natural, trunfo para os poetas brasileiros, parece apequenar-se frente à densidade do entrelaçamento história/natureza típico de Portugal:

> [...] Aqui, fecunda o solo a tempestade!
> Tem seu trono sublime a natureza!
> Porém a Pátria? [...]
> Na Pátria tem a vida mil *Memórias*
> Em cada pedra ou tronco emaranhadas.[39]

No entanto, mostra-se capaz de relativizar sua escala de valores, ao admitir que, mais do que a paisagem intrinsecamente bela, importa o investimento afetivo que nela se deposita; é o que se lê no poema "A um brasileiro que viajou em Portugal", relato do exílio no espelho, onde o eu-poeta e o outro-estranho podem ocupar posições intercambiáveis:

> [...] Quando nas margens do formoso Tejo,
> Estrangeiro também, buscaste a sombra
> Dos verdes laranjais,
> Não sentiste, qual eu, da pátria ausente,
> As saudades, no peito rebentar-te
> Em moribundos ais?[40]

Augusto Emílio Zaluar naturalizou-se brasileiro em 1856 e morreu aos 57 anos, em 1882, sem conseguir realizar o sonho por duas vezes expresso em *Dores e flores*: que sua poesia chegasse a Portugal. Num poema, declara:

> [...] Vai perdido, meu canto, e desvairado
> Por sobre as ondas murmurando um ai!
> Embora de mil penas vá cortado,
> Vai na pátria morrer, meu canto... vai![41]

No Prólogo, já afirmara similar ambição: a de que seus versos conseguissem atravessar as águas do oceano, para se confundir

---

[39] Zaluar (1851, p. 160).
[40] Zaluar (1851, p. 111).
[41] Zaluar (1851, p. 72).

com todo o coração português, que chora, como eu, as desgraças do país, e que espera que no horizonte do futuro ainda se não apagasse de todo o astro das nossas glórias passadas, para o culto da inteligência e da Liberdade.[42]

Por mais oscilantes que tenham sido as relações dos poetas românticos brasileiros frente ao legado português, registre-se que num território, ao menos, a herança lusa não sofreu abalo: referimo-nos ao espaço da poesia, esta pátria da palavra para além de fronteiras.

Independentemente das posições políticas, das revisões históricas, das tentativas de minimização ou maximização das normas gramaticais lusitanas, o amor brasileiro aos poetas portugueses atravessou incólume todas as gerações românticas, como comprovam os textos a eles dedicados por autores tão diversos quanto o áulico Araújo Porto-Alegre, o vigoroso Gonçalves Dias, o cosmopolita Álvares de Azevedo, o encomiástico Moniz Barreto. Muitas vezes, a declaração de afeto aos poetas se fazia acompanhar de libelos contra as precárias condições materiais de suas existências. Antônio Ferreira, Bocage, Gonzaga, Garrett, Herculano, todos foram cultuados. Acima de todos, Camões, síntese da língua, da história e da poesia, como tão bem percebeu Machado de Assis, que a ele dedicou quatro sonetos, um dos quais em volume de homenagem coletiva, publicado em 1880, com a participação de dezenas de poetas do Brasil. Ei-lo:

[...] Um dia, junto à foz do brando e amigo
Rio, de estranhas gentes habitado,
Pelos mares aspérrimos levado,
Salvaste o livro que viveu contigo.

E esse que foi às ondas arrancado,
Já livre agora do mortal perigo,
Serve de arca imortal, de eterno abrigo,
Não só a ti, mas ao teu berço amado.

Assim, um homem só, naquele dia,
Naquele escasso ponto do universo,
Língua, história, nação, armas, poesia,

---

[42] Zaluar (1851, p. XI).

Salva das frias mãos do tempo adverso.
E tudo aquilo agora o desafia.
E tão sublime preço cabe em verso.[43]

Antecipando Mallarmé, Machado intuiu o que os românticos, decerto, também subscreveriam: tudo no mundo existe para acabar em um livro.

Referências

ABREU, Casimiro de. *As primaveras*. 2. ed. acresc. Porto: Jornal do Porto, 1866.

ABREU, Casimiro de. *As primaveras*. 3. ed. Lisboa: Tipografia do Panorama, 1867.

ALVES, Antônio de Castro. *Poesias completas*. São Paulo: Saraiva, 1953.

ASSIS, Machado de *et al. Homenagem a Camões*. Rio de Janeiro: Midosi, 1880.

AZEVEDO, Álvares de. *Noite na taverna*. São Paulo: Martins, 1941.

AZEVEDO, Álvares de. *Obras completas*. Rio de Janeiro: Companhia Editora Nacional, 1942. Tomo 2.

BARBOSA, Francisco de Assis. Nota sobre António de Alcântara Machado. In: MACHADO, António de Alcântara. *Novelas paulistanas*. Rio de Janeiro: José Olympio, 1961.

BARRETO, Rozendo Moniz. *Cantos d'aurora*. Rio de Janeiro: Eduardo & Henrique Laemmert, 1868.

CALASANS, Pedro de. *Últimas páginas*. Niterói: [s.n.], 1858.

DIAS, Gonçalves. *Poesias completas*. 2. ed. São Paulo: Saraiva, 1957.

DÓRIA, Franklin Américo de Menezes. *Enlevos*. Pernambuco: Tipografia Universal, 1859.

FREITAS, Joaquim Aires de Almeida. *Folhas dispersas*. Rio de Janeiro: Livraria da Casa Imperial, 1870.

MORAES, Vinicius de. *Pátria minha*. Barcelona: O Livro Inconsútil, 1949.

RODRIGUES, Marques *et al. Três liras*. [S.l.]: Tipografia do Progresso, 1853.

SAMPAIO, F. L. Bittencourt. *Flores silvestres*. Rio de Janeiro: B. L. Garnier, 1860.

VARELA, L. N. Fagundes. *Poesias completas*. 2. ed. São Paulo: Saraiva, 1962.

ZALUAR, Augusto Emílio. *Dores e flores*. Rio de Janeiro: Paula Brito, 1851.

---

[43] Assis (1880, p. 406).

Um mar à margem:
o motivo marinho na poesia
brasileira do Romantismo

"Minha terra tem palmeiras,/ Onde canta o Sabiá".[1] Nos famosíssimos versos da "Canção do exílio", Gonçalves Dias fala de terra, aves, estrelas, bosques: fala de quase tudo, mas não do mar. A natureza do Brasil, na sua idealização exemplar, já surge celebrada com o mar a menos. E nos outros poetas românticos? O mar teria sido elemento importante na constituição de um espaço paradisíaco, ou, ao contrário, acabou retraindo-se como um convidado modesto no banquete suntuoso do imaginário romântico?

Para procurar a resposta, percorremos a obra de 52 poetas[2] do Romantismo brasileiro, uma vez que o centramento exclusivo nos autores canônicos nos parecia insuficiente para revelar a dimensão da incidência (ou da ausência) do

---

[1] Dias (1957, p. 83). Atualizamos a ortografia de acordo com as normas vigentes.

[2] A saber: *Almeida Freitas; *Álvares de Azevedo; Ana Arruda; *Aureliano Lessa; *Barão de Paranapiacaba; *Bernardo Guimarães; *Bruno Seabra; *Bittencourt Sampaio; *Carlos Ferreira; *Casimiro de Abreu; *Castro Alves; *Clímaco Barbosa; Dias da Rocha; Ezequiel Freire; *Fagundes Varela; Félix da Cunha; *Ferreira de Menezes; Francisco Otaviano; Franco de Sá; *Gentil Homem de Almeida Braga; Gonçalves de Magalhães; *Gonçalves Dias; *Guimarães Júnior; *João Silveira de Sousa; Joaquim Manoel de Macedo; *Joaquim Norberto; Joaquim Serra; José Antônio Frederico da Silva; *José Bonifácio, o Moço; Junqueira Freire; *Juvenal Galeno; Laurindo Rabelo; *Lobo da Costa; *Luís Delfino; Luís Gama; *Machado de Assis; Maciel Monteiro; *Manuel de Araújo Porto-Alegre; *Melo Morais Filho; *Moniz Barreto; Narcisa Amália; *Paulo Eiró; Pedro de Calasans; *Pedro Luís; Quirino dos Santos; Salomé Queiroga; *Sousa Andrade, dito Sousândrade; Teixeira de Melo; Tobias Barreto; Trajano Galvão; Vitoriano Palhares e *Xavier da Silveira.

mar na produção do período. Foram lidos todos os poemas que fizessem no título menção explícita ao mar, ou implícita, através de campos metonímicos como "praia", "concha", "areia", "barco". Desse contingente, nada menos do que 22 poetas não assinaram textos com motivo marinho; dos 30 restantes,[3] 23 possuem poemas efetivamente dedicados ao tema, e nos demais o mar comparece na condição de coadjuvante, seja no contexto mais amplo de uma baía ou de um litoral, seja num cenário protagonizado pela lua. Presença, portanto, relativamente moderada, que contraria as expectativas de uma comemoração dionisíaca da magia tropical, cuja imagem-clichê é a do coqueiro à beira-mar plantado, sob os eflúvios lânguidos da brisa matutina. Adiante, proporemos uma hipótese para a explicação do fenômeno.

Percorridos os poemas, percebemos a recorrência de algumas configurações no tratamento do motivo marinho que atravessaram, com poucas alterações, as sucessivas "fases" em que os historiadores dividem o nosso Romantismo, situado, *grosso modo*, entre meados da década de 1830 e 1870. Podem-se resumir tais configurações em: a) o mar como objeto de narração; b) como substrato épico-histórico; c) como matéria lírica; d) como fonte de indagação filosófica. Selecionamos, para o exame desses aspectos, um contingente de 12 poetas do *corpus* preliminarmente pesquisado.

O bloco narrativo se apresenta em duas versões não necessariamente excludentes: ora concentra-se na atividade do pescador, ora enfatiza um drama amoroso em que o mar é cenário e também antagonista. O menos conflituoso desses textos é "O canto do pescador",[4] de Bittencourt Sampaio, que trata de uma plácida rotina, e não, como se verá nos outros casos, de um acidente que transtorna o cotidiano. Em Sampaio, o mar é um lugar de onde certamente se retorna, e se retorna coberto de peixes, de pátria e de paixão:

> Na minha igara vogando
> Por estas ondas de anil,
> Sentado na popa, sozinho cismando,
> Deslizo, cantando
> As glórias que alembram meu pátrio Brasil.
> [...]

---

[3] Os assinalados com asterisco na nota anterior.

[4] In: Sampaio (1860).

Sinto fome? A rede lanço,
Atiro a fisga e o anzol;
São tantos os peixes que apanho num lanço,
Que às vezes me canso
De estar todo o dia postado no sol.
[...]
E volto a ver a choupana,
Que o dia inteiro não vi;
Encontro nas praias sentada a indiana,
Que alegre, que ufana
Ao ver-me se apressa, correndo p'ra mi![5]

Esse é um dos raríssimos poemas românticos que vinculam mar e Brasil. A edenização da paisagem está de todo ausente em "Gualter, o pescador",[6] de Fagundes Varela, peça pouco divulgada e das mais longas dedicadas ao motivo marinho. Divide-se em 4 partes, num total de 541 versos de estrofação variada, com predomínio de quadras e quintilhas. O poema é muito bem urdido desde o seu início, com a caracterização algo mística do nascer do dia:

[...] Sobre as ondas de anil do mar profundo
Surge a esfera de luz banhando as plagas
     De esplêndido clarão;
O mundo acorda, e a natureza escreve
Um canto ainda sobre o livro eterno
     Da imensa criação.[7]

Na quinta estrofe, surgem os personagens – o pescador, a esposa Ester e a filha. O discurso temeroso da mulher infiltra a suspeita frente à placidez dos elementos naturais. Presságios femininos de um lado, evidência climática e necessidade de buscar alimento, de outro, entram em conflito. Gualter lança-se ao mar, e o narrador recorre a sensações visuais, táteis e auditivas para flagrar a eclosão da tormenta:

---

[5] Sampaio (1860, p. 148).

[6] In: Varela (1962).

[7] Varela (1962, p. 225).

> [...] De mais a mais o espaço se escurece,
> Repetem-se os trovões, o mar inquieto
> Fustiga as penedias,
> Um dilúvio de queixas e bramidos
> Percorre os ervaçais e vai perder-se
> Nas longas serranias![8]

O texto, a partir de então, adota uma técnica contrapontística, focalizando alternada e sucessivamente o pavor de Ester, a intensificação da tempestade e a luta de Gualter contra a morte. A plasticidade hiperbólica dos versos é um dos trunfos de Varela na construção do cenário:

> [...] O temporal rebenta! Escuras vagas
> Pulam sem freios nas marinhas plagas
> Como nos ermos os corcéis bravios;
> Tombam torrentes d'amplidão do céu,
> Os ventos berram do bulcão no véu
> Em longos tresvarios![9]

A seguir, seis estrofes nos projetam no centro do conflito, através de minuciosas descrições do duplo sofrimento, o da mulher na terra, e o do homem no mar. Paradoxalmente, Ester afoga-se na beira da praia, e Gualter consegue salvar-se das entranhas do oceano, sem saber da morte da esposa. Varela estabelece um contraste entre a tempestade, já amainada, e as convulsões da alma humana, de mais difícil controle:

> [...] A tormenta cessou, mas ai! Na terra
> As tormentas do céu são as menores!
> Uma réstia de luz as doma e pisa
> Como ao bravo corcel que o freio abate;
> Mas as que surgem nos humanos peitos
> E a vida cavam nos medonhos choques,
> Essas são longas – eternais – sem luzes,
> Nem brisas, nem manhã, que a fúria apague![10]

---

[8] Varela (1962, p. 230).

[9] Varela (1962, p. 233).

[10] Varela (1962, p. 241).

Ao divisar o cadáver de Ester, Gualter, arrastando a filha, atira-se de um precipício. A indiferença da natureza diante da tragédia e do suicídio é descrita com toques de requinte e crueldade:

> O oceano é discreto, e o que ele encerra
> Dorme no sono de profundo olvido.
> Dentre as grimpas azuis, entre neblinas
> A lua vem se erguendo branca e pura
> Como a odalisca que se eleva pálida
> Das banheiras de mármor do serralho!
> – Boa-noite, belo astro! – ergue-te asinha![11]

Ester foi a primeira a morrer, mas um cadáver ainda é pouco para a sede do abismo romântico. O mito do amor perfeito se alimenta de sangue duplo, convoca a morte a dois, no caso acrescida do desdobramento filial.

Também "Rosa no mar",[12] de Gonçalves Dias, e "A sereia e o pescador",[13] de Bernardo Guimarães, convocam a morte para decretar a palavra final no enleio amoroso. O primeiro transforma aquilo que a princípio seria o singelo passeio/devaneio de uma virgem à beira-mar num acontecimento marcado pela morte em decorrência de motivo banal – o ímpeto de recuperar uma rosa tragada pelo oceano. O jogo de aproximação e afastamento entre a moça e o mar desenha-se numa espécie de torneio amoroso:

> [...] Vem a onda bonançosa,
> Vem a rosa;
> Foge a onda, a flor também.
> Se a onda foge, a donzela
> Vai sobre ela!
> Mas foge, se a onda vem.[14]

Não seria exagero enxergar nessa dança algo da ordem da sexualidade. A virgem quer aparentemente conservar sua rosa, mas sente irresistível fascínio

---

[11] Varela (1962, p. 244).

[12] In: Dias (1957).

[13] In: Guimarães (1959).

[14] Dias (1957, p. 282).

pela hipótese de perder-se perdendo-a. Observemos que, em meio às ondas, a virgem "Nem com tanta/ Presteza lhes quer fugir".[15] Na estrofe seguinte a onda, masculinizada em "mar", se encapela e realiza o gesto simultâneo de posse e de morte: "A virgem bela/ Recolhe e leva consigo".[16] Ao fim do poema, a flor perdida é o que se encontra como resto da consumação do encontro entre o denso mar e a doce virgem:

> Ia a noite em mais de meia:
> Toda a praia perlustraram,
> Nem acharam
> Mais que a flor na branca areia.[17]

Curiosamente, outro poema de Gonçalves Dias trabalha a mesma questão, e de modo talvez mais explícito. Trata-se do famoso "Não me deixes",[18] em que uma flor suplica à correnteza que a arraste, e, ao ter atendido o pedido, encontra ao mesmo tempo a realização do desejo e a extinção física:

> [...] A corrente impiedosa a flor enleia,
> Leva-a do seu torrão;
> A afundar-se dizia a pobrezinha:
> "Não me deixaste, não!"[19]

Se, no caso da virgem, morrer no mar dos desejos era alvo dubiamente formulado, o fenômeno transparece com toda nitidez no poema de Bernardo Guimarães, mais uma versão dos lendários encontros entre um pescador e uma sereia. É um longo texto, de imagens delicadas e cunho dramático, composto de falas alternadas de sereia e pescador, pontuadas por discretas intervenções do narrador. A inspiração europeia do poema patenteia-se na indicação do gênero "balada" aposto ao título, remetendo-o à mitologia nórdica e marinha. A partir das falas iniciais, a sereia já profere ameaças contra quem ousar desejá-la. Amar significa projetar-se num turbilhão sem retorno:

---

[15] Dias (1957, p. 282).

[16] Dias (1957, p. 282).

[17] Dias (1957, p. 282).

[18] In: Dias (1957).

[19] Dias (1957, p. 363).

[…]   E se alguém na terra ingrata
Sentindo loucos amores,
Meus encantos e favores
Insensato desejar,
Em torno a mim, bravas ondas,
Vinde em fúria rebentar.[20]

Tanto "A sereia e o pescador" quanto o poema de Gonçalves Dias encenam um amor que não teme a aniquilação do corpo, e que se alimenta da compulsão de ir até o fim de um abismo sem fim, ou melhor, de um abismo que só termina onde a morte começa. Daí, no pescador, o discurso da obsessão:

[…]   Se entre monstros marinhos,
Lá no mais fundo dos mares,
Em cristalinos algares
Se oculta o retiro seu,
Em meu amor confiado
Lá também descerei eu.[21]

A insistência na afirmação do desejo acaba por minar a recusa da sereia. Todavia, o final do texto é ambíguo, porque, de um lado, registra o encontro do par, e, de outro, reitera a solidão da sereia, ao evocar um barco agora fantasma e o canto possivelmente viúvo daquela que o atraiu:

[…]   Apenas ouve-se um canto,
Tão triste, que faz chorar;
E os pescadores que o ouvem,
Começam logo a rezar,
Dizendo consigo: – É ela,
É ela, a filha do mar![22]

Ultrapassando o âmbito de um enredo individual para outro que incorpore a dimensão coletiva, podemos agora falar de um segundo nível de aproveitamento

---

[20] Guimarães (1959, p. 368).

[21] Guimarães (1959, p. 374).

[22] Guimarães (1959, p. 376).

marinho, qual seja o de natureza épico-histórica: o mar como espaço viabiliza-dor de transformações sociais, políticas, culturais, econômicas. Num primeiro momento, é claro, ocorreria pensar no ciclo renascentista dos descobrimentos, mas, dessa perspectiva, o que aí se glorificaria é um mar europeu, mais especifi-camente ibérico. Se levarmos em conta os atritos e ressentimentos que impediam a cicatrização das feridas abertas com a independência da ex-colônia, não é de estranhar que Pedro Álvares Cabral seja nome desprezado pelo Romantismo brasileiro. O herói do único épico marítimo do período é Colombo, louvado no longuíssimo e tedioso poema[23] homônimo de Araújo Porto-Alegre, com seus 40 cantos em decassílabos brancos. A prolixidade, o descritivismo de fachada e a inconsistência na caracterização do protagonista são marcas de uma obra que, afinal, só veio a lume graças à imperial bondade e ao generoso cofre de Dom Pedro II. No final do poema –

> Perdoa-me, Colombo, se do engenho
> A imperícia excedeu o amor do vate.
> Cantor das selvas, como elas rude,
> Dei-te flores silvestres, mas fagueiras,
> Como o solo da pátria que te devo.[24]

– avulta a nota de que o poeta deve a Colombo, e não a Cabral, o "solo da pátria". O gesto desbravador de Colombo fundou o continente inteiro. O país, de bom grado, preferia ver-se antes como "irmão da América" do que como "filho de Portugal".

Existe ainda outro texto de fundo histórico que até hoje é reconhecido como particularmente expressivo no século XIX brasileiro: "O navio negrei-ro",[25] de Castro Alves, cujo primeiro verso comporta a mais famosa referência marinha de nosso Romantismo – "'Stamos em pleno mar".[26] O poema, a rigor, não focaliza o mar brasileiro, e sim uma região indefinida, um ponto qualquer do Atlântico entre a África e o Brasil.

Importante em Castro Alves é o processo de "desnaturalização" do mar. Nos segmentos iniciais o oceano irrompe como elemento idílico,

---

[23] In: Porto-Alegre (1866).

[24] Porto-Alegre (1866, p. 520).

[25] In: Alves (1953).

[26] Alves (1953, p. 515).

'Stamos em pleno mar... Dois infinitos
Ali se estreitam num abraço insano,
Azuis, dourados, plácidos, sublimes...
Qual dos dous é o céu? Qual o oceano?[27]

para pouco a pouco perder o caráter de espetáculo deleitoso em decorrência de uma ocupação humana sinônima da sordidez, que lhe mancha a "pureza" original e o torna cúmplice do comércio – literalmente – humano:

Era um sonho dantesco... o tombadilho
Que das luzernas avermelha o brilho,
Em sangue a se banhar.
Tinir de ferros... estalar de açoite...
Legiões de homens negros como a noite,
Horrendos a dançar...[28]

Da invocação final do poema não consta o nome do português Dom Pedro I, nem o de seu filho, imperador do Brasil, mas o de José Bonifácio de Andrada e Silva, brasileiro dito "O Patriarca" da Independência. E, na trilha de Araújo Porto-Alegre, é sintomática a presença de Colombo e o silêncio sobre Cabral:

Mas é infâmia demais! Da etérea plaga
Levantai-vos, heróis do Novo Mundo!
Andrada! arranca esse pendão dos ares!
Colombo! fecha a porta dos teus mares![29]

O mar como objeto de divagação lírico-amorosa comparece em razoável número de textos, mas de um modo, digamos, desfibrado de qualquer especificidade, servindo antes como ambientação literal ou metafórica dos devaneios do poeta. Em Álvares de Azevedo – conhecido pelo repúdio à ostentação nativista dos primeiros românticos brasileiros –, o investimento na metáfora é ostensivo desde a primeira estrofe de "Anjos do mar"[30]:

---

[27] Alves (1953, p. 515).

[28] Alves (1953, p. 529).

[29] Alves (1953, p. 524).

[30] In: Azevedo (1962).

[...]   As ondas são anjos que dormem no mar,
Que tremem, palpitam, banhados de luz...
São anjos que dormem, a rir e sonhar
E em leito d'escuma revolvem-se nus![31]

Comparadas as ondas a "pobres anjinhos" que "estão a chorar", delineia-se uma fragilização da natureza que corresponderá, via alegoria, à confissão de fragilidade do próprio sujeito, incapaz de encarar a mulher sem recorrer a torneios que a tornem evanescente:

[...]   Ai! Quando tu sentes dos mares na flor
Os ventos e vagas gemer, palpitar,
Por que não consentes, num beijo de amor,
Que eu diga-te os sonhos dos anjos do mar?[32]

Sonhos e anjos atuam como sucessivas camadas de abstração em que o desejo nebuloso do poeta parece sentir-se ao abrigo da confrontação com a realidade. Em direção oposta, "A canção do pescador",[33] do Barão de Paranapiacaba, deleita-se na comparação de atributos físicos da mulher com signos concretos do mar, extraindo do campo metonímico do pescador os elementos que comporão as metáforas da amada:

Ruiva conchinha da areia,
Fios de vivo coral,
Desmaiam ao pé do nácar
Dessa boca virginal.
Os teus dentes escurecem
Finas per'las em ramal.[34]

Álvares partiu de um termo marítimo (onda) conotador de fugacidade para, através dele, atingir uma concepção também etérea e volátil do feminino (anjo). Paranapiacaba partiu da corporalidade feminina e, para reforçá-la ainda mais, recorreu a uma imagística marinha fundada na solidez (concha, coral, pérola).

---

[31] Azevedo (1962, p. 48).

[32] Azevedo (1962, p. 49).

[33] In: Paranapiacaba (1910).

[34] Paranapiacaba (1910, p. 62).

Casimiro de Abreu, cuja profundidade poética é propícia à navegação costeira, apresenta em toda a sua obra um único título relacionado a nosso tema. Trata-se de "Palavras no mar",[35] que, excetuando-se o dado contextual de ter sido eventualmente escrito próximo ao oceano, em nada mais justifica a referência marinha. Fossem palavras ao vento, ao espelho ou ao travesseiro, o leitor não perceberia qualquer diferença:

[...] Oh! Se eu pudesse
Hoje – sequer –
Fartar desejos
Nos longos beijos
Duma mulher!...[36]

O oceano como objeto de indagação filosófica compõe o bloco mais numeroso do motivo marinho na poesia romântica brasileira, e talvez o de tratamento mais homogêneo. Em geral o poeta, diante do mar, canta-lhe a grandeza cósmica; louva-lhe a força e a rebeldia; lembra-se de Deus, e afirma que diante d'Ele o próprio mar se curva, ainda que, loucamente, ouse desafiá-lo com o arrojo das ondas. Com frequência, para realçar-lhe a magnitude, o mar é expresso como oceano. Também aqui não há marcas que o individualizem, pois se o mar é (talvez) brasileiro o oceano é (certamente) Atlântico; sua dimensão física alça-se à metafísica do divino, e é nesse outro patamar que ele adquire sua efetiva significação. O mais conhecido texto dessa vertente é "O mar",[37] de Gonçalves Dias, que abre a seção de "Hinos" dos *Primeiros cantos*. Suas dez estrofes em decassílabos e hexassílabos brancos estabelecem, de certo modo, o padrão pelo qual a (des)medida do oceano será celebrada pela maioria dos românticos subsequentes. Destaquemos alguns versos: "Oceano terrível, mar imenso/ De vagas procelosas que se enrolam"; "E esse rugido teu sanhudo e forte/ Enfim medroso escuto!"; "Ó mar, o teu rugido é um eco incerto/ Da criadora voz, de que surgiste"; "És poderoso sem rival na terra"; "Mas nesse instante que me está marcado/ [...] Irei tão alto, ó mar, que lá não chegue/ Teu sonoro rugido".[38] A observar que o compasso pelo qual se pauta

---

[35] In: Abreu (1961).

[36] Abreu (1961, p. 163).

[37] In: Dias (1957).

[38] Dias (1957, p. 41).

a mensuração do mar é integralmente tecido por imagens que remontam a um mundo abstraído da História. Espaço em que as forças naturais travam combate, e, acima delas, as forças sobrenaturais, de Deus e da alma, voejam vitoriosas.

No mesmo diapasão, uma difusa paráfrase bíblica do *fiat* divino encontra-se em "Hino da criação",[39] de Aureliano Lessa, onde o próprio mar desvela, em 1ª pessoa, os mistérios de seu poder:

> A minha informe amplidão
> Do infinito é tosca imagem,
> O brado é minha linguagem
> No hino da criação!
> Pra render minha homenagem,
> Tento aos astros me arrojar,
> E sobre mil escarcéus
> Louvar o Senhor nos céus...
> Mas quebra os arrojos meus
> Do Senhor um só olhar![40]

Notemos que sempre alguma coisa *falha*, seja no oceano gonçalvino, que é derrotado pelo grão de areia, seja no mar de Lessa, que não atinge as alturas. Essa falha é a brecha por onde penetra a instância divina. O mar é arremedo de uma força maior e, mesmo sem galgar o céu, já é poderoso o suficiente para impor-se ao homem. É o que lemos em Fagundes Varela, que, todavia, introduz a História ali onde Gonçalves Dias enxergara unicamente a natureza. Em todas as estrofes de "O mar",[41] o drama humano – de cobiça, de delírio, de audácia – é contraposto à força do oceano, em que o poeta louva não apenas o caráter indomado, mas também a capacidade de sobreviver à insânia e às paixões terrenas: "Sacode as vagas do teu dorso imenso,/ Oh profundo oceano"; "O que é feito de Roma, Assíria e Grécia,/ Cartago, a valorosa? As vagas tuas/ Lambiam-lhe os muros"; "Tudo esb'rou-se, se desfez em cinzas"; "Só tu, oh mar, sem termos, imutável/ [...] Ruges, palpitas sem grilhões nem peias!".[42]

---

[39] In: Lessa (1909).

[40] Lessa (1909, p. 65).

[41] In: Varela (1962).

[42] Varela (1962, p. 207).

Enquanto o discurso de Gonçalves Dias pauta-se pelo tom entre reverencial e temeroso, Varela proclama sua identificação com o mar por nele vislumbrar um mesmo caráter de independência (ou, até, de arrogância):

> [...] Amo-te assim, oh mar, porque minh'alma
> Vê-te imenso e potente, desdenhoso
> Rindo às quimeras da cobiça humana!
> Amo-te assim! Ditoso no teu seio
> Zombo do mundo que meu ser esmaga,
> Sou livre como as vagas que me cercam
> E só a tempestade e a Deus respeito.[43]

É particularmente vigorosa a antepenúltima estrofe do texto, com sua sucessão de gerúndios sobrelevando a capacidade defensiva e agressiva do oceano:

> [...] Amo-te horrível,
> Arrogante e soberbo, repelindo
> Os furacões que roçam-te nas crinas,
> Quebrando a asa de fogo que das nuvens
> Procura-te domar, batendo a terra
> Com teus flancos robustos, levantando
> Triunfante e feroz no tredo espaço
> A cabeça vendada de ardentias![44]

Álvares de Azevedo, em "Crepúsculo do mar",[45] retoma a perspectiva de Gonçalves Dias ("Só a ideia de Deus e do infinito/ No oceano boiava"[46]), mas, como de praxe, sob a égide de um discurso da desistência, em que a imagem do mundo surge esmaecida e desvitalizada, mar de átonos murmúrios, não de rugidos abissais. Poesia do estado sonambúlico, em que até "as nuvens do céu voam dormindo".[47]

---

[43] Varela (1962, p. 209).

[44] Varela (1962, p. 209).

[45] In: Azevedo (1962).

[46] Azevedo (1962, p. 79).

[47] Azevedo (1962, p. 81).

Mas é num autor hoje esquecido, Moniz Barreto, que encontraremos o bastante original "Ao mar".[48] O poeta interpela o oceano, e, em dura reprimenda, censura-o por engolir tesouros e por ousar medir-se com Deus. Como castigo, adverte, poderá ser transformado num reles riacho. Além disso, o mar quis interpor-se ao progresso e à ciência, e falhou na tentativa:

> bem sabes que cedeste reverente
> das lusitanas glórias à passagem
> pelo atrevido timoneiro Gama!
> É que, sendo tão grande para um globo,
> és ainda pequeno para o gênio![49]

Pela primeira vez afirma-se que o mar pode ser vencido pela capacidade humana, sem recurso ao divino. E, num golpe de mestre(-escola), Barreto lança uma derradeira ameaça: se o mar insistir em comportar-se mal, o navegante o abandonará, trocando o perigo das ondas pela segurança de um balão dirigível.

Não poderíamos concluir esta amostragem sem referência à poesia de Sousândrade, autor, dentre outras obras, das *Harpas selvagens*,[50] cujo canto XXIV se denomina "Fragmentos do mar", espraiados por 44 páginas do volume. Os "Fragmentos", a rigor, mesclam todos os temas aqui apontados, revelando um sujeito multifacetado que oscila da mais exata referência geográfica ao delírio perceptivo mais exacerbado. Narrando uma viagem da França ao Brasil, com escalas em Portugal, o poeta, em ásperos decassílabos brancos, viaja também em busca de seu passado e de mitos imemoriais, num roteiro em que se fazem presentes uma intensa erotização da natureza, a luta do espírito de Byron contra o anjo-Lamartine e a concepção do mundo como um projeto abandonado por Deus. Sousândrade visiona ainda a criação do universo, o surgimento de Adão e Eva, e imagina a morte do oceano, fulminado pela dúvida (compartilhada pelo narrador) de não saber quem é, nem o que virá a ser. O poeta não deixa também de lamentar a vacuidade do sonho:

---

[48] In: Barreto (1868).

[49] Barreto (1868, p. 114).

[50] In: Sousa Andrade (1857).

[...] E eu sonhava: e eu vi-me solitário,
Olhando o espaço balançando estrelas.

E esses sonhos que eu via, onde já foram
Da apaixonada aurora? E foi-se o dia:
E eu que fui? E amanhã, quando outro sol
Lançando-se em seu voo arrebatado
D'água que se abre para o cume azul
Novos sonhos prestar-me e nova esp'rança,
Que eu serei amanhã, nesse outro dia?...
Eu não tenho amanhã: minha existência
Toda acabo sempre hoje, embora triste,
Mais triste o meu porvir me aterra sempre.[51]

Finalmente, na clave de Gonçalves Dias, entoa o canto de retorno à pátria, até perfazer a comunhão mística entre si mesmo e a matéria da terra natal:

[...] Deus, ó Deus!
Nas águas deste mar lava a minha alma,
Ao lado de meus pais deixa o meu corpo
Nesta hora de rever o Maranhão,
As minhas terras, minhas ondas glaucas
E o meu sol do equador, meu céu, minh'alma
Que é tudo isto que forma a minha pátria![52]

Partamos deste ponto para retornarmos a outra origem, ou seja, à pergunta inicial deste trabalho: por que o mar é relativamente escasso no imaginário do nosso Romantismo? Para respondê-la, recordemo-nos da prosa poética de *Iracema*,[53] de José de Alencar, em que o protagonista parece cindido entre dois polos: a força centrífuga do capítulo I, na coragem de lançar-se aos "Verdes mares bravios"[54]; e a força imantadora do capítulo II, que aponta para "Além, muito além daquela serra, que ainda azula no horizonte".[55] Mas quem ocupa a jangada

---

[51] Sousa Andrade (1857, p. 124).

[52] Sousa Andrade (1857, p. 137).

[53] Alencar (1979).

[54] Alencar (1979, p. 11).

[55] Alencar (1979, p. 12).

alencarina é Martim Soares Moreno, de volta à sua origem lusa. Assim, como também ocorre na "Canção do exílio" de Gonçalves Dias e nos "Fragmentos" de Sousândrade, comemora-se menos o mar do que o fato de *sair dele*. E aqui aproximamo-nos do âmago da questão. Em geral, o mar que se celebra é mar de partida, cheio de fascínio e de promessas diante do desconhecido. E o mar brasileiro é um mar de chegada, marco de uma história alheia que nele semeou seus signos opostos: a opulência vitoriosa do europeu e a degradação do escravo africano. Oceano da dominação e da vergonha, contraindicado para aglutinar os projetos, tão caros aos românticos, de afirmação nacionalista de um "grande povo". Conforme vimos, Castro Alves pediu a Colombo que fechasse a porta de seus mares. De costas para o mar travado, e ávido para lançar-se ao que se oculta além, muito além daquela serra, o poeta não precisou da aventura marinha para cultivar um imaginário de afirmação e conquista. Como um marinheiro a seco e às avessas, navegou no desejo, talvez frustrado, de fazer em terra firme a construção desse sonho sempre instável e inacabado que leva o nome de Brasil.

Referências

ABREU, Casimiro de. *Poesias completas*. 3. ed. São Paulo: Saraiva, 1961.

ALENCAR, José de. *Iracema*. 2. ed. Rio de Janeiro: Livros Técnicos e Científicos, 1979.

ALVES, Castro. *Poesias completas*. São Paulo: Saraiva, 1953.

AZEVEDO, Álvares de. *Poesias completas*. 2. ed. São Paulo: Saraiva, 1962.

BARRETO, Moniz. *Cantos d'aurora*. Rio de Janeiro: Laemmert, 1868.

DIAS, Gonçalves. *Poesias completas*. 2. ed. São Paulo: Saraiva, 1957.

GUIMARÃES, Bernardo. *Poesias completas*. Rio de Janeiro: INL/MEC, 1959.

LESSA, Aureliano. *Poesias póstumas*. 2. ed. Belo Horizonte: Beltrão & Comp., 1909.

PARANAPIACABA, Barão de. *Poesia e prosa seletas*. Rio de Janeiro: Leuzinger, 1910.

PORTO-ALEGRE, Manuel de Araújo. *Colombo*. Rio de Janeiro: B. L. Garnier, 1866. 2 vol.

SAMPAIO, Bittencourt. *Flores silvestres*. Rio de Janeiro: B. L. Garnier,1860.

SOUSA ANDRADE, Joaquim de. *Harpas selvagens*. Rio de Janeiro: Laemmert, 1857.

VARELA, Fagundes. *Poesias completas*. 2. ed. São Paulo: Saraiva, 1962.

Gonçalves Dias:
poesia e etnia

Em *Evolução da poesia brasileira* Agripino Grieco escrevia: "É pena que hoje quase não leiamos Gonçalves Dias. Julgamo-nos quites com o portentoso escritor porque demos seu nome a uma rua de péssima arquitetura. Citamos-lhe o nome, é certo, mas não o lemos; respeitamo-lo de longe, sem tocar nele".[1]

De fato, o poeta é pouco lido: a última edição de sua obra reunida data de 1998, organizada por Alexei Bueno. E, de fato, é bastante citado: hoje (2 de janeiro de 2016) dispõe de 550 mil entradas no Google. Não atinge as 744 mil de Castro Alves, mas, ainda assim, alcança montante nada desprezível.

Se é esse o panorama atual, não seria exagero afirmar que em seu século, o XIX, ele foi muito lido, alcançou sucessivas reedições e recebeu a láurea de "poeta nacional" – o primeiro grande poeta indiscutivelmente brasileiro, para além da luso-brasilidade, no século XVIII, de Cláudio Manuel da Costa e de Tomás Antônio Gonzaga. Com seus *Primeiros cantos* (1846), de algum modo confere identidade à poesia do país, a partir do marco zero que é a "Canção do exílio". A carta de Pero Vaz emitiu nossa certidão de nascimento, ao passo que a "Canção" simboliza a carteira de identidade. Certidão emitida por um outro, pela instância paterna, enquanto a carteira corresponde a gesto autônomo da afirmação adolescente do sujeito.

No processo de valorização de Gonçalves Dias, é importante assinalar o papel desempenhado pela Academia Brasileira de Letras. Em 1943, a instituição publicou um conjunto de palestras oriundas de curso sobre Camões. Cinco

---

[1] Grieco ([s.d.], p. 27).

anos depois, editou um segundo livro – em louvor de Gonçalves Dias. O livro de 1948 reuniu conferências proferidas em 1943, na sequência imediata do ciclo camoniano. Dentre outros expositores, citem-se Roquette-Pinto, Guilherme de Almeida e Manuel Bandeira – este, aliás, um dos maiores cultores do vate maranhense, tendo organizado, em 1944, uma extraordinária edição crítica de sua poesia, infelizmente nunca reeditada. Lançou ainda, em 1952, uma biografia do poeta, baseada no até hoje insuperável trabalho *A vida de Gonçalves Dias*, de Lúcia Miguel Pereira, de 1943. Tal ano, aliás, marcou os 120 de nascimento do poeta, nascido em 10 de agosto de 1823. A independência da província do Maranhão fora proclamada duas semanas antes, a 28 de julho de 1823. Portanto, numa feliz coincidência, nasciam praticamente juntos o Maranhão livre e o futuro cantor dessa liberdade.

Cronologicamente não foi nosso primeiro poeta romântico, antecedido por dois outros, de muito menor talento, que também gravitaram na órbita do mecenas Dom Pedro II: Gonçalves de Magalhães e Araújo Porto-Alegre. Se os três representaram a poesia do Império, apenas Gonçalves Dias representa o império da poesia, com seus caminhos e mecanismos específicos, que por vezes contestam e ludibriam a própria ideologia imperial que supostamente deveriam reverenciar.

Gonçalves Dias: enormes inteligência, sensibilidade e erudição abrigadas num pequeno corpo de 1,50 m. Filho natural de comerciante português e de mestiça, ele, de ascendência indígena, e muito provavelmente de sangue também africano, dominava, além do idioma luso, o francês, o inglês, o espanhol, o italiano, o alemão e o latim. Integrou comissões de etnografia, com pesquisas de campo no Rio Negro. Escreveu *O Brasil e a Oceania*. Elaborou um dicionário da língua tupi.

No âmbito, porém, de nossa investigação, interessa a presença do outro/ dos outros culturais no terreno da poesia, que decerto se beneficia do saber do etnógrafo, mas o reelabora na instância da arte: de que modo Gonçalves Dias reprocessou a alteridade das culturas, em especial as indígenas, ao longo de sua produção poética? Desde logo ressaltemos que, se o elemento silvícola ocupou o centro de suas indagações, o africano não foi esquecido. Fez-se presente no poema "A escrava", espécie de "Canção do exílio" de uma africana a sonhar com o Congo, e também na prosa poética de *Meditação*, escrita em 1846.

Publicou em um quinquênio, dos 23 aos 28 anos de idade, o que se considera como o mais relevante de sua obra: os *Primeiros cantos*, de 1846, os *Segundos cantos*, de 1848, e os *Últimos cantos*, de 1851.

Gonçalves Dias: poesia e etnia 63

Curiosamente, o poeta considerado iniciador do lirismo brasileiro obteve enorme acolhida e sucesso no antigo país colonizador. Data de 1847 um consagrador artigo de Alexandre Herculano, saudando os *Primeiros cantos*. Sucedem-se no louvor, entre outros, Pinheiro Chagas, Ramalho Ortigão, Camilo Castelo Branco... Nada menos do que 27 autores lusos o citaram e estudaram, de acordo com o levantamento de Maria Eunice Moreira, em *Gonçalves Dias e a crítica portuguesa do século XIX* (2010). Tal afinidade se explica pelo fato de, no conjunto da produção de nossos grandes românticos, a forma de Gonçalves Dias ser a mais próxima do padrão linguístico lusitano. Daí decorre em sua obra a convivência entre conteúdo nacional e parâmetros morfossintáticos lusitanos. Desse ponto de vista, e ao revés da política, o grito em relação a Portugal era "Dependência ou morte". Somente com a segunda geração romântica, a de Álvares de Azevedo, ocorrerá certo abrasileiramento de linguagem, maior flexibilidade na colocação dos pronomes átonos – recursos rechaçados pela vigilância de ferozes gramáticos lusos ou pró-Portugal, sob a pecha de erros, descuidos e frouxidão versificatória. Não por acaso, em fins do século XIX, o Parnasianismo será defensor da obediência à gramática lusitana. Olavo Bilac, um dos membros fundadores da Academia Brasileira de Letras, escolherá como patrono de sua cadeira Gonçalves Dias, nele enxergando a expressão mais acabada de pureza e correção da língua literária do Romantismo no Brasil.

Retornemos ao livro inicial, de 1846. O primeiro poema da primeira seção de *Primeiros cantos* é exatamente a "Canção do exílio", estrategicamente situada no pórtico do segmento intitulado "Americanas". Esse vocábulo, no século XIX brasileiro, reportava-se à especificidade da natureza tropical e do indígena, habitante original do Novo Continente. Mais tarde, em 1875, *Americanas* seria também o título de livro de poemas indianistas de Machado de Assis, que comporta uma peça em honra à memória de Gonçalves Dias. A reverência ao escritor, elevado ao patamar de "poeta nacional", estendeu-se, aliás, ao longo do século retrasado, conforme podemos observar na imagem-homenagem de Angelo Agostini, de 1882: a representação macrocéfala do autor inserida num painel americano, isto é, integrado pela paisagem tropical e por um índio. No canto superior direito, a palmeira e o sabiá. É possível que o desenho de Agostini tenha sido a fonte inspiradora de famoso verso de "O trovador", de *Pauliceia desvairada* (1922). Nele, declara Mário de Andrade: "Sou um tupi tangendo um alaúde"[2] – exatamente o que se vê na imagem.

---

[2] Andrade (1922, p. 45).

Gonçalves Dias, por Angelo Agostini, 1882

O terceiro poema de *Primeiros cantos* intitula-se "O canto do piaga" ("piaga" significa "pajé"), a rigor um contracanto, discurso premonitório das mazelas e destruições que o colonizador europeu imporia aos povos americanos: "Não sabeis o que o monstro procura?/ Não sabeis a que vem, o que quer?/ Vem matar vossos bravos guerreiros,/ Vem roubar-vos a filha, a mulher./ [...] Vem trazer-vos algemas pesadas,/ Com que a tribo Tupi vai gemer;/ Hão-de os velhos servirem de escravos/ Mesmo o Piaga inda escravo há de ser!/ [...] Ó desgraça! Ó ruína! Ó Tupá!".[3] Discurso nada conciliatório, oposto à noção de consórcio de raças que, mais tarde, José de Alencar defenderia; aqui se trata praticamente da declaração de um genocídio, decorrente da chegada do "monstro" (navio) estrangeiro.

Os *Segundos cantos* contêm um importante e longo poema indianista, "Tabira". Como os *Primeiros cantos*, os *Últimos* se abrem com uma seção nomeada "Americanas". Nela se reúnem algumas das obras-primas ameríndias de Gonçalves Dias: o épico "I-juca-pirama", os líricos "Leito de folhas verdes" e "Marabá", que representa a mameluca ou cabocla, fruto da união entre a índia e o europeu. O poeta assinala o sofrimento da mulher simultaneamente excluída dos espaços do indígena e do branco. Como manifestação de um despertencimento cultural, a mestiça habita um hiato, o entrelugar do desabrigo: "Meu

---

[3] Dias (1998, p. 110).

colo de leve se encurva engraçado/ Qual hástea pendente do cactos em flor;/ Mimosa, indolente, resvalo no prado,/ Como um soluçado suspiro de amor./ [...] Meus loiros cabelos em ondas se anelam,/ O oiro mais puro não tem seu fulgor;/ [...] Mas eles respondem: 'Teus longos cabelos/ São belos, são loiros,/ Mas são anelados, tu és Marabá'".[4] Ela porta, assim, o estigma de uma dupla recusa, a do colonizador e a do colonizado. Na história da pintura brasileira, a mais famosa composição do tema se deve a Rodolfo Amoedo, cuja tela *Marabá*, de 1882, hoje integra o acervo do Museu de Belas Artes do Rio de Janeiro. O quadro estampa um conceito de beleza traduzido em opulentas formas femininas; à semelhança do que expressa o texto gonçalvino, a tela apresenta uma mulher de colo encurvado, com longa, mas nem tão loura, cabeleira anelada.

Marabá. Óleo sobre tela, por Rodolfo Amoedo, 1882

No poema, ocorre uma dupla prática da alteridade: não apenas étnica, quando o autor dá voz ao outro, mestiço e marginal – mas também de gênero, quando ouve-se a enunciação de uma outra sexual. Esse processo de despersonalização, de esvaziamento do ego, para, prismaticamente, observar e absorver as diferenças, é o oposto da concepção, cara aos românticos, de um sujeito lírico inteiriço e hegemônico, cujos textos espelhariam diretamente o mesmo e reiterado autor-personagem. Para valer-me de expressão que certa feita ouvi

[4] Dias (1998, p. 393).

do psicanalista MD Magno, noto que Gonçalves Dias, ao esvaziar-se de si, transforma-se num "alterofilista", sem "h": em vez de erguer halteres, cuida de levantar alteridades.

A insatisfação do desejo feminino reaparece em "Leito de folhas verdes",[5] sem, todavia, revestir-se do componente de choque cultural que marcou "Mara-bá": o texto se reporta apenas à etnia ameríndia. É composto por nove quadras em decassílabos brancos. Uma indígena aguarda em vão, durante a noite, a chegada do amante:

> Por que tardas, Jatir, que tanto a custo
> À voz do meu amor moves teus passos?
> Da noite a viração, movendo as folhas,
> Já nos cimos do bosque rumoreja.
>
> Eu sob a copa da mangueira altiva
> Nosso leito gentil cobri zelosa
> Com mimoso tapiz de folhas brandas,
> Onde o frouxo luar brinca entre flores.
>
> Do tamarindo a flor abriu-se há pouco,
> Já solta o bogari mais doce aroma!
> Como prece de amor, como estas preces,
> No silêncio da noite o bosque exala.
>
> Brilha a lua no céu, brilham estrelas,
> Correm perfumes no correr da brisa,
> A cujo influxo mágico respira-se
> Um quebranto de amor, melhor que a vida!
>
> A flor que desabrocha ao romper d'alva
> Um só giro do sol, não mais, vegeta:
> Eu sou aquela flor que espero ainda
> Doce raio do sol que me dê vida.
>
> Sejam vales ou montes, lago ou terra,
> Onde quer que tu vás, ou dia ou noite,
> Vai seguindo após ti meu pensamento;
> Outro amor nunca tive: és meu, sou tua!

---

[5] Dias (1998, p. 377).

Meus olhos outros olhos nunca viram,
Não sentiram meus lábios outros lábios,
Nem outras mãos, Jatir, que não as tuas
A arazoia na cinta me apertaram.

Do tamarindo a flor jaz entreaberta,
Já solta o bogari mais doce aroma;
Também meu coração, como estas flores,
Melhor perfume ao pé da noite exala!

Não me escutas, Jatir; nem tardo acodes
À voz do meu amor, que em vão te chama!
Tupã! lá rompe o sol! do leito inútil
A brisa da manhã sacuda as folhas!

Há algo de marcadamente "teatral" na montagem do texto. Podemos lê-lo como a materialização de um "teatro da natureza", concebido, a princípio, para acolher um diálogo entre dois personagens-atores. A ausência de um deles acaba transformando-se em palco de involuntário monólogo. A estrofe 1 registra o atraso de um dos "atores" da cena amorosa ("Por que tardas, Jatir [...]?"). O burburinho da "plateia", nos momentos anteriores ao início da "récita", expressa-se no rumorejar das folhas pelo efeito da viração. É de notar que os elementos naturais desempenham várias funções no "espetáculo": ora na plateia, ora no palco, ora nos bastidores. Na estrofe 2, a mangueira e as folhas compõem o cenário onde o ato (também sexual) deveria ocorrer, segundo desejável roteiro. Cabe ao luar o papel de (discreto) iluminador do palco, emitindo frouxa luminosidade para não expor com crueza o que, sob a mangueira e sobre o tapete, decerto ocorreria, com a entrada em cena do segundo ator. Na preparação do enlace amoroso, a natureza, dadivosa, é cúmplice e pródiga em estímulos sensoriais – auditivos ("rumoreja"), olfativos ("o bosque exala", "perfumes"), visuais ("brilham estrelas"). A alegoria do feminino representado pela flor à espera da fecundação pelo masculino ("sol que me dê vida", estrofe 5) introduz o estímulo tátil/térmico, ao mesmo tempo em que expressa a flor-mulher como ser dependente do sol-homem, submissa, portanto, às injunções do masculino. Isso se patenteia na estância seguinte, pelo emprego sintomático de uma preposição: a protagonista não declara que vai *ao lado de*, ou *com* Jatir, e sim que segue *"após* ti meu pensamento". Posição secundária que se dissemina em todas as faces da natureza: a descensional dos "vales", a ascensional de "montanhas", a sólida da "terra" ou a líquida dos "lagos". O que, à primeira leitura, poderia indicar um pacto de fidelidade ("és meu, sou tua"), mal camufla seu latente sentido: o da afirmação *unilateral* do amor e da fidelidade, em que rigorosamente nada deixa entrever a reciprocidade. Com efeito, se "Outro amor nunca tive", como assegurar que o mesmo ocorria com Jatir? Se a reciprocidade não se demonstra, revela-se falseada a conclusão: "és meu, sou tua". A personagem só pode assegurar a veracidade de cinquenta por cento da afirmação, a parte que lhe cabe na metade final do verso. A ilusão amorosa, porém, se alimenta da ignorância: supõe que, ao pertencer ao outro ("sou tua"), o outro também lhe pertence ("és meu"). O real desfaz inteiramente essa fantasia, pois toda a estrofe seguinte compõe-se apenas de variações do "sou tua" ("Meus olhos outros olhos nunca viram,/ Não sentiram meus lábios outros lábios"), sem que em nenhum momento compareça qualquer vestígio do "és meu".

Assim como a flor, na estrofe 3, antecipara a expectativa da entrega ("a flor abriu-se"), agora, na quadra 8, há o retorno do signo para indiciar a frustração do desencontro ("a flor jaz entreaberta"). Jazendo sem uso, não mais de todo aberta, a flor amorosa é forçada a declinar. Impõe-se o cancelamento definitivo do espetáculo, pelo não comparecimento do ator-protagonista. O aguardado diálogo do desejo transforma-se no indesejado monólogo da frustração. O leito, antes "gentil" (estrofe 2), torna-se "inútil". Ainda aqui a natureza se revela cúmplice: antes ajudara a montar o cenário, auxilia agora a desfazê-lo. A lânguida "viração da noite" cede passo à pragmática "brisa da manhã"; ela cuida de dissipar o leito de folhas verdes, uma vez que "lá rompe o sol". O amor romântico não se coaduna com a luz solar. O poema se encerra pela conscientização de duas perdas: a do amado e a da esperança.

A poesia de Gonçalves Dias, porém, não termina com os *Últimos cantos*, apesar do título. Publicaria ainda, em 1857, os fragmentos do épico *Os timbiras*, e versejaria esparsamente até a morte, em 1864, numa produção reunida em *Versos póstumos*.

Dois anos antes de falecer, defrontara-se com o boato de sua morte. Em carta datada de 23 de agosto de 1862, observou: "Vi nos jornais que eu tinha morrido, li as minhas necrologias! Estou morto! Não há dúvida mais certa. Atiraram-me às ondas. O oceano é o único túmulo digno de um poeta. Estou melhor depois da minha morte. [...] vou cuidar da impressão das minhas obras póstumas".[6] A carta revela a impressionante premonição de que ele encontraria

---

[6] Dias (1998, p. 1121).

seu fim nas águas do mar, o que de fato viria a ocorrer em 3 de novembro de 1864. Em outra correspondência, escrita poucos dias antes de embarcar na viagem derradeira, volta a flertar com o perigo e a vaticinar a própria morte, elaborando, inclusive, um esboço de testamento: "Dizem-me que há um navio a sair no dia 10 do corrente. Se há, vou nele. Em princípios de outubro devo lá estar, se não ficar no mar. Irá também a ti ou a tua ordem uma letra de 2 contos e tantos. No caso de alguma catástrofe, o dinheiro é para o Teófilo. Os Retratos ficam para a Biblioteca. Os manuscritos manda-os para o Instituto".[7] No naufrágio em que sucumbiu, já na costa brasileira, perderam-se todos os seus manuscritos, e aqui a História é diversa da lenda camoniana. Camões teria salvo a nado o manuscrito de *Os lusíadas*. O mar engoliu os originais completos de *Os timbiras*, deixando para sempre inconclusa a epopeia de Gonçalves Dias.

A última carta foi escrita em setembro de 1864. Mas qual teria sido o poema derradeiro? Trata-se de "Minha terra", um texto singelo, datado de junho do mesmo ano. Nele, o poeta reafirma a necessidade de voltar ao lugar de origem, mas essa origem não é geográfica, ou somente geográfica: é textual. A rigor, o último poema quer retornar ao primeiro, reescrevendo-se de novo, como outra "Canção do exílio". Nessa operação de retorno, o texto de 1864 apropria-se, até, das duas palavras que abriam o texto-matriz: "Minha terra". O poema final ata-se à primeira ponta do poema inicial. O escritor regressa ao mesmo tempo a uma terra e a um texto, na medida em que o poema é o efetivo berço do poeta, o espaço onde ele não cessa de nascer e renascer a cada nova leitura.

No epílogo de "Minha terra", o escritor declarou: "Pois do que por fora vi/ A mais querer minha terra/ E minha gente aprendi".[8] Espero que, contrariando o desencantado juízo de Agripino Grieco, aprendamos a mais querer o discurso poético de Gonçalves Dias, fazendo com que ele consiga soar e sobreviver a todos os naufrágios da memória brasileira.

Referências

ANDRADE, Mário de. *Pauliceia desvairada*. São Paulo: Casa Mayença, 1922.

DIAS, Gonçalves. *Poesia e prosas completas*. Rio de Janeiro: Nova Aguilar, 1998.

GRIECO, Agripino. *Evolução da poesia brasileira*. 2. ed. Rio de Janeiro: H. Antunes, [s.d.].

---

[7] Dias (1998, p. 1143).

[8] Dias (1998, p. 704).

Álvares de Azevedo:
Morfeu & a musa

1

As lágrimas vertidas na poesia de Álvares de Azevedo (1831-1852) dariam para encher um tonel. Maior representante do nosso Ultrarromantismo, o poeta, se não atinge a estatura do predecessor Gonçalves Dias e a do sucessor Castro Alves, representa, acima de todos, a figura do poeta-sofredor, imerso em devaneios e desilusões, e é essa caracterização, afinal, que acaba se confundindo, na percepção do leitor comum, com a própria imagem do artista romântico.

Mas, se gerou muita poesia, a vida de Álvares certamente não daria um romance: família paulista radicada no Rio de Janeiro, estudos de Direito em São Paulo, algumas farras, poucas musas, queda de um cavalo, doença, e a morte, por enterite, antes dos 21 anos. Na Pauliceia provinciana de meados do século XIX, nosso poeta lia bastante – e produzia mais ainda, compulsivamente. No curto espaço de sua existência, deixou vasta obra, praticamente toda de publicação póstuma, e afixou a máscara de sofredor e amante infeliz em boa parte dos poemas de seu mais famoso livro, a *Lira dos vinte anos*.

Além disso, produziu ficção, ensaios literários e manteve correspondência com os familiares (sobretudo com a mãe) no Rio de Janeiro. Pelas cartas, podemos saber um pouco das modas e dos salões paulistanos de então, que Álvares descreve com minúcia e alguma ironia. Na ficção, foi autor do lúgubre *Noite na taverna*, obra muito lida, editada e parafraseada, gerando imitações até por parte de um Fagundes Varela; é narrativa recheada de castelos, crimes, adultérios, necrofilia, incesto e até antropofagia (a literal, não a oswaldiana).

Escreveu ainda *Macário*, que Antonio Candido situa entre suas melhores realizações. Sobretudo, devemos a Álvares a consolidação de um registro linguístico mais brasileiro, diverso do padrão ainda lusófono da primeira geração romântica, e que mais tarde, os rígidos parnasianos, injustamente, recriminariam como linguagem desleixada. Apesar de confessadamente discípulo e leitor voraz de Byron, Victor Hugo e Musset, foi Álvares quem, de certo modo, propiciou que a poesia brasileira se autorreferenciasse: pouco após sua morte, já se torna bastante elevado o número de jovens escritores que escolhem epígrafes azevedianas para seus poemas, em substituição à compulsória utilização de língua estrangeira.

Com a primeira publicação, já póstuma, de suas obras (em dois volumes, de 1853 e 1855), pode-se dizer que Azevedo acedeu de imediato a nosso cânone. Sucederam-se as edições, eventualmente acrescidas de textos que iam sendo localizados. Digna de menção especial foi a oitava, de 1942, a cargo de Homero Pires, que, apesar de conter erros tipográficos e algumas imprecisões (agravadas pela quase inexistência de originais do poeta), representou um notável esforço para o estabelecimento de um *corpus* fidedigno de Álvares, incluindo também, pela primeira vez, *O livro de Fra Gondicário*.[1] Igualmente meritória é a edição crítica *Poesias completas*,[2] a cargo de Péricles Eugênio da Silva Ramos.

No livro *Risos entre pares*,[3] Vagner Camilo, em seção dedicada a Álvares, assinala certeiramente os limites da conexão azevediana com o sublime e o grotesco, ao demonstrar que, contrariamente aos preceitos de Victor Hugo no prefácio de *Cromwell* (a mais famosa carta de intenções da estética romântica), nosso poeta opera alternada e não simultaneamente com os dois conceitos, esvaziando-os, em consequência, da tensão do choque. Assim, Camilo, de modo cabal, demonstra em "É ela! É ela! É ela! É ela!" e em "Namoro a cavalo" a vigência de marcas preconceituosas e classistas vazadas em tom cômico e sem mescla estilística, a léguas da consciência problematizada e problematizadora da efetiva ironia romântica. Segundo Camilo, a ascensão, em Álvares, do cômico ao patamar sofisticado do *humour* teria sido plenamente efetivada em "Ideias íntimas". Na excelente leitura desse poema, Vagner acompanha a constituição do espaço físico dos aposentos do poeta e sua transmigração simbólica através das "viagens" do artista em contínuo transe e trânsito.

---

[1] In: Azevedo (1942, p.167 -233).

[2] Azevedo (2002).

[3] Camilo (1997).

Examinemos a seguir a suposta desestabilização dos valores românticos num dos mais afamados textos do artista. Vazado em dez quadras de decassílabos brancos, o poema encerra a segunda parte da *Lira dos vinte anos*, concebida pelo poeta como uma espécie de contestação aos valores idílicos e idealizados da parte inicial, quando, a rigor, tais valores permanecerão, travestidos sob a capa do riso ou da irreverência.

2

É ela! É ela! É ela! É ela!

É ela! é ela! – murmurei tremendo,
E o eco ao longe murmurou – é ela!
Eu a vi – minha fada aérea e pura –
A minha lavadeira na janela!

Dessas águas-furtadas onde eu moro
Eu a vejo estendendo no telhado
Os vestidos de chita, as saias brancas;
Eu a vejo e suspiro enamorado!

Esta noite eu ousei mais atrevido
Nas telhas que estalavam nos meus passos
Ir espiar seu venturoso sono,
Vê-la mais bela de Morfeu nos braços!

Como dormia! que profundo sono!...
Tinha na mão o ferro do engomado...
Como roncava maviosa e pura!...
Quase caí na rua desmaiado!

Afastei a janela, entrei medroso:
Palpitava-lhe o seio adormecido...
Fui beijá-la... roubei do seio dela
Um bilhete que estava ali metido...

Oh! decerto... (pensei) é doce página
Onde a alma derramou gentis amores;
São versos dela... que amanhã decerto
Ela me enviará cheios de flores...

Tremi de febre! Venturosa folha!
Quem pousasse contigo neste seio!
Como Otelo beijando a sua esposa,
Eu beijei-a a tremer de devaneio...

É ela! É ela! – repeti tremendo;
Mas cantou nesse instante uma coruja...
Abri cioso a página secreta...
Oh! meu Deus! era um rol de roupa suja!

Mas se Werther morreu por ver Carlota
Dando pão com manteiga às criancinhas,
Se achou-a assim mais bela, – eu mais te adoro
Sonhando-te a lavar as camisinhas!

É ela! é ela! meu amor, minh'alma.
A Laura, a Beatriz que o céu revela...
É ela! é ela! – murmurei tremendo,
E o eco ao longe suspirou – é ela![4]

A pouca afirmatividade do sujeito lírico já se insinua, na estrofe 1, pelo fato de ele emitir duas vezes "É ela", e o eco devolver-lhe apenas uma emissão. Ainda assim, ao captar um enunciado, o que ouve não é a voz de um outro, mas a própria, ecoada (mesmo que de modo frágil). O pretenso "diálogo" com a mulher não ocorrerá: haverá alguns simulacros dialógicos, sempre, todavia, sob a forma de monólogo, ressaltando um componente narcísico de que o eco foi a primeira demonstração.

A degradação da figura feminina, lado oposto de sua face idealizada, ocorre no texto por sucessivas justaposições de uma imagem "sublime" e de imediata releitura grotesca. Se um verso cria a expectativa positiva – "fada aérea e pura –, o seguinte o "traduz" no avesso simbólico de uma "lavadeira na janela".

A colisão contígua e não resolvida entre o registro do ideal e a "brutalidade" do elemento concreto reaparece na estrofe seguinte. O objeto que o poeta vê, e o faz suspirar enamorado, não é a langorosa virgem, mas uma mulher pobre em exercício de trabalho manual, bem diversa das vaporosas musas, que, a rigor, pouco mais fazem do que dormir. O trabalho (braçal!) pertenceria à ordem do masculino.

---

[4] Azevedo (2002, p. 1091-192).

O poeta situa-se na ordem do feminino: é ele quem, de seu cômodo ("águas-furtadas onde eu moro"), posta-se à janela, na espera da passagem do ser amado.

A seguir, estrofe 3, primeiro gesto "atrevido": não, com audácia, a ação de despertar a mulher, mas, apenas, a de contemplá-la adormecida. À barreira social soma-se a da diferença entre os dois estados (vigília/sono). Mais uma vez, o poeta ouvirá apenas a si mesmo: "telhas que estalavam nos meus passos". O poema apresenta a "musa" lavadeira nos braços de Morfeu, e o sono é outro vetor de distanciamento entre os enamorados, na medida em que o amante não ousaria aproveitar-se desse estado "indefeso" para o assédio à amada.

Na releitura rebaixadora e grotesca dos *topoi* idealizadores, a mulher (estrofe 4) não suspira: ronca. O poeta, em sucessivas configurações de atributos "femininos", antes acometido de tremor, agora chega ao desmaio. Nem o sono, que, afinal, igualaria todos os seres, escapa incólume: a mulher adormecida ostenta, qual escudo, o ferro de engomar, portando as marcas de sua origem social "rebaixada", e o apego ao instrumento de trabalho nas únicas horas em que poderia sentir-se livre.

O poeta é pressuroso em não despertá-la, para preservar a fruição unilateral da cena amorosa. Declara "Fui beijá-la...", mas não afirma a consumação do alardeado desejo. Em vez disso, opta por pilhá-la, furtando-lhe um bilhete.

A estrofe 6, na íntegra, opera na esfera da idealização, que o leitor já pressupõe, pelo andamento do texto, que deverá ser desfeita em breve. A notar que, inserido em buquê, o bilhete de amor, com que o poeta sonha, é outro atributo em geral vinculado a iniciativa masculina; no poema, cabe à lavadeira a peculiar iniciativa.

Na estrofe 7, em meio a duas reincidências de tremor, a evocação de personagem da "alta literatura" – Otelo – já prepara o terreno, pelo contraste, para novo rebaixamento da simples lavadeira. Quanto mais elevado o padrão de referência literária, mais objeto do ridículo a mulher se torna, pelas impertinentes e irônicas comparações que a cena suscita entre o ronco de uma lavadeira e o sono de Desdêmona. A observar, ainda, que uma leitura desatenta poderia sugerir que, finalmente, o poeta consumou o contato físico: "Eu beijei-a". Ocorre, porém, que o pronome oblíquo se reporta não à mulher, mas à folha que guardava no seio. Num viés triangular e fetichista, o poeta, envolve-se com algo a ela vinculado, externo, porém, a seu corpo.

Na estrofe 8, surge, acompanhada de novo tremor, a previsível leitura deceptiva do que idealmente seria uma "declaração de amor", "rebaixada" a um rol de roupa suja, tão "suja" quanto poderia ser a relação entre pessoas oriundas de mundos tão díspares.

A elevação do bilhete amoroso caricaturado em rol ganha nova figuração na estrofe 9: nela, o suposto amor do poeta e da lavadeira é alçado, comparativamente (como no caso de Otelo), ao patamar da grande literatura – agora o Werther goethiano, em suas desventuras com Carlota. Ora, os exemplos evocados, para além da caricatura contrastiva frente ao humilde ofício da mulher no poema de Álvares, apontam para situações de frustração amorosa, seja pelo assassinato da esposa, no caso de Otelo, seja pelo suicídio, no caso de Werther. Simulando a afirmação do desejo pela lavadeira, os exemplos de Álvares acabam por desmenti-lo, na convocação de personagens marcados pela irrealização afetiva.

É o que se constata igualmente na derradeira estrofe do poema. A comparação, ironicamente sublime, da lavadeira com as musas Laura e Beatriz só reafirma aquilo que o enunciado do texto não confirma: o embuste da afirmação do desejo pela lavadeira: personagem de um amor, via comparações, condenado à morte (Desdêmona), incitador de suicídio (Carlota), ou confinado à esfera platônica (a Beatriz dantesca, a Laura petrarquiana). E até o eco, nessa trajetória de um sujeito lírico enlanguescido, se enfraquece ao cabo do poema: enquanto na primeira estrofe o eco murmurava, na derradeira ele apenas suspira.

3

Recordemos outras aparições da musa adormecida na lírica de Álvares. Em "Cantiga", ocorre a apropriação praticamente literal do mito da "Bela Adormecida":

[...] Em um castelo doirado
Dorme encantada donzela;
Nasceu – e vive dormindo
– Dorme tudo junto dela.

Na derradeira estrofe do texto –

Acorda, minha donzela,
Soltemos da infância o véu.
Se nós morrermos num beijo,
Acordaremos no céu.[5]

---

[5] Azevedo (2002, p. 113-114).

– é de notar que a mulher "ressuscita" do sono apenas para morrer em definitivo: trata-se do beijo da morte, numa espécie de pacto suicida com um amante desmaterializado ("Acordaremos no céu"). Além da morte, ou antes dela, outro anteparo eficaz é a própria exaltação da virgindade feminina (da masculina não se fala). Desejar a donzela é, no fundo, desejar sua incolumidade, uma vez que, se ela cedesse, perderia o atrativo ímpar que apenas a virgindade lhe confere. A investida do poeta, portanto, intimamente se alimenta da expectativa de negação do seu alvo.

Em "Sonhando", ele afoga literalmente a amada, figurada como um cadáver insepulto:

> [...] Deitou-se na areia, que a vaga molhou,
> Imóvel e branca, na praia dormia;
> Mas nem os seus olhos o sono fechou
> E nem o seu colo de neve tremia.
> [...]
> Que mão regelada no lânguido peito!
> [...]
> E eu vi-a suave nas águas boiando
> Com soltos cabelos nas roupas de neve.[6]

O soneto "Pálida, à luz da lâmpada sombria" reincide no tema:

> [...] Pálida, à luz da lâmpada sombria,
> Sobre o leito de flores reclinada,
> Como a lua por noite embalsamada
> Entre as nuvens do amor ela dormia![7]

Há praticamente a descrição de uma defunta, seja pela lividez, seja pelas flores que recobrem o leito-"caixão". Se "embalsamada" remete a perfumes ("bálsamos"), não deixa de evocar o tratamento de um cadáver para livrá-lo da decomposição. E aquilo que poderia tornar-se concreto – o amor – é prudentemente alocado "Entre as nuvens".

---

[6] Azevedo (2002, p. 55).

[7] Azevedo (2002, p. 92).

Num trecho do segmento VII de "Ideias íntimas", alguns indícios disseminados na construção da cena parecem apontar para um sentido oposto ao que é explicitamente declarado. Senão, leiamos:

> Em frente do meu leito, em negro quadro
> A minha amante dorme. É uma estampa
> De bela adormecida. [...]
> Oh! quantas vezes, ideal mimoso,
> Não encheste minh'alma de ventura,
> Quando louco, sedento e arquejante,
> Meus tristes lábios imprimi ardentes
> No poento vidro que te guarda o sono![8]

Aparentemente, há manifestação de irrefreável paixão, a ponto de levar o poeta, com ardor, a beijar a estampa da amada. Porém, como no caso da lavadeira, a libido incide metonimicamente não no corpo feminino, e sim em alguma "extensão" dele: lá um bilhete-rol, aqui uma estampa. Observam-se sucessivos graus de afastamento da corporalidade concreta: trata-se de uma imagem (primeiro afastamento); imagem de uma adormecida (segundo); estampa protegida por um vidro (terceiro), e, como se não bastasse, vidro "resguardado" pelo pó (quarto afastamento). O amor? Quanto mais longe, melhor.

Referências

AZEVEDO. Álvares de. *Obras completas.* Organização de Homero Pires. 8. ed. São Paulo: Nacional, 1942. Tomo II.

AZEVEDO. Álvares de. *Poesias completas.* Edição crítica de Péricles Eugênio da Silva Ramos. Campinas: Unicamp; São Paulo: Imprensa Oficial do Estado, 2002.

CAMILO, Vagner. *Risos entre pares.* São Paulo: Edusp, 1997.

---

[8] Azevedo (2002, p. 155).

Os sexos do anjo:
Casimiro de Abreu

Falar na "busca das origens" há muito tornou-se lugar-comum para caracterizar uma das fixações do pensamento romântico. Mais produtivo, cremos, seria desdobrar esse filão e questioná-lo em última consequência: chegaríamos à constatação de que a busca seduz mais do que o encontro, vale dizer, ela carrega embutida um desejo de frustração para, através do fracasso, realimentar seu ímpeto de continuar procurando. Quando a origem não é visível, urge inventá-la, a partir de imagens que acenem para uma unidade ideal e perdida, ou ideal porque perdida: assim Alencar, em *Iracema*, ao erguer o mito da fundação brasileira através do consórcio entre o europeu culto e invasor e a virgindade bárbara da terra americana.

Ao passarmos do plano mítico-social para o território mais pedestremente lírico-afetivo do Romantismo brasileiro, a questão se reveste de matizes interessantes. De um lado, a configuração do consórcio – no caso, a do par amoroso – já é faltosa na origem: sobra mãe e falta pai na lírica romântica, a ponto de podermos classificá-la, num certo sentido, como uma escrita órfã. É o que se lerá na poesia de Casimiro de Abreu, cujo livro *As primaveras*, de 1859, representa um padrão correto de nosso Romantismo: na melodia mediana de sua lira, os acordes se fazem ouvir com mais nitidez.

De início, destaca-se a caracterização feminizada do corpo do próprio poeta. Feminização propiciada por um conjunto de traços culturalmente atribuíveis à construção da personagem-mulher: languidez, devaneio, passividade, fragilidade física, exacerbação sentimental em detrimento do pensamento analítico – o mundo, em suma, sob a égide do "não suporto mais" e do subsequente desmaio.

A marcação de um sujeito lírico por meio de signos que corroboram o esgarçamento do masculino reflete-se em dois outros níveis, além deste primeiro, o da autocaracterização corpórea.

O segundo é de grande evidência e reporta-se ao par primordial (pai/mãe) a que aludimos, e que, conforme foi dito, vigora amputado de um de seus termos. Na sua infância querida, que os danos não trazem mais, o pai só se presentifica na expressão "casa paterna". O Pai divino é figura muito mais constante do que o terreno, embora ambos pareçam partilhar o atributo da impalpabilidade. Num texto em prosa – "A virgem loura" Casimiro de Abreu afirma: "Não gostaria de voltar à casa – julgaria ouvir o eco de vozes já extintas".[1] Adiante, o poeta esclarece que se trata do canto da mãe embalando a irmã. No prefácio a As primaveras, registra: "pareceu-me ouvir o eco das risadas da mana". Em "Meus oito anos", releva "De minha mãe as carícias/ E beijos de minha irmã"; em "No lar": "Oh! primavera! oh! minha mãe querida!/ Oh! Mana – anjinho que eu amei com ânsia". Essa profusão de mãe e irmã oscila entre a fronteira da ternura e do tesão, numa fantasmagoria incestuosa a custo disfarçada. Para mascarar a força do desejo, o poeta procura confiná-lo a simples "figura de linguagem". Num poema sintomaticamente intitulado "Sempre sonhos", Casimiro, pelo álibi da metáfora, chega a unir as pontas dos fios materno e fraterno, ao figurar-se como mãe da amante, que, por seu turno, seria a própria irmã: "Eu velara, Senhor, pelos seus dias/ Como a mãe vela o filho"; "A pudibunda virgem do meu sonho/ Seria minha irmã". Aqui, o elo sanguíneo fornece uma imagem lateral, metonímica, de Narciso, que se traveste de Édipo para, pelo artifício, amar-se através do amor declarado a um outro que contenha um pedaço de si – mãe, irmã.

O derradeiro nível de desfiguração do masculino ocorre justamente no espaço, em teoria, menos propício a sua eclosão: nos torneios amorosos, sempre (ou quase) dirigidos a um alvo explicitamente feminino – o poeta, anjo sexuado, cobiçando o sexo de outro anjo, a virgem. Nesse quadro idílico, já de início um obstáculo se antepara. Desejar a virgem é desejar o impossível, uma vez que a perda dessa condição implicaria a inexistência do atributo básico que levou o poeta à declaração do seu desejo. Há, implícito, o desejo de que ela não ceda ao desejo dele, para, só assim, poder permanecer desejada. Toda uma série de circunlóquios, meneios, brejeirices que aparentemente aproximam pouco a pouco

---

[1] As citações ao longo do texto foram extraídas de: ABREU, Casimiro de. Poesias completas. São Paulo: Saraiva, 1948.

o poeta e a amada atuam antes como rituais de afastamento entre ambos, numa espécie de comprazimento ou erotização não do contato, mas do descarte. Ele se aproxima, ela desfalece; ela se aproxima, ele tem medo; ele suplica, e ela lhe concede a dádiva do não. Assédios e acenos, recuos e recusas são compartilhados pelos parceiros, sem que se possa afirmar com clareza quem é o quê nesse jogo. Outras vezes, como em "Pepita", há uma nítida permuta dos papéis masculino e feminino. O poeta diz-se "flor pendida", pede para ser dominado e atribui a Pepita o falo fecundador:

> [...] Minh'alma é como a rocha toda estéril
> Nos planos do Sará.
> Vem tu, fada do amor, dar-lhe co'a vara...
> Qual do penedo que Moisés tocara
> O jorro saltará.

– e crê tanto nisso que não chama a amada de rainha, mas de rei.

Vimos, assim, que o trânsito para a assunção de uma sexualidade feminina não implica forçosamente a configuração de uma prática homossexual, na medida em que o papel masculino é desempenhado pela própria mulher. O que em Casimiro se procura relevar é antes uma indistinção de papéis, em que os anjos – masculinos ou femininos – possam ocupar as posições de ambos os sexos. Confrontemos quatro registros, emparelhados dois a dois. Em "Suspiros": "Lá verás a minha bela/ Sentada no seu jardim/ Na mão encostada a face"; em "Minha mãe": "[Eu] Sentado sozinho co'a face na mão". Em "No lar": "eu chorava e a [a mãe] beijava rindo", e quero "um rosto virgem [...] que ria e chore". Pelos exemplos, indistinguem-se os papéis, porque, a rigor, "ela" sou "eu", ou seja: a mulher será o travesti do poeta, seu duplo feminizado, objeto de desejo narcísico: amar-se através de uma duplicação que contenha ambiguamente a diferença (e o respaldo) de ser outro sexo e a identidade de ser ele próprio, travestido. Ao criar a amada à sua semelhança, o anjo romântico parece resolver a velha querela teológica: qual o sexo dos anjos? Pelas nossas contas, os anjos não têm um sexo: têm quatro – dois anatômicos, o do poeta e o da virgem, e dois sobressalentes, com marcações invertidas; tanto é lícito afirmar que ele se feminiza na projeção narcísica sobre a mulher, quanto dizer que ela se masculiniza nessa mesma operação, ao ostentar as marcas identificadoras do poeta homem.

À guisa de conclusão, citemos o poema "Horas tristes", centrado nas lamúrias do poeta solitário e no suposto afã de encontro com uma virgem que lhe restituísse o ânimo de viver. O acesso à felicidade não passa, como se poderia supor, pelo aparecimento da amada, mas por um mecanismo de vampirização, que vitaliza o poeta à proporção em que ele arranca essa força do corpo feminino. Para o poeta sentir-se remoçado, é necessário que a virgem *morra* em languidez. Para apegar-se à vida, deve aspirar o perfume da mulher. Sem qualquer perspectiva de reciprocidade, o corpo do poeta é um sorvedouro abastecido a partir de sucessivas pilhagens, via metáfora, de tudo aquilo que, no outro, é manancial para recompor suas próprias fissuras imaginárias. À virgem, o poeta só promete amá-la quando for possível, isto é, nunca – ou, quem sabe, numa esfera mais celeste: amar a si mesmo já toma muito tempo, e é amor que exige carinho e dedicação. Em sua trama erótica, o poeta se abeira e contorna o abismo do outro, mas evita o salto arriscado na direção da diferença. Afinal, interessa-lhe mais enunciar que deseja do que desejar o que enuncia.

Fagundes Varela:
poemas de oito faces[1]

Dentre nossos maiores poetas românticos, Fagundes Varela (1841-1874), certamente, é o menos aquinhoado pelo julgamento positivo de críticos e historiadores. Chegou tarde demais em relação a Gonçalves Dias, Álvares de Azevedo e a Casimiro de Abreu, e muito cedo, frente a Castro Alves. Predominou, quase absoluto, na década de 1860, desdobrando temas e formas herdados do Ultrarromantismo, e injetando em seus versos uma dimensão libertária e abolicionista que seria a tônica de alguns poetas que lhe sucederiam na missão de entoar o canto do cisne romântico.

Apesar disso, não haveria exagero em perceber na sua poesia a mais complexa construção literária de nosso Romantismo. Na ânsia de lançar-se em todas as direções, Varela, mesmo em seus equívocos, corporifica, em grau máximo, a tensão entre a vivência inexorável da precariedade e a sede inextinguível do absoluto. Da consciência repugnada de si mesmo à elevação quase beatífica da própria alma, é raro o sentimento humano que não tenha sido, visceral ou etereamente, experimentado e cantado pelo poeta. Daí termos optado, nesta antologia de *Melhores poemas*, pela compartimentação temática, apta a exibir a pluralidade de interesses que (des)norteava o espírito do poeta.

Preliminarmente, esclareçamos que a obra de Varela, decerto, abarca vários outros temas; listamos, todavia, um total de oito, dentre os que nos pareceram mais expressivos e recorrentes. Por outro lado, a segmentação não elimina a

---

[1] Texto introdutório a *Melhores poemas*, de Fagundes Varela (São Paulo: Global, 2005). Para a transcrição dos versos, valemo-nos do texto de Fagundes Varela estampado em *Poesias completas* (São Paulo: Saraiva, 1962, 2. ed.).

eventual convivência ou diálogo de dois ou mais temas num único texto; assim, se um poema poderia estar elencado no eixo temático *a* ou *b*, nossa escolha deu-se por um critério de preponderância, não de exclusividade.

Os que tentam minimizar o valor de Fagundes Varela insistem no fato de que sua obra seria excessivamente tributária da produção de seus antecessores imediatos no Brasil – como se a poesia desses antecessores não fosse, ela também, tributária de outros antecessores, dentro ou fora de nossas fronteiras. Como pensar em Álvares e Casimiro sem evocar de pronto Byron e Musset? O ultrarromântico, inclusive, parecia cultivar um secreto prazer de afirmar que só conseguia se exprimir "a partir de" alguém. A enxurrada de epígrafes nos poemas do movimento remete à constituição de uma confraria de chorosos, em que um cita, retoma e expande a lágrima já vertida em outro texto. A diferença é que, até Álvares, essas lágrimas eram quase todas importadas; a partir dele – cujos versos passaram a servir de epígrafe a inúmeros poetas – já pudemos chorar em vernáculo. Vigoravam, assim, alguns arquitextos – por exemplo: o poeta, flébil, se lamuria frente à indiferença da virgem – cujas sucessivas atualizações só têm interesse nos casos em que, em meio ao coro do exército dos tristonhos de plantão pela ginástica mecânica do estilo, nós conseguimos auscultar o timbre mais personalizado de uma voz. É evidente que esses instantes de deslocamento perceptivo, de configuração do novo, podem não ser contínuos, ao longo de uma obra extensa como a de Varela. Mas existindo, como existem, são suficientes para situá-lo no nível do que de melhor se produziu na poesia brasileira do século XIX.

Os núcleos temáticos que destacaremos são: 1) "A musa cívica"; 2) "Quem sou?"; 3) "Em busca de Cristo"; 4) "Em nome do amor"; 5) "Cidade *versus* campo"; 6) "Paisagens"; 7) "A poesia no espelho"; 8) "A morte e depois". Sumariamente embora, examinemos algumas das características de cada um dos grupos.

"A musa cívica" de Varela, sua poesia ostensivamente política ou politizada, abrange três faixas de referência: ora é baseada em acontecimentos históricos específicos (a chamada "Questão Christie", que nos opôs aos britânicos em inícios da década de 1860; a campanha libertadora de Juarez, no México), ora se debruça sobre determinada questão social (em particular, o regime escravista brasileiro), ora se alça a considerações genéricas sobre o destino da humanidade. Como ponto comum, no que tange à fabulação metafórica de Varela, o apego a imagens de tormenta, de violência eólica, como estágio necessário à "purificação" do homem, e à construção de uma nova e justa ordem social. Lemos em "Versos soltos" (dedicados a Juarez): "Trarás contigo os raios da tormenta/ Da tormenta serás o sopro ardente". Em "O escravo", o poeta, lamurioso, indaga: "Por que [...] não chamaste das terras africanas/ O vento assolador?". Em "Aurora", refere-se a uma "tormenta salutar e grande". Esse poema, de viés marcadamente apocalíptico, sugere que o destino do homem se subordina ao arbítrio divino, diversamente do que ocorre em "Aspirações", onde, após queixar-se de certa letargia popular, cúmplice passiva da opressão, Varela (outra vez apoiando-se em imagens aéreas), lança o vigoroso brado: "Quero escutar nas praças, ao vento das paixões,/ Erguer-se retumbante a voz das multidões". Já no combate à escravidão, o poeta recorreu, em "O escravo", à estratégia da comiseração (de que também se valeriam, depois, Castro Alves e Bernardo Guimarães, n'*A escrava Isaura*). A morte como conquista da liberdade é o mote do poema – "Se a terra devorou sedenta/ De teu rosto o suor,/ Mãe compassiva agora te gasalha/ Com zelo e com amor" – numa concepção similar à que, quase cem anos depois, João Cabral de Melo Neto desenvolveria no funeral de um lavrador, em *Morte e vida severina*. Também merece relevo "À Bahia", pela interessante contraposição entre uma realidade "turística", estampada, nas cinco primeiras estrofes do poema, por meio do elogio à exuberância tropical da paisagem, e a existência do regime escravocrata, em registro cacofônico de sons que ironicamente se "casam": "E pelas noites tranquilas,/ Aos ecos das serenatas,/ Casam-se as vozes ingratas/ Da mais cruenta opressão!".

"Quem sou?", segunda seção da antologia, resume a matéria sobre a qual mais detidamente se debruçam os românticos: eles próprios. A tentativa de definir-se pela construção de uma subjetividade estável, e a consciência da impossibilidade de tal construção, é das tensões mais frequentes da lírica ultrarromântica. Volátil por natureza, o ideal está sempre *além*. Como atingi-lo, se ele se desloca na mesma velocidade com que supomos dele nos aproximar? Daí, no "eu", um movimento simultaneamente lançado para o futuro (lá, onde o ideal está, mas não cheguei ainda) e para o passado (cá, onde em algum momento o ideal esteve – mas cheguei tarde demais...). Daí, também, o apelo à Natureza, cartilha primordial do mundo, onde, ausente a História, vivencia-se o mito de uma eternidade sempre idêntica a si mesma. Daí, também, que o aparente desejo da morte seja, fundamentalmente, um desejo de *parar de morrer* o tempo todo, em vida, para renascer num Céu de onde a morte esteja irrevogavelmente banida. Sou aquele que, fora de mim, aponta para o que nunca serei, imerso em imagens de minha própria fragmentação e incompletude: "Minha casa é deserta; na frente/ Brotam plantas bravias do chão/ [...] Minha casa é deserta. O que é feito/ Desses templos benditos d'outr'ora?" ("O foragido"); "Amo nas plantas, que na tumba crescem,/ De errante brisa o funeral cicio" ("Tristeza"); "É este enojo perenal, contínuo,/ Que em toda a parte me acompanha os passos/ [...] Quem de si mesmo desterrar-se pode?" ("Childe-Harold"); "Nada a meu fado se prende,/ Nada enxergo junto a mim;/ Só o deserto se estende/ A meus pés, fiel mastim" ("Resignação"); "Brinco do fado, a dor é minha essência,/ O acaso minha lei!..." ("Ao Rio de Janeiro"); "Minh'alma é como um deserto/ Por onde o romeiro incerto/ Procura uma sombra em vão" ("Noturno"); "Eu amo a noite quando deixa os montes,/ Bela, mas bela de um horror sublime" ("Eu amo a noite"). É esse "horror sublime", vislumbrado no espaço noturno, que o poeta enxerga no próprio espírito. O estigma da anomalia, da excentricidade, é, ao mesmo tempo, um doloroso e glorioso brasão. Sua melhor imagem é a do ser em eterna errância, na lapidar formulação de "O exilado": "O exilado está só por toda a parte!".

De um Deus disseminado na Natureza, e cujas manifestações o poeta associa mais à esfera do sensorial do que à fé abstrata (como se verificará na seção "Paisagens"), Varela transita, no fim da vida, para a apologia cristã. O terceiro núcleo da antologia – "Em busca de Cristo" – apresenta fragmentos e poemas extraídos de três livros: *Anchieta*, *Cantos religiosos* e *Diário de Lázaro*. Curiosamente, todos póstumos. Sabe-se do empenho do poeta, já combalido, em preparar o que supunha ser o seu maior legado: uma obra de teor edificante, que narrasse, mesclando fantasia e realidade, o esforço do apóstolo Anchieta, na missão de converter os índios à religião católica, através do relato dos Evangelhos (daí o subtítulo *O evangelho nas selvas*). Os mais de oito mil decassílabos brancos revelam um escritor com grande domínio técnico, embora o imperativo de obediência à narrativa do Novo Testamento acabe freando maiores ímpetos de imaginação, reduzindo o nível do texto a certa monotonia incômoda ao leitor não particularmente aficionado ao assunto. Os *Cantos religiosos* foram publicados pela irmã de Fagundes, Ernestina, também autora de algumas das peças do volume. O poema de abertura, sem título, reproduz iconicamente uma cruz. Já o *Diário de Lázaro* é fragmento que, possivelmente, o poeta não logrou revisar, e vale sobretudo como ratificação do peso da vertente religiosa na produção tardia de Varela.

Comparado ao divino, o amor humano, para o poeta, é sujeito a muito mais sobressaltos e inconstâncias. A maioria dos textos consagrados ao tema irá registrar sucessivos *deficit* na sua contabilidade amorosa, caracterizada por grandes investimentos afetivos e pequeno retorno. No conjunto "Em nome do amor", algumas vezes o objeto se encontra fora de seu alcance – "A mulher que minh'alma idolatra/ É princesa do império chinês", dirá em "Ideal", poema de lavor miniaturista que antecipa traços parnasianos; outras vezes, a mulher o abandonou ("Eu passava na vida errante e vago"), sem que ele aceite reconciliação ("Deixa-me"). Eventualmente, o afastamento se dá por iniciativa do poeta, como nos sóbrios versos de "As letras", raros exemplos de eneassílabos numa obra em que predominam os heptassílabos e os decassílabos: "Na tênue casca de verde arbusto/ Gravei teu nome, depois parti". A morte da amada, após curto e intenso período de relacionamento, é dolorosamente evocada em "Elegia". "Visões da noite" define as amadas como "Pálidas sombras de ilusão perdida". "Ilusão" é poema narrativo em que o poeta supera um ambiente hostil e fantasmagórico, para, enfim, aproximar-se da mulher, sem que, todavia, haja afirmação de um contato efetivo entre ambos. O lirismo de Fagundes Varela, em geral, não escamoteia uma dimensão explicitamente erótica, e a contenção do desejo, evidente nas produções de Álvares e de Casimiro, nele encontra escassa acolhida. Seus poemas são um canto de amor antes à mulher do que à virgem. Mas, curiosamente, ocorre uma contenção erótica quando o verso do poeta se dirige àquela a quem ama no tempo presente: é como se a luxúria (de relações e de poemas passados) se transmudasse em sublimação. Leia-se "Estâncias", em que Varela afirma adorar "tu'alma/ Pura como o sorrir de uma criança", e investe contra "o amor terrestre"; leiam-se os belíssimos "A flor do maracujá" e "Não te esqueças de mim". No primeiro, monorrimado em "a" nos versos pares, a natureza brasileira compõe um delicado cenário para avalizar a declaração de amor:

> [...] Pelo jasmim, pelo goivo,
> Pelo agreste manacá,
> Pelas gotas de sereno
> Nas folhas do gravatá,
> Pela coroa de espinhos
> Da flor do maracujá!

No segundo, o poeta, ainda sob o tépido agasalho do espaço tropical ("Quando a brisa estival roçar-te a fronte/ Não te esqueças de mim, que te amo tanto."), pede à amada que reconheça sua presença disseminada nos mais acolhedores signos da natureza, na vida e para além dela.

Uma paisagem igualmente feita de aconchego, mas agora perpassada nostalgicamente pelo sopro do *ubi sunt*, desenha-se no primeiro dos dez poemas de "Juvenília":

[...] Lembras-te, Iná, dessas noites
Cheias de doce harmonia,
Quando a floresta gemia
Do vento aos brandos açoites?
[...]
Oh! primavera sem termos!
Brancos luares dos ermos!
Auroras de amor sem fim!

"Juvenília" estampa uma espécie de caleidoscópio afetivo do poeta, com altos momentos líricos, mas algo desarticulado entre seus segmentos. Aparentemente dilui-se entre várias musas (das quais apenas Iná é nomeada), mesclando espaços e temporalidades distintas. As duas primeiras partes vinculam-se ao passado; da terceira à sétima, e na décima, predomina o presente; a oitava e a nona retornam ao passado. No poema 8 encontram-se nítidos vestígios casimirianos, por meio de um quase pastiche do célebre "Meus oito anos":

[...] Oh! minha infância querida!
Oh! doce quartel da vida,
Como passaste depressa!
[...]
Eu era vivo e travesso,
Tinha seis anos então
[...]
Junto do alpendre sentado
Brincava com minha irmã.

Notas diversas serão executadas em "Antonico e Corá", exemplar da verve jocosa e humorística de Fagundes Varela, que reduz o amor à atração física e satiriza os hipócritas arranjos de fachada, para que a moral e os bons costumes se acomodem como for possível.

Uma visão claramente antitética permeia a maioria do núcleo temático "Cidade *versus* campo". Basta lermos uma estrofe de "A cidade": "Eis a cidade! Ali a guerra, as trevas,/ A lama, a podridão, a iniquidade;/ Aqui o céu azul, as selvas virgens,/ O ar, a luz, a vida, a liberdade!", ou os versos iniciais de "Em viagem": "A vida nas cidades me enfastia,/ Enoja-me o tropel das multidões". Um desejo de retorno à simplicidade campesina é o que se depreende de "A roça":

"O balanço da rede, o bom fogo/ Sob o teto de humilde sapé;/ A palestra, os lundus, a viola,/ O cigarro, a modinha, o café". No mesmo poema, todavia, Varela alude à força invencível de "um gênio impiedoso", que o arrasta e arremessa "do vulgo ao vaivém", do mesmo modo que, em "No ermo", confessa: "Ah! Que eu não possa afastar-me das turbas,/ Curar a febre que meu ser consome". Estar condenado ao que o aniquila parece constituir-se em aporia do espírito romântico: saber onde o bem reside, mas sentir-se impotente para atingi-lo (e, discretamente, até julgar bem-vindo o impasse, sem o qual não haveria motivação de lamuriar-se em verso e prosa). Consoante tal perspectiva, Fagundes Varela, em "As selvas", indaga: "Que faço triste no rumor das praças?/ Que busco pasmo nos salões dourados?". Há uma espécie de força conflituosa que cinde a unidade do poeta; o corpo sente-se atado ao vil fascínio da urbe, enquanto o espírito é imantado pelo espaço da floresta: "Selvas do Novo Mundo, amplos zimbórios/ Mares de sombra e ondas de verdura/ [...] Salve! Minh'alma vos procura embalde".

Escapando ao âmbito da polarização explícita campo x cidade, citemos "Arquétipo", todo citadino, que desenha a figura excêntrica do dândi cosmopolita, *blasé*, imerso no *spleen,* protótipo do ultrarromantismo com seus ideais desencantados e imersos na vacuidade da vida, e "O cavalo", única peça que registra aspectos também negativos da natureza, transpostos embora para o domínio do fantástico: "Que as cobras no chão rastejem/ Que os fogos-fátuos doudejem,/ Que as feiticeiras praguejem,/ Que pulem demônios mil!".

O tema "Paisagens" em Varela apresenta-se em íntima conexão com o ânimo do poeta, e oscilam entre representações micro e macroscópicas. Dentre as primeiras, salientemos a leveza e a candura dos versos de "O sabiá" e de "O vaga-lume" ("Onde vais, pobre vivente,/ Onde vais, triste, mesquinho,/ Levando os raios da estrela/ nas asas do passarinho?"). Em "Sextilhas", destaca-se a afinidade com pequenos seres tidos como repulsivos (aranhas, lagartas, rãs, moluscos), objetos de amoroso olhar que os acolhe exatamente por sabê-los vítimas da ditadura do belo e do harmônico: "Amo-os porque todo o mundo/ Lhes vota um ódio profundo,/ Despreza-os sem compaixão". Varela cultiva a confraria dos excluídos. O desconforto frente ao belo tradicional, e o consequente sentimento de solidão e marginalidade, comparecem também no soneto "Desponta a estrela d'alva, a noite morre". Após pintar um cenário paradisíaco, ocorre o conflito com a realidade visível, em decorrência da eclosão dos demônios da paisagem íntima do poeta, opostos à serenidade e à ordem da paisagem externa: "Porém minh'alma triste e sem um sonho/ Repete olhando o prado, o rio, a espuma:/ Oh! mundo encantador, tu és medonho!". Sob forma de adesões ou recusas, o espaço natural não deixa de ser entrevisto como uma extensão do corpo ou da alma do poeta. É o que percebemos em "O mar", de *Vozes da América,* cujas ideias centrais – e numerosos versos – seriam reaproveitados em "O oceano", de *Cantos e fantasias,* sem que a segunda versão, a nosso ver, suplante a primeira. Trata-se de um hino à força indomável das águas, capazes de destruir ou se sobrepor à fatuidade humana; eternamente imune à mudança, o mar foi roteiro de civilizações extintas: "Quantos impérios celebrados, fortes/ Não floresceram de teu trono às bases,/ Sublime potestade! e onde estão eles?/ O que é feito de Roma, Assíria e Grécia?". Submisso apenas – como o próprio poeta – ao desígnio divino, do qual seria uma espécie de representante terreno ("Santo espelho de Deus, três vezes salve!"), o mar com que Varela se identifica traz as marcas da força indômita, da ousadia hiperbólica, do orgulho feroz e desafiador na exibição de seu poder: "Amo-te horrível,/ Arrogante e soberbo, repelindo/ Os furacões que roçam-te nas crinas". Identificando-se ao campo metafórico atribuído ao oceano, o poeta afirma: "Sou livre como as vagas que me cercam/ E só à tempestade e a Deus respeito".

Nesse universo em convulsão, é de registrar-se a placidez que emana dos versos de "Hino à aurora": noite e dia em harmônica transição, sem o caráter antitético predominante no imaginário romântico. Varela, ao invés de apartar-se, mistura-se aos outros, sente-se elo de uma interminável cadeia iniciada em épocas imemoriais, formada por todos os homens que, tempo afora, contemplaram o nascer do dia:

> [...] Há muito que passaram
> Os que viram no céu luzir outr'ora
> Teu fúlgido clarão.
>
> Seus olhos se apagaram,
> E nós por nossa vez também agora
> Vemos-te n'amplidão.

Para contextualizarmos a suave dicção do poema, convém recordar que não se trata de peça original de Varela, mas da sua tradução de um fragmento do Rig-Veda.

Expandindo o conceito convencional de "tradução", chegaremos, talvez, a uma das definições de "poeta" mais presentes na obra de Fagundes Varela: a de um tradutor imperfeito de Deus. Tradutor na medida em que é um ser assinalado, condenado ao desvio e à solidão: afastado (ou estigmatizado) pela diferença, cabe-lhe como consolo (ou, quem sabe, como castigo maior) ser o porta-voz das verdades invisíveis e buscar em vão a Unidade para sempre rompida – do homem para com Deus, do homem para com a natureza e do homem para consigo próprio. Quando coloca a "Poesia no espelho", sétima seção da antologia, o poeta, além de seu rosto, contempla ruínas e destroços. Se a construção da obra una é apanágio divino, cabe ao escritor contentar-se em se mover entre escombros, e acenar nostalgicamente para um paraíso onde tudo se correspondesse com tudo, Éden da absoluta indiferenciação. É o que se lê no injustamente pouco divulgado "Queixas do poeta". Em bem-elaborados alexandrinos de rimas emparelhadas, Varela sente a mão de Deus estabelecer liames e correspondências entre os seres, à exclusão do poeta, único não beneficiário desse poder de consórcio divino. Enquanto à flora, à fauna e à humanidade em geral acorrem verbos como "ligar", "ter", "espelhar", "enlaçar" e "embalar", cabe ao vate "soluçar", "descorar" e "sucumbir". Tal impossibilidade de adesão ou inclusão na mecânica do mundo ganhará também superior fatura estética no longo poema "Acúsmata": nele, o artista troca a antiga figuração de "vidente" pela de "ouvinte". Tentando adentrar no sentido "Desse rumor confuso, imenso e vago/ Que se eleva da terra", o poeta se faz receptáculo do que dizem as árvores, as flores, o rio, a estrela Vésper e os espíritos na atmosfera. No tocante fragmento final, indaga: "Donde parte esta voz?". Trava-se, então, um combate entre o pânico do nada, e a hipótese consoladora de haver Deus: a fantasia "abandona o pó, transpõe as nuvens,/ [...] E nada encontra além do eterno abismo"; "Perdão, perdão, meu Deus! Busco-te embalde/ Na natureza inteira". Buscando Deus na natureza, acaba por encontrá-lo, como sinônimo da força que assegura origem, sentido e destino ao mundo: "Da natureza inteira que aviventas/ Todos os elos a teu ser se prendem,/ Tudo parte de ti, e a ti se volta". Sob o influxo do pensamento místico-poético, origem e destino se confundem.

Em outros poemas, teremos Varela debruçado não sobre o ato de pensar genericamente o poeta e a poesia, mas preocupado com o gesto concreto de escrever o poema. É o que sucede em "A pena"; com certa ironia, observa que cabe à arte superar a dor que eventualmente lhe tenha servido de mola ou esteio:

> [...] De pé sobre a própria ruína
> Canta, oh! alma miseranda!
> Pede ao inferno uma lira,
> Toma os guizos da loucura,
> Dança, ri, folga e delira
> Mesmo sobre a sepultura!

A "Canção", igualmente irônica, critica os artesãos da mediocridade: "Máquina de escrever versos,/ Já não sei mais cantar/ [...] O segredo perdi das melodias,/ Agora é só rimar!". A consciência metalinguística de Varela ainda se faz presente em algumas composições de teor brejeiro, a exemplo de "Lira" ("Encomendo minh'alma às nove musas,/ Faço um soneto") e de "Canção lógica": "Teus olhos são duas sílabas/ Que me custam soletrar".

A morte. E depois? Em certo número de poemas, Varela procura indagar o que pode advir do espólio da vida. As respostas são variadas: num caso ("Sobre um túmulo"), a maldição eterna. Poucas vezes as imprecações do poeta soaram tão fortes, pela sucessão de signos hostis a cercar, por cima e por baixo, o corpo do inimigo: "Pese-te a terra qual um fardo imenso,/ Infecta podridão cubra teus olhos,/ Seque o salgueiro que sombreia a lousa". A morte, ao invés de apaziguar, parece aviventar o ódio. Do ódio ao amor: visão oposta comparece em "Oração fúnebre", também tradução do Rig-Veda. Como no "Hino à aurora", predomina uma atmosfera de suave harmonia, em que a transição não se faz com ruptura, na medida em que um dos termos (noite ou morte) já está presente no outro (aurora ou vida):

[...] Desce à terra materna, tão fecunda,
Tão meiga para os bons que a fronte encostam
Em seu úmido seio.
Ela te acolherá terna e amorosa

Como em seus braços uma mãe querida
Acolhe o filho amado.

Um mundo sem turbulência ecoa nos versos de "Desejo": o poeta imagina sua morte no mesmo campo semântico da placidez que lemos em "Oração fúnebre" – a terra como um leito brando de "suave dormir". Depois, diversamente da vertigem do nada que desejou ao desafeto de "Sobre um túmulo", imagina um reencontro de almas com a pessoa amada, o que, a rigor, implica o desejo de ambas as mortes, condição para que o pacto afetivo não se desfaça:

[...] Ah! e contudo se deixando o globo
Ave ditosa eu não partisse só,
Se ao mesmo sopro conduzisse unidas
Nossas essências num estreito nó!...

"Cântico do calvário", uma das mais famosas elegias do lirismo brasileiro, é, para muitos, a obra-prima de Varela. Por meio de admirável orquestração de metáforas, o longo poema apresenta simultaneamente a morte do filho do poeta, a dissipação das esperanças que sua vida projetava para a vida atormentada do pai, e a morte em vida de Varela, pela perda do referencial afetivo que a presença do filho representava: "Ouço o tanger monótono dos sinos,/ E cada vibração contar parece/ As ilusões que murcham-se contigo". Em alta voltagem dramática, o poema se encerra com a negação e a transfiguração da finitude, reelaborada em signos de luz e de solidariedade. De algum modo, o falecimento do menino o transforma no pai de seu pai, apontando-lhe o caminho da redenção:

> Brilha e fulgura! Quando a morte fria
> Sobre mim sacudir o pó das asas,
> Escada de Jacó serão teus raios
> Por onde asinha subirá minh'alma.

Estas foram "oito faces", entre outras possíveis, da poesia de Varela, contidas em nove livros, desde o inaugural *Noturnas* (1861) ao póstumo *Diário de Lázaro* (1880).

Fagundes Varela, poeta-profeta:
o social no Romantismo

Um dos aspectos mais interessantes da vertente social do Romantismo é sua vocação profética. Ao invés de se ancorar no presente (como faria, mais tarde, o Realismo), o poeta romântico a custo *vê* o que lhe está ao lado; quase sempre, *antevê* o que lá deveria estar.

O devaneio romântico opera em dupla face: ora nega o espaço a ele contíguo, refugiando-se, por exemplo, na natureza virgem ou em culturas "exóticas", ora nega o momento histórico em que está inserido, socorrendo-se num passado ideal ou num futuro paradisíaco. É claro que as duas faces podem caminhar unidas, e o que se releva, em qualquer caso, é o mal-estar com o aqui e o agora, independentemente da direção que o artista irá abraçar para negá-los. Cremos, todavia, que muitas vezes a trilha do futuro nada mais é do que um disfarçado (ou não) caminho de volta. Basta lembrar a tese, em voga no Romantismo, de que a regeneração do homem ocidental se efetivaria no reencontro de uma pureza "primitiva", de que os selvagens – ao menos os bons – seriam símbolo.

O *retorno às origens* é uma das bases mais obsessivas do pensamento romântico, lírico ou social. Naquele, proliferam as imagens beatificadoras da figura materna, e o desejo de encontro, via morte, com a mãe-natureza. No registro do social, é oportuno recordar que o romance histórico é criação romântica. Entre nós, coube sobretudo a José de Alencar efetuar esse mergulho nas origens, lastreando a seu modo as células "geradoras" desse complexo etno-sócio-cultural chamado Brasil. Mas, nos limites deste artigo, é a poesia social do Romantismo brasileiro que vai interessar-nos: não aquela, consagrada, de Castro Alves, sobre a qual se debruçam todos os manuais; mas a de um poeta dito "menor", Fagundes Varela. Seu livro *Vozes da América* (1864) retrata fielmente as oscilações temáticas do autor, num espectro que engloba desde as mais ostensivas idealizações do feminino (cf. o poema "Ideal") até as mais candentes apologias guerreiras (cf. o poema "Napoleão"). Num texto, particularmente, Varela revela de forma explícita uma recíproca infiltração entre o dado religioso e o dado social: referimo-nos a "Aurora".[1] O religioso, aliás, é elemento de amplo trânsito no Romantismo, pois comparece igualmente como ponto de apoio às aspirações sociais e como receptáculo da solidão, dos sonhos e das lamúrias do lirismo subjetivo-confessional.

"Aurora" é texto de vocação profética, mas, como em tantas outras produções românticas, o poeta só consegue ser profeta do passado. Ou seja: seu olhar se lança ao futuro, mas nele cristaliza apenas mitos e imagens pretéritas. O estofo cristão do poeta, patente em expressiva porção de sua obra, o faz apoiar-se na Bíblia para desenhar a vitória do bem contra o mal. O dado social em "Aurora" é trabalhado pelo viés da utopia, e Varela, ao recusar certos valores, vai rechear seu poema de um curioso descompasso: frequentemente a enunciação desmente as "boas intenções" do enunciado, hipervalorizando uma noção de poder que o texto, em superfície, deseja combater. Eis o início do poema:

> Antes de erguer-se de seu leito de ouro,
> O rei dos astros o Oriente inunda
> De sublime clarão;
> Antes de as asas desprender no espaço,
> A tempestade agita-se e fustiga
> O turbilhão dos euros.

A primeira estrofe estampa um nítido caráter preparatório: *antes disso, aquilo.* Mas o que esses "antes" prenunciam? A mudança de um estado de coisas no sentido da liberação/liberdade (o "depois"). Se as asas da tempestade se desprendem, é porque logram romper um obstáculo; tanto elas quanto o erguer do sol impulsionam metáforas ascensionais. Não nos esqueçamos de que a elevação (moral/das almas) é traço religioso por excelência, embora, na estrofe inicial, ela seja apenas fisicamente representada. Observemos, ainda, a junção aurora/cataclisma, num primeiro índice ("turbilhão de euros") de que o novo dia não prescindirá da violência para poder se instalar.

As estrofes 2 e 3 concedem autonomia alegórica aos fenômenos (aurora/cataclisma) anteriormente unidos:

---

[1] In: VARELA, Fagundes. *Poesia*. 4. ed. Rio de Janeiro: Agir, 1975. p. 38-41.

As torrentes de ideias que se cruzam,
O pensamento eterno que se move
　　No levante da vida,
São auras santas, arrebóis esplêndidos,
Que precedem à vinda triunfante
　　De um sol imorredouro.

O murmurar profundo, enrouquecido,
Que do seio dos povos se levanta
　　Anuncia a tormenta;
Essa tormenta salutar e grande
Que o manto roçará, prenhe de fogo,
　　Na face das nações.

Agora, cada fenômeno ocupa uma estância. A aurora alegoriza as novas ideias e pensamentos; a tormenta, a convulsão social. As estrofes, contudo, não deixam de manter um circuito aberto entre si, na medida em que possuem ao menos um signo tomado da alegoria que *não* contêm. Assim, na estrofe 2 – aurora – temos "torrente" (contraponto de "turbilhão"); na 3 – tormenta – temos "levanta" e "manto" (contrapontos, respectivamente, de "erguer-se" e "rei dos astros"). Além do apelo à divindade, que tutela a História ("pensamento eterno", "auras santas"), enfatizemos o aludido descompasso entre a crítica ao poder e a utilização de significantes com ele comprometidos: "rei", "manto". A nova ordem não consegue se despir das vestes e dos vestígios da ordem antiga. E, sintomaticamente, ao povo não se confere um pensamento organizado, mas apenas um "murmurar profundo, enrouquecido".

Na estrofe 4, a retórica de Varela recorre à apóstrofe, efetuando de novo, mas em ordem inversa à estrofe 1, a junção dos dois elementos alegóricos – a tormenta e o novo dia:

Preparai-vos, ó turbas! Preparai-vos,
Rebatei vossos ferros e cadeias,
　　Algozes e tiranos!
A hora se aproxima pouco a pouco,
E o dedo do Senhor já volve a folha
　　Do livro do destino!

As "turbas" remetem ao turbilhão. "A hora se aproxima". Qual? A aur'hora. Ocorre que o novo tempo tem roteiro e autor antigos: o livro do destino e o

Senhor. A nova ordem será, portanto, estabelecida unicamente pelo arbítrio divino.

Com todo o cenário armado, com os coadjuvantes (o povo) informados de seus papéis, o poeta, nas estâncias 5, 6, 7, 8 e 9, anuncia o desdobramento do enredo do "livro". Nessas estrofes, todos os verbos estarão no futuro, imprimindo, na linha profética, um caráter de irreversibilidade aos acontecimentos. Num registro linguístico hiperbólico se instala um clima apocalíptico (estrofe 5):

> Grande há de ser o drama, a ação gigante,
> Majestosa a lição! Luzes e trevas
>   Lutarão sobre os orbes!
> O abismo soltará seus tredos roncos,
> E o frêmito dos mares agitados
>   Se unirá ao das turbas.

O signo "drama" reforça a ideia de encenação de um texto prévio. "Grande", "gigante", "orbes", "abismo", "mares" situam o poema na dimensão da macroscopia; mais um reforço, na enunciação "majestosa", daquilo que o enunciado vai combater: a majestade. E, nos versos finais, outra vez o poeta acentua o empobrecimento discursivo da coletividade, que só consegue se expressar em "frêmito", como antes o fizera em "murmurar enrouquecido".

O poder é expresso em suas marcas externas, tangíveis. Antes, o manto; agora (estrofe 6), trono e coroa:

> Os reis convulsarão nos tronos frágeis,
> Buscando embalde sustentar nas frontes
>   As úmidas coroas...
> Debalde!... o vendaval na fúria insana
> Os levará com elas, envolvidos
>   Num turbilhão de pó!

Trata-se, todavia, de um poder agônico, destruído pelas forças naturais – aqui, o vento; na estrofe anterior, a água e a terra: sempre a função purificadora. Uma observação: na perspectiva de Varela, o rei não perde a cobiçada coroa, ambos apenas mudam de lugar – o vendaval os levará, aos reis, com elas, num turbilhão de pó. O poema semeia ventos e colhe majestades.

É importante assinalar que, até aqui, não houve qualquer conflito direto entre opressor e oprimido: cabe às forças naturais o papel de agente para a criação de uma nova ordem social. A natureza antropomórfica desempenha a função da História. E tudo que se ligue ao coletivo ou à amplitude – aparentemente, polos da simpatia do poeta – é registrado como louco ou violento, do mesmo modo que o povo é turba em turbilhão. Podemos, assim, falar numa espécie de decepção alegórica, pois supúnhamos que a natureza simbolizasse a inquietude do povo, e eis que ela expressa, literalmente, suas próprias convulsões.

A estrofe 7 acentua a fragilização do poder em termos de sua constituição física:

> Vis, abatidos, o fidalgo e o rico
> Sairão de seus paços vacilantes
>   Nos podres alicerces;
> E errantes sobre a terra irão chorando
> Mendigar um farrapo ao vagabundo,
>   E um pedaço de pão!

A perda de poder é assimilada ao deslocamento físico de seus titulares, que, ao perderem o paç(ss)o, vão para lugares errados/errantes.

Querendo "fazer justiça", o texto mantém a injustiça, ou aprofunda a miséria. O fidalgo e o rico "irão chorando/ Mendigar um farrapo ao vagabundo". Ora, ou o vagabundo tomou o lugar do rico – portanto, simples inversão de papéis, com a manutenção da desigualdade – ou o vagabundo continua pobre, e nesse caso a revolução terá apenas criado uma classe mais miserável do que a mais miserável das já existentes.

A notação semanticamente negativa da coletividade também está presente na estrofe 8:

> *Estranho povo* surgirá da sombra
> *Terrível* e *feroz* cobrindo os campos
>   De cruentos horrores!
> O palácio e a prisão irão por terra,
> E um segundo dilúvio, então de sangue,
>   O mundo lavará! (Grifos nossos)

Ira e rancor são os atributos do povo. Pela primeira vez no texto, cabe aos homens a ruptura, com intenções igualitárias, da ordem constituída.

Destroem-se espaços segregatórios – palácios e prisões – que remetem, simétrica e opositivamente, ao poder e à infração a suas leis. Mais uma vez, a ideia de mudança se ancora na violência (o dilúvio de sangue – outra imagem de filiação apocalíptica). Nesse mundo arrebatado pela irracionalidade torna-se impossível preservar um espaço para a indagação conceitual (estrofe 9):

> O sábio em seu retiro, estupefato,
> Verá tombar a imagem da ciência,
>   Fria estátua de argila,
> E um pálido clarão dirá que é perto
> O astro divinal que às turbas míseras
>   Conduz a redenção!

A ciência é descrita como algo frágil e sem vida. Novamente o poder (aqui, o poder do saber) é traduzido em forma externa (de estátua) e situado numa área compartimentada (o retiro), a exemplo do palácio e da prisão. O clarão indicial retorna (cf. o "sublime clarão" da estrofe 1), bem como o "astro divinal" que o emite. A passividade das "turbas míseras" se torna mais patente pelo fato de nem mesmo serem conduzidas! É o sol quem traz a redenção para o local onde o povo se encontra estacionado (cf. "redenção" como objeto direto de "conduz", na estrofe 9).

Se até aqui vínhamos falando de imagens apocalípticas para pontuar a derrocada do mal (que, para Varela, é sinônimo de algum tipo de monarquia e nobreza), podemos, nas estrofes 10 e 11, aludir, ainda biblicamente, ao Gênesis, na configuração do novo mundo e de uma nova raça:

> Como aos dias primeiros do universo,
> O globo se erguerá banhado em luzes,
>   Reflexos de Deus;
> E a raça humana sob um céu mais puro
> Um hino insigne enviará, prostrada
>   Aos pés do Onipotente!
>
> Irmãos todos serão; todos felizes;
> Iguais e belos, sem senhor nem peias,
>   Nem tiranos e ferros!
> O amor os unirá num laço estreito,
> E o trânsito da vida uma romagem
>   Se tornará, celeste!

Como na estrofe 1, o globo se ilumina; mas, agora, sem a companhia, lá existente, do cataclisma. Plena felicidade, nenhuma preocupação: eis-nos no âmago do mito paradisíaco. Há uma "purificação" semântica na "turba", que se metamorfoseia em "irmãos". Mas como não ter senhor, prostrado aos pés de um (super) Senhor? A vassalagem não se desfaz, apenas se desloca de lugar e de Senhor. Com "iguais e belos", o poeta afirma o espaço da homogeneidade, perseguido ao longo do enunciado do texto. Agora, os homens fazem o amor, não fazem a guerra ("nem tiranos e ferros"), mas sempre subordinados a uma teleologia mística (a romagem celeste). Na derradeira estrofe do poema –

> A hora se aproxima pouco a pouco,
> O dedo do Senhor já volve a folha
>   Do livro do destino!...
> Ergue-se a tela do teatro imenso,
> E o mistério infinito se desvenda
>   Do drama do Calvário!

– os três versos iniciais são idênticos aos três finais da estrofe 4. Recordemo-nos de que o fecho dessa estrofe servia de "gancho" para a introdução da voz profética vigente até a estrofe 11 (voz marcada pelos verbos no futuro). Na estância 12, portanto, o que era futuro se transformaria finalmente em presente, mas... ainda não. É conveniente aguardar mais um pouco. "O dedo do Senhor já volve a folha", isto é: não a volveu. E os últimos versos de "Aurora" ao mesmo tempo legitimam o sacrifício de Cristo (morreu para que a humanidade se depurasse) e confirmam a História como encenação (livro-tela-teatro-drama) de uma verdade que ultrapassa o arbítrio do ser humano. Situação, portanto, bem típica da ambiguidade de um certo pensamento romântico: aceita que tudo se transforme, desde que as coisas futuras sejam o espelho fiel das coisas passadas.

Cenas do baile
(Bernardo Guimarães, Vitoriano Palhares e Castro Alves)

A poesia romântica não deixa de ser uma sucessão de adeuses: à pátria, na "Canção do exílio", de Gonçalves Dias; à infância, em "Meus oito anos", de Casimiro de Abreu; à vida, em "Se eu morresse amanhã", de Álvares de Azevedo. Em "O 'adeus' de Teresa", de Castro Alves, além da despedida dos amantes, existe também o adeus às convenções românticas acerca de quais eram os papéis predeterminados ao masculino e ao feminino em seus embates amorosos.

Porém, para percebermos como a cena amorosa vai ser desfeita, convém recordar o que anteriormente a caracterizava.

Acompanhemos, pois, um baile romântico desdobrado em três atos, sob a batuta de quatro poetas, três deles ausentes do cânone.

Num primeiro momento, emerge a solitária virgem idealizada, em poema de Bernardo Guimarães, autor que integra o cânone de nossa ficção com *A escrava Isaura*, mas é injustamente esquecido como poeta.

O segundo ato apresenta um texto em que os desejos sufocados tentam emergir, contra a vontade do poeta, o pernambucano Vitoriano Palhares.

Finalmente, no terceiro, desenha-se a prática amorosa desreprimida, com Castro Alves, acrescida, porém, de um surpreendente desdobramento da cena final.

Abre-se a cortina metafórica para que adentre, com muita percussão, "A orgia dos duendes", de Bernardo Guimarães. Trata-se de poema longo (de que serão transcritos alguns fragmentos), inserido na pouco explorada vertente demoníaca de nosso Romantismo. Narra uma festa grotesca, baile de mortos que retornam sob forma de animais estranhos e repulsivos, a confessar o que praticaram de sórdido na vida: crimes, vinganças, traições. Entre as várias e graves infrações cometidas, um traço os unia: todos tinham sido luxuriosos, entregando-se aos apelos do corpo de modo devasso e desenfreado.

No baile-balé macabro, cada personagem desempenha momentos de protagonismo, ao narrar as peripécias vividas. Observe-se a construção de um clima febril e aterrorizante, bruscamente interrompido pela chegada da Morte, montada numa égua. Quando a reunião se desfaz, entra em cena uma derradeira personagem.

"A orgia dos duendes" (fragmento)

Mil duendes dos antres saíram
Batucando e batendo matracas,
E mil bruxas uivando surgiram,
Cavalgando em compridas estacas.
[...]
Já ressoam timbales e rufos,
Ferve a dança do cateretê;
Taturana, batendo os adufos,
Sapateia cantando – ô lê rê!
[...]
Do batuque infernal, que não finda,
Turbilhona o fatal rocopio;
Mais veloz, mais veloz, mais ainda
Ferve a dança como um corrupio.
[...]
Hediondo esqueleto aos arrancos
Chocalhava nas abas da sela;
Era a Morte, que vinha de tranco
Amontada numa égua amarela.
[...]
"Fora, fora esqueletos poentos,
Lobisomes, e bruxas mirradas!
Para a cova esses ossos nojentos!
Para o inferno essas almas danadas!"
[...]

E aos primeiros albores do dia
Nem ao menos se viam vestígios
Da nefanda, asquerosa folia,
Dessa noite de horrendos prodígios.
[...]
E na sombra daquele arvoredo,
Que inda há pouco viu tantos horrores,
Passeando sozinha e sem medo
Linda virgem cismava de amores.[1]

O texto apresenta poderosa orquestração rítmica de várias percussões, e não só pelo conteúdo (matracas, timbales, batuque): a forma do poema intensifica a marcação, pela prática dos eneassílabos anapésticos, isto é, versos de 9 sílabas com duas átonas e uma tônica: Mil duENdes dos ANtros saÍram/ BatuCANdo e baTENdo maTRAcas/ E mil BRUxas uiVANdo surgiram/ CavalGANdo em comPRIdas esTAcas. As tônicas incidem, com regularidade, nas sílabas 3, 6 e 9. Nesse encontro à base de instrumentos populares – o chocalho, a matraca –, o narrador "populariza" seu instrumento, a língua, em formas protéticas como "amontada". E ainda, não transcritas no fragmento do texto, vale-se da aférese do "a" em "sobia", por "assobia", e da síncope do "o", em "abobra", para fins de rima com "cobra".

As três primeiras estrofes correspondem ao clímax da festa, caracterizado por um presente que se quer inexaurível: todos os tempos verbais da segunda e terceira estâncias encontram-se no presente ou no gerúndio. A celebração sensorial se perfaz em profusões aliterativas – batucando/batendo; cavalgando/ compridas – e na coliteração f/v: infernal/finda/fatal/veloz/ferve.

A seguir, ocorre a decretação do fim do baile, o fim da orgia dos duendes. Curiosamente, a Morte, que irá restabelecer a ordem e fazer cessar o infernal batuque, estampa, na repressão, mais um instrumento rítmico, o chocalho de seu esqueleto.

Ela é imperativa no desígnio de limpar a cena: "Fora, fora"; "para a cova", "para o inferno". De todos os perigos que os defuntos ressuscitados traziam, os elementos mais ameaçadores, e que levaram a Morte a matá-los de novo, eram a música e a dança.

---

[1] Guimarães (1959, p. 144). Numa outra perspectiva, pois trata de mortos-vivos "ilustres", vale citar a festa macabra do poema "O baile das múmias" (1867), de Carlos Ferreira, no livro *Rosas loucas*.

Nas duas estrofes finais, o ambiente já se encontra limpo, asséptico e depurado – paisagem silenciada para uma virgem silenciosa. Não nos esqueçamos, porém, de que a angelical personagem pisa um terreno repleto de restos, veio subterrâneo e minado que recalca os demoníacos fantasmas dos desejos descontrolados, invisíveis mas latentes, e que, se enfeitiçados pela música, poderiam outra vez renascer e voltar à tona.

Esse imaginário libidinoso associado à vertigem da música reaparece em nosso segundo baile, o de Vitoriano Palhares, poeta pernambucano hoje esquecido, contemporâneo de Castro Alves:

"A polca (a uma virgem)" (fragmento)

Esta polca é cicuta cheirosa
Que seduz, embriaga e faz mal;
É carinho de aragem maldosa,
Que desfolha as boninas do val'.
[...]
Sei que a polca é por muitos amada;
Mas a polca é uma vil cortesã.
Não te entregues a beijos de fada.
Olha: a polca... é invenção de Satã.[2]

Discurso claramente condenatório e prescritivo, em que o título já pressupõe o destinatário ("a uma virgem"). A virgem do poema de Bernardo caminhava num bosque, a de Palhares, provavelmente, tenciona comparecer a baile citadino. Sob a aparente oposição, subjaz idêntico sistema de valores: há uma natureza pura e outra corruptora. Agora, a pura é simbolizada nas "boninas do val'", que devem preservar suas virgens pétalas frente ao assédio da "aragem maldosa". No poema anterior, a sombra matinal do arvoredo foi o contraponto às covas noturnas. A natureza desaparece na estrofe 2 de Palhares, porém o poeta enxerga na dança "civilizada", a polca, o mesmo componente demoníaco das danças "bárbaras" de Bernardo: na "Orgia", "batuque infernal", aqui "invenção de Satã".[3]

---

[2] Palhares (1870, p. 34). Trata-se réplica ao poema "Polca imperial" (1867), do livro *Dias e noites*, de Tobias Barreto, que é bem menos categórico na condenação moralista desse gênero musical.

[3] Leia-se, a propósito do caráter mais "dissoluto" das manifestações mais rítmicas e populares da música, o que sobre o assunto falou Ruy Barbosa, em 1914, em discurso no Senado: "Aqueles que deviam dar ao país o exemplo das maneiras mais distintas e dos costumes mais reservados elevaram o Corta-Jaca à altura de uma instituição social. Mas o Corta-Jaca de que eu ouvira falar há muito tempo, que vem

O curioso é que, se lá, a Morte condenava a orgia, mas acabava involuntariamente "entrando na dança", ao chacoalhar o esqueleto, aqui o poeta recrimina a polca no enunciado, mas, na enunciação, não resiste e se deixa levar pelo ritmo que condena, ao valer-se do mesmo andamento do eneassílabo anapéstico do poema de Guimarães. Comparem-se versos de ambos os textos: Mil duENdes dos ANtros saÍram/ Sei que a POLca é por MUItos aMAda;/ BatuCANdo e baTENdo maTRAcas/ Mas a POLca é uma VIL corteSÃ.

Prossigamos para o terceiro baile, onde vai desfilar "O 'adeus' de Teresa", de Castro Alves. Passamos do cateretê à polca, e agora da polca à valsa. Variando o compasso, troca-se o eneassílabo sincopado pelo andamento majestoso do verso decassílabo:

O "adeus" de Teresa

A vez primeira que eu fitei Teresa,
Como as plantas que arrasta a correnteza,
A valsa nos levou nos giros seus...
E amamos juntos... E depois na sala
"Adeus" eu disse-lhe a tremer co'a fala...

E ela, corando, murmurou-me: "adeus".

Uma noite... entreabriu-se um reposteiro...
E da alcova saía um cavaleiro
Inda beijando uma mulher sem véus...
Era eu... Era a pálida Teresa!
"Adeus" lhe disse conservando-a presa...

E ela entre beijos murmurou-me: "adeus".

Passaram tempos... sec'los de delírio...
Prazeres divinais... gozos do Empíreo...
... Mas um dia volvi aos lares meus.
Partindo eu disse – "Voltarei!... descansa!..."
Ela, chorando mais que uma criança,

Ela em soluços murmurou-me: "adeus".

---

a ser ele, Sr. Presidente? A mais baixa, a mais chula, a mais grosseira de todas as danças selvagens, a irmã gêmea do batuque, do cateretê e do samba. Mas nas recepções presidenciais o Corta-Jaca é executado com todas as honras da música de Wagner, e não se quer que a consciência deste país se revolte, que as nossas faces se enrubesçam e que a mocidade se ria?" In: *Diário do Congresso Nacional* (1914, p. 2789).

Cenas do baile (Bernardo Guimarães,
Vitoriano Palhares e Castro Alves)

Quando voltei... era o palácio em festa!...
E a voz d'*Ela* e de um homem lá na orquesta
Preenchiam de amor o azul do céus.
Entrei!... Ela me olhou branca... surpresa!
Foi a última vez que eu vi Teresa!...
E ela arquejando murmurou-me: "adeus!"[4]

São Paulo, 28 de agosto de 1868

"O 'adeus' de Teresa" é dos mais conhecidos textos da lírica de Castro Alves. Logo no título, chamam atenção as aspas na palavra adeus. Aspas costumam ser usadas para reproduzir a fala de personagens, ou para inverter o sentido de uma palavra através da ironia, quando, por exemplo, se diz, a propósito de pessoa com má aparência, que ela é "linda". Em breve, veremos como essas duas possibilidades de utilização convergem no texto.

Preliminarmente, é preciso destacar que quase todos os biógrafos de Castro Alves comentam que o poema se reporta ao desfecho do romance de Castro Alves e Eugênia Câmara, atriz portuguesa, sua grande paixão. Entre tormentosas idas e vindas amorosas, ela rompeu com o poeta e se uniu ao maestro de sua companhia teatral.

O texto, narrativo, repertoria as sucessivas fases do relacionamento, dos primórdios à dissolução. Compõe-se de quatro estrofes encerradas por verso de forte teor paralelístico ("ela + ação + adeus"), numa espécie de refrão com variantes.

Em cotejo com as cenas ultrarromânticas protagonizadas por Álvares de Azevedo e Casimiro de Abreu, notam-se grandes metamorfoses. Desaparece o quesito (ou pré-requisito...) da virgindade feminina; tal condição, em Castro Alves, é irrelevante para a vivência do amor, libertando a mulher do binômio "virgem ou prostituta" em que muitos poetas a haviam confinado. O prazer perde a aura culposa, de desregramento maligno, para tornar-se "divinal". Outros mitos do amor romântico serão aqui lançados para serem desconstruídos, como se perceberá adiante.

A estrofe 1 reelabora as características do "fitar": fitando a virgem, o poeta tendia a ser extático, e, por isso, estático, a fim de preservar a intangibilidade do objeto de desejo. Aqui, o "ver" desencadeia de pronto uma ação, o mergulho no

---

[4] Alves (1997, p. 107). Além de Castro Alves, outros afamados românticos versejaram sobre a valsa: Gonçalves Dias, Casimiro de Abreu, Fagundes Varela.

"giro da valsa" – e a valsa, no espaço público, representava o tempo erótico por excelência, permitindo aproximações, contatos, flertes e insinuações.

A imagem da natureza, no poema, não apresenta, como nos dois bailes anteriores, a cisão entre o mal e o bem – natureza corruptora da lascívia, natureza idealizada do represamento erótico –; ela é, apenas, força irresistível, sem submeter-se a juízo punitivo ou judicativo: simplesmente inevitável, como "as plantas que arrasta a correnteza".

Importante também destacar o verso 4 da estância inicial: "E amamos juntos... E depois na sala". Se a primeira pessoa do singular é o registro por excelência do sujeito lírico, aqui verificam-se as marcas da primeira pessoa do plural, implicando plena reciprocidade do sentimento, reforçada pelo adjetivo "juntos". Onde se amaram? O poeta é discreto e, de modo literal, reticente ("..."). Com certa malícia, não informa o local, mas acrescenta: "E depois na sala". Onde quer que se tenham amado, não o fizeram no ambiente da sala, a que só retornaram "depois".

Ainda na estrofe inicial, observe-se que o tremor ("a tremer co'a fala") não advém do encontro, mas, este consumado, da hipótese de perda, gerando o primeiro adeus, logo duplicado na voz de Teresa. Nos ultrarromânticos, a tendência é o tremor anteceder, ou mesmo obstar, o efetivo encontro, daí advindo, na comoção frente à virgem, uma sucessão de desmaios, masculinos e femininos.

A mulher, "corando", sinaliza inexperiência ou recato. Na paleta cromática do texto, o rubor se transforma em palidez, na estrofe 2: "Era a pálida Teresa". Agora, passamos do espaço público do baile ao espaço privado da alcova. A amante, despida das roupas de baile e do pudor inicial, se revela, assim, duplamente "sem véus".

Apesar da reciprocidade da paixão, do "amamos juntos", o comando do relacionamento é, até então, masculino, pois cabe ao homem administrar os protocolos de partida e de reencontro, estabelecendo a seu grado o *timing* da vida amorosa. Quando ele parte, tem a certeza de que ela passivamente o espera. É sintomático o verso "'Adeus' lhe disse conservando-a presa" – ele, quando se afasta, não a liberta. Do ponto de vista fonético, ao ir embora, conserva "a presa", pois, junto com o pronome oblíquo registrado na escrita, soa o artigo definido feminino, com o qual "presa" passa de adjetivo a substantivo, sinônimo de caça ou de prisioneira do homem.

A terceira estrofe consigna o ápice da intensidade da paixão, através dos signos "delírio", "prazeres", "gozos". Porém – no meio da estrofe, verso 3 – surge a adversativa, para indiciar a virada do enredo. Às noites de prazer se opõe agora o dia da perda: "... Mas um dia volvi aos lares meus". A referência a "lares meus" não é clara: o homem dispunha de mais de um lar? Trata-se da casa dos pais? Da casa da esposa? De qualquer modo, a relação com Teresa não era "oficial", na medida em que o conceito de "lar" era externo ao par amoroso. Pela primeira vez rompe-se a simetria discursiva: ele diz "voltarei", porém ela responde "adeus". Este, apesar de ser o terceiro adeus registrado nas situações do poema, é, a rigor, o primeiro efetivo adeus de Teresa; os dois outros foram enunciados pelo homem, ela apenas ecoava uma palavra pela qual não fora responsável. Aqui, por fim, as duas possibilidades do emprego das aspas se concretizam: reprodução de uma fala, que todavia era de um falso adeus, adeus entre aspas, na medida em que o amante sempre retornava. O adeus verdadeiro quem o diz é Teresa, ironicamente devolvendo ao homem, como verdade, o mesmo signo que dele havia recebido, como mentira.

A última estrofe refaz, com ironia, a cena do início – o baile, a música, o amor – mas com nova configuração. *Ela*, a mulher idealizada com maiúscula e itálico, já era personagem de outra história, desfazendo o mito romântico do amor eterno (o que tinha sido "vez primeira" deveria perenizar-se sem conhecer a "última vez"). Revertendo a conduta de mulher submissa à ordem masculina, Teresa, que foi vermelha na estrofe 1, tornou-se pálida na 2, e agora é branca de espanto na 4, passa a afirmar-se como dona de seu desejo e de seu discurso: cabe-lhe enunciar o adeus final, e, dado importante, pela primeira vez a voz feminina se antecipa à fala masculina.

No fim, enquanto Teresa valsava, o poeta "dançou". O baile, aliás, sempre representou um território privilegiado para o regime de trocas e substituições, e não apenas amorosas. Que episódio entre nós simboliza melhor a mudança de um regime político por outro, senão o famoso "Baile da Ilha Fiscal", em 9 de novembro de 1889, quando saía de cena a velha monarquia para a entrada da jovem república? No terreno literário, o baile de Teresa também representou uma transição: a do velho regime romântico para o novo regime realista, prenunciado pelo vigor da lírica de Castro Alves.

Ouvimos então o adeus de Teresa, mas ainda nos resta algo a ouvir: o adeus de Castro Alves.

Ele, há mais de ano separado de Eugênia, já mutilado com a amputação de um pé, vai ao teatro, disfarçado, assistir pela última vez a uma representação da ex (e sempre) amada. Logo depois, escreve "Adeus", confissão dolorosa, em que arte e vida se misturam:

[...] Em meio aos risos e às festas
E às gargalhadas da orquesta
Que eu tinha esquecido, enfim,
Tomei lugar!... Solitário
[...]
A orquestra, as luzes, o teatro, as flores
Tu no meio da festa que fulgura,
Tu! sempre a mesma! a mesma! Tu! meu Deus!
Não morri neste instante de loucura...
[...]
Tu vais em busca da aurora!
Eu, em busca do poente!
Queres o leito brilhante!
Eu peço a cova silente!
[...]
Sinto que eu vou morrer! Posso, portanto,
A verdade dizer-te santa e nua:
Não quero mais teu amor! Porém minh'alma
Aqui, além, mais longe, é sempre tua.[5]

Rio de Janeiro, 17 de novembro de 1869

Quase fecha-se a cortina, porém uma derradeira voz se insinua. No início deste estudo, referimo-nos a três poetas ausentes do cânone: Bernardo Guimarães, Vitoriano Palhares... O terceiro deles é mulher, uma poetisa: Eugênia Câmara, com dois livros publicados, e que também enunciou sua despedida a esse amor, lamentando o desfecho da relação, num poema que dialoga com os dois adeuses de Castro Alves:

[...] Aquela noute!... oh Silêncio
Noute de fel e de amor
Em que dentro em duas almas
Houve um poema de dor!...

A multidão me sorria
E o meu ser estava contigo
Nesse olhar belo e sereno
Minh'alma encontrou abrigo.

---

[5] Alves (1997, p. 448).

Eras o anjo d'outra hora
E eu cairia a teus pés
Se inda mesmo moribundo
Tu me dissesses – Talvez!...
[...]
Adeus!! Se um dia o Destino
Nos fizer ainda encontrar
Como irmã ou como amante
Sempre! Sempre! me hás de achar.[6]

Catete, 17 [de novembro de 1869], 2 horas da noite Adeus!!!

Como na vida que imita a arte, a palavra final – o adeus – é de Eugênia, escrevendo sobre os desatinos do destino, na solidão de uma madrugada de primavera, na cidade do Rio de Janeiro.

Agora, sim, para sempre, termina o baile, cala-se a orquestra e desce o pano.

Referências

ALVES, Castro. O "adeus" de Teresa. In: _____. *Obra completa*. 3. ed. Rio de Janeiro: Nova Aguilar, 1997.

AMADO, Jorge. *ABC de Castro Alves*. São Paulo: Companhia das Letras, 2010. Disponível em: <https://goo.gl/xqkw92>. Acesso em: 11 dez. 2017.

DIÁRIO do Congresso Nacional. 147ª sessão do Senado Federal, de 7/11/1914. Brasília: 8 nov. 1914.

GUIMARÃES, Bernardo de. A orgia dos duendes. In: _____. *Poesias completas*. Rio de Janeiro: INL, 1959.

PALHARES, Vitoriano. A polca. In: _____. *Peregrinas*. Lisboa: Imprensa Nacional, 1870.

---

[6] AMADO (2010, [s.p.]).

Presença do Parnaso

O Parnasianismo costuma ser estigmatizado por não fazer aquilo a que nunca se propôs. Proliferam contra o movimento objeções do seguinte teor: não possui a carga emotiva do Romantismo; logo, reduz-se a um não Romantismo desfalcado de emoção; não tem a complexidade imagística do Simbolismo; não carrega a carga irônica de nosso primeiro Modernismo. Observe-se, em todas as condenações, uma espécie de definição negativa, ao se enfatizar que o movimento é julgado por aquilo que não conseguiu ser – como se, em algum momento, ele houvesse desejado ser o que os outros gostariam que ele tivesse sido. Marca-se pela ausência dos traços de outros movimentos. Apesar de seu propalado pendor ao ornato, é uma espécie de "cão sem plumas" de nossa periodização literária: hostilizam-no a partir daquilo que ele não possui. Entre todos os estilos ou complexos estilísticos de nossas letras, paira soberanamente contra o Parnasianismo o estigma da rejeição.

Eis alguns textos, do século XIX e começo do XX, nos quais se percebe uma carga virulenta contra o Parnaso. O primeiro:

> A escola parnasiana, pouco compreendida, porque não se pode compreender o que não existe. Nunca houve uma escola parnasiana, nem aqui, nem na Europa. (Olavo Bilac)

O segundo:

> Essa escola, a que chamam parnasiana, cujos produtos aleijados e raquíticos apresentam todos os sintomas da decadência: literatura falsa, postiça, de triste e lamentável esterilidade. Canta o poeta, então, um

> Parthenon de Atenas que nunca viu, nenhum porém se lembrará de cantar a praia do Flamengo, e qualquer um julgaria indigno um soneto para o samba. (Raimundo Correia)

O terceiro, de João Ribeiro, crítico benevolente e poeta de fatura parnasiana:

> Fora da técnica, o parnasianismo nada apresenta de novo, senão a assiduidade de temas exóticos, de falsas paisagens vistas de Babilônia e do Irã.

Constamos, então, opiniões azedamente negativas, veiculadas pelos próprios participantes do movimento, fornecendo munição a ser intensificada pelo primeiro Modernismo.

É inegável, porém, que o Parnasianismo foi o movimento hegemônico da nossa poesia pós-romântica no período compreendido entre as duas décadas finais do século XIX e a primeira do século XX. Em 1866, na França, viera a lume a antologia *Le Parnasse contemporain*, em três volumes, onde colaboraram vários autores que mais tarde estariam entre os principais do movimento, influenciando os poetas brasileiros. Pesquisando antigos jornais cariocas, Manuel Bandeira localizou no ano de 1886 as primeiras referências ao nome da nova escola literária. Entre nós, a década de 1870 assistiu à decadência do Romantismo e à fermentação de ideias que iriam dar sustentação ao Realismo, Naturalismo, Parnasianismo e Simbolismo. No Brasil, alguns livros anteriores à publicação das *Poesias* (1888), de Bilac, já poderiam ser considerados parnasianos: *Sinfonias* (1882), de Raimundo Correia, e *Meridionais* (1884), de Alberto de Oliveira. Os dois poetas, mais Olavo Bilac e Vicente de Carvalho (autor de *Poemas e canções*, de 1908), são considerados os expoentes de nosso Parnaso. Em honroso segundo plano, citam-se os nomes de Francisca Júlia (um raro caso de bem-sucedida autoria feminina anterior ao Modernismo), Luís Delfino, B. Lopes, Augusto de Lima, Guimarães Passos e Machado de Assis – este, através de prefácios, foi uma espécie de "padrinho literário" tanto de Alberto de Oliveira quanto de Raimundo Correia.

A rigor, desde a morte de Castro Alves, em 1871, o Romantismo já entrara em franco declínio; percebia-se que uma nova sensibilidade poética estava a ponto de surgir entre nós. O influente historiador Sílvio Romero, um dos mais ferrenhos defensores da modernização cultural do país, combatia a ideologia e as práticas da velha literatura. Num primeiro momento, houve certo consenso no sentido de liquidar a sobrevida dos românticos, considerados cultores de uma poesia lânguida, chorosa, idealista, incompatível para representar um fim de século antirreligioso, alicerçado na razão, na ciência e no progresso. O receituário de poemas lamurientos acabara gerando uma poesia *prêt-à-pleurer*, responsável pelas desconsoladas e incontroláveis lágrimas das gerações ortodoxamente românticas. Essa flébil herança deveria ser combatida, na visão de Sílvio Romero, por uma literatura viril, fundada em valores coletivos: a musa íntima cedia o passo à musa pública. Machado de Assis, em famoso ensaio publicado em 1879, intitulado "A nova geração", apontava a decrepitude dos românticos, embora ainda não estivesse convencido dos méritos da escola dita "realista" que se propôs substituí-los.

A sucessão Romantismo-Parnasianismo não foi linear, como certos manuais de literatura podem deixar supor. Algumas tendências antirromânticas (mas não necessariamente parnasianas) tentaram se impor, com resultados em geral pouco felizes. Houve a voga da "poesia científica", ruim como ciência e ainda pior como arte, cujo mais afamado representante é Martins Júnior, autor de *Estilhaços* (1885); houve a "poesia socialista", em geral bem intencionada e mal realizada: seu principal representante, Lúcio de Mendonça, notabilizou-se mais por ter sido o fundador da Academia Brasileira de Letras do que propriamente pelos dotes poéticos; e houve, já no espírito parnasiano, a valiosa contribuição de dois precursores, Gonçalves Crespo e Luís Guimarães Júnior, com *Miniaturas* (1871) e *Sonetos e rimas* (1880) publicados, respectivamente, em Coimbra e em Roma. Ambos ficaram, de certa forma, alijados do processo literário brasileiro: Crespo naturalizou-se português, e Guimarães Júnior correu o mundo como diplomata, falecendo em Lisboa. Também vale lembrar um autor hoje esquecido, Artur de Oliveira, que, tendo convivido na década de 1870 com alguns renomados poetas franceses, dentre eles Théophile Gautier e Leconte de Lisle, foi um importante divulgador do movimento nas rodas literárias e jornais do Rio. Bilac, Alberto e Raimundo – cujos nomes completos, aliás, formam versos de 12 sílabas – moraram boa parte de suas vidas no Rio de Janeiro, requisito à época praticamente indispensável para obtenção de fama nacional. Além de ser a capital, a cidade congregava os grandes periódicos, as mais importantes livrarias e editoras. O retumbante êxito nacional (ou a progressiva provincianização) do movimento acabou sendo-lhe maléfico, conforme veremos adiante.

Mas, situando o Parnasiano como antirromântico, nós o definimos apenas negativamente... Para além desse "anti-", o que caracteriza o estilo? Para entendê-lo, convém partir do exame da relação da palavra com a realidade. No Romantismo, a palavra era considerada aquém da realidade, impotente para exprimi-la; faltava um "algo", o indizível, aquilo que ultrapassava a miséria dos limites da expressão humana. Para o romântico, a poesia visava ao que não poderia alcançar, pródiga de intuições que tateavam a realidade, sem chegar a dela apossar-se. No Parnasianismo, ao contrário, a palavra ajustava-se, sem falta ou excesso, à realidade, como espelho fiel do mundo; o poeta, portanto, não *exprimia* uma verdade (sua, íntima), mas *reconhecia* a verdade existente fora de si. O poeta parnasiano não se espantava, porque já supunha tudo conhecer. Intervinha no sentido de respaldar o que estava *a priori* configurado. A poesia se incumbiria de dizer sim a um mundo que ela se contentava em espelhar, acreditando não haver qualquer distorção nessa imagem especular. Daí uma concepção *universalista* da arte, em oposição ao particularismo romântico. Daí, também, a crença de que existia um lugar predeterminado para as coisas; elas, sem conflito, ocupavam esse espaço, do mesmo modo com que as palavras do poema harmonicamente entrelaçavam-se no texto.

Não à toa a Antiguidade grega, com a celebração do equilíbrio e da proporção de formas nas artes plásticas, foi um grande referencial dos parnasianos. E, se pensarmos na preferência pelo soneto, não será exagero considerá-lo o contraponto da sensação de estabilidade e segurança que o poeta exprimia no conteúdo do poema, como se a forma fosse a manifestação externa dessa solidez, duplicando no verso perfeito a concepção de um mundo sob controle que as ideias do texto continuamente reiteravam. Apostavam os parnasianos na eternidade de sua arte – e corriam perigo, porque muitas vezes o ideal de eternidade convertia-se em ideal de imobilidade, quando o eterno se congelava contra a História. Em famoso poema, ("Musa impassível"), Francisca Júlia declara: "Por esse grande espaço onde o impassível mora". Ora, a poesia é o lugar do "impossível", não do "impassível", pois este já se propõe como imagem estabilizada e constituída, enquanto a vontade do impossível é o alimento do poeta no assédio de sentidos para além daqueles com que o conforto do mundo tenta seduzi-lo e domesticá-lo.

Cultores da arte pela arte, desprezavam as expressões populares e folclóricas, daí advindo a fama, não injustificada, de que habitavam "torres de marfim", inacessíveis ao vulgo. Esmeravam-se em descrições que possuiriam o mérito da "objetividade" contra os transbordamentos líricos, traduzidas em poemas sobre taças, leques, vasos – tudo o que o espírito modernista, pouco mais tarde, acusaria de futilidade e decorativismo gratuito. Mas, se o Parnasianismo foi eleito o grande alvo de crítica dos modernistas, isso se deu porque, de algum modo, sua importância foi reconhecida. Decerto, não podemos negligenciar o discurso dos seus opositores. É importante contrapô-lo às vozes oficiais da corrente, porque um movimento não se esgota nem no receituário perfeito que propõem corifeus e acólitos, nem na versão demolidora dos oponentes. É preciso atentarmos à voz e à contravoz parnasianas, para que delas filtremos o que se sustenta como argumento crítico.

Os modernistas deixaram de lado o Simbolismo e se concentraram no ataque a Olavo Bilac, Alberto de Oliveira e outros parnasianos. Existem, porém, alguns elementos em aparência contraditórios que, em vez de amesquinharem o movimento, talvez representem alguns de seus mais interessantes frutos. Se o poeta Bilac narrava longínquos episódios da Grécia e do Oriente, o cidadão Bilac desenvolvia intensa atividade pública, imiscuindo-se na política, lutando pela obrigatoriedade de prestação do serviço militar, e opinando sobre as reformas urbanísticas do Rio *belle époque*. A consciência técnica do ofício também é lição nada desprezível do Parnaso (o fetiche da técnica é que se transformou em problema); muito da mais relevante poesia do século XX herdou e desenvolveu, mesmo envergonhadamente, subsídios da poética parnasiana, tais como a plasticidade do verso e o distanciamento (ou mascaramento) do poeta frente ao mundo que evoca.

Para seu infortúnio, o Parnasianismo, e bastante devido às alfinetadas modernistas, foi condenado *a priori*, desligado de seu contexto. De algum modo, pagou o preço do próprio sucesso, na medida em que se propagou em versões edulcoradas e anódinas, epidêmica e epidermicamente disseminadas por todo o país. Ocorreu-lhe, assim, o que de pior pode suceder a um estilo: ser confundido com a diluição que dele faz a multidão de epígonos. Os maus poetas mecanizaram o verso parnasiano ao imitar suas exterioridades mais óbvias: era relativamente fácil tirar da fôrma um soneto *à la parnaso*. O imenso prestígio do movimento deitou raízes tão fortes que, mesmo hoje, muitos consideram que poesia é sinônimo da linguagem (por vezes pomposa) de Bilac & Cia. Mas não teria havido a mesma tendência ao receituário, pelo caminho oposto, com o legado modernista? Qualquer um passou a se julgar poeta; bastava *não* saber metrificar, e entrava em cena mais um "gênio" do verso livre. A diferença é que, sensatamente, repudia-se o mau verso livre como paradigma modernista, bastando, para tal, recorrer a magníficos poemas de Manuel Bandeira, Carlos Drummond de Andrade e Murilo Mendes. Então, por que, senão por má-fé ou desconhecimento, pinçar estrategicamente apenas alguns sonetos caricatos e dá-los como exemplo de uma suposta insuficiência global do Parnasianismo?

Apenas um grande poeta surgiu no Novecentos ainda simpático à velha escola: Raul de Leoni, embora sua obra se vincule em larga medida à estética simbolista. Além dele, José Albano merece destaque; as *Rimas* (1912), porém, devem antes a Camões do que ao Parnaso. De qualquer modo, o século XX ainda testemunharia o último livro de Olavo Bilac, o póstumo *Tarde* (1919), e a publicação das quatro séries das *Poesias* de Alberto de Oliveira. Mas as sucessivas reedições das obras de Bilac (atualmente valorizado também como cronista) indicam que, apesar da barreira modernista, a poesia parnasiana conseguiu chegar ao leitor do século XXI.

Apresentado o panorama, examinemos agora um texto específico, que advoga um certo modo de fazer poesia. Trata-se de "A um poeta",[1] de Olavo Bilac, publicado em *Tarde*.

É poema prescritivo, espécie de receita simultaneamente afirmativa e negativa: o que fazer e o que evitar. Este modelo, do sim e do não, parece subjazer nos poemas-plataforma, independentemente dos objetivos a que servem, ou dos valores que defendem. Lembremo-nos de que, em sua "Poética" (1930), Manuel Bandeira inicialmente afirma "Não quero..., não quero..., não quero...", para rematar com "Quero... quero...". São numerosas as poéticas que se baseiam no duplo movimento de descarte e de entronização. Eis a peça de Bilac:

> Longe do estéril turbilhão da rua,
> Beneditino, escreve! No aconchego
> Do claustro, na paciência e no sossego,
> Trabalha, e teima, e lima, e sofre, e sua!
>
> Mas que na forma se disfarce o emprego
> Do esforço; e a trama viva se construa
> De tal modo, que a imagem fique nua,
> Rica, mas sóbria, como um templo grego.
>
> Não se mostre na fábrica o suplício
> Do mestre. E, natural, o efeito agrade,
> Sem lembrar os andaimes do edifício:
>
> Porque a Beleza, gêmea da Verdade,
> Arte pura, inimiga do artifício,
> É a força e a graça na simplicidade.

---

[1] Bilac (1977, p. 307).

O autor se dirige a um poeta, talvez um aprendiz, talvez sua própria consciência criadora frente ao espelho do texto. Observe-se que "beneditino" não é substantivo, mas um qualificativo do interlocutor (o "tu", sujeito oculto). Assim, o verso "Trabalha, e teima, e lima, e sofre, e sua!" não se refere a um "ele": dirige-se de modo imperativo ao "tu", conclamando o poeta a agir de determinada maneira.

O poema se inicia por um adjunto adverbial: "Longe do estéril turbilhão da rua". Nele, avulta a necessidade do distanciamento, através da prática de uma poesia descontaminada do que ocorre em sua contiguidade. Vinculado a "rua" encontra-se o substantivo "turbilhão", sancionado, porém, pelo adjetivo "estéril". Aí desponta a primeira e paradoxal oposição do texto. A multidão, em geral prolífica, é identificada como estéril. O poeta, solitário, logra a "fecundação", vai gerar um texto. A fertilidade habita antes na solidão do que no espaço público e frenético da turba. O coletivo é estéril, o "tu" beneditino é produtor da escrita. Uma escrita que, *de fora*, parece emanar de algo claustrofóbico, mas é nesse *dentro* que poeta se sente à vontade, como revela o substantivo "aconchego". O ambiente solitário revela-se mais propício e confortável para a dura batalha a ser travada em prol do verso perfeito.

Prosseguem os conselhos: "Trabalha, e teima, e lima, e sofre, e sua!". Este verso é muito citado em manuais escolares como exemplo de polissíndeto, em que a sucessão de conjunções aditivas forneceria a imagem de um labor incessante. Mas há outro aspecto, menos ostensivo e de maior relevo: uma vez que o texto se traduz em incitações a um aprendiz de poesia, Olavo Bilac, sabiamente, cuidou de apresentar, na sequência tônica das vogais, a cartilha primária de um iniciante das letras, o *a-e-i-o-u*: "Trabalha, e teima, e lima, e sofre, e sua!". Relação isomórfica, na medida em a forma do poema já estampa aquilo que o conteúdo confirma: uma situação de aprendizado – não aos saltos ou à solta, mas progressivo.

"Mas que na forma se disfarce o emprego" – surge a advertência. A todo momento ouve-se a voz prescritiva. Aqui, outro exemplo de isomorfia. Bilac se refere, nesse passo, a uma dificuldade, que demanda emprego de esforço. A réplica formal é o *enjambement*, que dificulta a leitura, exigindo o "emprego do esforço" também por parte de quem lê. O leitor, ritmicamente, é instado a vivenciar um "esforço" de leitura, do mesmo modo que o poeta é convocado ao esforço da escrita. Para que, a seguir, "[...] a trama viva se construa/ De tal modo, que a imagem fique nua". Importante: escrever para subtrair, não para acrescentar, como se o grande objetivo da poesia fosse a nudez, ao invés da produção farfalhante de adereços.

A imagem de uma estátua "nua, rica, mas sóbria como um templo grego" de um lado nos remete ao ideal do despojamento absoluto e, do outro, nos reforça a velha imagem horaciana de se erguer, pelo verbo, monumentos mais duradouros do que o bronze. O ponto de contato entre o bronze de Horácio e os mármores de Bilac reside no fato de que ambos recorrem a metáforas da estatuária, e não por acaso. Podemos entender a literatura de um período pela indicação da outra arte que ela elege para simbolizá-la. Quando o poema parnasiano se metaforiza em artes plásticas ou arquitetura, deseja ver-se no domínio de um espaço concreto, tangível, e não abstrato ou evanescente, como seria o caso, por exemplo, da associação da música à poesia romântica ou à simbolista.

No primeiro terceto –

> Não se mostre na fábrica o suplício
> Do mestre. E, natural, o efeito agrade,
> Sem lembrar os andaimes do edifício.

– Bilac desenvolve um suposto paradoxo (a construção do natural), logo desfeito quando lembramo-nos de que em arte não existe o "natural" senão como resultado de uma (ainda que mínima) elaboração. Os parnasianos, nesse sentido, desenvolveram nitidamente a consciência de que a relação com o mundo só existe através da mediação das formas. Daí, portanto, que o "natural" seja uma das vestes possíveis do poder da linguagem: um dos "efeitos" do texto, não a sua origem. Um romântico afirmaria ter escrito de modo espontâneo um poema. O parnasiano replicaria que o urdiu a ponto de, ao lê-lo, todos crerem, iludidos, que a fatura fora espontânea. E tanto é artificial a naturalidade, que Bilac recorre à palavra "fábrica": "Não se mostre na fábrica o suplício/ Do mestre." Até aqui, e até o final do poema, inexiste qualquer referência, longínqua que seja, ao assunto a se desenvolver: trata-se de uma lição de formas. O conteúdo é decorrência do texto, não o seu motor. "E, natural, o efeito agrade,/ Sem lembrar os andaimes do edifício". Poesia vinculada a fábrica, efeito, andaime, edifício: explícita confissão de simulacros e ocultações. A máquina poética se incumbe de gerar um belo produto, o produto pode provocar emoção, mas as engrenagens não devem ser expostas à plateia, sob pena de se quebrar um implícito pacto de ilusionismo, que, tudo leva a crer, ainda é vigente, atendendo a comum interesse de autores e de leitores.

> Porque a Beleza, gêmea da Verdade,
> Arte pura, inimiga do artifício,
> É a força e a graça na simplicidade.

O terceto final apresenta alguns problemas interpretativos. O primeiro deles: como é possível ser a arte "inimiga do artifício", se o tempo inteiro o poeta valoriza exatamente o artificial? A contradição se desfaz quando nos lembramos de que as invectivas de Bilac incidem no artifício que se explicita, abusivo, ao invés de subjazer na arquitetura do poema.

Outro ponto polêmico seria a suposta subordinação da beleza à verdade, da qual seria espelho. De fato, conforme já dissemos, o texto parnasiano tende a avaliar valores que já circulam fora dele. Mas, quando falamos em gêmeos, quem imita quem? Não há um original do qual o outro seria cópia. Verifica-se um movimento recíproco: assim como a verdade pode aspirar à forma bela, a beleza contém uma verdade intrínseca. Por isso ela é "gêmea da Verdade". Não se reduz a ela, à maneira de um gêmeo, que é, ao mesmo tempo, parecido, mas diverso do outro. Sabiamente, Olavo Bilac desvincula de qualquer finalidade a existência da arte. A partir do compromisso com a beleza o poeta inventa uma verdade. Algo belo, e verdadeiro porque belo.

Por fim, reiteremos que um dos aspectos mais discutíveis do Parnasianismo talvez seja a tendência a gerar poemas impermeáveis à surpresa. Com frequência, seus poetas operaram em registro binário: ao restringirem o mundo a determinada configuração ou à sua antítese, acionavam mecanismos de previsíveis polarizações. A rigor, a linguagem poética não é o *avesso* de um lugar, pois, nesse caso, seu espaço já estaria aprisionado no negativo da palavra frente à qual ela deseja se desmarcar. A poesia persegue um *outro* lugar da linguagem, não o lugar *oposto*; importa é deslocar o eixo do discurso e desfazer a limitação dos movimentos binários. Muitos parnasianos, porém, acreditavam que lhes caberia apenas optar entre algo e seu contrário, o que, para a poesia, jamais será bastante.

Referência

BILAC, Olavo. A um poeta. In: _____. *Poesias*. 29. ed. Rio de Janeiro: Civilização Brasileira, 1977.

Cruz e Sousa:
o desterro do corpo

Há certas regiões de desterro na poesia de Cruz e Sousa que só a custo se deixam perceber, afogadas pelo espaço homogêneo e hegemônico de suas paisagens mais ostensivas. Uma dessas regiões encobertas, a meu ver, é a problemática do corpo. Mas, antes de explorá-la, apontemos, de modo sintético, o que de mais constante se diz sobre o poeta.

Considera-se bastante irregular a qualidade da matéria poética não reunida por Cruz e Souza em livro autônomo (entendendo-se por livros autônomos *Missal*, *Broquéis*, *Evocações*, *Faróis* e *Últimos sonetos*). Esse material, enfeixado na edição[1] a cargo da profª Zahidé Muzart, sob a rubrica *O livro derradeiro*, engloba poemas da juventude e outros tantos da chamada fase madura, que mereceriam, certamente, integrar as obras principais do autor. Quanto aos textos iniciais, a crítica os descreve antes como tateios e vacilações poéticas do que propriamente como peças promissoras ou prenunciadoras do grande talento que mais tarde emergiria. Num estilo escravo da poética de Castro Alves, o jovem João fez ecoar seu brado libertário e abolicionista, em versos de precário domínio técnico e elevado tom retórico, como se percebe na homenagem que prestou ao próprio mestre, intitulada "Ao decênio de Castro Alves":

> [...] Então na terra sentiu-se
> Um grande acorde final!
> O belo vate brasíleo
> Pendeu a fronte imortal![2]

---

[1] Sousa (1993).

[2] Sousa (1993, p. 299).

Registram-se ainda, no primeiro Cruz e Sousa, exercícios de lavor parnasiano, ou da escola realista, como à época se dizia. São textos de melhor acabamento, impregnados de um imaginário exótico (o paganismo romano, o amor medieval) e de um lirismo programaticamente antirromântico, baseado numa carnalização absoluta do amor, entendido, às vezes, como um ramo da zoologia, conforme se lê nos versos[3] de Carvalho Júnior:

[...] Mulher! Ao ver-te nua, as formas opulentas
       Indecisas luzindo à noite, sobre o leito,
       Como um bando voraz de lúbricas jumentas
       Instintos canibais refervem-me o peito.

De maior envergadura é o grupo de poemas campesinos, também talhados com a espátula do anti-idealismo. Trata-se, em geral, de pinturas da vida simples, pontilhadas de um erotismo que aos poucos desvela sua índole maliciosa:

[...] E que os teus dois seios puros
       Que o amor fecundando beija
       Fiquem cheios e maduros
       Como dois bicos de cereja.[4]

Esse veio campesino, muito pouco estudado não só em Cruz e Sousa como na poesia brasileira em geral, constituiu-se, sem dúvida, em etapa importante no processo de desconstrução do discurso romântico, sendo de lamentar que seus principais cultores (Bruno Seabra e Ezequiel Freire, entre outros) estejam hoje relegados ao total esquecimento.

A partir de *Broquéis* (1893) várias mudanças se operaram na poesia de Cruz e Sousa, sem que certos traços da produção inicial fossem de todo abandonados. Esses traços (penso, em particular, na questão do erotismo) conviverão, de modo dilemático, com forças contrárias, que tentarão abafá-los, mas que não conseguirão extingui-los. De *Broquéis* aos póstumos *Faróis* (1900) e *Últimos sonetos* (1905), assinala-se uma trajetória de progressiva abstratização da obra de Cruz e Sousa, marcada pelo ímpeto de transcendência e pelo coroamento da figura mística do poeta como condutor ou grande guia dos caminhos da salvação, mesmo que o

---

[3] Carvalho Júnior (1872, p. 89). Atualizamos a ortografia.

[4] Sousa (1993, p. 275).

preço da empreitada seja pago na moeda da vivência extremada da dor, concebida como estágio crucial na dinâmica de purificação do ser humano.

Na fortuna crítica do poeta, com destaque para as publicações organizadas por Afrânio Coutinho,[5] Iaponan Soares[6] e Zahidé Muzart,[7] quase todos os críticos reafirmam o posto de Cruz e Sousa no âmbito da literatura brasileira: o de maior escritor simbolista. Alguns querem mais: querem-no precursor da moderna poesia do país, pela influência exercida em Augusto dos Anjos e (como observaram Gilberto Mendonça Teles[8] e Ivan Teixeira[9]) em decorrência de afinidades entre o poeta catarinense e certos aspectos da poética de Mário de Andrade. Eu talvez queira *menos*, isto é, que não se veja em Cruz e Sousa *o* simbolista ou *o* prenunciador do modernismo, e sim um autor menos monolítico no trono do Simbolismo e aberto a tensões e contradições que, fazendo-o menos ortodoxamente simbolista, nem por isso o fazem menor poeta. O grande artista sempre relativiza os dogmas do estilo em que se inscreve; cabe aos menores acreditar demais em tudo aquilo. A convicção extremada é o primeiro passo do fanatismo, tão funesto na arte quanto em outros domínios. Uma voz clandestina procura, mesmo à revelia da vontade do autor, relativizar o que seu discurso possa conter de dogmático. É isso que tentarei demonstrar, retomando o que no início se anunciou: é preciso ouvir as vozes veladas de Cruz e Sousa, que, longe de serem veludosas, são ásperas e incômodas. Com isso, proponho uma leitura assumidamente *parcial* de sua obra, porque, do conjunto, vou apossar-me de uma parte – sem, todavia, querer fazer passá-la pelo todo. Voz clandestina, como sugeri, e que reivindica o direito de coexistir com versões mais assentes e de pretensões totalizantes. O que se almeja enfatizar é que a poesia de Cruz e Sousa incorpora também uma nostalgia da matéria, uma celebração – de início, orgiástica; depois, elegíaca – da ostensividade do corpo; esse fio – literalmente – de alta tensão atravessa toda sua obra, das primícias aos *Últimos sonetos*. Contra essa hipótese há o fato de que a palavra "alma" (ou "almas") aparece 7 vezes nos 54 poemas de *Broquéis*, e nada menos do que 128 vezes nos 96 textos dos *Últimos sonetos*. Tal latifúndio anímico (1,31 alma por soneto) desautorizaria, em princípio, quaisquer considerações acerca da nostalgia da matéria: sobra espírito

---

[5] Coutinho (1979).

[6] Soares (1994).

[7] Muzart (1993).

[8] Teles (1993).

[9] Teixeira (1993).

e falta corpo em Cruz e Sousa. Convém lembrar, todavia, que com frequência denegamos não o que nos oprime, mas aquilo que nos seduz; dizemos um não externo ao sim implícito. Em apoio a tal raciocínio, leiamos alguns trechos do mais famoso texto em prosa do poeta, "O emparedado"[10]:

> [A Arte] Era uma força oculta, impulsiva, que ganhara já a agudeza picante, acre, de um apetite estonteante e a fascinação infernal, tóxica, de um fugitivo e deslumbrador pecado [...] a chama fecundadora, o eflúvio fascinador e penetrante que se exala de um verso admirável [...] aqueles que, na Arte, com extremo requinte de volúpia, sabem transcendentalizar a Dor.

Eis aí os termos da cisão fundamental: de um lado, a ânsia de transcendência; de outro, a volúpia da forma. A poesia é diáfana, o poema é carnal. Para chegar a ela, urge atravessá-lo, e a viagem trará todas as marcas dos prazeres e tormentos – ou, se preferirmos, dos tormentosos prazeres.

Emparedado entre o éter do espírito e o álcool do corpo, o verso de Cruz e Sousa transforma-se no território de batalha entre ambas as forças. No final, o espírito assume ares de vitorioso (128 almas, não esqueçamos), mas o poeta necessita o tempo todo clamar que o corpo é ruim, para, quem sabe, à força da repetição, acabar se convencendo disso. O rebaixamento do desejo à esfera do animalesco é uma das estratégias adotadas, mas como conciliá-la com a confissão de que a arte nasce do impulso desejante?

Retornemos aos textos de Cruz e Sousa anteriores a *Broquéis*. Lá se localizam poemas que nem de longe indiciam o futuro reino soturno e noturno do poeta. Referimo-nos à já citada série das "Campesinas", com seu lirismo solar e seu apego ao espetáculo sensível do mundo. Em "Ao ar livre" lê-se:

[...] Podes olhar as esferas,
Com ar direto e seguro,
De frente para o futuro,
De lado para as quimeras.

Não tenhas cofres avaros
De santos – na luz te afaga,
E a alma arremessa e joga
Por esses páramos claros.[11]

---

[10] Sousa (1898, p. 356-391). Atualizamos a ortografia.

[11] Sousa (1993, p. 268).

Em tal ambiente feito de luz não cabe a névoa do mistério:

[...] Canta ao sol, como as cigarras,
A tua nova alegria.
No Azul ressoam fanfarras
Da grande vida sadia. ("Renascimento"[12])

Nem tudo, decerto, segue o mesmo diapasão; mas o prazer sem culpa e o viver sem transcendência reaparecem em vários momentos. Assim no "Pássaro marinho": "Trazes na carne um reflorir de vinhas,/ Auroras, virgens músicas marinhas,/ Acres aromas de algas e sargaços"[13]; e em "Canção de abril": "Solta essa fulva cabeleira de ouro./ E vem, subjuga com teu busto louro/ O sol que os mundos vai radiando e abrindo"[14]. À guisa de contraste, assinale-se que o enlevo amoroso do poeta já encontra uma barreira de natureza étnica em "Eterno sonho", quando uma voz feminina declara: "– Ah! bem conheço o teu afeto triste.../ E se em minha alma o mesmo não existe,/ É que tens essa cor e é que eu sou branca!".[15] A configuração predominante do corpo feminino na obra de Cruz e Sousa comparece no soneto "Satanismo": "Não me olhes! Oh! não, que o próprio inferno/ Problemático, fatal, cálido, eterno,/ Nos teus olhos, mulher, se foi cravar!".[16] O inferno não é mau: é problemático, porque representa a sede e a sêde do desejo. Seria cômodo atribuir o mal à serpente-mulher; o problemático é que o desejo habita não só no ofídio, mas também no olhar masculino que serpenteia em torno da mulher. Esse jogo recíproco de enleios eróticos expressa-se sem subterfúgios em "Aspiração":

[...] Quisera ser a serpe astuciosa
Que te dá medo e faz-te pesadelos
Para esconder-me, ó flor luxuriosa,
Na floresta ideal dos teus cabelos.[17]

---

[12] Sousa (1993, p. 271).

[13] Sousa (1993, p. 253).

[14] Sousa (1993, p. 249).

[15] Sousa (1993, p. 235).

[16] Sousa (1993, p. 214).

[17] Sousa (1993, p. 251).

Como tentativa de estancar o clamor do corpo, desenha-se a alternativa de imaterializar a matéria no soneto "Magnólia dos trópicos": "O teu colo pagão de virgens curvas finas/ É o mais imaculado e flóreo dos altares",[18] e em "Hóstias": "Nos arminhos das nuvens do infinito/ Vamos noivar por entre os esplendores".[19] Em contraponto opositivo a essa rarefação do corpóreo situa-se a erotização do incorpóreo, no soneto "Harpas eternas", com seus anjos cujas "[...] harpas enchem todo o imenso espaço/ De um cântico pagão, lascivo, lasso,/ Original, pecaminoso e brando...".[20]

Ainda no âmbito dos poemas dispersos, vale citar "Espiritualismo", onde – releve-se o paradoxo – o espírito "sobe" para baixo, isto é, a "elevação" humana não é encarada pelo prisma ascensional, mas pelo da profundeza:

> Ontem à tarde, alguns trabalhadores,
> Habitantes de além, de sobre a serra,
> Cavavam, revolviam toda a terra,
> Do sol entre os metálicos fulgores.
> [...]
> E pareceu-me que do chão estuante
> Vi porejar um bálsamo de seivas
> Geradoras de um mundo mais pensante.[21]

Destaque-se também "Arte", considerado uma espécie de versão preliminar da famosa "Antífona", e em cuja primeira parte Cruz e Sousa endossa uma luta concreta, material, com as palavras, em consonância com o que faria, muito mais tarde, João Cabral de Melo Neto. Em Cruz e Sousa:

> [...] Busca também palavras velhas, busca,
> Limpa-as, dá-lhes o brilho necessário
> E então verás que cada qual corusca,
>
> Com dobrado fulgor extraordinário.
> Que as frases velhas são como as espadas
> Cheias de nódoas de ferrugem, velhas[22]

---

[18] Sousa (1993, p. 254).

[19] Sousa (1993, p. 254).

[20] Sousa (1993, p. 262).

[21] Sousa (1993, p. 244-245).

[22] Sousa (1993, p. 353).

Em João Cabral,[23] falando de poetas:

[...] Os homens que em geral
lidam nessa oficina
têm no almoxarifado
só palavras extintas:
[...]
palavras que perderam
no uso todo o metal

Muitos dos procedimentos elencados na poesia dispersa serão retomados em *Broquéis*. O mais ostensivo, do ângulo que nos interessa, é o da satanização do desejo, metonimicamente identificado com o corpo da mulher. "Lésbia", "Múmia" e "Dança do ventre" são demonstrações cabais do fenômeno. Do primeiro: "Lésbia nervosa, fascinante e doente,/ Cruel e demoníaca serpente/ Das flamejantes atrações do gozo".[24] Do segundo:

[...] Múmia de sangue e lama e terra e treva,
Podridão feita deusa de granito,
Que surges dos mistérios do infinito
Amamentada na lascívia de Eva.[25]

Do último:

[...] Ah! que agonia tenebrosa e ardente!
Que convulsões, que lúbricos anseios,
Quanta volúpia e quantos bamboleios,
Que brusco e horrível sensualismo quente.[26]

Horrível? Não se sabe o que se destaca: se o horror, se o fascínio. A invectiva parece fazer parte do jogo erótico, parece condimentá-lo prazerosamente com o mel e o sal do mal... Em "Serpente de cabelos", o poeta registra:

---

[23] Melo Neto (1979, p. 196).

[24] Sousa (1993, p. 33).

[25] Sousa (1993, p. 33).

[26] Sousa (1993, p. 49).

[...] Luxúria deslumbrante e aveludada
Através desse mármore maciço
Da carne, o meu olhar nela espreguiço
Felinamente, nessa trança ondeada.[27]

Alguns poemas, sem renunciar ao erotismo, procuram explicá-lo não pelo caldeirão do inferno, mas pela caldeira dos trópicos. É o caso de "Afra" com sua "Carne explosiva em pólvoras e fúrias"[28] e de "Tulipa real": "Deslumbramento de luxúria e gozo,/ Vem dessa carne o travo aciduloso/ De um fruto aberto aos tropicais mormaços."[29]

Não nos vamos deter naquilo que anteriormente se demonstrou: a imaterialização do corpóreo ("Em sonhos" e "Incenso"), a erotização do etéreo ("Regina Coeli"), a confissão de que a serpente é também, ou primordialmente, masculina ("Lubricidade"). Sublinhemos, porém, o processo de fragmentação do corpo desejado, ora (machadianamente) reduzido a "Braços",

[...] As fascinantes, mórbidas dormências
Dos teus abraços de letais flexuras,
Produzem sensações de agras torturas,
Dos desejos as mornas florescências.[30]

ora sinestesicamente transformado em voz:

[...] Mais claro e fino do que as finas pratas
O som da tua voz deliciava...
Na dolência velada das sonatas
Como um perfume a tudo perfumava.

("Cristais"[31])

Incapaz de esquivar-se ao império da matéria, o poeta revela o desejo de congelar o desejo, seja através das "Dormências de volúpicos venenos/ Sutis e

---

[27] Sousa (1993, p. 56).

[28] Sousa (1993, p. 44).

[29] Sousa (1993, p. 47).

[30] Sousa (1993, p. 36).

[31] Sousa (1993, p. 53).

suaves, mórbidos, radiantes"[32], nos versos de "Antífona", seja, de forma inequívoca, em "Siderações":

> [...] Para as Estrelas de cristais gelados
> As ânsias e os desejos vão subindo.
> Galgando azuis e siderais noivados
> De nuvens brancas a amplidão vestindo...[33]

Ao corpo fragmentado em *Broquéis* sucede o corpo dilacerado em *Faróis*, sem que, aliás, a fragmentação deixe de comparecer no novo livro, num subgrupo de poemas que inclui "Boca", "Seios" e "Pés". O poeta, é verdade, não desceu ao inventário microscopista de outro escritor catarinense, Luís Delfino,[34] que retalhou em 22 partes a anatomia feminina, chegando a cinzelar sonetos especificamente destinados ao cotovelo e aos supercílios...

Num raro momento de ironia, Cruz e Sousa arquiteta um duelo-diálogo entre Deus e o Diabo, em "*Spleen* dos deuses". Na derradeira réplica, Satã afirma: "Se és Deus e já de mim tens triunfado,/ Para lavar o Mal do Inferno e a bava,/ Dá-me o tédio senil do céu fechado...".[35] Entenda-se, é claro, um céu pacificado, sem as convulsões do desejo; por isso tedioso, senil, fechado. Igualmente rara torna-se a configuração eufórica do erotismo, conforme se lê no soneto "Corpo": "E as águias da paixão, brancas, radiantes,/ Voam, revoam, de asas palpitantes,/ No esplendor do teu corpo arrebatadas!".[36] Na maior parte dos casos, o erotismo é maléfico, e tangencia o território da morte:

> [...] Quem teu aroma de mulher aspira
> Fica entre ânsias de túmulo fechado...
> Sente vertigens de vulcão, delira
> E morre, sutilmente envenenado.
>
> ("Flor perigosa"[37])

---

[32] Sousa (1993, p. 31).

[33] Sousa (1993, p. 32).

[34] Delfino (1982, p. 72-93).

[35] Sousa (1993, p. 121).

[36] Sousa (1993, p. 125).

[37] Sousa (1993, p. 131).

A radicalização dessa perspectiva, em *Faróis*, leva a uma série de textos acerca da doença da agonia, da morte e da carga de repulsa ou atração que esses estágios podem provar no ser humano. Em "Caveira"

> [...] Boca de dentes límpidos e finos,
> De curva leve, original, ligeira,
> Que é feito dos teus risos cristalinos?!
> Caveira! Caveira!! Caveira!!![38]

e em "Inexorável"

> [...] O teu nariz de asa redonda,
> De linhas límpidas, sutis,
> Oh! há de ser na lama hedionda
> O teu nariz de asa redonda
> Comido pelos vermes vis?![39]

não é difícil rastrear uma linhagem e uma linguagem que desaguarão em Augusto dos Anjos – a declaração da morte sem futuro, aliada à volúpia da nadificação. O poeta parece comprazer-se com o espetáculo da decadência, com a destinação irrecorrível da lama humana. No soneto "Enclausurada", depois de consignar que "Teu corpo tinha a embriaguez dos vícios", arremata, com certa inquisidora crueldade: "Por onde eternamente enclausuraste/ Aquela ideal delicadeza de haste,/ De esbelta e fina ateniense antiga?".[40] O aniquilamento, porém, é insuficiente para obstar o fluxo do desejo: ele se infiltra mesmo em espaços que aparentemente lhe são interditos, como a dizer que seu império ultrapassa toda fronteira, inclusive a da vida. É o que se lê em "Piedosa", onde se antegoza a morte da amada:

> [...] E sinto logo esse supremo e sábio
> Travo da dor, se morta te antevejo,
> Essa macabra contração de lábio
> Que morde e tantaliza o meu desejo.[41]

---

[38] Sousa (1993, p. 86).

[39] Sousa (1993, p. 101).

[40] Sousa (1993, p. 96-97).

[41] Sousa (1993, p. 110).

Um passo além e eis-nos na atmosfera fetichista e necrófila de "Pés": "Pés que bocas febris e apaixonadas/ Purificaram, quentes, inflamadas,/ Com o beijo dos adeuses soluçantes".[42]

E como todas essas questões se cruzam no derradeiro – e mais espiritualizado – livro de Cruz e Sousa, os *Últimos sonetos*? Seguindo a trilha das obras pregressas, Cruz e Sousa convoca o desejo para tentar exorcizá-lo – e acaba por admitir-lhe uma irresistível atração; basta citarmos "Vinho negro":

> [...] O vinho negro do imortal pecado
> Envenenou nossas humanas veias
> Como fascinação de atras sereias
> De um inferno sinistro e perfumado.[43]

Ou "Demônios":

> [...] É um grito infernal de atroz luxúria,
> Dor de danados, dor de Caos que almeja
> A toda alma serena que viceja,
> Só fúria, fúria, fúria, fúria, fúria![44]

A veemência acintosa da condenação se transmuda em suave discurso quando o poeta se alça das profundezas e se põe a galgar o Empíreo, consolando e acolhendo os espíritos eleitos. É de salientar, todavia, que ainda na celeste esfera os signos do corpo, tão estigmatizados, se farão presentes, conforme já ocorrera nos livros anteriores. No poema "Livre!" a alma, desencarnada, pode enfim gozar "Fecundas e arcangélicas preguiças",[45] acedendo àquilo que possivelmente se condenaria no corpo: a preguiça. Noutro texto, o "Coração confiante" se embebeda "no celeste vinho/ da luz",[46] apartado que está do demoníaco vinho da adega... Em "Asas abertas", o poeta assegura: "Mas na minh'alma encontrarás o Vinho".[47] Pelos exemplos, percebemos que todo o espaço etéreo é permeado

---

[42] Sousa (1993, p. 125).

[43] Sousa (1993, p. 169).

[44] Sousa (1993, p. 180).

[45] Sousa (1993, p. 158).

[46] Sousa (1993, p. 164).

[47] Sousa (1993, p. 173).

de signos evocadores de um prazer material, recalcado na manifestação terrena e recuperado no plano cósmico.

A própria noção de transcendência – eixo do livro, segundo a maioria dos críticos – sofre alguns abalos, discretamente disseminados em poemas que se contrapõem ao afã salvacionista do conjunto. É o caso de "Ironia de lágrimas", "Consolo amargo" e "A morte", onde ao fenômeno da extinção Cruz e Sousa não acrescentou a mínima esperança de resgate. É o caso de "Só", que estampa uma solidão humana irredutivelmente vedada à compreensão do Outro. Em "Triunfo supremo" lê-se uma apologia da capacidade humana, tecida em meio a uma série de provações e mortificações de caráter profano. Nenhum bálsamo compensatório, nenhum degrau do paraíso é prometido ao poeta, que "entre raios, pedradas e metralhas/ Ficou gemendo mas ficou sonhando!".[48]

Na sua obra, vimos, portanto, que o asilo no espírito foi incapaz de promover o exílio do corpo. Corpos de mulheres imaginárias, ou de sua inesquecível esposa Gavita. Corpos textuais, seus versos – também tecidos de volúpias e minúcias.

Sua recompensa é esta, que leva o país, em 1998, a comemorar o centenário de sua morte – porque, a rigor, só se recorda a morte de quem, de algum modo, foi capaz de vencê-la. Só se comemora a morte de quem, "entre raios, pedradas e metralhas", está vivo. Cruz e Souza está.

Referências

CARVALHO JÚNIOR, Francisco Antônio de. Antropofagia. In: _____. *Parisina*. Rio de Janeiro: Tipografia de Antônio Gonçalves Guimarães & Cia, 1872.

COUTINHO, Afrânio (Org.). *Cruz e Sousa*. Rio de Janeiro: Civilização Brasileira, 1979. (Coleção Fortuna Crítica).

DELFINO, Luís. *Poemas escolhidos*. Seleção e introdução de Nereu Corrêa. Florianópolis: FCC, 1982.

MELO NETO, João Cabral de. Uma faca só lâmina. In: _____. *Poesias completas*. 3. ed. Rio de Janeiro: José Olympio, 1979.

MUZART, Zahidé (Org.). Cruz e Sousa. *Revista Travessia*, Florianópolis, Ed. da UFSC, n. 26, 1993.

SOARES, Iaponan; MUZART, Zahidé (Org.). *Cruz e Sousa: no centenário de Broquéis e Missal*. Florianópolis: FCC, 1994.

---

[48] Sousa (1993, p. 194).

SOUSA, Cruz. O emparedado. In: _____. *Evocações*. Rio de Janeiro: Tipografia Aldina, 1898. p. 356-391.

SOUSA, Cruz e. *Poesia completa*. Introdução e organização de Zahidé Muzart. 12. ed. Florianópolis: FCC; FBB, 1993.

TEIXEIRA, Ivan. Introdução. In: SOUSA, Cruz e. *Missal. Broquéis*. São Paulo: Martins Fontes, 1993. p. IX-XXXIX.

TELES, Gilberto Mendonça. Ondula, ondeia, curioso e belo. In: MUZART, Zahidé (Org.). Cruz e Sousa. *Revista Travessia*, Florianópolis, Ed. da UFSC, n. 26, p. 73-101, 1993.

Euclides da Cunha:
três faces da poesia

Para Anélia Pietrani

O tema deste encontro é "A tradição de Euclides da Cunha". Talvez valesse a pena começarmos não pela tradição, mas pela contemporaneidade de Euclides. Ela pode ser aferida, por exemplo, através de um *site* de busca como o Google. Se digitarmos o nome "Euclides da Cunha", encontraremos um milhão e oitocentos mil resultados. Nada mal, porque, se procurarmos, por exemplo, "Chico Buarque", vamo-nos deparar com um milhão e novecentos mil resultados. Perder por apenas cem mil ocorrências para um grande artista de hoje é um feito de Euclides, que se mostra, antes de tudo, um forte, nessa competição com a contemporaneidade. Se associarmos "Euclides da Cunha" ao substantivo "Poesia", serão localizadas, curiosamente, apesar de ele ser consagrado como prosador, cento e vinte e duas mil ocorrências. Isso significa que, de algum modo, se fazem numerosas vinculações entre o escritor e a poesia.

Proponho, exatamente, explorar essa seara ou minifúndio do autor, sua relação com a poesia. Diria que há, pelo menos, três maneiras de examinarmos as relações de Euclides da Cunha com o fenômeno poético.

Uma delas, a mais evidente, traduz-se na presença da poesia na prosa de *Os sertões*. Alguns já estudaram a questão, logo a seguir a desenvolveremos. O segundo aspecto refere-se a Euclides crítico de poesia. Como terá lido a produção de outros poetas? Finalmente, a terceira face apresenta Euclides poeta no sentido estrito do termo, ou seja, alguém que compõe versos.

Verifiquemos, então, o primeiro aspecto: a poesia de *Os sertões*. O pioneiro desses estudos, quero crer, foi Guilherme de Almeida, em artigo publicado em 1946 no *Diário de S. Paulo*, intitulado exatamente *A poesia dos Sertões*, transcrito num volume de comemorações euclidianas anos mais tarde. Meio século após o artigo de Guilherme de Almeida, Augusto e Haroldo de Campos (principalmente o primeiro) voltam ao tema, publicando *Os Sertões dos Campos*. Augusto confessa que, ao começar suas investigações, desconhecia o texto de Guilherme de Almeida, a quem homenageia. Sua leitura apresenta numerosas afinidades com a de seu predecessor. Chega, inclusive, a desentranhar de *Os sertões* uma miniantologia de poemas: pinça uma frase aqui, outra acolá, e articula uma peça; talvez o ápice desse processo seja um soneto em alexandrinos. Tramado com frases dispersas na obra, ainda assim o texto adquire coerência na montagem proposta pelo crítico. Eis a última estrofe:

> [...] Num prodigalizar inútil de bravura
> desaparecem sobre as formações calcárias
> as linhas essenciais do crime e da loucura.[1]

"As linhas essenciais do crime e da loucura", alexandrino perfeito, foi considerado por Guilherme de Almeida um dos mais belos versos da literatura brasileira, apesar de expressamente escrito em prosa. Guilherme diz ainda que *Os sertões* mereceriam ser considerados, no Brasil, "o Livro" com "L" maiúsculo. Assim como a Bíblia com "B" maiúsculo, o Corão e o Talmude, *Os sertões* seriam "o Livro", diante do qual o brasileiro deveria ficar possivelmente genuflexo, para haurir toda a sabedoria emanada das lições euclidianas.

Guilherme de Almeida aponta "versos" regulares de todo tipo, todos os gêneros e subgêneros: líricos, descritivos, satíricos, épicos. É claro que uma leitura desse viés é necessariamente atomizada e descontextualizada. Reflete um olhar estetizante à cata de fulgurações ou lampejos verbais imersos na maciça tessitura discursiva da obra.

Apesar de provirem, os supostos versos, de trechos descontextualizados, isso não significa que o próprio Euclides não estivesse ciente do valor expressivo de algumas de suas frases. Basta constatar, por exemplo, a inserção estratégica

---

[1] Campos; Almeida (2010, p. 48).

de frases esteticamente mais elaboradas em fim de parágrafos. Quando uma frase bela fecha "com holofotes" um parágrafo, representa um correlato da chave de ouro parnasiana, em que o fecho vai brilhar mais do que a matéria que o antecedeu. Há, portanto, uma correspondência estrutural entre a chave de ouro do Parnasianismo, estilo predominante à época, e a "frase de impacto" com que Euclides encerra muitos de seus parágrafos.

A preferência euclidiana, sempre seguindo Guilherme de Almeida, é pelo decassílabo heroico, com variações para o sáfico, como na famosa declaração: "O sertanejo é antes de tudo um forte". Além da métrica, o estudioso valoriza também as imagens que Euclides semeia ao longo do livro. Por exemplo, quando se refere a Canudos como "a Troia de taipa dos jagunços"; quando define o sertanejo como "um titã bronzeado fazendo vacilar a marcha dos exércitos"; ou quando examina um vaqueiro a cavalo e, nesse conjunto híbrido, vislumbra "a criação bizarra de um centauro bronco".

O verso livre comparece, potencialmente, em poemas de base onomatopaica. Guilherme de Almeida sublinha uma bela passagem do episódio da Vaquejada:

> De repente estruge ao lado um estrídulo tropel de cascos sob pedras, um estrépito de galhos estalando, um estalar de chifres embatendo; tufa nos ares, em novelos, uma nuvem de pó; rompe, a súbitas, na clareira, embolada, uma ponta de gado; e, logo após, sobre o cavalo que estaca esbarrado, o vaqueiro, teso nos estribos [...][2]

A seguir, um trecho bastante conhecido: o "Estouro da Boiada". Os fonemas também vão "estourar" e percutir o tempo todo, isomorficamente acompanhando o nível semântico dos bois que saem em disparada:

> E lá se vão: não há mais contê-los ou alcançá-los. Acamam-se as caatingas, árvores dobradas, partidas, estalando em lascas e gravetos; desbordam de repente as baixadas num marulho de chifres; estrepitam, britando e esfarelando as pedras, torrentes de cascos pelos tombadores; rola surdamente pelos tabuleiros ruído soturno e longo de trovão longínquo [...][3]

---

[2] Cunha (1995, p. 187, v. 2).

[3] Cunha (1995, p. 189, v. 2).

Há uma clara manifestação da, digamos, volúpia do significante, de modo a fazer a forma ecoar, tonitruante.

Augusto de Campos endossou a observação de Guilherme de Almeida, acerca da inserção da chave de ouro em fim de parágrafo, e acrescentou que, às vezes, a frase forte, em vez de fechar um período, ocupa um parágrafo isolado, com reverberação ainda mais intensa. Em vez de um *grand finale*, inserido em sequência discursiva contígua, surgiria, depois de um parágrafo de muitas linhas, uma frase curta e incisiva, de uma única linha. Cria-se o contraste entre o tropel linguístico anterior e um clarim solitário, mas altissonante, na frase destacada para reverberar.

Alguns poucos exemplos de frases-parágrafo: "Entra-se de surpresa no deserto". "É o prelúdio de sua desgraça." Mais uma, que Guimarães Rosa talvez subscrevesse: "Ali estava defronte o Sertão". Mais nada.

Augusto de Campos enumera também versos feitos de combinações métricas de oito e dez, de oito e doze sílabas, e destaca, além das onomatopeias, o trabalho sutil de assonâncias e aliterações, conforme se lê em: "O tiroteio crepitando no estrepitar estrídulo de tabocas estourando nos taquarais em fogo". Profusão de /tt/ disparados pela metralhadora verbal de Euclides da Cunha.

Mas, em um tom quase entorpecente, vamos encontrar profusão de sibilantes, os /s/ acalentando-nos e apascentando o ambiente: "Riscando um assobio suavíssimo nos ares como um fio insidiosamente acariciador da morte". No campo do aconchego, o /s/; no de batalha, o /t/.

Augusto de Campos destaca, com toda razão, que não havia, em Euclides, **intenção** de poema. Apenas, como tentou demonstrar e eu busquei desenvolver, o autor recorreu a **processos** do poema: a rima, a métrica, as assonâncias e as aliterações seriam elementos do arsenal da poesia utilizados por Euclides para compor seu texto em prosa.

A segunda face, como dissemos, revela Euclides crítico e leitor de poesia. Esse aspecto é bem menos conhecido, mesmo porque ele não se ocupou muito de poetas. Deteve-se em dois, de modo especial: Castro Alves e Vicente de Carvalho, e não por acaso. O primeiro foi uma de suas grandes admirações e influências, na tendência à hipérbole e à frase majestosa. Também o homenageou na conferência "Castro Alves e o seu tempo", proferida em São Paulo, no Centro XI de Agosto, e publicada em 1907. Euclides da Cunha observa as reavaliações históricas de nossos poetas canônicos. Sobre o vate baiano, diz: "A sua fantasia exagerada contrasta demais com o mundo em que vivemos."[4] Acrescenta que,

---

[4] Cunha (1995, p. 467, v. 1).

nas rotas dos antigos navios negreiros, agora passam pacíficos transatlânticos com emigrantes, e que a cachoeira de Paulo Afonso vai-se transformar numa fonte de milhares de cavalos a vapor, com a utilização hidrelétrica.

Como cenários idênticos acabam gerando realidades sociais e históricas diferentes? É preciso perceber o poeta em sua realidade específica. Euclides, então, fala de seu próprio tempo (um dos raros momentos autocríticos de *Os sertões*), ao comentar: "A luta de 1897, nos sertões baianos, a despeito de sua data recente, foi um refluxo do passado; o choque da nossa pré-história e da nossa modernidade."[5]

Ele insiste nessa tecla do obscurantismo, da diferença de séculos, e não só de quilômetros, entre os adeptos do Conselheiro e a modernidade, que estaria no Sul ou no litoral. Examina a história brasileira a partir do antagonismo entre forças renovadoras, e forças da reação.

Finalmente, sobre Castro Alves, afirma: "Não sei de quem, como ele, entre nós, naquele tempo, tanto se identificasse com o sentimento coletivo, revivente, estimulando-o e aformoseando-o."[6]

Algumas de suas considerações acerca do poeta também seriam pertinentes para caracterizar Euclides. Imaginamos muitas vezes Castro Alves como espécie de alterego euclidiano, como quando ele afirma que o poeta nos libertou das prosaicas epopeias caboclas de Gonçalves de Magalhães.

Confessa ainda, na conferência, que, em seu caderno de estudante de matemática, de vez em quando inseria versos de Castro Alves. A convivência da ciência e da poesia era algo que ocupou muito de suas indagações: de que maneira a arte e a ciência poderiam (ou não) dialogar? E comenta, nostálgico: "Assim nos andávamos nós daqueles bons tempos [ele, estudante]: pela positividade em fora, e a tatear no sonho..."[7]

Elogia em Castro Alves a capacidade de improvisar, de escrever na rua, de alcançar o público não cultivado. Aí demarca-se uma diferença, já que Euclides da Cunha preferiria certamente escrever na reflexão, no sossego, e não com vistas a uma comunicabilidade imediata, direta.

Comenta, numa bela passagem do ensaio, que na química existem substâncias e corpos que não se misturam, mas se integram caso por eles passe um raio de luz. Essa é, para as camadas humanas, a irradiação miraculosa da alma dos poetas, seres que conseguem fazer jorrar um rastilho de luz para unir coisas

---

[5] Cunha (1995, p. 469, v. 1).

[6] Cunha (1995, p. 472, v. 1).

[7] Cunha (1995, p. 474, v. 1).

normalmente separadas e diversas: substâncias e corpos que se conectam pela força da poesia.

Certamente o que afirma sobre Castro Alves poderia ser transposto *ipsis litteris* para ele mesmo: "Aquele abnegar-se a si próprio, aquele abdicar de si todas as vantagens de um cômodo isolamento, para ir sofrer de perto o contágio da índole ainda revolta, ou desequilibrada, da sua raça; aquele tornar-se, porque assim o digamos, intérprete, entre os maiores ideais de toda a cultura humana e a consciência nascente de seu país."[8] Tal foi também a missão que Euclides da Cunha se atribuiu.

A segunda incursão de Euclides da Cunha na poesia se intitula "Antes dos versos", longo prefácio para a primeira edição dos *Poemas e canções,* de Vicente de Carvalho, de 1908. Existia uma relação de amizade muito forte entre os dois escritores, o que levou Euclides a escrever a apresentação e também o transformou no grande incentivador da candidatura de Vicente de Carvalho à Academia Brasileira de Letras.

Euclides compara o pensamento científico e a imaginação criadora:

> Assim nos andamos nós – do realismo para o sonho, e deste para aquele, na oscilação perpétua das dúvidas, sem que se possa diferençar, na obscura zona neutral alongada à beira do desconhecido, o poeta que espiritualiza a realidade, do naturalista que tateia o mistério.[9]

Outra vez insiste na tecla do desejo de fusão, ou de diálogo, ao menos, entre esses campos aparentemente distantes. Elogia a poesia de seu tempo, mas, curiosamente, dá estocadas tanto nos parnasianos quanto nos simbolistas. Há de se indagar, então, que tipo de poesia ele elogiaria, pois parnasianos e simbolistas ocupavam toda a cena.

No Parnasianismo, ele lamentava a "idiotice de seu culto fetichista da forma". No Simbolismo, reclamava da "loucura de suas ideias exageradamente subjetivas". Não criticava o subjetivismo, mas a "loucura do subjetivismo", assim como não criticava a forma, e sim o seu "culto fetichista".

Curiosamente, era um perfeccionista extremado da expressão, tanto ou mais do que qualquer parnasiano. Na sua última entrevista, concedida a Viriato Correia e publicada em 15 de agosto de 1909, dia em que morreu, fala

---

[8] Cunha (1995, p. 478, v. 1).

[9] Cunha (1995, p. 484, v. 1).

dos defeitos de *Os sertões* em sua primeira edição, de 1902: "Na nova edição de *Os Sertões*, fiz seis mil emendas. Não se digam que sejam erros de revisão, são defeitos meus, só meus. [...] Hei de consertar isto por toda a vida."[10]

Há outro importante texto, posto que bem menos divulgado, a ligar Euclides à poesia: seu discurso de posse na Academia Brasileira de Letras, no dia 18 de dezembro de 1907. Ele revelaria o porquê de seu vínculo com Castro Alves, patrono da cadeira número 7, cujo primeiro ocupante foi Valentim Magalhães, de quem Euclides foi sucessor. Outra circunstância é que o polígrafo Magalhães incidentalmente foi poeta. Portanto, Euclides da Cunha faria o elogio de um poeta em tempo integral, Castro Alves, e de um poeta de meio expediente, Valentim Magalhães. Mais uma vez, recorre à obsessiva contraposição dos discursos da ciência e da poesia:

> O poeta, o sonhador em geral, quem quer que se afeiçoe a explicar a vida por um método exclusivamente dedutivo, é soberano no pequeno reino onde o entroniza a sua fantasia. Nós, não. [...] Arrebata-nos também o sonho, mas, ao invés de projetarmos a centelha criadora do gênio sobre o mundo que nos rodeia, é o resplendor deste mundo que nos invade e deslumbra.[11]

Abraça uma posição que João Cabral de Melo Neto endossaria muito depois: o poeta não tem lições a dar a um mundo narcisicamente considerado; a atitude do criador deve ser a de se abrir para a realidade do outro. Encantar-se com o fulgor e a fulguração da beleza do mundo em terceira pessoa, recebê-la e por fim reprocessá-la com a sua subjetividade.

Euclides critica, em Valentim Magalhães, certa exuberância verbal, e nesse passo o seu discurso cede ao fascínio daquilo que invectiva. Ele vai mimetizar na forma exatamente esse pacto com a volúpia verbal que combate nos poetas. Senão, leiamos:

> Aquela palavra para ser artística, para ser a expressão vibrante de uma realidade dolorosa, para ser sincera, e, portanto, simpática, senhoreando os corações e irmanando-os solidários e unidos diante do destino e da vida, devia ser o que foi, nas suas cruezas, nos seus lances ensofregados, nos seus atrevimentos, nas suas rebeldias, nas suas obscuridades cindidas

---

[10] Cunha (1995, p. 520, v. 1).
[11] Cunha (1995, p. 231-232, v. 1).

de repentinos resplendores, no fragor de suas sílabas agitadas a zinirem, a estourarem, a crepitarem e a retinirem como ressonâncias de batalhas, no vulcanismo de suas imagens rútilas e adustivas, nos estiramentos de suas hipérboles, nas transfigurações de suas metáforas, no bíblico formidável de suas apóstrofes, no simbolismo maravilhoso de suas alegorias, no entrechocar-se de suas antíteses sucessivas – e até naquele abuso imoderado do infinito, onde se denuncia a tendência a universalizar-se do poeta [...][12]

Constata-se no trecho o "estouro da boiada" poética. As palavras padecem da ausência de um controle "objetivo", fluindo à base de onomatopeias e de outros recursos já localizados na fabricação da máquina poética de *Os sertões*.

Em comentário pouco benevolente para com o antecessor acadêmico, afirma: "Revendo estes volumes [de Valentim Magalhães], o que para logo se põe de manifesto é uma falta de unidade pasmosa. O escritor muda no volver das páginas."[13]

Contra a imaginação desenfreada de Valentim, Euclides perora: "Vai por diante um ajuntamento ilícito de verbos, substantivos e adjetivos, que se veem juntos pela primeira vez e vivamente se repulsam."[14] Ora, esse é um traço básico da poesia: aproximar substantivos e adjetivos que nunca se viram e desfazer pares que já têm quarenta anos ou mais de casamento, numa junção tediosa sedimentada pelo lugar-comum. Critica, em Valentim, a tendência a unir o imprevisível, o que ele também faz – e muito bem.

Finalmente falemos do poeta Euclides, na acepção de criador de poemas. Não publicou livros de versos em vida. Seus poemas foram reunidos pela primeira vez na *Obra completa* da Editora Aguilar em 1966. Basicamente, 37 peças, extraídas de um caderno manuscrito, datadas de 1906, com o título de *Ondas*. O título já remete a uma quase sequência das *Espumas flutuantes* de Castro Alves. A imaginação marinha de seu admirado vate expressa em *espumas* é retomada e desdobrada em *ondas*. Talvez, também, prenúncio de período de rala imaginação criadora para títulos, já que, pouco depois, Luís Murat (poeta hoje esquecido, amigo de Euclides), em 1890, publica *Ondas I*; em 1895, *Ondas II*; e, finalmente, em 1910, *Ondas III*. Em ondas curtas, médias e longas submergiria no tempo a lembrança do estro poético de Murat.

---

[12] Cunha (1995, p. 234, v. 1).

[13] Cunha (1995, p. 240, v. 1).

[14] Cunha (1995, p. 241, v. 1).

Euclides, no caderno de 1906, data os poemas de 1883. Versos de adolescência, por ele declarados ruins, típicos de um pretenso poeta de 14 anos. Mas persiste um mistério: como Euclides, escritor e engenheiro, erraria numa simples conta matemática? Em 1883, ele contava 17 anos. Ou tentou camuflar a própria idade, ou quis retrocedê-la para os 14, faixa etária que "desculparia" eventuais deficiências de composição.

A crítica é pouco efusiva quanto ao valor dessa produção, destacando-lhe o aspecto juvenil ou até infantojuvenil (se considerarmos os 14 anos), mas, ao mesmo tempo, reconhece alguma perícia técnica no autor.

A primeira edição autônoma dos poemas de Euclides da Cunha, ao que consta, surgiu apenas em 2005, pela Editora Martin Claret. É espantoso que ninguém antes tenha cogitado em publicar a coletânea. No estudo introdutório, Adelino Brandão afirma: "Na poesia ele é mais artífice do que artista. Seria influenciado por Victor Hugo e por Castro Alves." E da página 21 à 96 se estende a compilação dos versos euclidianos.

Examinando o conjunto, percebemos uma conjunção de altissonância retórica e de temática social. Euclides vale-se de versos longos para tratar de coisas graves, públicas, coletivas. Abundam versos anticlericais, abolicionistas, republicanos. Por diversas vezes surge a palavra "porvir", vezo estilístico de Castro Alves. No poema "Ondas", o poeta baiano ressoa por inteiro:

> [...] Minh'alma um raio arroja e altiva eleva
> Uma senda de luz que diz-se – Crença!
> Ide pois – não importa que ilusória
> Seja a esp'rança que em vós vejo fulgir...
> – Escalai o penhasco ásp'ro da Glória...
> Rolai, rolai – às plagas do Porvir![15]

A métrica, o vocabulário e até o recurso do travessão em verso final, para efeito de ênfase, remetem a Castro Alves.

Há sonetos dedicados a uma galeria de personagens da Revolução Francesa: Danton, Marat, Robespierre, Saint-Just. Curiosamente, dentro do espírito romântico (que não é o seu), critica que se dê atenção excessiva ao polimento da forma:

> [...] Não sei metrificar, medir, separar pés...

---

[15] Cunha (1995, p. 698, v. 1).

Tal verso está perfeitamente metrificado e com os pés corretamente separados em dois hemistíquios. Continuemos:

[...]   – Pois um beijo tem leis? a um canto um núm'ro guia?
         Pode moldar-se uma alma às leis da geometria?[16]

Essa sensibilidade, falsa ou verdadeiramente, é romântica.

Algo premonitório de sua tragédia familiar comparece no terceto final de um soneto, dedicado à mulher no dia do casamento. O canto esponsalício, em geral associado à alegria e à esperança, assim termina, revelando um sentimento fatídico instalado no próprio dia das bodas:

Hoje, que vives desse amor ansioso
E és minha, só minha, extraordinária sorte,
Hoje eu sou triste, sendo tão ditoso!...

E tremo e choro, pressentindo, forte,
Vibrar, dentro em meu peito, fervoroso,
Esse excesso de vida – que é a morte...[17]

Por fim, devemos destacar que a palavra "sertão" já aparece em vários desses poemas, quase sempre com conotação positiva. Num deles, o jovem Euclides, de 14 ou 17 anos, se define como um "jagunço manso, misto de celta, de tapuia e grego".[18] A atenção a esses "contrastes e confrontos" de etnias e de culturas se tornaria característica do pensamento de Euclides da Cunha.

Não sei se algum dia, como disse o ditado, "o sertão vai virar mar". Mas, como o escritor, na juventude, partiu das *Ondas*, podemos dizer que, em Euclides, o "mar" de suas ondas iria virar *Os sertões* de todos nós.

Referência

CAMPOS, Augusto de; ALMEIDA, Guilherme de. *Poética de Os sertões*. São Paulo: Casa Guilherme de Almeida/Annablume, 2010.

CUNHA, Euclides da. *Obra completa*. Rio de Janeiro: Nova Aguilar, 1995. 2 v.

---

[16] Cunha (1995, p. 707, v. 1).

[17] Cunha (1995, p. 722, v. 1).

[18] Cunha (1995, p. 727, v. 1).

Alphonsus de Guimaraens:
um corvo e seu duplo

Na obra de Alphonsus de Guimaraens destaca-se uma questão bastante cara à nossa contemporaneidade: a do sujeito cindido, expresso na percepção dilemática de que o eu se define pelo que está fora de si, para além de refúgios ou de crenças numa insustentável noção de "unidade". Sobre isso versa o poema "A cabeça de corvo",[1] publicado em 1902, em *Kyriale*, último livro a sair em vida do autor, mas comportando os seus primeiros textos, escritos entre 1891 e 1895. Portanto, trata-se da produção inicial de Alphonsus, editada em último lugar.

> Na mesa, quando em meio à noite lenta
> Escrevo antes que o sono me adormeça,
> Tenho o negro tinteiro que a cabeça
> De um corvo representa.
>
> A contemplá-lo mudamente fico
> E numa dor atroz mais me concentro:
> E entreabrindo-lhe o grande e fino bico,
> Meto-lhe a pena pela goela adentro.
>
> E solitariamente, pouco a pouco,
> De bojo tiro a pena, rasa em tinta...
> E a minha mão, que treme toda, pinta
> Versos próprios de um louco.

---

[1] Guimaraens (2001, p. 126).

E o aberto olhar vidrado da funesta
Ave que representa o meu tinteiro,
Vai-me seguindo a mão, que corre lesta,
Toda a tremer pelo papel inteiro.

Dizem-me todos que atirar eu devo
Trevas em fora este agoirento corvo,
Pois dele sangra o desespero torvo
Destes versos que escrevo.

O poema é escrito majoritariamente em decassílabos; eventualmente, há verso mais curto, de seis sílabas, operando cortes rítmicos na primeira, terceira e quinta estrofes.

É uma peça que provoca estranheza, quando pensamos no Alphonsus quase sempre vinculado à tradição católica, mariana. Aqui transparece um veio demoníaco, que dialoga com certa tradição romântica. O poema namora e convoca o mal, representado na figura do corvo, e filia-se à linhagem consagrada por Edgar Allan Poe com o seu "The Raven", cuja publicação original ocorreu em 1845.

Existe, porém, uma diferença básica entre o corvo de Poe e o de Alphonsus. No primeiro, uma ave de verdade adentra o espaço onde o poeta está. O corvo pousa num busto de Minerva, objeto inanimado. Em Alphonsus sucede o contrário: inexiste o corvo real. Trata-se de um tinteiro, a partir do qual vai ser criada uma fantasmagoria: o objeto será transformado num Outro. Assiste-se à criação de um duplo, a parte maldita que o poeta tenta localizar fora de si, mas que, a rigor, corresponde a sua própria projeção num objeto que ele elege para representá-lo. O objeto-corvo simultaneamente o atemoriza e o atrai. Trata-se de um ser aparentemente não desejado, mas que será responsável em última instância pela própria criação literária.

Há em verdade no poema inteiro uma série de duplos para representar o poeta. Falando em duplos, façamos um parêntese para destacar a maleabilidade de um verbo em língua portuguesa: "dobrar" pode se desdobrar em sentidos contrastantes. Significa, ao mesmo tempo, dividir e multiplicar. Se dobramos algo ao meio, passamos a ter metades do objeto, que fica, portanto, dividido. Mas, se dobramos a quantidade de determinado objeto, ele se encontra multiplicado por dois.

É similar a relação do poeta para com o tinteiro-corvo. De algum modo, o poeta vai se sentir enfraquecido, esvaziado de seus pontos de referência; mas, por outro lado, também se verá pluralizado, transmutando-se naquele outro, o objeto com o qual se defronta.

Lidamos com um poema narrativo, no qual se conta uma história, desde a caracterização do ambiente até o epílogo. Ao longo do enredo, o poema vai desenvolver, como dissemos, uma série de associações do duplo. Inicialmente, o tinteiro é um outro, o corvo; o corvo é um outro, a inspiração, a fonte da escrita; e, como essa fonte da escrita em primeira e última instância emana do poeta, o corvo acaba representando também o próprio poeta. Imagens em espelho vão se adensando no texto.

Esse processo já é intuído numa leitura que percorresse apenas os hexassílabos, a sinalizar uma síntese (omito a preposição "de" no verso 4): "Um corvo representa/ [...] Versos próprios de um louco/ Destes versos que escrevo". Os versos são do corvo, e do louco, isto é: são meus, poeta-louco-e-corvo.

A narrativa pode ser acompanhada pela divisão em estrofes: na primeira, a caracterização do ambiente, o local em que os eventos vão transcorrer; na segunda, a preparação para a escrita; na terceira, o início da criação propriamente dita; na quarta, a sequência febril e descontrolada da criação; na quinta, uma tentativa de exorcismo, a verificar se desejado ou não, isto é, se o poeta intenta mesmo se livrar desse mal (ou desse bem) que o corvo representa.

Observando a primeira estrofe, constata-se a descrição de um ambiente familiar e doméstico, a mesa de trabalho, mas pouco a pouco surgem signos de estranheza: "meio à noite" foneticamente evocando "meia-noite", momento da metamorfose, da transição; noite *lenta*, o custoso escoar das horas. O negro da escuridão externa se internaliza na imagem do tinteiro, o escuro da tinta duplica o escuro da noite. Portanto, o negror externo metonimicamente se reapresenta no bojo do tinteiro, num ambiente propício a fantasmagorias, que não irão tardar. Por enquanto, o negro tinteiro é objeto literal, de que o poeta se serve como algo que lhe pertence. A cabeça de corvo é simples adorno, "imagem" acoplada a um objeto de uso prático. Aqui, portanto, não existe (ainda) dúvida sobre o que é "real" – o tinteiro – e o que ele, por assim dizer, metaforiza – a cabeça de corvo. Ao longo do poema, gradativamente, ocorrerá uma inversão desses planos, quando o corvo acossar a percepção conturbada do poeta.

Tal é o quadro, na estrofe 1, que precede a criação: um cenário em que, antes de se iniciar a escrita, as coisas, embora um pouco turvas, ainda estão em seus lugares. Mas em que momento ele se prepara para escrever? "Antes que o sono me adormeça". O poema valoriza uma temporalidade fronteiriça, nem assimilada à vigília – quando o escritor estaria lúcido, consciente – nem ao efetivo sono/sonho. O poeta escreve "antes que o sono [o] adormeça", zona de indefinição, borda obscura entre dois estados, configuração ideal para a poesia simbolista. Não à toa, o Simbolismo valoriza a paisagem noturna, e suas sugestões de penumbra.

Assim definido o quadro, na estrofe 2 o poeta prepara-se para a escrita: "A contemplá-lo mudamente fico/ E numa dor atroz mais me concentro:/ E entreabrindo-lhe o grande e fino bico,/ Meto-lhe a pena goela adentro". A pura contemplação não ultrapassa a mudez. Para vencê-la, será necessário o confronto. O poeta vai recorrer a estratégias de duro combate, ao engajar-se numa batalha na qual, paradoxalmente, aspira à "derrota", isto é, à submissão frente à força indomável do "corvo". Em tal contexto de luta, serão frequentes as referências a agressão e dor.

É notável a ambiguidade do pronome oblíquo, em "entreabrindo-*lhe*": o leitor crê que se refere a "tinteiro", mas não se pode esquecer de que o substantivo "corvo" também é masculino. A seguir, o poeta declara que sua ação incide no "grande e fino bico". Portanto, o substantivo "bico" assinala a substituição do que era plano literal (o tinteiro) pelo plano metafórico (o corvo), que passa a ser vivenciado como real. A partir daqui a transação do poeta se dará com a metáfora "concretizada" em bicho, não mais com o objeto literal. Bico e goela são atributos atinentes à imagem, não ao tinteiro "real". O poeta, por sua vez, tal qual a ave, também dispõe de pena, com que escreve.

Observamos, portanto, dois seres diferentes, homem e corvo, compartilhando, porém, uma série de simetrias. Sem nenhuma pena, ele enfia a pena não no tinteiro, mas no corpo da ave, que sofre. Mas de tal modo a ela ele se irmana, que, previamente (verso 2), já sentira a dor a ser infligida ao outro. Também nele incide a violência que descarrega em seu duplo: aparentemente um ser diverso, mas, a rigor, uma figuração fantasmática de si mesmo.

A estrofe 3, numa perspectiva metalinguística, marca o início da criação; o poema dentro do poema começa a ser escrito: "E a minha mão, que treme toda, pinta/ Versos próprios de um louco". Quando comenta que "pouco a pouco/ De bojo tiro a pena rasa em tinta", explicita o processo de vampirização. O tinteiro-ave dispõe da tinta ou da seiva com a qual o homem vai nutrir seu texto.

Após abastecer-se nesse outro, a criação se desencadeia. O poeta se declara um veículo passivamente afetado por força alheia, não como sujeito de seus gestos. Primeiro, não é ele quem escreve: é "a minha mão", como se ela por conta própria respondesse aos estímulos – um pedaço de si ao mesmo tempo integrante de seu corpo e dele autônomo. Segundo, a mão "treme toda": o tremor é outro índice de descontrole da situação. O poeta vai encenar uma espécie de transe, em que tudo nele, no império da escrita, virá de fora: ele será somente o receptáculo desse frenesi que o atordoa. O outro, aparentemente, exerce completo domínio sobre ele. A mão, num reflexo de fuga, responde e começa a tremer. A partir daí, "Pinta versos próprios de um louco". "Pinta" versos, não os "escreve": gesto que remete ao deslizamento dos dedos na superfície da tela, movimento, em princípio, mais solto e menos linear do que a uniformidade da escrita sobre a folha de papel. Ainda assim, como resultado, o escritor não produz versos seus, mas "próprios de um louco", em quem ele evita se reconhecer. O texto não é dele, é de sua mão, é de um louco, de um "eu" ignorante do que escreve, em plena irresponsabilidade autoral.

Desencadeada a escrita, a estrofe 4 fornece a sequência febril da criação: "E o aberto olhar vidrado da funesta/Ave que representa o meu tinteiro,/ Vai-me seguindo a mão, que corre lesta,/ Toda a tremer pelo papel inteiro".

Observamos a inversão radical do que fora expresso na estrofe 1: "Tenho o negro tinteiro que a cabeça/ De um corvo representa". Conforme dissemos, o poeta possuía o tinteiro, o corvo era a metáfora do objeto. Agora, existe "o aberto olhar vidrado da ave que *representa* o 'meu tinteiro'", ou seja, o poeta passa a defrontar-se com uma ave e a declarar o tinteiro como sua metáfora. Além disso, o olhar é "vidrado", e o adjetivo propicia ao menos duas leituras: refere-se a algo de vidro (remissão ao tinteiro) e/ou a algo alucinado – o olhar vidrado de um louco. Mas louco não era ele? Agora louca é a ave? Mas, se "ela" sou "eu"...

O poeta declara que, sob o influxo desse olhar, ou seja, como fuga, a mão treme e "pinta" no papel. Percebe-se com mais clareza como ele é seduzido pela força que o atemoriza, como necessita desse "mal". Precisa fugir da malignidade da ave, para, através da fuga, chegar à poesia. Ele persegue a perseguição que o persegue. Ser acossado pelo corvo significa principalmente abrigar-se na folha que registra sua fuga, e, portanto, chegar à poesia. O poeta busca o olhar que o atemoriza, pelo fato de insistir em ver que a ave o está vendo. O poema no papel torna-se o suporte que pode comportar o insuportável.

Na última estrofe manifesta-se uma tentativa de exorcismo: "Dizem-me todos que atirar eu devo/ Trevas em fora este agoirento corvo,/ Pois dele sangra o desespero torvo/ Destes versos que escrevo." Sugestão desconsiderada; por que haveria ele de livrar-se daquilo que é fonte da poesia? A incitação ao descarte da "ave" não provém do escritor, mas da voz do "bom senso" expressa em pronome indefinido: "Dizem-me todos". Nada indica que ele compactue com esse juízo: apenas faz ecoar a ponderação alheia, dos não comprometidos com a dor e o gozo da criação.

Enquanto os sensatos aconselham o expelir e a expulsão ("Trevas em fora"), o poeta labora no incorporar e na absorção, no desejo de se abastecer sem trégua na zona de sombras que o desafia. A fusão final de poeta-poesia-tinteiro-corvo surge através da transformação da tinta em sangue, que se agrega indelevelmente ao texto: tudo converge para a escrita e se mescla "[n']estes versos que escrevo".

Muito de nossa poesia moderna desenvolveria questões presentes no Simbolismo, alvo de duplo recalque: tanto dos contemporâneos parnasianos, quanto dos subsequentes modernistas. A impureza da arte, nascida de pulsões obscuras e contraditórias, será tema privilegiado pelos poetas do século XX. Em fins do século XIX, Alphonsus de Guimaraens, de certo modo, antecipava a ideia de que Mário de Andrade se valeria para intitular, em 1917, seu primeiro livro. Sim, diriam ambos, *Há uma gota de sangue em cada poema*.

Referência

GUIMARAENS, Alphonsus de. A cabeça de corvo. In: _____. *Poesia completa*. Rio de Janeiro: Nova Aguilar, 2001.

Mário Pederneiras:
às margens plácidas da modernidade

A história poética de Mário Pederneiras começa, a rigor, bem antes da edição do primeiro livro, *Agonia*, em 1900. Com efeito, Pederneiras publicara, no jornal *Novidades*, uma série de poemas entre 1888 e 1892, que, contudo, em nada deixavam antever o poeta em que ele se transformaria. O material ali estampado, em maioria sob o pseudônimo de J. Júnior, consistia apenas numa frívola e desgastada apropriação de algumas formas e temas românticos, num período em que o estilo há muito se esgotara, aliada a um verniz parnasiano-decorativista à moda de B. Lopes. Afetados e postiços ambientes europeus, galanterias, histórias de adultério (em que "o outro" é sempre a vítima), nada disso, enfim, merece maior relevo. Foram os anos de aprendizagem, de exercícios metrificados, uma espécie de "alfabetização" poética que Pederneiras, com acerto, jamais pensou em reunir num livro.

Entre essas tentativas canhestras e a publicação de *Agonia* ocorreu, em nossas letras, o "terremoto" Cruz e Sousa – abalo sísmico, diríamos, subterrâneo, mas bem captado por ouvidos sensíveis, e, no caso de Mário, captado, talvez, até em excesso. Após os pastiches tardorromânticos, Pederneiras se viu às voltas com a maneira simbolista, e por ela deixou-se contaminar de modo integral. Como em todo aprendiz, nele apareceram, maximizados, os tiques do Simbolismo em seus aspectos mais superficialmente imitáveis: a profusão arbitrária, descontrolada, de maiúsculas iniciais em substantivos comuns; o exagero na manipulação dos elementos cromáticos; a sintaxe arrevesada; o vocabulário elevado e pernóstico; o comprazimento na criação de atmosferas mórbidas. Se o leitor julga que exagero, abra ao acaso qualquer página de *Agonia*:

[...]   Basta que claro irrompas
Través o linho fofo d'Alvoradas,
Para que em longas, quentes baforadas
Sinta-se o olor rural das tuas pompas.[1]

Os pomposos versos acima querem dizer que, quando a luz do sol chega, ela traz calor e libera odores... Quem fala é Jó, o personagem bíblico, protagonista do poema, dividido em 6 partes. Confusamente, Pederneiras relata o sofrimento de Jó, a partir de uma noite de insônia. Percorremos a seguir o ciclo do dia, com o surgimento da manhã, a claridade do meio-dia, o entardecer e a chegada de outra noite. O herói amaldiçoa o sol, tem o corpo em chagas, louva o "Deus de Abraão" e por fim vê-se, em sonho, transportado ao Céu. Lá, eis o que o aguarda:

[...]   Auras áureas de instrumentos tanjos
Em palinódias rituais e frouxas
Trazem exalos de saudades roxas
Movimentando a túnica dos Anjos.

E Anjos que vêm aflando alados
Sagrando em Glória Jó, d'olhos de círios,
Curvam-lhe à fronte a auréola dos Martírios,
Vestem-lhe a Veste dos Purificados.[2]

Quando, em 1958, Rodrigo Octavio Filho – o maior divulgador e entusiasta da obra de Pederneiras – lançou a única antologia até hoje existente da poesia de Mário, reduziu *Agonia* a uma discretíssima amostragem de 16 versos, reservando espaço igualmente exíguo para o segundo livro do poeta, *Rondas noturnas* (1901), presente com três de seus 17 sonetos (excluído, também, o longo poema de abertura, "Pórtico da insônia"). Todavia, embora seja também um livro epigônico do Simbolismo, repleto de monjas, martírios, luares, e o preciosismo ecoe a cada passo –

[...]   Rumor de velos noivos se esgarçando
E dessa alvura e palidez doente,
Surges esbaça, leve e transparente
D'Alva de linho do Luar se alando.[3]

---

[1] Pederneiras (2004, p. 15).

[2] Pederneiras (2004, p. 26).

[3] Pederneiras (2004, p. 47).

– a prática da forma fixa ao menos impôs certa disciplina à tendência dispersiva do verso de Pederneiras, fazendo com que, na média, a segunda obra superasse a primeira, sem que, a rigor, qualquer das duas trouxesse contribuição de relevo à poesia brasileira. Nos sonetos das *Rondas* (16 em decassílabos, 1 em alexandrinos), repete-se à exaustão o cenário noturno, abrigo de manifestações anímicas depressivas e místicas. Mário parecia irremediavelmente enredado no cipoal metafísico do Simbolismo, operando-o numa escala diluída, sem nem longinquamente impor-lhe timbre mais particularizado. O curioso é que, à época, conforme carta-depoimento enviada a João do Rio, incluída em *O momento literário*,[4] de 1905, quando, portanto, já deveria estar às voltas com um próximo livro, *Histórias do meu casal* (1906), Pederneiras continuava altamente zeloso na propaganda dos méritos de suas obras iniciais. Sobre *Agonia*, registra:

> era um livro honesto, sentidamente trabalhado, sem pose [*sic*] e sem intenções preconcebidas de armar ao efeito; [...] procurei para o meu Verso toda uma feição puramente pessoal [...]. Foi este o mérito exterior do meu primeiro trabalho. Pôs tonta a indigesta Crítica nacional.

Adiante, acrescenta:

> Este [*Rondas noturnas*] é, por enquanto, o meu livro bem amado, mais delicadamente feito, ainda mais trabalhado e mais perfeito. [...] Não cito versos porque, como bom pai, amo todos eles. Para maio preparo o meu terceiro livro, todo um poema íntimo de meiguice e sentimento; é a história da minha vida solitária de hoje, inspirada na delicadeza de um convívio docemente sentimental das Árvores e do Mar, do Amor e meus Filhos. Dei-lhe o nome simples de *Histórias do meu casal* e vai ser, espero, o meu melhor livro.

De fato, em *Histórias* não temos apenas um novo livro, mas, sobretudo, um novo poeta. Depois dos balbucios neorromânticos, do aprendizado simbolista, Pederneiras, finalmente, encontrava a própria voz: modesta que fosse, era sua. A partir de então, passaria a desenvolver uma inquebrantável fidelidade ao microuniverso da família, da paisagem do bairro, das alegrias e dores de um homem comum, que, de modo despojado, admite só querer falar do que lhe é próximo e palpável. As artificiosas e transcendentais elucubrações de Jó cedem

---

4 Rio (1905, p. 214-226).

passo ao louvor das coisas pequenas do dia a dia. E a esse despojamento da carga metafísica correspondeu, também, um despojamento da carga física do poema, no que ele continha de exibicionismo vocabular ou de gongorismo sintático. Falar de maneira simples de um mundo simples pareceu constituir a aspiração maior de Mário. O livro já nos prepara para um clima cordial e doméstico desde a dedicatória à esposa Júlia ("Minha doce e resignada Companheira de Vida"), e tal clima se confirma no primeiro poema:

> [...]   Outros que tenham com mais luxo o lar,
> Que a mim me basta, Flor, o que aqui tenho,
> Árvores, filhos, teu amor e o mar.[5]

Acertadamente, na carta a João do Rio, Pederneiras dissera, a propósito da nova obra, que ela consistia em "todo um poema íntimo" – de duas faces, acrescentaríamos: a risonha, da primeira parte ("No vale da ventura"), com um total de 15 textos; e a melancólica, formada pelos 9 textos da segunda parte ("No país da saudade"), enlutada pela morte das duas filhas pequenas. Alguns poemas ("Era uma vez", "Velha mangueira") ostentam o mesmo título em ambas as seções, possibilitando um interessante confronto de variações com sentimentos opostos em torno de tema similar.

A placidez do amor doméstico, na seção inicial, não está longe de evocar um mundo – *mutatis mutandis* – de um poeta confessadamente caro à formação de Pederneiras: Tomás Antônio Gonzaga. Em ambos uma natureza plácida, domesticada, se projeta como o espelho harmônico da ordem burguesa e familiar. Em "Velha mangueira", Mário chega a comparar o nascimento da fruta ao nascimento de um filho. Os poemas dedicados à esposa são castos, e, também na linhagem da decorosa sensibilidade árcade, as descrições de Júlia raramente vão além dos olhos, dos lábios ou dos cabelos:

> A tua boca aromada
> – Quando o amor abre-a risonho –
> É como a porta doirada
> Do castelo azul do Sonho.
> Nela de noite e de dia
> Cantam aves de alegria.[6]

---

[5] Pederneiras (2004, p. 55).

[6] Pederneiras (2004, p. 88).

O pincel paisagista do poeta é bastante sensível às modulações oriundas das mudanças de estação, sendo o outono e o inverno de seu particular agrado estético. Daí, também, a predominância de uma sensibilidade crepuscular, penumbrista, de entretons, mesmo num conjunto de textos consagrados à celebração da felicidade. Eis como descreve o inverno:

> [...] Que sossego que vai pelas lavouras...
> Que mansidão no longo olhar do gado...
> A aldeia dorme em paz dias inteiros
> Sem que a despertem madrugadas louras,
> E o campo e o Céu... tudo abafado
> Na tristeza dos longos nevoeiros.[7]

A segunda parte do livro compõe a travessia do luto de Pederneiras frente ao falecimento das filhas. A morte está presente em todos os textos, a partir dos três "sonetos da dor" que iniciam a seção ("Dor suprema", "Saudade", "Voz eterna"), até o derradeiro, "Terra carioca", que tenta abrir uma brecha contra o sofrimento. Depois de uma experiência de vida em Minas, Mário retorna e proclama seu amor pela "terra carioca", pois é nela que se daria um oblíquo reencontro com as filhas mortas:

> [...] Aquelas queridas criaturas jazem
> Num pedaço de Céu da tua Terra...
>
> E assim, longe de ti,
> Eu ficaria mais distante delas.[8]

Um aspecto sempre evocado na avaliação crítica de *Histórias do meu casal* é que a esta obra já se atribuiu a introdução do verso livre na literatura brasileira. Questão bastante polêmica, mas, a nosso ver, já elucidada por Péricles Eugênio da Silva Ramos, embora as conclusões a que ele chegou ainda possam ser matizadas. Péricles atribui anterioridade a Guerra-Duval, cujo livro *Palavras que o vento leva*, editado em Bruxelas no ano de 1900, já continha poemas em verso livre. E, antes dele, Alberto Ramos publicara em 1898, os *Poemas do mar do norte*, com uma série de traduções intituladas de "prosa ritmada", na verdade uma espécie de verso livre que não ousava dizer o seu nome. Sem refutar essas precedências

---

[7] Pederneiras (2004, p. 92).

[8] Pederneiras (2004, p. 132).

cronológicas, acrescento ainda que localizei num exemplar de *Palavras que o vento leva* uma dedicatória de Guerra-Duval a Pederneiras, comprovando, portanto, que Mário tomara conhecimento da técnica anos antes de publicar *Histórias do meu casal*. Porém, de que vale uma "invenção" que não circula? Tanto o livro de Ramos quanto o de Guerra-Duval, de pequeníssimas tiragens, passaram despercebidos, não surtiram efeitos no mundo literário. Já Pederneiras era poeta de notoriedade, capacitado, portanto, a fazer repercutir em âmbito bem mais amplo as técnicas de que foi, não se diria criador, mas pioneiro divulgador. Por outro lado, é forçoso reconhecer a timidez com que o poeta se valia do recurso, a ponto de ser lícito conjecturar se o que ele praticava consistia efetivamente no versilibrismo ou seria apenas a versão (mais moderada) do verso polimétrico. Ou seja: utilização de várias medidas, mas todas compreendidas entre 2 e 12 sílabas, com as cesuras tradicionais, a que se acrescentava um esquema rímico pouco ortodoxo, mas ainda assim perceptível. Exemplo, ainda de "Terra carioca":

> [...] Mas hoje a tua vida interna
> Sob a vassalagem
> Desta agitada estética moderna,
> Vai-se movendo e transformando tanto,
> Que muito breve perderás o encanto
> Da primitiva plástica selvagem.[9]

O que lemos? Uma sextilha com rimas *a-b-a-c-c-b* (nenhum verso deixou de ser rimado), com um octossílabo, um pentassílabo, e, consecutivamente, quatro decassílabos, o primeiro e o quarto heroicos, o segundo e o terceiro sáficos. Versos livres? Melhor entendê-los como uma permanência do antigo sob o manto do moderno, ou, na melhor das hipóteses, como uma plácida convivência entre traços antigos e algum ímpeto de modernização. Sim, porque, a rigor, Pederneiras parece um poeta "à beira": percebe o rumor da iminente modernidade, mas a ela não se entrega. Detecta, de sua casa de arrabalde, os sinais de modernização do Rio, e sobre essa modernização emite juízos ambíguos: ora a celebra como força vitoriosa e irreversível, ora lamenta que ela se efetue às expensas da descaracterização da cidade. É o que se percebe com clareza no último livro publicado em vida do autor, *Ao léu do sonho e à mercê da vida*, de 1912. O título conota um "deixar-se levar", uma renúncia ao comando do

---

[9] Pederneiras (2004, p. 131).

próprio destino, e essa perspectiva se confirma na maioria dos 26 poemas da obra. Tecnicamente, ao lado da manutenção de pequeno contingente de textos em forma fixa, intensifica-se a experiência do verso polimétrico. Alguns poemas, às vezes meras paráfrases de antigas fábulas ("O corvo e a raposa", "A bilha de leite"), soam anômalos no livro, pelo excessivo teor didático. Também se cristaliza uma das principais fragilidades da poesia de Pederneiras: o emprego pouco expressivo do adjetivo. Raras vezes ele se utiliza de uma combinação de adjetivo e substantivo que já não tenha sido desgastada pelo uso corriqueiro. Os exemplos seriam numerosos, e o procedimento acaba conferindo uma inflexão prosaica (pelo baixo teor inventivo) ao texto de Pederneiras, conforme se constata em "O fado". Nele, o prosaísmo é ainda acentuado pelo canhestro verso final, onde a palavra "quê" aparece nada menos do que três vezes:

> [...] Sob este Céu tranquilo de Janeiro,
> [...]
> Da janela de casa
> Eu fico ouvindo os Fados do vaqueiro...
>
> E que lindos que são os Fados que ele canta.[10]

Ao léu do sonho e à mercê da vida reforça o que, em Pederneiras, poderíamos denominar de "veio urbano". É certo que as evocações domésticas subsistem, seja na recordação das meninas mortas, seja no louvor à esposa, mas, agora, o olhar de Mário se quer, sob certos limites, mais externo, capturando, ainda que de forma tímida, algo do frêmito da vida moderna. A noção de travessia ou viagem se patenteia pela inserção estratégica dos poemas que abrem e fecham o volume: "A caminho" e "Parada". No primeiro, início de aventura, Mário, à maneira épica, invoca a musa para auxiliá-lo a "encetar mais esta romaria", mas talvez a deixe desnorteada ao afirmar: "Não sei mesmo/ Onde iremos ainda,/ Nem qual será o rumo da jornada".[11] Curiosamente, o texto derradeiro, em vez de acenar com algum compromisso de apaziguamento (pois intitula-se, como dissemos, "Parada"), retoma "A caminho", afirmando o poeta: "E novamente irei, sem rumo ou rota,/ Ao léu do Sonho/ E à mercê da Vida".[12] Mas, afinal, que caminhos palmilhou o poeta, no miolo do livro? A rigor, ele pouco

---

[10] Pederneiras (2004, p. 183).

[11] Pederneiras (2004, p. 139).

[12] Pederneiras (2004, p. 219).

modificará sua assumida posição de observador de algo distanciado do mundo, em decorrência da "torre do verso" em que confessadamente se instala, e das prerrogativas de saber-se poeta. A poesia funciona, assim, como instrumento que, ao mesmo tempo em que revela o espaço externo, dele resguarda o poeta:

[...] Nem um leve rumor da agitação da Turba,
Em rude sobressalto,
O seu [de minh'Alma] nobre silêncio perturba...
E alta como ela está, no seu feitio sisudo,
O Pecado, o Terror, os Vícios, o Desejo
E os males que consomem
O mundo, o próprio Mundo, o próprio homem,
Tudo,
Eu vejo
Do alto.[13]

E aqui tocamos num ponto importante: Pederneiras falará *da* rua, mas quase nunca *na* rua. Em "Névoas de inverno", declara: "Mas, afinal, com um tempo destes/ Nem dá vontade de sair de casa".[14] E em "Íntimo": "A boa vida é esta:/ O sossego normal deste meu quarto/ Em luz e paz imerso".[15] Por isso, vendo-a de fora (ou "do alto"), ela será *Rua*, isto é, espaço não particularizado. Ao trabalhar nessa escala, que não atenta para as diferenças de cada rua, Mário abre flanco para o estereótipo, não apenas quanto à noção do "urbano", mas igualmente quanto à de seu oposto simétrico, o "rural", encarado, também "em bloco", como antídoto aos supostos males da civilização:

[...] E na larga expansão desta Luz, deste Céu,
Afugentar a Mágoa em que o Espírito entouco
E que a Vida me invade,
E curar um pouco,
Na ingênua habitação do ingênuo tabaréu,
O tirânico *spleen* dos homens da Cidade.[16]

---

[13] Pederneiras (2004, p. 186).

[14] Pederneiras (2004, p. 167).

[15] Pederneiras (2004, p. 199).

[16] Pederneiras (2004, p. 187).

O último livro de Pederneiras, *Outono*, com versos escritos em 1914, só foi publicado, póstumo, em 1921. Dividido em duas partes, "Restos de sol" e "Sob a calma do outono", com, respectivamente, 4 e 10 poemas, a obra reitera, aprofundando-as, as principais características da poesia de Mário, a partir de *Histórias do meu casal*. O verso polimétrico se estampa com maior ousadia, no choque da convivência, por exemplo, de um dissílabo e de um alexandrino na mesma estrofe:

> [...] É no Outono que a Terra, à luz velhinha e boa
> De um pôr de Sol, que à cisma exorta,
> Entoa
> A funérea canção da Folha Morta.[17]

O esquema rímico adquire extrema flexibilidade, conforme se constata na estância inicial de "Noturno",[18] em que o verso 3 rimará, bem adiante, com o verso 12 (umidade/ cidade). Intensifica-se o louvor ao Rio de Janeiro, agora também (caso raro) em versão particularizada, como na descrição do "Passeio Público". A regra, todavia, continua a ser a captação panorâmica do espaço urbano:

> [...] Já te esqueceram a errônea
> E arcaica lenda injusta
> De Cidade-Colônia,
> E te deram às Ruas e à morada
> O lindo aspecto que tão bem se ajusta
> Aos teus requintes de civilizada.[19]

O espírito de Pederneiras oscilará entre o louvor da modernização da cidade e o nostálgico apego às suas primitivas configurações. Se o "Elogio da cidade" é poema de mais candente endosso às transformações urbanísticas do velho/ novo Rio, em outros passos o poeta se queixará do "rude rumor da cidade grotesca" e da "alma noturna e fria da cidade". Que não se estranhem, portanto, as especulações em torno da vida não vivida (e possivelmente melhor) ao moroso ritmo interiorano, em "Terras alheias":

---

[17] Pederneiras (2004, p. 255).

[18] Pederneiras (2004, p. 261).

[19] Pederneiras (2004, p. 237).

[...] Nunca senti de perto,
Real e verdadeira,
A agressiva impressão de uma floresta,
Nem a longa tristeza
De um infinito de campo, almo e deserto...
E não conheço bem a natureza,
Brava e honesta,
Nem a paterna
Vida interna
Da atrasada província brasileira...[20]

Mesmo assim, Mário, no poema, acaba optando, devido a "um natural sintoma neurastênico/ de um legítimo filho da Cidade", pela vida na grande metrópole. Curiosa essa definição da modernidade como geradora de doença... Toda a tonalidade deste *Outono* é bastante enfermiça, não apenas na paisagem retratada – "Jardim de outono", "Noturno", "Crepúsculo" –, como também na "paisagem" do próprio corpo adoentado do poeta. Alguns poemas aludem à enfermidade e a um lento processo de recuperação (a segunda versão de "Meu cigarro" e "Convalescendo"), mas o acorde derradeiro é o de clara despedida, da vida e do verso. Adeus em tom menor, sem fanfarras, como no poema "Trecho final", em que o poeta, altivo, vira as costas à cidade, e suavemente se entrega, no aconchego e no acalento da natureza, ao silencioso reencontro de uma paisagem de penumbra que sempre o fascinou:

[...] Meu livro é um jardim na doçura do Outono
E que a sombra amacia
De carinho e de afago
Da luz serena do final do dia;
É um velho jardim dolente e triste
Com um velho local de silêncio e de sono
Já sem a luz de verão que o doire e tisne,
Mas onde ainda existe
O orgulho de um Cisne
E a água triste de um Lago.[21]

---

[20] Pederneiras (2004, p. 232).
[21] Pederneiras (2004, p. 269).

158

Referências

RIO, João do. Mário Pederneiras. In: _____. *O momento literário*. Rio de Janeiro: Garnier, 1905. p.214-226.

OBRAS DE MÁRIO PEDERNEIRAS
(por ordem cronológica de publicação):

Agonia. Rio de Janeiro: Tipografia Aldina, 1900. 32 p. Capa e ilustrações de Raul Pederneiras.

Rondas noturnas. Rio de Janeiro: Companhia Tipográfica do Brasil, 1901. 73 p. Capa e ilustrações de Raul Pederneiras.

Histórias do meu casal. Rio de Janeiro: Companhia Tipográfica do Brasil, 1906. 79 p. Capa de Raul Pederneiras.

Ao léu do sonho e à mercê da vida. Rio de Janeiro: [s.n.], 1912. 87 p.

Outono. Rio de Janeiro: Livraria Editora Leite Ribeiro, 1921. 75 p. Capa de Correia Dias, ilustrações de Maurício Jubim, K. Lixto, J. Carlos, Luís Peixoto e Lucílio de Albuquerque.

Poesia reunida. Rio de Janeiro: Academia Brasileira de Letras, 2004.

Viagem à beira de Bopp

Sim, porque de Bopp só se pode abeirar: permanece, nítida, a convicção de que, como cobra sinuosa, a poesia do autor está simultaneamente visível, colada ao chão de nossas experiências, e em movimento para regiões escuras (ou obscuras) que escapam a qualquer controle. Estamos falando, é claro, de *Cobra Norato*, e parece impossível falar de Bopp sem convocar, de imediato, a presença do ofídio. Certamente a Norato deve o poeta a sobrevivência de seu nome. Por mais que os estudiosos insistam que Bopp não é somente sinônimo de *Cobra*, parece que o próprio poeta se rendeu ante essa evidência, ao incluí-la, na íntegra, em quase todos os volumes de poesia que veio a publicar, e ao diluir seu outro livro, *Urucungo*, na rubrica genérica e anônima de "outros poemas". Portanto, frente à *Cobra*, tudo o mais será apenas "outro", mesmo que este "outro" nos surpreenda de modo positivo, independentemente das pequenas expectativas do autor. Nesse sentido, é sintomático que, ao longo da vida, o poeta não tenha cessado de "explicar" as origens e intenções de sua obra mais famosa, e se tenha praticamente calado sobre *Urucungo* – a ponto, como dissemos, de desfigurá-lo em sua inteireza, quando não a ponto de eliminá-lo *in totum* de uma ou outra coletânea.

À beira de Bopp, de quatro tipos de viagem se pode falar: as do homem (na juventude ou na maturidade, como embaixador) pelo mundo adentro; as da crítica, em torno de sua obra; as de sua poesia, simultaneamente idêntica (porque atrelada à cobra) e diversa (pelas variantes), de edição a edição; e as da cobra, no âmago amazônico do livro. Viagens que se interpenetram, mas que comportam, também, certo nível de autonomia – ao menos àrgumentativa.

Vamos a elas, começando pelas viagens do cidadão Bopp. Sua travessia neste mundo iniciou-se no dia 4 de agosto de 1898, na localidade de Pinhal, município de Santa Maria, Rio Grande do Sul. Com poucos meses de idade já estava na vizinha Tupanciretã, onde seu pai, comerciante de couros, atendia aos tropeiros e onde o menino Raul passou a ouvir muitas histórias de viagem. Tanto ouviu que, aos 16 anos, montou num cavalo e começou a mergulhar em terras do sem-fim – de início próximas (Paraguai, Mato Grosso) – e, bem mais tarde, atingindo quase todos os quadrantes do mundo. Conseguiu a proeza de formar-se em Direito estudando cada ano em uma capital diferente (Porto Alegre, Recife, Belém, Rio de Janeiro), no princípio dos anos 1920. Entre 1926 e 1929, radicou-se em São Paulo, mantendo contato constante com Tarsila do Amaral e Oswald de Andrade, na aventura da Antropofagia. Viajou a seguir, durante dois anos, pelo Extremo Oriente, Europa e América Latina. Em 1932, ingressou na carreira diplomática, tendo servido em Kobe (Japão), Lisboa, Zurique, Barcelona, Guatemala, Berna, Viena e Lima. Aposentado, radicou-se no Rio de Janeiro, com a mulher Lupe, falecendo em 2 de junho de 1984.

Assim resumido, o quadro não dá conta senão precariamente do quanto Bopp caminhou – e de como lhe era intrínseco o desejo de sucessivas mudanças, geográficas e culturais. Mas, de certo modo, o escritor e o viajante parecem ter-se ostensivamente incompatibilizado: com exceção do período amazônico (fomentador da *Cobra*), todos os demais périplos posteriores a seu ingresso na diplomacia revelam-se constrangedoramente vazios em termos de efetiva produção literária. Bopp, diversas vezes, valeu-se da expressão "desquite amigável" para caracterizar suas relações com as letras durante os trinta anos em que serviu ao Itamaraty, defendendo-se de quaisquer críticas de bigamia... Mas, para o verdadeiro poeta, o desquite há de ser sempre litigioso, pois não é fácil abrir mão de algo, a poesia, que lhe seja essencial. De qualquer modo, se Bopp se desquitou, coube-lhe a zelosa guarda do filho, *Cobra Norato*, que ele tratou de "educar" e aprimorar em diversas quadras da vida, nas sucessivas edições da obra. Ora, é possível servir à diplomacia e à literatura, conforme demonstram vários ensaios deste livro. Muitos escritores-diplomatas desenvolveram parte substancial de sua produção no exterior; basta recordarmo-nos do exemplo recente de João Cabral, que não apenas criou, mas publicou, na Espanha e em Portugal, e dedicou poemas a praticamente todos os lugares que conheceu. No extremo oposto, o ingresso de Aluísio Azevedo nas lides diplomáticas correspondeu a uma quase total esterilidade de produção, como se, resolvido o problema da subsistência econômica, desaparecesse no mesmo passo a necessidade de criar...

No caso de Bopp, a rigor, não podemos falar numa separação de corpos: o do novo diplomata substituindo o do antigo poeta. Ele ia alinhavando notas de viagem (que gerariam alguns livros), e, volta e meia, retornava a enrodilhar-se

Viagem à beira de Bopp   161

em sua *Cobra*. Mais do que o (relativo) silêncio, o que provoca certo incômodo (diante da importância do poeta) é o nível algo canhestro de seu discurso narrativo e memorialístico, consubstanciado em oito livros. Digamos sem rodeios: haverá quem louve o caráter fragmentário de muitos desses textos, mas, a rigor, o "fragmento" surge antes como decorrência do desleixo (ou mesmo confusão) de uma prosa descosida do que propriamente em função de um critério voluntário de composição. São inúmeros os parágrafos repetidos de livro a livro, e é visível a incapacidade de levar adiante um projeto de desenvolvimento articulado, para não falar nas digressões inócuas e na superficialidade de várias descrições de lugares e ambientes. Tem-se a certeza de que Bopp andou muito, mas não se sabe bem para quê, e, a rigor, nem mesmo quando e onde, tal o grau de informação acumulada sem critério. Leia-se o parágrafo abaixo, de suas *Memórias de um embaixador:*

> De Singapura subi por estrada de ferro a Península Malásia até Kuala-Lumpur, para dar uma olhada nos seringais da Dunlop. Continuei a excursão até Bankok, saindo depois por Arania Prado, na fronteira do Cambodge. Aluguei um auto para ir a Sinreap, ver as famosas ruínas de Angor-Vat, da extinta civilização Kmer. No mesmo auto, fui em seguida a Pnom-Pengh, depois a Saigon, na Cochinchina. Demorei-me um dia em Hué, capital do Anan, seguindo dessa cidade para Hanói e Haifong, no propósito de conhecer a belíssima Baie d'Along.[1]

O leitor, aturdido diante de tal fúria enumerativa, tanto poderia deparar-se com quinze nomes a mais quanto com dez a menos. Na simpática biografia *Raul Bopp*, Zé Lima praticamente reescreveu as peripécias de nosso personagem, acrescentando-lhes coesão e cronologia, itens escassos no material da lavra do próprio poeta. Continuemos a examinar, a propósito, aquele que é o seu mais ambicioso livro de reminiscências, as *Memórias de um embaixador* (1968). De início, observemos a nítida cisão entre o profissional e o artista: não se prometem memórias de um *escritor*, mas de um *funcionário* no cumprimento de suas missões. E o que a obra nos revela? Ou, antes, a que se propõe, em suas linhas de abertura? "Os livros de memórias, em geral, me agradam. Trata-se, com frequência, de uma sub-literatura, com crônicas de si mesmo".[2] Após rebaixar o gênero, rebaixa a espécie, acrescentando que seu livro foi "escrito frivolamente,

---

[1] Bopp (1968, p. 305).

[2] Bopp (1968, p. 11).

dentro de um simples esquema de acontecimentos".[3] Além disso, Lupe, a esposa, "opinava que seria mais sensato fazer um livro de meras narrações, sem pretensões literárias".[4] Se, depois disso tudo, o leitor ainda quiser se arriscar... É frequente, em Bopp, atribuir a outrem o estímulo para que uma obra venha à luz. Ela nunca parece nascer de uma necessidade imperiosa do escritor, mas sim do conselho (ou da insistência) de amigos.

Após o preâmbulo, presumimos, então, que Bopp começará a narrar sua vida diplomática, mas eis que, logo a seguir, no capítulo "Los Angeles" nos deparamos com uma impessoal história da Califórnia. Depois, "No mundo do cinema", deslancha um anedotário de estrelas da tela com as quais privou (Orson Welles, Rita Hayworth, Carmen Miranda, entre outros). E começa a passar em revista os sucessivos postos que ocupou, sempre atento a construir de si uma imagem de eficiência profissional. Revela algumas fofocas, intrigas de funcionários subalternos ou de autoridades hierarquicamente superiores, e que acabaram solapando alguns de seus projetos diplomáticos. Mostra-se particularmente avaro no tocante a datas, o que só torna mais nebuloso o acompanhamento das peripécias. No capítulo dedicado a Lisboa, por exemplo, não se sabe quando Bopp assumiu o posto, nem quanto tempo lá permaneceu; paradoxalmente, ele é bem mais zeloso em informar as (irrelevantes) horas exatas de seus compromissos. Assim, o primeiro contato com o Encarregado de Negócios da Embaixada, Ribeiro Couto, ocorreu "às 17 horas" – e dê-se o leitor por satisfeito. Bopp sequer alude ao fato de que Ribeiro Couto era também escritor, e de grande sucesso em terra lusa. Mostra-se diplomaticamente simpático ao ditador português Salazar, como, de resto, evitará qualquer temperatura mais elevada nas considerações de natureza estritamente política. Eis o máximo a que se permite, ao deplorar, adiante, as condições dos habitantes do altiplano peruano: "O homem não evoluiu do sistema colonial. Não conseguiu romper a estrutura social, de baixo nível".[5]

Na mesma toada lisboeta, ficamos sabendo que Bopp chegou a Zurique "às 10 da noite" (mas de que século?). Na verdade, consultando-lhe a ficha funcional, verificamos que para lá foi removido em novembro de 1945, permanecendo no posto até fevereiro de 1948. Época de algum tédio, a julgar pelo chavão com que a descreve ("Corriam os meses lentos. As estações do ano iam se sucedendo"[6]).

---

[3] Bopp (1968, p. 12).

[4] Bopp (1968, p. 14).

[5] Bopp (1968, p. 227).

[6] Bopp (1968, p. 85).

Após um período no Rio de Janeiro e outro em Barcelona, começa a servir na Guatemala, onde se materializa com mais intensidade uma certa ânsia reformista no que tange às fachadas e aos interiores das dependências diplomáticas. O imóvel estava "com paredes sujas, manchadas por goteiras. A fachada há muitos anos não via pincel".[7]

Boa parte do capítulo "Berna" é dedicado aos incidentes do jogo Brasil x Hungria, pela Copa do Mundo (o ano, 1954, não é referido no texto). Outra parte se ocupa de um almoço e da descrição de passeios turísticos nos arredores. De repente, no melhor (?) estilo "história-puxa-história", lembra-se de episódio relativo a Barcelona, que provavelmente se esqueceu de alocar no espaço adequado, páginas atrás. Abre novo capítulo, "Realizações", onde elenca os pontos altos de sua atuação na Suíça, dentre eles o sucesso de uma Exposição de Artes do Brasil (com "Bumba-Meu-Boi") e a distribuição de 37 mil barras de chocolate brasileiro junto a instituições de caridade suíças.

"Saldo de sol" é breve divagação sobre a história da Espanha (onde jamais serviu). A trilha funcional é retomada com "Viena", onde, a fim de reorganizar a Embaixada, despede onze funcionários e adquire valioso mobiliário. Em "Férias", espraia-se à larga o olhar turístico de Bopp, tributando escassas linhas a cada localidade visitada, num registro que derrapa no lugar-comum: "Um formigueiro de gente se desborda das calçadas. [...] Experimenta-se um prazer estranho, nessa atmosfera oriental, multicolorida e incógnita" (sobre Tóquio[8]); "Hong-Kong é o paraíso do turista que quer fazer compras".[9]

Na última etapa funcional, Lima, continuam presentes as preocupações com as instalações diplomáticas. E em "Regresso" opta por uma frase fria e protocolar como um memorando para demonstrar satisfação com o destino que a carreira lhe proporcionara:

> Graças a ela alcancei oportunidades que não me seriam possíveis obter em qualquer outra linha de atividade. Devo, por isso, à Casa, com o seu forte lastro de tradição e prestígio, essa grata experiência.[10]

Segue-se um "Fichário", capítulo anômalo à sequência temporal até agora razoavelmente obedecida, constituído de um anedotário difuso (inclusive de

---

[7] Bopp (1968, p. 116).

[8] Bopp (1968, p. 207).

[9] Bopp (1968, p. 207).

[10] Bopp (1968, p. 241).

fatos que Bopp não presenciou, mas de que ouviu falar) e de um receituário do "bom" e do "mau" diplomata.

A segunda parte do livro se intitula "Notas complementares", e a denominação não parece exata, porque as notas ou são "essenciais" ao projeto (e, portanto, caberiam na parte inicial da obra), ou lhe são absolutamente "supérfluas". Da primeira espécie são os capítulos "Kobe" e "Iocoama", que narram os primórdios da atuação de Bopp no terreno da diplomacia, no período anterior a Los Angeles, e de total pertinência ao que o título do livro promete (as memórias de um embaixador); da espécie supérflua ao mesmo título é, por exemplo, "Colibri", evocador de um episódio infantil que culmina com a morte de um pássaro.

Putirum, de 1969, é obra híbrida (engloba poesia, fortuna crítica e depoimentos de Bopp), mas, de certo modo, não deixa de ser um *pendant* às *Memórias*: se estas foram de um embaixador, no novo livro, de forma compactada, teremos as do escritor, cobrindo exatamente o período deixado em aberto no livro anterior: origem familiar, infância, juventude; as primeiras viagens, a descoberta da Amazônia; a formação intelectual; a germinação de *Cobra Norato*; os contatos com o modernismo paulistano, em especial com a Antropofagia. É importante enfatizar o reconhecimento, por parte de Bopp, do duplo débito que a *Cobra* contraiu para com a Amazônia: um evidente, geográfico, pelo impacto dos mistérios fascinantes e aterradores da floresta:

> Aprendi, também, em minhas viagens de canoas, a sentir intensamente esse ambiente, onde casos do fabulário indígena se misturam com episódios da vida quotidiana. O magicismo anda de mãos dadas com fenômenos da natureza.[11]

O outro débito é de natureza essencialmente literária, e não tem sido relevado com a ênfase que o próprio Bopp lhe concede, ao referir-se, várias vezes, às compilações de lendas indígenas levadas a cabo por Antônio Brandão de Amorim:

> Queiroz mostrou-me trabalhos avulsos de Antônio Brandão de Amorim (N.1865). Foi uma revelação. Eu não havia lido nada mais delicioso. Era um idioma novo. [...] Os nheengatus, colhidos genuinamente nas malocas do Alto Urariquera e na região do Rio Negro,

---

[11] Bopp (1969, p. 222).

Viagem à beira de Bopp   165

eram de uma enternecedora simplicidade. [...] Para dar ênfase a certos episódios, recorriam ao processo de repetição do vocábulo, como "pula-pulavam", "vira-virando" etc. [...] Um dia, pelos caminhos da intuição, e ainda sob a influência dos nheengatus de Amorim, pensei em fixar esse mito [o da Cobra Grande] num episódio poemático, tendo como pano de fundo a grande caudal de água doce e a floresta.[12]

Cobra Norato, portanto, formou-se no entrecruzamento de dois aprendizados: o da paisagem e o da linguagem. O discurso de Bopp, subitamente, se deixa conduzir pelo fluxo poético da magia amazônica:

Lá fora, o luar espesso lambe o mato, numa hipnose vegetal. Cria-se uma geografia de reunir-mundo, com visagens do lá se vai. Longe, num fundo de assombração, entre as imensas bordas fluviais, na água imóvel desliza um navio de prata: a Cobra Grande.[13]

Menos relevantes que as *Memórias* e *Putirum* são os demais livros de viagens, a começar pelas *Coisas do Oriente* (1971). Na "Nota explicativa", mais uma vez o autor atribui a instância ou insistência alheia a existência da obra (*Putirum*, por exemplo, fora fruto da tenacidade do amigo Macedo Miranda) e previamente se desculpa de sua eventual fragilidade:

Publicação despretensiosa, de meras observações sobre coisas do Oriente. [...]. Não desci ao exame de problemas que se arrastam atualmente em órbita política. [...] Passei a limpo a papelada, obedecendo a sugestões animadoras. E se elas tomaram corpo neste volumezinho, foi simplesmente devido a insistências do meu amigo Joaquim Inojosa, que tratou praticamente da edição.[14]

Bopp, escritor *malgré lui*... Após dedicar parte substancial dos registros à China, ao Japão e à Rússia, ele apõe, em "Céus e terras do velho mundo", a data de 1959, e o leitor logo se apercebe de que inúmeros trechos dessa seção já tinham sido aproveitados (sem qualquer referência ao fato) nas *Memórias*; essa operação

---

[12] Bopp (1969, p. 224-225).

[13] Bopp (1969, p. 221).

[14] Bopp (1971, p. 9).

de transplante é marca registrada de sua prosa, atingindo-lhe também a poesia, como adiante veremos. Na "Parte complementar" (observe-se a presença quase compulsória de "complementos", apêndices e anexos nas narrativas boppianas), um capítulo inteiro das *Memórias* é retomado, e com o mesmo título ("Cem anos de Japão"). Seguem-se "Notas complementares", onde um forçado encaixe ("Colombo") permite a Bopp, ainda uma vez, repetir passagem incrustada nas *Memórias*, e trecho possivelmente de sua particular predileção, pois voltará a transcrevê-lo em *Samburá*:

> A sua fé era tamanha, já dizia o poeta falando da América, que, se por um acaso ela não existisse, Deus tê-la-ia feito surgir das águas, ainda úmida e selvagem, para realizar com um milagre o sonho do navegador.[15]

Nessa altura (1971) já nome consagrado, causa estranheza que Bopp ainda fosse levado a pagar do próprio bolso as edições de seus livros. É o que parece ter ocorrido com estas *Coisas do Oriente* (que não registra editora, e, sim, gráfica), e também com a obra seguinte, de 1972, *"Bopp passado a limpo" por ele mesmo*. Não sabemos se Raul chegou a oferecer os originais a alguma editora, ou, se, para precaver-se contra eventuais recusas, teria logo optado por custear as publicações.

O poeta decide "passar-se a limpo" em resposta a críticas de outro escritor. Ofendido por juízos de Paulo Hecker Filho (que, além de considerá-lo uma nulidade diplomática, ainda criticou seu oportunismo literário), Bopp, em tom de mal contida indignação, parte à réplica, defendendo-se de ambas as acusações, e o faz num pequeno livro, uma espécie de edição condensada (e graficamente desgraciosa) dos relatos anteriores. O ressentimento, vazado em lugares-comuns, ressuma desde os primeiros parágrafos:

> Há males que, às vezes, em seus aspectos negativos, trazem consequências proveitosas. [...] Mas, pelo mencionado artigo, tira-se facilmente a ficha do homenzinho [Paulo Hecker Filho], com sua triste vocação de maldizente. Não me interessa a sua opinião sobre minhas coisas. Quero, em notas ligeiras, simplesmente, repor, em pontos exatos, seus conceitos destemperados de verdade.[16]

---

[15] Bopp (1971, p. 106).

[16] Bopp (1972, p. 11-12).

Não deixa de ser algo irônica a circunstância de que, mesmo na adversidade, ainda persista, como sempre, uma motivação *externa* para provocar a escrita de Bopp... Passados a limpo (mas não necessariamente em *upgrade*), lá estão os desordenados microrrelatos de viagem (com muitos transplantes textuais diretos das *Coisas do Oriente*, nas páginas 41 e seguintes), acrescidos de uma zelosa listagem dos maiores feitos de sua carreira funcional: a primeira venda de algodão brasileiro ao Japão, a introdução de sementes de soja no Brasil, a publicação do periódico *Correio da Ásia*, destinado ao empresariado de nosso país, a restauração da embaixada brasileira em Viena (no volume, há fotos do fino mobiliário).

Samburá (possivelmente 1973), o livro seguinte de reminiscências, é uma verdadeira (mas não explicitada) "antologia" de Bopp. Inicia-se por sua primeira viagem ao exterior. Surge, na sequência, o relato das experiências amazônica e nordestina (litoral do Maranhão). Finalmente, sempre no processo atomizado com que (des)costura seu périplo, entram em cena a América do Sul e a Central. O agenciamento narrativo por desordem metodológica é admitido sem peias no prólogo do relato:

> O presente livro reúne [...] em desordenada mistura retalhos de prosa de diferentes épocas, narrativas de minhas andanças no Brasil e fora dele. [...] A ideia do livro [...] obedeceu simplesmente ao propósito de reunir esses trabalhos, que ficaram meio perdidos em jornais ou em edições de tiragens reduzidas.[17]

A maioria dos textos foi extraída de *Putirum*, sendo de lamentar-se a exclusão de alguns dos mais saborosos episódios desta obra no disfarçado reaproveitamento de *Samburá*. Ficaram de fora, por exemplo, a cena de uma pajelança amazônica (que serviria de base a um segmento da *Cobra Norato*) e o entrevero de Bopp, então pintor de paredes, com um estrangeiro que tentou ludibriá-lo no dia do pagamento. A (indefectível) segunda parte intitula-se "Páginas avulsas", nem tão avulsas assim, pois provieram em bloco maciço das *Memórias*, reapresentando, inclusive, a historieta do pássaro, agora rebatizada "A morte do colibri".

Nova salada textual compõe o derradeiro livro de relatos viageiros, *Longitudes* (1980), que, em 113 páginas, abarca mais de quarenta localidades estrangeiras,

---

[17] Bopp (197?, p. 11).

com textos frequentemente calcados em publicações anteriores. Em "Civilização 25" (oriunda de *Coisas do Oriente*, alterada no último parágrafo), lemos:

> Numa estada rápida, de dois ou três dias em cada país, com uma disposição de captar as suas essencialidades, as impressões vão se somando e acumulando na memória. Achei por isso acertado, como um passatempo de viagem, registrá-las num caderno de notas, vazando-as depois, assim como estão, misturadas e desordenadas [...].[18]

À parte o discutível êxito na captação de "essencialidades", eis uma boa definição do alcance do memorialismo boppiano: ver-se como passatempo e registrar, em pinceladas, algumas impressões (que muitas vezes, soam, incomodamente, apenas exóticas ou pitorescas); depois, vazar tudo no papel de modo misturado e desordenado. Quanto mais Bopp narra suas viagens, mais o leitor tem a sensação de não sair do lugar, lendo sempre a (literalmente) mesma história...

Quando transposto este discurso para o memorialismo literário, o resultado é melhor. Além da minimização do fator exotismo, a prosa boppiana resgata com sabor os bastidores de nossa renovação literária nos anos 1920, tanto em *Movimentos modernistas no Brasil* (1966) quanto em *Vida e morte da antropofagia* (1977), que não passa, afinal, de versão bastante geminada de seu predecessor.

O primeiro – apesar da promessa plural de seu título – acaba mesmo privilegiando a corrente antropofágica, de que Bopp foi um dos mais destacados mentores. Ele não escamoteia seu namoro com o malfadado grupo Verdamarelo, dizendo-se cortejado pelas investidas elogiosas de Menotti Del Picchia e Plínio Salgado, mas enfatiza maior afinidade com o grupo adversário, de Oswald de Andrade e Tarsila do Amaral. Faz questão, todavia, de situar-se fora das querelas ideológicas: "Mas essas ideias [de Plínio] não me interessavam. Nem tão pouco as da linha oposta, na órbita vermelha".[19] O próprio movimento antropofágico, em seus desdobramentos, não foi poupado: "E a Antropofagia ficou nisso, abalada por implicações humanas, num estado de colisão, perdida, falida, inacabada".[20]

O encadeamento dos capítulos é arbitrário, saltando, por exemplo, de "Literatura brasileira no seu conjunto histórico" (que, apesar da pompa do título, reduz-se a um par de páginas) a "Diálogos" (onde presumivelmente o poeta

---

[18] Bopp (1980, p. 22).

[19] Bopp (1966, p. 153).

[20] Bopp (1966, p. 99).

Viagem à beira de Bopp   169

está concedendo uma entrevista), e destes a um confuso roteiro de "Ballet da *Cobra Norato"*, que pouco mais é do que a transcrição ou adaptação, em verso ou prosa, de várias passagens do poema:

> Sapos com dor de garganta estudam em voz alta. Riozinho vai pra escola. Está estudando geografia. [...]
> Norato passa no meio de troncos encalhados. Raízes desdentadas mastigam lodo. A selva imensa está com insônia. Bocejam árvores sonolentas. Espia-me um sapo sapo.[21]

Quando Bopp pretende alçar voo reflexivo de natureza genérica, o resultado não escapa das obviedades ("No mundo atual, o homem é continuamente sitiado pelos reflexos do meio em que ele se agita"[22]). Sai-se bem quando, em tom quase aforístico, logra sensorializar e metaforizar o discurso, imprimindo-lhe um andamento de prosa poética, na sintaxe de orações absolutas ou coordenadas:

> Param moendas na área rural. O verão bebe o rio. Murcham as lavouras cansadas. Passa o cangaço, escorchando a terra, numa cumplicidade de sangues e incêndios. As vinganças se sucedem nas tocaias. A Idade Média continua.[23]

Vida e morte da antropofagia cumpre o que dele se espera, historiando, com o característico estilo atomizado de Bopp, as principais peripécias do movimento. Muitos trechos migram diretamente do livro anterior para as páginas da nova obra e, como de hábito, o leitor não é informado do procedimento. Em *Vida e morte* há pouca informação nova. Quando fala da gênese da *Cobra*, Bopp, ainda uma vez, frisa, de um lado, o choque do mundo amazônico sobre sua sensibilidade gaúcha, e, de outro, o valor estético da linguagem das lendas indígenas repertoriadas por Antônio Brandão de Amorim.

Elencadas, de modo sintético, as suas principais obras em prosa, podemos, agora, lançar-nos a outra etapa da viagem: a da crítica em torno do autor. Por limitações de espaço, nos ateremos exclusivamente a material compilado em livros sobre Raul Bopp, deixando de lado os estudos avulsos e os inúmeros artigos a ele dedicados em periódicos.

---

[21] Bopp (1966, p. 116-117).

[22] Bopp (1966, p. 9).

[23] Bopp (1966, p. 98).

O grande desbravador da poesia de Bopp foi Othon Moacyr Garcia, com *Cobra Norato: o poema e o mito*, de 1962, trabalho apresentado dois anos antes em Recife, no I Congresso Brasileiro de Crítica e História Literária, numa antecipada homenagem aos trinta anos de publicação da obra. Com acuidade, Othon aproxima (e distancia) *Macunaíma* e a *Cobra*, examinando a seguir os fundamentos míticos, geográficos e psicanalíticos do texto boppiano. Dez anos depois, o ensaísta retomaria seu estudo, em *Poetas do modernismo brasileiro*, valorizando-o ainda com uma análise tópica de alguns trechos do poema.

No volume *Putirum*, já referido, Macedo Miranda compilou em 23 páginas uma seletíssima fortuna crítica do poeta, e da *Cobra*, em especial (*Urucungo* não é sequer referido). Comparecem nomes como os de José Lins do Rego, Menotti Del Picchia, Sérgio Buarque de Holanda, Oswald de Andrade, Carlos Drummond de Andrade, Mário de Andrade, Murilo Mendes e José Paulo Paes, dentre outros. Apesar do unânime louvor da obra, não deixa de ser curiosa a observação de Drummond, que sustenta o valor da *Cobra* ("é seguramente o mais brasileiro de todos os livros de poemas de poetas brasileiros"[24]) *apesar* do movimento antropofágico; sob o critério da estrita brasilidade, situa o livro de Bopp acima da outra grande obra da Antropofagia, o *Macunaíma*:

> Nele [em *Cobra Norato*] a influência erudita europeia, de caráter satírico, que ainda se faz sentir no monumental *Macunaíma*, de Mário de Andrade, por exemplo, na "Carta pras Icamiabas", torna-se praticamente nula.[25]

A *Seleta em prosa e verso de Raul Bopp*, a cargo de Amariles Hill, é editada em 1975. Encerra a coletânea o ensaio "No caminho do sem-fim", em que Hill realiza uma competente síntese (o alvo da seleta é o público escolar) da vida e da obra de Bopp, destacando-se o cotejo estabelecido entre a *Cobra* e o *Martim Cererê*, de Cassiano Ricardo:

> Este confronto inicial dimensiona a Antropofagia e o Verdamarelismo: uma buscando a ingenuidade original para reencontrar as raízes da raça, outro [Martim] ufanizando as glórias das conquistas de um povo.[26]

---

[24] Bopp (1969, p. 166).

[25] Bopp (1969, p. 166).

[26] Hill (1975, p. 155).

Em 1976, Donaldo Schuler publica *Cobra Norato: escritura-leitura*, sucinta e inteligente abordagem em que se destacam os contrastes apontados entre as primeiras versões folclóricas do mito e suas transformações no texto de Bopp. Schuler também levanta afinidades entre o "inferno" amazônico e o dantesco – afinidades, aliás, já entrelinhadas pelo poeta, em duas passagens de *Movimentos modernistas no Brasil* (p. 111 e p. 118).

Alcides Buss, em 1982, lança *Cobra Norato e a especificidade da linguagem poética*. Fiel ao título, efetua uma abordagem que enfatiza aspectos formais do texto, em série rigorosa de descrições de esquemas métricos, rítmicos, rímicos e metafóricos, na esteira do pensamento de Roman Ingarden, Roman Jakobson e Jean Cohen.

Até o momento, o estudo mais minucioso e de mais amplo alcance sobre o poeta é *Cobra Norato e a revolução caraíba*, de Lígia Morrone Averbuck, editado em 1985. Transitando do largo espectro social e cultural do Brasil das primeiras décadas do século XX à microestrutura da composição do poema de Bopp, Lígia equaciona, em extensão e profundidade, um grande número de questões atinentes ao conceito boppiano de modernidade e de brasilidade, num ensaio efetivamente exemplar. Além disso, efetua um cotejo de bom número de variantes do poema, avaliando o ganho (ou a perda) das opções estilísticas do autor, e ainda agrega ao volume o registro de uma alentada fortuna crítica do poeta, totalizando 170 títulos.

Finalmente, em 1998, sai a *Poesia completa de Raul Bopp*, organizada por Augusto Massi, autor da excelente introdução "A forma elástica de Bopp" e responsável pelo criterioso estabelecimento dos textos do poeta, incluindo-se aí alguns inéditos em livro, entre eles o inventivo "Como se vai de São Paulo a Curitiba". Todo o material é seguido de comentários e antecedido de expressiva fortuna crítica. Como bem observa Augusto no início de seu estudo, Bopp foi "o último modernista a ter suas poesias reunidas".[27]

Conforme estamos constatando, falar de Bopp é sempre falar da *Cobra*, ainda que eventualmente se possa também falar de outra coisa. Mas dessa coisa – seja o que for – se falará, quase certamente, em relação... à *Cobra*. A ela, pois. Ou melhor: examinemos preliminarmente as versões/edições em que foi deixando ou renovando a pele, a partir da primeira, de 1931, com capa de Flávio de Carvalho, dedicatória a Tarsila do Amaral, e tiragem declarada (talvez hiperbolicamente) de 2.600 exemplares: os livros modernistas só raramente atingiam a casa dos mil. *Macunaíma* tirou 800. Bopp, ironicamente, registra a venda de um mísero volume:

---

[27] Massi (1998, p. 11).

[...] foi um fracasso. Talvez o recorde do ano. As livrarias venderam um exemplar. Eu só queria saber quem foi essa besta. Talvez por engano uma encomenda do Butantã de São Paulo.[28]

Onde foi ocultar-se o resto? Se o montante declarado fosse exato, com certeza a primeira edição da *Cobra* apareceria com relativa frequência nos sebos, o que está longe de ser o caso... O colofão esclarece que a obra foi escrita em abril de 1928, correspondendo, portanto, ao período paulistano-antropofágico de Raul. O preço era de 5 paus (*sic*), a primeira orelha do livro promete quatro obras de Bopp jamais publicadas e as duas folhas finais do volume acolhem variado material publicitário, com certa ênfase na área literária e cultural, ao lado de quadrinhas como:

Disse-me um velho faceiro
– Sabe o que eu descobri?
Que a gente remoça a pele
Com sabonete Gessy.

Anuncia-se um livro do capista Flávio de Carvalho (*Experiência nº 2*) e outro de Jayme Adour da Câmara (*Oropa, França e Bahia*). Jayme foi um dos financiadores, ao lado de Alberto Araújo, desta primeira edição, dedicada a Tarsila.

Antes da segunda, saiu *Urucungo* – poemas negros, 1932, igualmente subvencionado por amigos do poeta. A capa contém um belo desenho de Santa Cruz, e, dos 19 poemas do volume, 3 são dedicados (a Manuel Bandeira, Olegário Mariano e Jorge Amado). *Urucungo* se abre com carta-prefácio de Bopp, falando mal da poesia de Augusto Frederico Schmidt ("lirismo bojudo"[29]). Pela primeira vez em livro, Raul se manifesta sobre o que lhe representou a *Cobra*:

Não reneguei a Norato apesar do seu fracasso, porque para mim ela vale como a tragédia da maleita, cocaína amazônica. Com toda a indiferença que teve (salvo um grupo num perímetro pessoal), ela é o meu *Dom Quixote de la Mancha*.[30]

A segunda edição da *Cobra*, de 1937, é a de maior valor no mercado da bibliofilia, não só pelo grande formato (35 x 28 cm) e reduzida tiragem

---

[28] Bopp (1931, p. 8).

[29] Bopp (1932, p. 5).

[30] Bopp (1932, p. 9).

(151 exemplares), como, sobretudo, pelas esplêndidas madeiras coloridas de Oswaldo Goeldi que adornam o volume. Como a primeira, foi publicada às expensas de "um grupo num perímetro pessoal".

Dez anos depois, Bopp parece querer desvencilhar-se da serpente (em parte) e dos poemas negros (no todo), ao intitular sua coletânea, publicada em Zurique, simplesmente de *Poesias*, abrindo-a com alguns textos que bem mais tarde integrariam a rubrica de "Poemas brasileiros". No agenciamento do livro, a *Cobra* surge apenas como um texto a mais (como se isso fosse possível...), após "Tapuia", sem ao menos ocupar seção autônoma. A registrar que *Norato* agora cancela a dedicatória a Tarsila, uma vez que o livro, no todo, foi dedicado a Lupita, mulher do poeta. Fecha o volume uma "Nota" sobre a gênese da *Cobra*, em que Bopp dá notável guinada frente à perspectiva de "fracasso" e de "tragédia amazônica" como a entendera em *Urucungo*:

> Cobra Norato foi escrita naqueles tempos...
> A princípio era um livro inofensivo para crianças. [...]
> Ultimamente o poema começou a ser mais lembrado. Um jornal do Rio publicou-o na íntegra.[31]

Solução conciliatória entre o famoso texto e os demais se estampa a partir da quarta edição: *Cobra Norato e outros poemas*. O ofídio recupera o primeiro plano, expresso num título que Bopp doravante adotaria; o livro continuava dedicado à esposa, mas o poema da *Cobra* teve restituída a dedicatória original, a Tarsila (em fase de esboço, pré-1931, *Norato* homenageava Lins do Rego). O projeto gráfico desta edição, de 1951, é sensivelmente similar ao da anterior. Quanto ao conteúdo, a nova edição readmitiu algumas peças de *Urucungo*, havendo ainda o acréscimo de bons estudos de Augusto Meyer e de Américo Facó.

Em 1954, sai em Barcelona, ostentando na capa vinheta de Miró, a quinta edição do poema, em formato pequeno (17 x 12,5 cm). Avolumam-se os "outros poemas" (agora, 25, contra 12 em 1951) e crescem também as notas explicativas de Bopp sobre seu famoso texto. Uma alentada errata, em folha solta, acompanha o livro. E o poeta começa a registrar em página de destaque o histórico das edições da *Cobra*, num procedimento zeloso para com o próprio sucesso, e que não mais abandonará.

A partir de 1956 a *Cobra* se desprega das andanças diplomáticas de Bopp, e ganha vida independente no Brasil. É deste ano a sexta edição. O autor a

---

[31] Bopp (1947, p. 9).

174

justificou pela necessidade de se corrigirem os inúmeros erros tipográficos do volume espanhol, e, ao histórico das edições, passa a agregar-lhes as respectivas tiragens, possibilitando que se acompanhe a demanda mais rarefeita ou acentuada em torno da obra. Com exceção do livro de Zurique (500 livros), as demais tiragens foram de mil exemplares.

A sétima (1967, tiragem de 2 mil), apesar de intitulada *Antologia poética*, e, aparentemente, ter sido organizada por Manuel Cavalcanti Proença (que assina o prefácio), apenas reedita o modelo de *Cobra Norato e outros poemas*, com as inevitáveis alterações (supressão/exclusão) que Bopp gostava de promover na seção dos "*outros*".

A rigor, a única edição que parece de fato ter sido estruturada por outrem é a oitava, a cargo de Macedo Miranda (*Putirum*, 1969, 3 mil exemplares). Livro-homenagem recheado de fortuna crítica, de depoimentos biográficos e literários do autor, de poemas inéditos, é também o primeiro a compartimentar os "outros" em subseções, não sabemos se devidas à independência crítica do organizador, ou aos propósitos do autor. Macedo Miranda distribuiu em alguns núcleos de afinidade a produção poética de Raul Bopp – além da *Cobra*, setorizou os "Poemas brasileiros", os "Parapoemas", uma seleção de *Urucungo*, "Diábolus" e "Versos antigos". Mas, se tal compartimentação atendesse à vontade autoral de Bopp, é de se indagar por que, na edição seguinte (1973, 2 mil exemplares), ele retornou ao velho esquema de *Cobra Norato e outros poemas*, não mais o abandonando em todas as subsequentes edições em vida. A partir daí, tampouco alterou a seleção ou a forma dos textos, chegando, portanto, à sua "versão definitiva" do livro.

Fica, assim, patente, que o desejo de Bopp era mesmo o de não propiciar autonomia a *Urucungo* nem a qualquer outro conjunto de textos, preferindo aninhá-los algo indistintamente na parte 2 de seus livros. Uma única vez Bopp ousou publicar-se em verso sem a presença da *Cobra*: foi em *Mironga e outros poemas*, lançado em 1978 como homenagem a seus 80 anos; adiante voltaremos a esta obra.

Finalmente, em 1998, como já dissemos, é publicada, postumamente, a melhor edição da *Cobra* & Cia: o volume de *Poesia completa*, a cargo de Augusto Massi. Basicamente, o organizador encampa as divisões propostas por Macedo Miranda em 1969, com pequenas variantes e acréscimo de numerosos inéditos em livro, além de efetuar um registro meticuloso de variantes. Os núcleos estabelecidos são de natureza heterogênea: em "Versos antigos" o critério é cronológico, em "Poemas brasileiros" e "Diábolus" é temático, em "Parapoemas" é formal.

Os "Versos antigos" congregam 25 peças escritas entre 1916 e 1930, desde o poema lírico-adolescente "Pelas ondas" até verdadeiros rascunhos da *Cobra* a exemplo de "Cidade selvagem", "Mãe-febre" e "Pântano", atravessando ainda as vacilações parnaso-simbolistas de diversos sonetos, como "Enigma"

> [...]   Com ar fidalgo de um antigo cromo
> e em trajes negros que o seu todo engelha,
> guarda fragilidades de camélia
> e as olheiras de flor de cinamomo.[32]

e "Quimera":

> [...]   Loira e desnuda nos meus sonhos trago
> o teu perfil de sílfide marinha.
> Senti que ao tocar teu corpo tinha
> qualquer coisa de um símbolo pressago.[33]

Curiosamente, mesmo com fatura acadêmica já se faziam temas constantes os *flashes* paisagísticos em geral e o fascínio pela Amazônia em particular:

> [...]   Chove. Erra o vento em golpes e a água em jorro
> Alagada, a floresta uiva e se arqueia
> Com os braços verdes a pedir socorro. ("Temporal amazônico"[34])

Os "Parapoemas" (num total de 10) tangenciam a prosa, ou dela provêm. Na maior parte dos casos, trata-se de excertos oriundos de *Movimentos modernistas no Brasil*, em seus momentos de "prosa poética". Tais poemas "desentranhados" (à moda de Manuel Bandeira) tornam-se interessantes pelo ritmo similar que Bopp confere à sua poesia e prosa, introduzindo a presença "bruta" daquela no discurso desta. Embora algumas vezes a ênfase no conceitual possa tornar pesado o andamento da frase –

> Somos um Brasil fora das medidas,
> de contornos fortes, com alma compósita, sem demarcações étnicas,
> com um largo quadro de solecismos sociais. ("Geografia do mal-assombrado"[35])

– outras vezes o discurso adquire eficácia lapidar:

---

[32] Bopp (1998, p. 97).

[33] Bopp (1998, p. 98).

[34] Bopp (1998, p. 112).

[35] Bopp (1998, p. 310).

[...] Mas o Brasil amansou o idioma
com surras de tambor.
Palavras enlanguesceram em arrabaldes líricos. ("Idioma"[36])

Os 22 textos de "Diábolus" representam a face satírica e mais abertamente política da poesia de Bopp. No compasso da caricatura, desfilam, teatralmente, as mazelas do país – a corrupção endêmica, o triunfo dos aproveitadores e carreiristas, a retórica do medalhão:

– Vamos fazer um trato
numa conta corrente de interesses:

Eu te elogio.
Tu me elogias.
[...]
Um dia
o Prefeito, lá na província telegráfica,
mandará levantar um bustinho em praça pública. ("Fórmula"[37])

A famosa "democracia racial" não escapa ilesa de versos que carregam dose nítida de preconceito, numa xenofobia em geral ausente da obra de Bopp, e ainda menos compreensível pelo fato de o poema datar de 1948, quando há muito o poeta ingressara na carreira diplomática:

O Brasil coitado
continua fechado a cadeado
pingando judeu de segunda classe
pingando português
que vai empernar com a mulata do subúrbio. ("Treze homens"[38])

Os "Poemas brasileiros", compostos por 11 textos, revelam a inserção do país primitivo na ordem da História. A região pré-cabralina de "Princípio" é palco de acontecimentos mágicos que já apontam para uma das bases de nosso sincretismo religioso e cultural, reforçado pela contribuição negra em "Sabará". "Bruxo", "Mau-olhado", "Caboclo" e "Herança" exploram outras faces de um território onde crendices e feitiços se integram à ordem cotidiana:

---

[36] Bopp (1998, p. 323).

[37] Bopp (1998, p. 290).

[38] Bopp (1998, p. 288-289).

[...] De vez em quando
a Mula-sem-cabeça sobe a serra
ver o Brasil como vai. ("Herança"[39])

Infiltra-se, no tabaco do "Caboclo", uma pitada de crítica social ("Fuma um cigarro lento./ Miséria."[40]). O tom de Bopp não é panfletário, preferindo exprimir o ridículo de nossos contrastes através do humor e de uma leveza que só desapareceram, trocados por um ufanismo profético e algo complacente, em algumas poucas produções tardias, como "Mironga", de 1973:

As raças vão encontrar-se
com um aperto de mão.
Vai haver muita alegria.
Lei do "Ninguém passa fome".
Festas de Nossa Senhora,
com frevos e boi-bumbás.[41]

Ainda assim, é sob o ritmo da festa que Bopp desenha sua utopia de igualdade: visão ingênua, talvez, mas imune a palavras de ordem altissonantes. Alguma alegria também nascida da dor é o que se encontra em *Urucungo*, que na edição de Massi, finalmente, é restituído na íntegra, em segunda edição, 66 anos após a primeira. Para o organizador da *Poesia completa*,

Urucungo é uma longa viagem escravidão adentro: da África ao Brasil, do rio Congo às favelas do Rio de Janeiro, da organização tribal à marginalização na sociedade de classes.[42]

Os poemas do livro oscilam pendularmente entre descrições de ritos festivos no ambiente das senzalas contrastados a episódios de violência espiritual ou física. Ao banzo de Pai João em "Urucungo" –

[...] Erguem-se da solidão da memória
coisas que ficaram no outro lado do mar
Preto velho nunca mais teve alegria[43]

---

[39] Bopp (1998, p. 247).

[40] Bopp (1998, p. 254).

[41] Bopp (1998, p. 42).

[42] Massi (1998, p. 42).

[43] Bopp (1932, p. 12).

– sucede a graça libertina do "Cata-piolho do rei Congo":

> Iaiá se deitou-se
> Tirou a camisa
> Mas veio o rei Congo
> *E ningue-ningue-nhão.*[44]

Uma espécie de "Negra Fulô" às avessas é relatada em "Dona Chica", pois, ao invés da premiação da vitória da beleza escrava sobre a da "rival" branca, eclode a punição sádica da senhora, movida por misto de ciúme e inveja:

> [...] – A sua escrava tem uns dentes bonitos Dona Chica.
> – Ah o senhor acha?
> [...]
> Foi lá dentro. Pegou a negra.
> [...]
> Meteu um trapo na boca.
> Depois
> quebrou os dentes dela com um martelo.[45]

Um ambiente de música e modorra se transplanta do espaço rural para a área urbana na sequência de poemas intitulados "Favela", quase ao fim do volume:

> Lá embaixo
> passa um trem do subúrbio riscando fumaça.
>
> Na porta da venda
> um negro bocejou como um túnel.[46]
>
> Nesta rua cabe um rancho
> e nesse rancho você.
> – Esquenta essa viola com mais um trago.[47]

Selvas e florestas como espaços míticos da origem são o ponto comum entre as etnias negra e indígena. Em ambos os casos, trata-se da evocação nostálgica

---

[44] Bopp (1932, p. 13).

[45] Bopp (1932, p. 23).

[46] Bopp (1932, p. 48).

[47] Bopp (1932, p. 49).

de um *locus* perdido pela inserção letrada e branca na História narrada pelo colonizador/explorador vitorioso. É o que se lê em "Negro":

> Pesa em teu sangue a voz de ignoradas origens.
> As florestas guardaram na sombra o segredo da tua história.
> A tua primeira inscrição em baixo relevo
> foi uma chicotada no lombo.[48]

O algoz "escreve" no corpo escravizado o alfabeto da violentação, em tudo diverso do pacto harmônico com as raízes ancestrais da floresta e seus sortilégios. Tal pacto reaparece quase idêntico no único poema do livro que escapa à temática negra, contemplando a miscigenação indígena ("Tapuia"):

> De noite o mato acorda no teu sangue
> sonhos de tribos desaparecidas
> – filha de raças anônimas que se misturaram em grandes adultérios.[49]

Já *Cobra Norato* se reveste da conotação de um grande canto genesíaco da natureza brasileira. Como se sabe, o poema, em 33 fragmentos, narra as aventuras de Norato em busca da filha da rainha Luzia. Para alcançá-la, em meio a várias provações, conta com a ajuda do Tatu-da-bunda-seca. Seu oponente é a Cobra Grande, que também deseja a moça.

O texto se tece em mescla narrativo-dramática: sucessão vertiginosa de peripécias e inúmeros diálogos entre personagens. Tal agilidade, que implica constantes mudanças de pequenos cenários no âmbito do cenário maior da selva amazônica, é considerado, de um lado, um dos atrativos do poema; de outro, porém, é um dos responsáveis por certa "gratuidade" no encadeamento da trama. Descartado qualquer aprofundamento psicológico – tudo é trama e aventura – a sucessão galopante de pequenos casos arrisca-se a trazer certa monotonia e mesmo previsibilidade à marcha do texto. Isso não impede, aqui e acolá, o surgimento de imagens magníficas em sua plasticidade, ainda que às vezes soem como encaixes de fulgurações quase independentes do conjunto:

> A madrugada vem se mexendo atrás do mato[50]

~

---

[48] Bopp (1932, p. 29).

[49] Bopp (1932, p. 56).

[50] Bopp (1998, 162).

Derretem-se na correnteza
cidades elásticas em trânsito[51]

~

Céu muito azul
Garcinha branca voou voou
Pensou que o lago era lá em cima[52]

~

A noite encalhou com um carregamento de estrelas[53]

~

A água comovida abraça-se com o mato[54]

~

Bom se eu pudesse empurrar horizontes
ver terras com florestas decotadas
numa noite enfeitada de lua
com cachos de estrelas[55]

~

Jacarés em férias
mastigam estrelas que se derretem dentro d'água[56]

~

Lá adiante
o silêncio vai marchando com uma banda de música.[57]

~

Quero estarzinho com ela
numa casa de morar
com porta azul piquininha
pintada a lápis de cor[58]

---

[51] Bopp (1998, 163).
[52] Bopp (1998, p. 165).
[53] Bopp (1998, p. 166).
[54] Bopp (1998, p. 172).
[55] Bopp (1998, p. 174).
[56] Bopp (1998, p. 180).
[57] Bopp (1998, p. 183).
[58] Bopp (1998, p. 191).

O enredo se arma por justaposição, o que certamente facilitou os deslocamentos de entrecho que Bopp andou operando nas edições mais antigas da *Cobra*. Não havendo necessidade da verossimilhança (descartada pelo poeta) de determinado episódio, ele poderia transferir-se para qualquer lugar. Bopp intenta uma adesão da linguagem à paisagem que ela captura: a um mundo em formação, não de todo constituído, corresponderia uma língua voluntariamente desarmada de aparatos conceituais, atuando na fronteira do tosco, da frase bruta, "colada" ao real. Daí a quase inexistência da subordinação sintática, e o correlato predomínio de uma fala-olho flagrando em camadas sucessivas o desabrochar do mundo novo.

Há conflitos paralelos disseminados na trama: a de Norato contra a Cobra Grande, a de Norato contra a natureza, e a da natureza contra si mesma, através de uma grande rede de hostilidades vegetais, animais e minerais que compõe às vezes um pano de fundo, outras um pano de frente em meio à caminhada do herói. Num tempo fora dos relógios e numa geografia fora dos mapas, confinada às "terras do Sem-fim", as aventuras de Norato, afinal, traduzem o espírito lúdico e aventureiro do conquistador da "filha da rainha Luzia", que, à maneira dos contos imemoriais, necessita demostrar inteligência e destemor para tornar-se digno do prêmio. A astúcia, no caso, é perceber o funcionamento atípico daquele mundo, inferir-lhe as engrenagens, compactuar com seus mistérios.

Apesar do prestígio e da força poética da *Cobra*, Raul Bopp, no final da vida, pretendeu despir-se dela. Aos 80 anos, em *Mironga e outros poemas*, pela primeira vez publicou um livro de poesia sem o seu mais famoso texto. Mas, se essa obra não se fez presente, ao menos um de seus anéis cintilava na coletânea: referimo-nos ao poema "Putirum", que, listado como peça autônoma, nada mais era do que a transposição literal de um fragmento de *Norato*. Portanto, não adiantava fingir que era possível ignorar o livro de 1931 – nem mesmo neste caso, quando, aparentemente, ele fora banido. Como (c)obra que morde o próprio rabo, no fim de Bopp estava inscrito o seu início. Ou vice-versa.

Bibliografia seleta de Raul Bopp

1. Poesia

Cobra Norato. São Paulo: Irmãos Ferraz, 1931. 75 p.
Urucungo. Rio de Janeiro: Ariel, 1932. 56 p.
Cobra Norato. Rio de Janeiro: [s.n.], 1937. 36 p.

Poesias. Zurique: Oficinas Gráficas Orell Füssli, 1947. 71 p.

Cobra Norato e outros poemas. Rio de Janeiro: Bloch, 1951. 77 p.

Cobra Norato e outros poemas. Barcelona: Dau al Set, 1954. 133 p.

Cobra Norato e outros poemas. Rio de Janeiro: São José, 1956. 129 p.

Antologia poética. Rio de Janeiro: Leitura, 1967. 107 p.

Putirum. Rio de Janeiro: Leitura, 1969. 255 p.

Mironga e outros poemas. Rio de Janeiro: Civilização Brasileira, 1978. 144 p.

Poesia completa. Rio de Janeiro: José Olympio, 1998. 346 p.

2. Prosa

Movimentos modernistas no Brasil. Rio de Janeiro: São José, 1966. 155 p.

Memórias de um embaixador. Rio de Janeiro: Record, 1968. 339 p.

Coisas do Oriente. Rio de Janeiro: Tupy, 1971. 106 p.

Bopp passado a limpo por ele mesmo. Rio de Janeiro: Gráfica Tupy, 1972. 103 p.

Samburá. Rio de Janeiro: Brasília, [197?]. 87 p.

Vida e morte da antropofagia. Rio de Janeiro: Civilização Brasileira, 1977. 94 p.

Longitudes. Porto Alegre: Movimento, 1980. 113 p.

Sobre Raul Bopp

AVERBUCK, Lígia Morrone. *Cobra Norato e a revolução caraíba*. Rio de Janeiro: José Olympio, 1985. 262 p.

BUSS, Alcides. *Cobra Norato e a especificidade da linguagem poética*. Florianópolis: FCC, 1982. 76 p.

GARCIA, Othon Moacyr. *Cobra Norato: o poema e o mito*. Rio de Janeiro: São José, 1962. 71 p.

GARCIA, Othon Moacyr. Raul Bopp. In: AZEVEDO FILHO, A. de (Org.). *Poetas do modernismo brasileiro*. Brasília: INL, 1972. v. 3. p. 13-57.

HILL, Amariles. No caminho do Sem-fim. In: _____. (Org.). *Seleta em prosa e verso de Raul Bopp*. Rio de Janeiro: José Olympio, 1975. p. 147-161.

LIMA, Zé. *Raul Bopp*. 2. ed. Porto Alegre: Tchê!, 1985. 102 p.

MASSI, Augusto. A forma elástica de Bopp. In: _____. (Org.). *Poesia completa de Raul Bopp*. Rio de Janeiro: José Olympio, 1998. p.11-34.

SCHULER, Donaldo. *Cobra Norato: escritura-leitura*. Porto Alegre: Graphé, 1976. 79 p.

Jorge de Lima:
a clausura do divino

Tempo e eternidade (1935), *A túnica inconsútil* (1938) e *Anunciação e encontro de Mira-Celi* (1950) compõem o tríptico cristão da obra poética de Jorge de Lima. Após a estreia parnasiana com os *XIV alexandrinos* (1914) e a adesão ao Modernismo com *Poemas* (1927), a lírica de Jorge de Lima adquiriria nova inflexão com *Tempo e eternidade*, livro que também contou, em sua segunda parte, com poemas da autoria de Murilo Mendes.

Não é fortuita a linhagem religiosa na produção de Jorge. Na década de 1920 já cultivava amizade com o filósofo católico Jackson de Figueiredo, tendo, inclusive, colaborado no volume *In memoriam* de Jackson, publicado pelo Centro Dom Vital, do Rio de Janeiro, em 1929. Neste livro-homenagem a Jackson, de autoria coletiva, não consta o nome de Murilo Mendes (que só estrearia no ano seguinte, em Juiz de Fora, com *Poemas*), mas lá se encontram vários poetas identificados com o catolicismo: Augusto Frederico Schmidt, Carlos Magalhães de Azeredo, Durval de Moraes, Murilo Araújo, Tasso da Silveira. Entre todos, destacou-se Schmidt como o grande mentor de nova (ou nem tanto...) direção poética, baseada na revisão, ou mesmo na contestação, de algumas das linhas de força do Modernismo de 1922. Os manuais literários falam de 1930 como o início do período modernista "maduro", e para tanto citam os primeiros livros de Murilo Mendes e de Carlos Drummond de Andrade, além da *Libertinagem*, de Manuel Bandeira, mas tendem a omitir a figura exponencial de Schmidt, claramente em conflito com as ideias de 22. Schmidt propunha uma poesia de cunho universalista, de teor filosófico, ritmos largos, longa extensão, dicção grave e visada transcendental, enquanto os modernistas lutavam por uma arte que revelasse raízes brasileiras e se expressasse no ritmo vertiginoso das elipses sintáticas, com maior coloquialidade e humor. À sombra frondosa da poética de Augusto Frederico floresceu o jovem Vinicius de Moraes (*O caminho para a distância*, 1933), e, de certo modo, desenhou-se o roteiro que iria desembocar na Geração de 45.

Em tal contexto, é singular a posição de Jorge de Lima. Sua produção prévia a *Tempo e eternidade* se constitui, talvez, na mais consequente adesão de um escritor nordestino ao espírito do Modernismo (que, como sabemos, foi recebido com grandes reservas por autores do porte de um José Lins do Rego e Graciliano Ramos). Por outro lado, o discurso predominante no tríptico cristão aponta para o endosso de uma vertente neossimbolista até então de todo ausente da prática de Jorge de Lima. Viu-se nisso um "retrocesso", como se o proselitismo da fé obscurecesse o vigor da poesia. Até que ponto a crença religiosa poderia converter-se em obstáculo para a grande realização poética? A questão é extremamente complexa, e, certamente, bem poucos críticos veriam nos "livros cristãos" o ápice da poesia de Jorge de Lima. Todavia, a perspectiva oposta tende a ser adotada: criticam-se liminarmente essas obras pelo "pecado" de serem cristãs, como se tal filiação implicasse desde logo uma desqualificação estética. Em qualquer circunstância, o mais sensato parece ser, simplesmente, trilhar o percurso mais óbvio: aproximar-se das obras sem contemplá-las a partir de preconceitos (favoráveis ou restritivos) oriundos da posição ideológica nelas contida. Desse modo, o que soaria, em bloco, digno de louvor ou reprovação pode revelar matizes, apontar veredas, escapar da apreensão monolítica contida no discurso apressadamente condenatório ou laudatório.

Tempo e eternidade abre-se com a divisa "Restauremos a poesia em Cristo" e é dedicado "A Ismael Nery, na eternidade". Os 44 poemas do livro consignam 80 referências a Deus, Senhor, Cristo, Jesus e Pai, sem contar os pronomes que remetem a tais substantivos, como "Tu", "Vós", "Aquele", etc. Personagens do Antigo Testamento – em especial, Salomão e Davi – também são evocados com relativa frequência pelo poeta, que, em "Amo a solidão", declara: "Amo a velha paisagem bíblica". Em linhas gerais, a obra se reveste de uma tonalidade sombria e noturna, de desalento frente aos descaminhos humanos, e de crença na sublimação através da arte e da fé. A viagem humana – sem destino ou fundamento – é metaforizada, nos textos iniciais, pela figura de um Capitão perdido no mar ("Onde é que fica a minha ilha?"). A resposta virá três poemas adiante:

[...]   Ando naufragado,
ando sem destino,
quero Tua mão
para me salvar.

Portanto, se é o ímpeto de libertação que move o ser humano, e o faz
lançar-se ao oceano, não deixa Jorge de Lima de alimentar um discurso de
submissão frente à onipotência do divino: em resumo, alcançar a liberdade do
homem através de sua paradoxal clausura no porto seguro da tutela de Deus.
No intuito de atingir a purificação redentora, atua o poeta como porta-voz
do caos, disseminando imagens apocalípticas, como em "O poeta perdido na
tempestade" ("A tempestade, Senhor! A tempestade/ mais do que a tempestade
a vossa ira") e em "Ao som da sétima trombeta":

[...]   Os espíritos imundos subiram
para o ar semelhante a rãs
martirizando os mercadores
que se fizeram onipotentes
no excesso de suas iniquidades.

Se o tempo humano é "sujo", marcado pela injustiça, esmera-se o poeta em
abstrair a História, recorrendo a espaços edênicos onde ela ainda não existia,
ou a espaços apocalípticos, onde ela não mais existirá. Nesse sentido, os míticos
"princípio antes do princípio" e "fim depois do fim" se enlaçam, pois obedecem
à mesma estratégia de suprimir, no homem, o que ele contenha de acidental-
mente humano, para valorizar o que nele preexiste ou persiste de essencialmente
divino. A ilusória sintonia com seu presente histórico é apenas uma pseudocon-
cordância de que o poeta se vale para desqualificá-lo, sob a acusação de que a
contemporaneidade gera indesejáveis ou incontroláveis mudanças:

[...]   Aceito os dias com seus cinemas, seus bondes,
seus flertes, suas praias de banho, sua atualidade.
Mas deixai-me ver no meio dessa conturbação
o que está acima do tempo, o que é imutável.

O poeta além dos homens, Deus acima do poeta. Eis como se inicia "Dis-
tribuição da poesia":

[…]   Mel silvestre tirei das plantas,
sal tirei das águas, luz tirei do céu.
Escutai, meus irmãos: poesia tirei de tudo
para oferecer ao Senhor.

Poesia, simultaneamente, como instância de força – pelo poder criador do poeta, que imita o divino – e de fragilidade, ao submeter a própria potência a uma função evangelizadora situada para além de seu domínio. A oscilação entre a grandeza e a pequenez do artista se revela em vários títulos de poemas: "Pelo voo de Deus quero me guiar", "O poeta perdido na tempestade", "A voz acima das portas", "Poeta, poeta não podes", "Quero ser ensinado por Deus", "Sou para me salvar sobre as tábuas da Lei", "O poeta vence o tempo", "O poeta diante de Deus", "A poesia está muito acima".

Alguns poemas, todavia, fazem descortinar um horizonte menos sombrio, menos toldado de mortes e de expiações. Referimo-nos aos textos emoldurados por aquelas "velhas paisagens bíblicas", onde afloram pulsações de vida e de desejo. Não por acaso, quando o poeta se "despersonaliza" em Davi e Salomão, recalca-se o viés culposo do sexo, que se manifesta, então, de modo quase brutal, em contraste com a elocução "elevada" da maioria dos poemas. Observe-se o registro nada transcendental de "Canção de Davi na janela":

[…]   A mulher de Urias estava tomando banho.
Eu vi a mulher de Urias.
Peitos mais belos eu nunca vi.
[...]
Não sou mais poeta,
troco meu trono
pelos dois peitos.
Se olho o mundo vejo os dois peitos.
Se olho o céu vejo os dois peitos.

Em nível menos ostensivamente erótico, mas do mesmo modo afirmador da disponibilidade para a aventura da vida, se situam os versos de "Convite de Salomão": "Essa manhã não conhece a morte, amada minha, e os pássaros vão subindo/ para o sol, para alargar a claridade".

A túnica inconsútil conserva a atmosfera religiosa do livro anterior, expressa, na maioria dos 72 poemas, na opção pelo discurso mais caudaloso: versos livres de extensas sílabas, poemas com muitos versos, ou até mesmo a supressão do verso em prol do "poema em prosa" por duas ocasiões: na última delas ("Ode da comunhão dos santos"), que encerra o volume, o texto se espraia por uma dezena de páginas. Também alguns títulos se dilatam para bastante além do habitual, a exemplo de "Confissões, lamentações e esperanças a caminho de Damasco", "Um anjo de tentação baixou junto ao poeta" e "O direito da primogenitura e o direito dos novos patriarcas". O metro longo pode acabar confundindo-se com o padrão do versículo bíblico, e é provável que tal semelhança tenha sido expressamente buscada por Jorge de Lima, inclusive pela utilização abundante da conjunção aditiva "e" em início de verso (leia-se "O manto do poeta"). A essa espécie de simulação retórica do original bíblico se soma um conteúdo, em geral, bastante ortodoxo em relação aos valores de verdade expressos no livro-matriz, fazendo com que, em alguns momentos, tenhamos a sensação de lermos mais uma paráfrase de ensinamentos cristãos do que propriamente textos de uma voz individualizada. Seria fastidioso enumerar todas as ocorrências desse fenômeno, pelo qual o poeta se retrai para circunscrever-se ao papel de porta-voz ou alto-falante de Deus. Bastam uns poucos exemplos: "A mão do Redentor te aponta o caminho certo" ("O homem – ser processional"); "[O poeta] se senta com Cristo à direita do Pai" ("O poeta no templo"); "e o bem e o mal sempre brotando da árvore;/ e as sementes, como nas parábolas sagradas" ("Olha antes a semente"). Consoante a esse discurso de reiteração de certezas, soa o tom profético de "As trombetas" e de "Contemplação", que afirma a redenção pelo caminho do sofrimento:

> [...] Mas o fogo do Inferno há de vir te caldear
> ou te extinguir ou te experimentar também.
> E serás entregue aos areais desertos
> que arderão a teus pés com uma fogueira imensa.

Cabe assinalar a diferença de estratégias e de resultados entre um cristão propagando sua crença por meio de poemas (como parece ser o caso dos trechos acima transcritos) e um poeta criando poemas a partir de fundamentos cristãos, mas sem redundá-los. Na primeira ocorrência, a simbologia é externa ao texto, que dela será mero suporte: a verdade (irmã da poesia) já estaria nas Escrituras, e, com mínimas intervenções, o cristão a repete e propaga. Na segunda, o processo de simbolização é interno, fruto da vivência e da criação do poeta, que, mesmo valendo-se de alusões bíblicas, elaborará um objeto híbrido e enigmático, pela convivência ou tensão da mitologia bíblica com a mitologia do próprio artista. Nesse filão, a meu ver, se encontram os melhores textos de *A túnica inconsútil*, tramados a partir da reelaboração subjetiva dos elementos bíblicos. Citemos "O grande circo místico" (que mais tarde serviria de base para um espetáculo musical de grande sucesso); "A morte da louca" ("Onde andarás, louca, dentro da tempestade"); o "Poema às ingênuas meninas":

> [...] Ó ingênuas meninas de minha terra,
> se quereis ver o enorme edifício em frente ao mar, vinde!
> [...]
> Abaixo da superfície quieta do oceano
> vêm peixes cegos e famintos foragidos dos grandes
> comer os detritos do edifício.

e "Vós precisais dormir", típica demonstração de que o fluxo poético pode dialogar com referenciais imprevistos na lei: "Ó tosses, asmas, máquinas de costura,/ jogadores, sonâmbulos, marés, feiticeiros, palhaços,/ vós precisais dormir".

Em todos esses textos está presente a questão religiosa (quase sempre, pelo viés salvacionista), o que não os impediu de se realizarem esteticamente, uma vez que não se limitaram a redundar ensinamentos previamente estabelecidos. Destaquemos ainda, ou sobretudo, "O nome da Musa" e "Convite para a ilha", representantes do escasso quinhão propriamente lírico do volume. O primeiro, em vez da paráfrase, recorre à antífrase do texto bíblico ("Não te chamo Eva,/ não te dou nenhum nome de mulher nascida") e projeta a amada numa dimensão cósmica: "Amo contemplar-te nos cardumes das medusas que vão para os mares boreais/ ou no bando das gaivotas ou dos pássaros dos polos revoando/ sobre as terras geladas". Num livro que, como o anterior, se iniciou com a sombria invocação do oceano – mar de naufrágios, de mortos e destroços –, não deixa de ser, quase literalmente, uma ilha-oásis o poema "Convite para a ilha". *Locus amoenus*, de natureza pródiga e acolhedora, a ilha de Jorge de Lima parece dialogar com outro espaço paradisíaco de larga fama na literatura brasileira: a Pasárgada de Manuel Bandeira, estampada em *Libertinagem* (1930). Repositório do que pode haver de melhor no mundo, eis o território descrito por Jorge de Lima, a que também não faltam algumas inserções tópicas de outros célebres "paraísos" evocados por nossa poesia ("A canção do exílio", de Gonçalves Dias, e "Meus oito anos", de Casimiro de Abreu):

[...] Ao norte dá tudo: baleias azuis,
o ouriço vermelho, o boto voador.
[...]
Ao sul o que há? – há rios de leite,
há terras bulindo, mulheres nascendo
[...]
Convido os rapazes e as raparigas
pra ver esta ilha, correr nos seus bosques,
nos vales em flor, nadar nas lagunas,
[...]
brincar de esconder, dormir no areal,
caçar os amores que existem por lá.
[...]
E as sestas? Que sestas! A brisa é tão mansa!
Há redes debaixo dos coqueirais,
sanfonas tocando, o sol se encobrindo,
as aves cantando canções de ninar.

Comparado aos dois livros anteriores, *Anunciação e encontro em Mira-Celi* apresenta-se como o mais monolítico; trata-se de um conjunto, numerado em sequência, de 59 poemas, dos quais 2 em prosa (os de número 1 e 26), 8 em metros curtos (15 a 18, 30, 32, 51 e 57) e todos os demais no padrão do verso longo já preponderante em *A túnica inconsútil*. A publicação tardia (1950) do volume poderia confundir o leitor, na medida em que se consideraria *Mira-Celi* uma retomada do discurso religioso após um suposto interregno representado pelos *Poemas negros*, de 1947. O livro, todavia, já estava redigido em 1943, in-serindo-se assim, sem quebra cronológica, como a terceira e consecutiva face do tríptico cristão de Jorge de Lima. O que o singulariza frente a *Tempo e eter-nidade* e *A túnica inconsútil* é a intensificação alegórica aliada a um hermetismo prenunciador da atitude poética de *Invenção de Orfeu* (1952). Perpassa a obra um projeto unitário, narrativo, tramado embora sem relações de causa/efeito. A promessa de narração já se delineia nas linhas iniciais do texto ("O inesperado ser começou a desenrolar as suas faixas em que estava escrita a história da criação passada e futura"). Como que preparando o leitor para o caráter enigmático do que o espera, o poeta adverte: "Pouca gente encontrará a chave deste mistério", e se refere ao "misterioso poema sempre por terminar". Ao abrir campo para sua mitologia particular na elaboração de imagens, revestindo o texto, por isso mesmo, de um teor de maior de livre arbítrio, Jorge de Lima subtrai-se à tutela de um alinhamento compulsório ao cristianismo, o que confinaria o livro à redutora condição de mera paráfrase da palavra bíblica. ("À noite, as flores são vísceras/ e pulsam como sanguíneos vasos;/ muitas descem da encosta para fecundar os peixes que, pela manhã, são aves").

Se, eventualmente, o tom dogmático ainda se manifesta ("Todos os séculos e dentro de todos os séculos – todos os poetas,/ desde o início, foram cristãos pela esperança que continham"), é inegável que, em muitos poemas, ocorre uma fusão ou confluência entre mitos pretéritos, bíblicos e uma autonomia discursiva que privilegia a incomensurável potência do verbo poético: "Era como se fosse uma irmã mais nova ou um desdobramento de meu ser/ talvez a última deusa construída por mim".

O criador (com "c", minúsculo e humano) dispõe de salvo-conduto para investir nas mais inesperadas conexões, pois, como ressalta no poema 38, "não procureis/ um nexo naquilo/ que dizem os poetas". Mesmo assim, um nexo – ainda que expresso sob configurações heterogêneas – se estabelece entre vários poemas do livro, formando uma espécie de "núcleo feminino" de *Mira-Celi*, constituindo-se num dos pontos altos do volume. O poeta passeia por muitas musas, algumas com nomes (Albertina, Lenora) ou enredos colhidos de empréstimo a outros autores. O poema 30, onde são nítidas as ressonâncias de Edgar Allan Poe, pauta-se pela economia verbal em meio a uma coletânea maciçamente transbordante e desmesurada no que se refere a métrica e ritmos. Nesse poema, a contenção dos heptassílabos, de algum modo, prenuncia o desejo de uma "vontade de forma" frente ao fluxo do caos. Pouco depois, avançando na mesma via, a da conjugação do delírio ao rigor, Jorge de Lima nos brindaria com a concisão e o depuramento de seu *Livro de sonetos* (1949). Mas essa já é outra (e menos sagrada) história.

Cecília Meireles e
os *Poemas escritos na Índia*

Os *Poemas escritos na Índia*, de Cecília Meireles, apesar de terem sido publicados, muito provavelmente, em 1961 – o livro não traz a indicação do ano –, exibem, nas suas páginas iniciais, a menção "em 1953". Pelo título, torna-se claro que os textos correspondem a uma resposta direta e imediata, reveladora do encantamento que a Índia exerceu sobre Cecília, uma vez que não se trata apenas de textos *sobre* a Índia, mas de poemas *na* Índia, sujeitos, portanto, a um impacto não filtrado pelo distanciamento cronológico ou espacial.

As viagens de Cecília à Europa também geraram poemas e livros. Basta recordar que a obra inicial de sua fase madura se denomina, exatamente, *Viagem* (1939), e se abre com a dedicatória: "*A meus amigos portugueses*". Em 1952, a poeta publica os belos e densos *Doze noturnos da Holanda*, mas, no caso, a paisagem do país é bastante tênue, servindo apenas de apoio para o núcleo do livro, a saber, uma grave meditação diante da noite e da finitude. Noite absoluta, metafísica, cujas únicas balizas mais concretas se resumem a uma referência ao Mar do Norte e à descrição de um homem morto, afogado nos canais de Amsterdã.

Muitos outros países, efetivamente visitados, mereceram poemas de Cecília, e um livro inteiro, de publicação póstuma (1968), foi dedicado à Itália, materializando antigo projeto da escritora. O Oriente, todavia, e, mais particularmente, a Índia ocupam um lugar central na geografia poética ceciliana, porque, para além de seu espaço físico, simbolizam sabedoria de vida e lição de cultura que se disseminam, mais ou menos explicitamente, em quase todos os livros da autora. É oportuno recordar que já o segundo poema do seu primeiro livro (*Espectros*, de 1919), o soneto intitulado "Brâmane", descreve, no epílogo, a figura de um hindu "Que contempla, extasiado, o firmamento".[1] E um dos últimos poemas de Cecília, escrito a menos de seis meses de sua morte, se chama "Breve elegia ao Pandit Nehru". Nas duas extremidades da existência, a Índia.

Examinemos algumas das múltiplas facetas do país evocadas pela autora ao longo dos 59 poemas do livro de 1953. O que primeiro avulta é a festa sensorial com que a Índia se mostra à poeta-visitante. Perfumes, sabores, músicas e sobretudo cores, muitas cores – tanto nos espetáculos da natureza quanto nos trajes dos habitantes. Cecília revela-se uma hábil paisagista, ora atenta ao simples efeito do espetáculo cromático, como em "Os cavalinhos de Delhi" ("Plumas, flores, colares, xales/ tudo que enfeita a vida está aqui:/ penachos de cores brilhantes/ ramais de pedras azuis"[2]), ora indagando pelas camadas da História escondidas sob a superfície visível, em "Participação":

[...] Mas só de muito perto se podia sentir a sombra das mãos
que outrora houveram afeiçoado
coloridos minerais
para aqueles desenhos perfeitos.
E o perfil inclinado do artesão,
ido no tempo anônimo.[3]

Num momento a pintura registra os detalhes de brincos, colares, dentes; noutro, os amplos panoramas do ciclo do dia ("Manhã de Bangalore", "Tarde amarela e azul", "Anoitecer"). Ao lado de textos que abrigam cores feéricas, a paleta de Cecília também sabe fazer-se econômica em sutis exercícios quase monocromáticos, com variações que oscilam entre o branco, o cinza e o negro, a exemplo do que se lê no admirável "Canavial", onde 16 versos efetuam jogos combinatórios de sombra e luminosidade, até o desfecho "Branco./ Branco./ É a risada festiva das crianças/ no canavial".[4]

A natureza indiana, em todos os seus reinos, é cantada por Cecília – seja o reino vegetal de "O canavial" e "Romãs", seja o mineral de "Turquesa d'água", "Ganges" e "Tempestade", seja o animal, em "Cavalariças", "Os jumentinhos" e "O elefante". O mineral, em Cecília, tende a ser representado como força superior ou indiferente ao destino humano, enquanto o animal quase sempre

---

[1] Meireles (2001, p. 16).

[2] Meireles (2001, p. 982).

[3] Meireles (2001, p. 981).

[4] Meireles (2001, p. 1002).

comparece em comovente harmonia e solidariedade para com os homens. Daí predominarem, na sua obra, representações de animais domésticos ou domesticáveis, simbolizando o que de melhor se pode desejar na humanidade: o amor, a amizade, a inocência, a confiança. Assim o elefante, frente às crianças, "levanta-as na tromba, ri com os olhos,/ é um avô complacente".[5]

É natural, ao olhar viajante, o registro preponderante de cenas externas, e o livro de Cecília não foge à regra. Algumas vezes, no entanto, ela adentra o espaço recluso ou doméstico, fornecendo um retrato mais íntimo da Índia. A véspera do nascimento de uma criança é narrada nos versos de "Aparecimento":

[...]   E a casa, no meio do campo
estendia mil braços ternos e graves
para o céu, para o rio, para o vento,
para o país dos nascimentos
à espera dessa criança
nua e pequenina.[6]

A intensidade de um afeto real emana de "Uma família hindu":

[...]   Deus consente que os homens venham
a esta intimidade de amigos,
somente por mostrar que se amam,
que estão no mundo, que estão vivos.[7]

Em meio a tantas e tão magníficas paisagens da natureza, talvez seja à "paisagem" humana da Índia que Cecília dedique a mais amorosa contemplação. Homens que trabalham, seja na criação de uma beleza presente e material ("Canto aos bordadores de Cachemir"), seja no delírio da criação profética do futuro ("O astrólogo"). Crianças que dançam e sorriem. Mulheres na dura labuta de domar a força da pedra:

[...]   Alguém se lembrará de vosso corpo agachado,
deusas negras de castos peitos nus,
de vossas delgadas mãos a amontoarem pedras
para a construção dos caminhos.[8]

---

[5] Meireles (2001, p. 1010).

[6] Meireles (2001, p. 1015).

[7] Meireles (2001, p. 1033).

[8] Meireles (2001, p. 1034).

A essa tarefa operária, considerada "masculina" no Ocidente, se dedicam as "Mulheres de Puri", bem como às mãos do homem cabem os bordados (no Ocidente, "femininos") de Cachemir. Talvez expressamente Cecília tenha, na obra, sequenciado um texto após o outro, contrapondo e relativizando os conceitos (ou preconceitos) do que seria "masculino" ou "feminino": convenções de cultura, e não essências atemporais. A notar ainda, no "Canto", a afirmação da arte como única atividade a derrotar a morte, sendo, por esse ângulo, superior aos elementos naturais:

> [...] inventando flores
> que não morrem nunca,
> ó bordadores,
> de sol nem de chuva
> nem de outros rigores.[9]

Bordadores, astrólogos, pequenos comerciantes... Não é de fausto ou realeza a Índia de Cecília Meireles, e sim de gente humilde. Diante de um universo de extrema simplicidade e de anônima pobreza, não faltam aos versos da escritora reiteradas notas, em surdina, de teor social:

> Varre o chão de cócoras.
> Humilde.
> Vergada.
> Adolescente anciã.
> [...]
> Pulseira nos pés.
>
> Uma pobreza resplandecente.
> [...]
> Varre seu próprio rastro.
> [...]
> O dia entrando em noite.
> A vida sendo morte.
> O som virando silêncio.[10]

Sugestivamente, logo após esse texto ("Humildade"), em que a morte se afirma vencedora, surge uma réplica de esperança, num poema dedicado a uma das maiores admirações de Cecília:

---

[9] Meireles (2001, p. 1034).
[10] Meireles (2001, p. 984-985).

Cecília Meireles e os *Poemas escritos na Índia*   195

[...] De dentro da morte falando vivo
o Mahatma.
Na bandeira aberta a um vento de música,
o Mahatma.[11]

Subitamente, a viajante parece desanimar, quando deixa de fitar a paisagem, e passa a ver-se a si mesma, ou melhor, começa a perceber restos e destroços do caminho agregados a seu próprio corpo: "Por mais que sacuda os cabelos,/ por mais que sacuda os vestidos,/ a poeira dos caminhos jaz em mim".[12] E, numa sucessão de desamparos, fala de

[...] jardins mortos de sede
[...]
dos rios extintos,
de dentro dos poços vazios,
das salas desabitadas
[...]
das varandas em ruína.[13]

Tal inflexão amarga – a vida como perda – ecoa, ainda, em "Zimbório": "Tudo é para sempre nunca".[14] Um poema, no entanto, abre luminosa perspectiva frente a quadro tão sombrio. Referimo-nos a "Menino":

[...] Trouxe um menino.
Apanhei-o no bazar de ouro e prata,
onde as joias são como as folhas de mangueiras:
milhares, milhares.
[...]
Trouxe o menino.
Apanhei-o entre mulheres morenas, lânguidas,
sonâmbulas.
[...]

---

[11] Meireles (2001, p. 987).

[12] Meireles (2001, p. 993).

[13] Meireles (2001, p. 993-994).

[14] Meireles (2001, p. 1010).

Trouxe o meninozinho – mas só na memória
[...]
As palavras rolarão sobre a sua alma
como pérola em veludo: sem qualquer som.

Trouxe o meninozinho nas minhas pálpebras.[15]

Como todo grande artista, Cecília Meireles sabe que a memória da beleza sobrevive, mais real do que a realidade. Do mesmo modo que nós, leitores, perpetuaremos nas páginas deste livro a memória da beleza indiana através de seus mais sólidos monumentos, erguidos não pela pedra, mas pela palavra da poesia.

Referência

MEIRELES, Cecília. *Poemas escritos na Índia*. In: _____. *Poesia completa*. Rio de Janeiro: Nova Fronteira, 2001. p. 971-1042.

---

[15] Meireles (2001, p. 998-999).

Cecília Meireles:
só sombra

Em outubro de 1963, a Editora Livros de Portugal publicou, com esmerada apresentação gráfica, aquele que viria a ser o testamento poético de Cecília Meireles: *Solombra*.

A grande escritora, falecida em 1964, reuniu neste livro 28 poemas de rigorosa arquitetura: todas as peças comportam 5 estrofes de 13 versos, as 4 primeiras sob forma de tercetos alexandrinos, e a derradeira em configuração de monóstico, com métrica variável entre 8 e 10 sílabas.

Nesse padrão formal reúnem-se alguns dos mais densos textos de sua obra, formando um livro austero e complexo, que desafia o leitor a partir do próprio título, "solombra". Trata-se de signo que abriga em si uma irresolvida tensão de opostos, simultaneamente reino de sol e de sombra. A enigmática epígrafe ceciliana, reproduzida em manuscrito na capa do volume, lança luzes (ou mais sombras?) na questão: "Levantei os olhos para ver quem/ falava. Mas apenas ouvi as vozes/ combaterem. E vi que era no Céu/ e na Terra. E disseram-me: *Solombra*".

Antes dos poemas propriamente ditos, já nos deparamos com mensagem elíptica e cifrada. De quem são as vozes? Por que – e o quê – combatem? Oposição entre Céu e Terra? A resposta à demanda implícita da poetisa se dá através da palavra "solombra", o que, a rigor, nada esclarece, mas muito insinua: sim, a máquina do mundo se oferta numa zona de pouca inteligibilidade "prática", pois as lições da Natureza, reverberadas pela poesia, apontam para um cosmo além da compreensão humana, com a ressalva de que a transcendência, se assim podemos dizer, está contida na própria matéria, não além dela.

A força irreprimível do que vive não cabe em unívocas categorizações, e uma espécie de desamparo cósmico toma conta do artista, condenado a contentar-se com as sobras da sombra: "Só vejo o que não vejo e o que não sei se existe". O sentimento de estar *condenado a desconhecer* no gesto mesmo de buscar o conhecimento perpassa todo o livro: "O que amamos está sempre longe de nós". Tudo é "equívoco do tempo, os jogos da cegueira/ com setas negras na escuridão". Além de cósmico, o desalento também é crônico, infiltra-se na temporalidade humana, sem fornecer qualquer vislumbre de resgate ou redenção: "Dos adeuses/ que vamos sendo – ó ramos de ossos, flor de cinzas! –/ é que morremos".

A cegueira primordial do homem já se inscreve na epígrafe, quando levanta os olhos e, em vez de *ver*, *ouve*. Outro aspecto desafiador da obra reside na tentativa de identificação do ser ou dos seres com quem Cecília tenta estabelecer um campo de interlocução. Se desconhecemos quem, no começo, lhe dirige a palavra, proferindo "Solombra", seria ao menos possível detectar a quem ela contempla, nas incidências do "tu", do "nós" e até do "vós" que os textos comportam? Tanto o emissor inicial quanto os destinatários parecem habitar uma zona de flutuação e de impalpabilidade. É o que atesta o primeiro verso do primeiro poema: "Vens sobre noites sempre. E onde vives?". Têm-se, aí, o espaço físico noturno, que dilui o nítido perfil do mundo ("noites"); a temporalidade vedada à perecível humanidade ("sempre"); e o desconhecimento daquilo/daquele com que/com quem se supõe conviver ("onde vives?"). Portanto, o espaço ceciliano é "desprendido de lugares", assim como o tempo é "separado de ponteiros". Como corolário de tais indefinições, não surpreende que a boca (a voz) poética seja "apenas instrumento de segredos", ou sinta "o mundo chorar como em língua estrangeira". Desse modo, a poesia compartilha códigos cifrados, em vez de pretender-se decifradora da realidade: "Isto que vou cantando é já levado/ pelos rios do assombro". Em rios de assombro fluímos – sem desaguar em lugar nenhum, pois não há pré-determinado oceano que nos espere, sinaliza Cecília: "Nada foi projetado e tudo acontecido".

Como nenhum nome corresponde plenamente a esse "tu" que se convoca, qualquer nome pode provisoriamente preenchê-lo: o amor, a própria vida, o leitor. Mas talvez o termo que mais bem represente esse etéreo interlocutor seja "o inalcançável": a poesia se encaminha para aquilo que, sem cessar, lhe escapa. Do mesmo modo que vê o que não vê, Cecília pretende falar do inominável, cuja miragem se projeta em palavras de escasso trânsito, a exemplo de "solombra". É certo que, no bojo de antinomia, o caminho ceciliano revela-se pouco solar: quase só sombra. Os admiráveis textos do livro reservam pouco espaço ao fulgor do dia, expondo-se frente à frieza muda das cintilações noturnas. "O secular ouvido espera, como em ruínas" – não há resposta às inquirições, dissolvidas no vácuo da solidão absoluta: "Longe passamos. Todos sozinhos".

Ainda assim, ou talvez por isso, a poesia não se deixa calar. No famoso "Motivo", de *Viagem* (1939), Cecília falava do acolhimento do efêmero nas frágeis asas eternas da arte. Vinte e quatro anos depois, um poema de *Solombra*, reelabora, com maior ambiguidade, o mesmo tema: "Uma vida cantada me rodeia". A certeza expressa em "Sei que canto. E a canção é tudo", de 1939, cede passo, em 1963, à inflexão dubitativa de "Por que roubar à sorte do silêncio/ o náufrago, entre mil, que em nós levamos?". Esse texto desdobra um novo "motivo": "o canto nos envolve e rasga o tempo/ e [...] nos deixa a salvo".

Arte como território de conforto e proteção? Não. Se recordarmos os versos anteriores, concluiremos que a arte nos salva, sim, mas apenas para deixar-nos vivos em meio a um naufrágio, sem que sequer saibamos: do lado de fora faz sol? Faz sombra? Faz *solombra*.

Referência

MEIRELES, Cecília. *Poemas escritos na Índia*. In: _____. *Poesia completa*. Rio de Janeiro: Nova Fronteira, 2001.

Suíte drummondiana

ALGUMA POLIMETRIA

Na trajetória poética de Carlos Drummond de Andrade, é recorrente a consideração de que seus dois primeiros títulos – *Alguma poesia*, de 1930, e *Brejo das Almas*, de 1934 – representam o período ostensivamente modernista de sua produção, a seguir atenuado até a "classicização" consumada em *Claro enigma*, de 1951.

Não faltam argumentos para sustentar a afirmativa. Com efeito, os livros iniciais investem no verso livre, no humor, na tonalidade paródica, no poema-piada, no vocabulário avesso à tradição nobre do léxico da poesia, enquanto a obra de 1951 recupera a dicção elevada, as formas fixas e estampa uma ostensiva seriedade na prospecção dos dramas humanos.

Mas as questões (felizmente) não se equacionam em termos tão simples. Ao contrapormos, por exemplo, o verso livre ao tradicional, definido pela isometria, isto é, pelo número regular, constante, de sílabas, esquecemo-nos de considerar a alternativa polimétrica. Antes de verificarmos de que modo ela comparece em Drummond, no período de 1930 a 1951, talvez valesse a pena compreender-lhe a natureza, em cotejo com o verso regular e o livre.

Nosso sistema de versificação remonta a 1851, quando António Feliciano de Castilho publicou seu *Tratado de metrificação portuguesa*, estipulando que a contagem de sílabas se efetuaria até a derradeira sílaba tônica dos versos; esses, por seu turno, se estendem num arco que parte de um mínimo de 2 sílabas (dissílabos) até o máximo de 12 (alexandrinos). Portanto, o verso é fenômeno basicamente silábico-rítmico. Não pressupõe a rima: é antiga, no português, a prática do verso branco (ou "solto", como também o denomina Castilho). *O Uraguai* (1769), de Basílio da Gama, é texto totalmente vazado em decassílabos brancos. As estrofes, segundo o *Tratado*, podem conter de 2 (as "parelhas") a 10 versos (as "décimas"), sendo preferível, segundo o estudioso português, a manutenção da regularidade (a isoestrofação) à prática da variação estrófica, no interior de um só poema.

Assim, o único fundamento "inegociável" do verso antigo (isto é, anterior ao versilibrismo) é a regularidade métrica; quanto ao demais, ele pode ou não conter rima; pode integrar poema que apresente ou não idêntico número de versos por estrofe. Por oposição, versos livres serão, simplesmente, aqueles que não se pautam por um sistema de regularidade métrica, chegando, às vezes, a ultrapassar o limite das doze sílabas preconizado pela tradição.

Apesar de a rima, em particular a mais usual, em fim de verso, não se constituir em traço distintivo entre o regular (isométrico) e o livre, ela é, quase compulsoriamente, associada à poesia tradicional, e por dois motivos: nos antigos, de fato, a presença de versos brancos é bem menor do que a de rimados; o fenômeno da rima é mais imediatamente perceptível do que a captação das modulações rítmicas do texto; sua ausência em poemas anteriores ao século XX chega, por parte do público leigo, a ser considerada um defeito, como se lê na deliciosa evocação de Mário Quintana, em "O susto"[1]:

> Isso foi há muito tempo, na infância provinciana do autor, quando havia serões em família.
> Juquinha estava lendo, em voz alta, *A confederação dos tamoios*.
> [...]
> Lá pelas tantas, Gabriela deu o estrilo:
> – Mas não tem rima!
> Sensação. Ninguém parava de não acreditar.
> Juquinha, desamparado, lê às pressas os finais dos últimos
> versos... *quérulo*... [...] *tuba... inane... vaga... infinitamente...*
> Meu Deus? Como poderia ser aquilo?!
> – A rima deve estar no meio – diz, sentencioso, o major Pitaluga.
> E todos suspiraram, agradecidos.

A implantação do verso livre – embora, insistimos, ele diga respeito à métrica – também acarretará entre os modernistas efeitos colaterais na rima (tendência à sua depreciação ou banimento) e na estrofação (estâncias com número heterogêneo de versos, sem ater-se ao limite de 10 por estrofe).

---

[1] Quintana (2005, p. 182).

A transição entre o verso isométrico (regular) e o livre se deu pela via do (menos estudado) verso polimétrico. Em nossas letras, costuma-se atribuir a Mário Pederneiras a pioneira utilização do verso livre, quando, a rigor, o poeta valeu-se da polimetria, ou seja, do emprego de variações métricas num mesmo texto, escudadas porém no sistema de versificação tradicional, vale dizer: não se registram versos com mais de 12 sílabas, considerados "bárbaros". Do mesmo modo, as tonicidades de cada um continuam a incidir nas sílabas usualmente referendadas para contê-las: a quarta e a sexta, no caso dos decassílabos. Um exemplo, no poema "Terra carioca" (1906), de Pederneiras:

> [...] Mas hoje a tua vida interna
> Sob a vassalagem
> Desta agitada estética moderna,
> Vai-se agitando e transformando tanto,
> Que muito breve perderás o encanto
> Da primitiva plástica selvagem.[2]

Trata-se de sextilha inteiramente rimada (a-b-a-c-c-b), integrada por octossílabo, pentassílabo e quatro decassílabos – 1 heroico (tônica na sexta sílaba), 2 sáficos (tônicas nas quartas e oitavas), outro heroico. Pela variedade métrica – 3 medidas em 6 versos – não se podem chamar os versos de regulares. Pela obediência a sistemas prévios de extensão e tonicidade, tampouco são livres. Polimétricos.

Nas práticas do primeiro modernismo, o verso regular, até por motivos estratégicos, foi bastante desconsiderado. Mas não se pode ignorar que dois dos principais nomes do movimento (Mário de Andrade e Manuel Bandeira) haviam estreado com obras fiéis ao tradicional padrão versificatório, e que escritores mais jovens, como Drummond, posto que não o tenham praticado em seus primórdios, "iniciaram-se" por ele, na condição de leitores. Difícil, portanto, que da isometria não houvesse marcas, ainda que para serem relativizadas ou denegadas.

A polimetria – entendida como recurso desviante do sistema de metrificação, que lhe serve de parâmetro – dá-se em Drummond em ao menos duas modalidades, ambas diversas do que vimos em Pederneiras. Ora ocorre a incrustação de um bloco de versos regulares num conjunto de versos livres, ora se inserem unidades métricas heterogêneas num todo textual maciçamente regular. Assim, a presença, por exemplo, de alguns hexassílabos em poema feito à base de redondilha maior, seria considerada "erro" ("pé quebrado") no

---

[2] Pederneiras (2004, p. 131).

Suíte drummondiana   203

estatuto da isometria, enquanto passa a ser encarada como variante no regime da polimetria. Tal regime, aliás, marca bastante a obra de João Cabral de Melo Neto: leia-se *A educação pela pedra* (1966), cujos poemas contêm versos *em torno do* decassílabo, com atípicas distribuições de tonicidade.

As estrofes iniciais do "Poema de sete faces", na abertura de *Alguma poesia*, demonstram como, intencionalmente ou não, resquícios do "antigo regime" logram persistir:

> [...] Quando nasci, um anjo torto
> desses que vivem na sombra
> disse: Vai, Carlos! ser *gauche* na vida.
>
> As casas espiam os homens
> que correm atrás de mulheres.
> A tarde talvez fosse azul,
> não houvesse tantos desejos.[3]

A primeira estrofe comporta duas das medidas poéticas mais consagradas da língua: a redondilha maior, versos 1 e 2, e o decassílabo, verso 3. A segunda estância é inteiramente isométrica e isorrítmica: 4 octossílabos com a tônica na quinta sílaba. Em todo o poema, apenas 1 verso, o décimo, ultrapassa o limite do alexandrino. A estrofação reparte-se entre tercetos e quintetos. Constata-se a presença da rima em toda a sexta estrofe: "mundo/Raimundo/solução/mundo/coração". Esse recurso, de utilização esporádica até *Claro enigma*, quase sempre se revestirá de uma faceta jocosa, na medida em que a rima é o mais ostensivo traço da herança retórica a ser combatida. Daí o efeito humorístico na junção "mundo/ Raimundo". Se a rima serve a tais desconstruções explícitas, conforme veremos adiante, mais difícil será ironizar a métrica e a estrofação, os dois outros pilares do templo da velha musa.

Dos 15 versos de "Lagoa", 13 são pentassilábicos: poema nem versilibrista, nem isométrico: polimétrico. Já "Cantiga de viúvo" é isométrico, integralmente vazado em redondilha maior; a ausência de rima, porém, contribui para que não se perceba com clareza o padrão de regularidade, na medida em que ela, a rima, "reforça" foneticamente a sensação de constância métrica (lembremo-nos do alvoroço na casa de Quintana diante de um poema antigo sem sua incidência). No caso da "Cantiga", trata-se, portanto, de heptassílabos brancos.

---

[3] Andrade (1983, p. 3).

O famoso "No meio do caminho" apresenta interessante configuração, no embate entre linhas de força pretéritas e modernas. A solenidade do perfeito decassílabo heroico na abertura do poema – "No meio do caminho tinha uma pedra" – já é contrabalançada pela utilização do corriqueiro verbo "ter" no lugar do castiço "haver". O poema tensiona matéria prosaica e expressão metricamente "nobre", pois, além do decassílabo (presente em 5 dos 10 versos), vale-se de 1 alexandrino e de 2 tetrassílabos, medida (ao lado do hexassílabo) que representa a "metade" de um decassílabo.

Há exemplos de poemas que estampam apenas versos livres: "Explicação", "Coração numeroso", "Quadrilha", "Anedota búlgara", entre outros. No primeiro, Drummond parece replicar com ironia aos que defendem a observância estrita aos protocolos do passado: "Se meu verso não deu certo, foi seu ouvido que entortou./ Eu não disse ao senhor que não sou senão poeta?".[4] Mas relativizemos a ostensiva autossatisfação com o exercício dos versos "errados" (os "erros" deles seriam nossos, despreparados leitores) e prossigamos na prospecção dos textos que sinalizam a persistência dos procedimentos (isometria, rima, isoestrofação) minimizados ou repudiados pelo Modernismo de 1922.

"Cidadezinha qualquer" é texto polimétrico, apresentando variações entre hexa e octossílabos; em "Cabaré mineiro", as alternâncias se dão entre decassílabos e alexandrinos; "Quero me casar" comporta pequenas variações métricas a partir do núcleo em redondilha menor. Em "Fuga", nova utilização jocosa da rima: "morfina/divina/papa-fina"; "catedrais/canibais". "Família" exemplifica rara manifestação isoestrófica: versos livres e sem rima, dispostos, no entanto, em três sextilhas. "Romaria" alia a regularidade estrófica à polimetria: 10 quadras, das quais 2 (a terceira e a quarta) por inteiro decassílabas, com as demais gravitando em torno da mesma medida.

Brejo das Almas abre-se com epígrafe do jornal *A Pátria*, partidário da alteração de nome do município mineiro:

> Ultimamente cogita-se da mudança do nome do município, que está cada vez mais próspero.
> Não se compreende mesmo que fique toda a vida com o primitivo: Brejo das Almas, que nada significa e nenhuma justificativa oferece.[5]

---

[4] Andrade (1983, p. 37).

[5] Andrade (1983, p. 40).

Exprime-se, portanto, um desejo de *apagar o antigo*. Drummond, ao contrário, preserva o velho nome, porém o atualiza: ele passa, no título da obra, a designar uma condição de marasmo existencial, para além do simples topônimo. Assim a polimetria: não apaga o antigo, mas o reprocessa, por meio de constantes atualizações, caso a caso.

Pela primeira vez surge um soneto (o "da perdida esperança") em livro modernista do poeta, composto por versos que, apesar de não comportarem rima, se revelam – admitindo-se o hiato em "se estou" – isométricos, heptassilábicos.

"O amor bate na aorta" conjuga o modelo versilibrista, nos 10 versos das 2 estrofes iniciais, à prática polimétrica, nos 36 versos das 4 estâncias seguintes. Outro exemplo do recurso à quase regularidade é "Desdobramento de Adalgisa": a redondilha maior ocupa 54 dos 62 versos.

Consoante a proposta de irrisão da rima, Drummond aproxima "porta/aorta/horta", dessublimando o sentimento amoroso (como fará adiante, no mesmo livro, em "Necrológio dos desiludidos do amor"):

> [...] O amor bate na porta
> o amor bate na aorta,
> fui abrir e me constipei.
> Cardíaco e melancólico,
> o amor ronca na horta
> entre pés de laranjeira
> entre uvas meio verdes
> e desejos já maduros.[6]

A rima apresenta-se como o alvo a ser desintegrado pela flecha cáustica do humor modernista, conforme se lê no par "Peiping/amendoim", de "O procurador do amor". Enquanto o ritmo pressupõe movimento ordenado, a rima fornece ideia de estaticidade: parece estar sempre ali, parada, aguardando o leitor na esquina do verso. A rigor, comporta numerosas modalidades, mas neste estudo estamos considerando apenas sua ocorrência em final de linha.

Como em *Alguma poesia*, são vários os poemas de *Brejo das almas* que se apresentam em versos livres: "O voo sobre as igrejas", "Girassol", "As namoradas mineiras", "Sombra das moças em flor"...

---

[6] Andrade (1983, p. 44).

Passemos agora a breves observações sobre alguns poemas de livros que se seguiram aos dois mais ortodoxamente modernistas na obra de Drummond. Integram o conjunto *Sentimento do mundo*, *José*, *A rosa do povo*, *Novos poemas* e *Claro enigma*, fecho de nosso périplo.

De *Sentimento do mundo* (1940), destaquemos "A noite dissolve os homens". Em algumas peças de obras anteriores, era difícil determinar se as marcas da metrificação convencional haviam sido planejadas ou foram casuais. Aqui, porém, Drummond demonstra inequívoca consciência dos sutis efeitos que pode extrair dos recursos metrificatórios. De outro modo: nesse poema, a opção pelo verso regular ou pelo livre estará isomorficamente associada à produção de sentido. Senão, vejamos: os 24 versos iniciais da primeira estrofe são, na totalidade, isométricos (em redondilha maior). Os 18 da segunda, livres. Ora, a primeira estância relata o "aprisionamento" do homem na angústia, na desesperança da escuridão, e seus versos também estão "represados" ou contidos na forma estreita do heptassílabo. A metrificação se altera paralelamente à chegada da luz, tornando-se tão livre quanto o mundo que passa a abarcar:

> [...]   Aurora,
> entretanto eu te diviso, ainda tímida,
> inexperiente das luzes que vais acender
> e dos bens que repartirás com todos os homens.[7]

José (1942) representa um passo a mais na direção da regularidade métrica. "O lutador" é o primeiro poema longo e importante de Drummond integralmente isométrico, comportando ainda rimas incidentais ("vã/manhã"; "carícia/sevícia"; "impura/tortura"). Nesse livro, também pela primeira vez, a rima deixa de ser utilizada como veículo de chiste. É o que se verifica no polimétrico "José" ("acabou/apagou/esfriou"; "acabou/mofou"; "gritasse/cansasse"), em que, aliás, apenas 4 dos 62 versos não se pautam pela redondilha menor. Embora sem recurso à rima, o espaço da regularidade também comparece em "A bruxa": 45 de seus 48 versos compõem-se em redondilha maior.

Comportando metrificações variadas, "O boi" (octossílabos e decassílabos), "Rua do olhar" (tetrassílabos e pentassílabos) e "A mão suja" (pentassílabos e hexassílabos) representam mais exemplos da polimetria drummondiana. Caso curioso é o do "Edifício Esplendor", que, ao longo de suas 23 estrofes em 5 extensas partes, faz desfilar segmentos ora isométricos, ora polimétricos, ora versilibristas.

---

[7]   Andrade (1983, p. 82).

Em *A rosa do povo* (1945), como exemplo de plena isometria, citaríamos o sonetilho "Áporo", em redondilha menor, e "Caso do vestido", cujos 150 versos heptassílabos, além de rimas eventuais, manifestam igualmente regularidade estrófica, uma vez que todas as estâncias surgem sob a forma de dísticos, padrão de bem escassa presença na trajetória do autor.

Novos poemas, de 1948, é livro pouco valorizado, talvez pelo reduzido contingente de peças – apenas 12. Nele encontraremos outros exemplos da prática polimétrica, perceptível em textos que antecedem o salto para a isometria e para as formas regulares efetivado em *Claro enigma*. Desse ponto de vista, a "Canção amiga" é nítido poema de transição: de teor engajado, mas não partidário (como vários do precedente *A rosa do povo*), expressa solidariedade ao tempo da paz, refratário a fronteiras e facções:

> [...] Caminho por uma rua
> que passa em muitos países.
> Se não me veem, eu vejo,
> e saúdo velhos amigos.[8]

A métrica também se torna flexível como as fronteiras que o poema atravessa: o eixo em redondilha maior ora se distende até o eneassílabo ("em que minha mãe se reconheça"), ora se retrai ao hexassílabo ("formam um só diamante"). Também a estrofação beira a regularidade (4 quadras), abrindo todavia espaço à alternância, no terceto final.

A isometria é plena nos 40 heptassílabos de "Notícias de Espanha" e nos decassílabos brancos do soneto "Jardim", onde já se fazem presentes o léxico "elevado" e um torneio sintático que refuga o despojamento "bruto" do primeiro modernismo em prol de refinado desdobramento interestrófico:

> [...] Negro jardim onde violas soam
> e o mal da vida em ecos se dispersa:
> à toa uma canção envolve os ramos,
> como a estátua indecisa se reflete
>
> no lago há longos anos habitado
> por peixes, não, matéria putrescível,
> mas por pálidas contas de colares
> que alguém vai desatando, olhos vazados[9]

---

[8] Andrade (1983, p. 230).

[9] Andrade (1983, p. 238).

Recordemo-nos de que, na mesma época, outro grande poeta do período, Murilo Mendes, também compunha seus *Sonetos brancos* – publicados em 1959, mas, segundo o autor, escritos entre 1946 e 1948.

Claro enigma, em todos os níveis – no central, o métrico, e nos complementares, o estrófico e o rímico –, corporifica a adesão acentuada aos princípios da regularidade. Das 46 peças do livro, 5 timbram-se pela polimetria. A predominância, até então concedida aos poemas em verso livre, desloca-se para os isométricos, com 28 incidências, contra as 13 (aqui incluído um texto em prosa) do versilibrismo. Resgate não apenas de métrica, mas de formas consolidadas: entre os 28 isométricos, contam-se nada menos do que 10 sonetos, 9 dos quais rimados – nos seis livros anteriores, seu montante restringia-se a 4, todos em versos brancos. A rima, reiterando a inflexão observada em *José*, renuncia ao humor – com a notável exceção da "Oficina irritada" ("pedicuro/muro"). Aumenta a incidência de vocábulos raros, daí advindo certa gravidade discursiva, como se os densos temas abordados (a finitude, a decomposição familiar, o desconcerto do mundo) clamassem por discurso mais "puro" e (co)medido. Nos poemas isoestróficos prevalece a quadra, registrando-se também sofisticadas composições de tercetos, seja na versão despojada de "Memória", seja na magnífica e complexa urdidura dos decassílabos brancos de "A máquina do mundo".

Se, em 1930, ao aludir à Bíblia, a Petrarca e a Dante, Drummond modernizara o padrão clássico, em 1951, no poema "Legado", ao transformar seu antigo verso "tinha uma pedra no meio do caminho" em "uma pedra que havia em meio do caminho", o poeta classicizou o padrão moderno.

Uma abordagem como a que aqui se propôs não dá conta da multiplicidade da poesia drummondiana. Pretendemos, porém, ter demonstrado que um renitente clichê – o de que o discurso modernista, em nome do verso livre, fez *tabula rasa* dos sistemas de metrificação que o precederam – deve, no mínimo, ser relativizado, a partir da consideração da prática da polimetria. Esperamos que outros estudiosos se abalancem a examinar as muitas faces desse fenômeno, seja nos livros subsequentes de Carlos Drummond de Andrade, seja em obras de outros poetas, pois muito resta a se pesquisar com vistas a uma desejável história do verso no Brasil.

Referências

ANDRADE, Carlos Drummond de. *Nova reunião*. Rio de Janeiro: José Olympio, 1983. v. 1.

PEDERNEIRAS, Mário. *Poesia reunida*. Rio de Janeiro: Academia Brasileira de Letras, 2004.

QUINTANA, Mário. *Poesia completa*. Rio de Janeiro: Nova Aguilar, 2005.

A infância da poesia

Infância

Meu pai montava a cavalo, ia para o campo.
Minha mãe ficava sentada cosendo.
Meu irmão pequeno dormia.
Eu sozinho menino entre mangueiras
lia a história de Robinson Crusoé,
comprida história que não acaba mais.

No meio-dia branco de luz uma voz que aprendeu
a ninar nos longes da senzala – e nunca se esqueceu
chamava para o café.
Café preto que nem a preta velha
café gostoso
café bom.

Minha mãe ficava sentada cosendo
olhando para mim:
– Psiu... Não acorde o menino.
Para o berço onde pousou um mosquito.
E dava um suspiro... que fundo!

Lá longe meu pai campeava
no mato sem fim da fazenda.

E eu não sabia que minha história
era mais bonita que a de Robinson Crusoé.[10]

Eis um poema do primeiro livro de Drummond, *Alguma poesia*, lançado em 1930, e todos nós sabemos que o primeiro texto do primeiro livro de Drummond

---

[10] Andrade (2001, p. 6).

é o famosíssimo "Poema de sete faces". Mas talvez nem todos saibam que o segundo poema do primeiro livro de Drummond é "Infância". Para um poeta atento à noção de *obra* (e não afeito à mera "junção de textos"), não é casual a inserção de um peça numa determinada posição dentro do conjunto. O que, no caso, isso nos revela? O "Poema de sete faces", em seus versos "Mundo mundo, vasto mundo,/ mais vasto é meu coração",[11] apontaria umas das tensões da poesia de Drummond, seu ímpeto para mundo, força centrífuga. E logo a seguir, já no segundo poema, ele se recolhe para Itabira do Mato Dentro, para o texto de "Infância", efetuando portanto um movimento centrípeto.

Assim, as oscilações entre a atração do mundo grande e o ensimesmamento na província já estão de alguma forma prenunciadas pela própria sequência dos poemas no livro de estreia. Logo após um texto inicial, que fala do "vasto mundo", surge outro em que há o recolhimento não só para um espaço preservado, interiorano e interiorizado, mas também para um tempo preservado, o tempo mítico da infância. Podemos, ao longo da trajetória de Drummond, acompanhar esses sucessivos movimentos de sístoles e diástoles, de expansões e retrações. Num determinado momento, vai predominar o cidadão com o sentimento do mundo e, logo após, teremos um fazendeiro do ar, recolhendo-se em seus mais íntimos recessos.

Outro aspecto interessante é que o poema se tece numa linguagem coloquial, corriqueira: não há termos mais sofisticados, a cena descrita remete vagamente a um ideal de tranquilidade, de idílio bucólico. Na família, cada um ocupa as funções protocolares, num contexto de Casa Grande. Tentaremos mostrar como, às vezes, há um certo descompasso entre uma apreensão algo ingênua que o significado do texto nos apresenta de imediato e uma tensão ou uma contradição entre esse significado explícito, que é, digamos, ofertado sem problema ao leitor, e uma sutil orquestração da *forma* do poema, colocando em xeque as primeiras "verdades" que nos foram mostradas. Sabemos que, numa determinada fase da obra mais tardia de Drummond, as feridas familiares vão sangrar com grande intensidade. Lembremo-nos de "Os bens e o sangue", e de uma série de poemas dos anos 1940 e 1950 em que Drummond tematiza ostensivamente os dilemas e as fissuras da ordem familiar. Mas tais dilemas já estão lançados neste poema de 1930, como espécie de semente que vai frutificar bem mais tarde, e aqui se consignam de modo camuflado. Isso nos leva a uma retomada do texto para tentar demostrar como é importante atravessar o que

---

[11] Andrade (2001, p. 5).

vigora serenamente na superfície do texto para capturar o que se esconde na urdidura dos significantes. Retornemos à primeira estrofe:

> Meu pai montava a cavalo, ia para o campo.
> Minha mãe ficava sentada cosendo.
> Meu irmão pequeno dormia.
> Eu sozinho menino entre mangueiras
> lia a história de Robinson Crusoé,
> comprida história que não acaba mais.

Leitura primeira: o poeta descreve um quadro familiar aparentemente harmônico. Ninguém está em conflito, e os membros da família são enunciados um a um. Atentemos, porém, para alguns problemas que o texto começa a nos colocar a partir da própria sequência na apresentação da família: o pai, naturalmente, encabeça o grupo. A mãe ocupa o previsível segundo lugar. Mas o irmão pequeno está em terceiro, e o menino Drummond vem por último. Ora, numa hierarquia não conflituosa, ele ocuparia o terceiro lugar, antes do irmão mais novo. A sensação da exclusão não é manifesta no significado do poema, mas comparece em sua forma, na medida em Drummond se inscreve como o último dos elementos, fechando, ou se fechando, dentro dessa ordem anômala. Vejamos, agora, como essa família (não) se move. Todos estão envolvidos em atividade que implica simultaneamente movimento e estaticidade: "Meu pai montava o cavalo, ia para o campo". Em relação ao cavalo, parado; em relação ao campo, andando. "Minha mãe ficava sentada cosendo": parada, com movimento de mãos. O irmão, dormindo: tranquilidade e com oscilações possíveis do seu movimento de sono. Ele, sozinho, lia uma história. A mãe move os dedos na costura; ele repete esse movimento através da leitura, virando as páginas. E o pai, na rédea do cavalo, também fornece a sensação de que algo se move, mas também a de que algo está estático. A diferença é que, com exceção do pai, todos os outros estão literalmente parados: o bebê no leito, o futuro poeta encostado à mangueira e a mãe sentada. O pai, em oposição, é aquele que se afasta. Então, de todos eles, é o pai, no verso 1, quem começa uma viagem de perda, uma viagem de afastamento em relação ao núcleo familiar. E o menino já se afirma como "*gauche* na vida", situando-se no quintal, território intervalar, duplamente deslocado, tanto em relação ao "dentro" da casa quanto ao "fora" da mata.

Além disso, nessa hierarquia, cada membro ocupa um verso. E há outro fator muito expressivo: os versos terminam por ponto. Exibem-se todos os membros da família, mas sintaticamente isolados. Um verso, um ponto; outro verso, outro ponto. Assim, o trânsito familiar, que o leitor poderia supor pacífico, já é sutilmente embaralhado, tanto pela hierarquia meio *gauche* de haver o terceiro elemento vindo em quarto lugar, e o quarto em terceiro, quanto também pela presença dos pontos, obstando a que esse circuito familiar se engrene ou se integre de maneira mais contínua. Ainda a ressaltar, no fecho da estrofe 1, o derradeiro e, por ora, intrigante verso: "comprida história que não acaba mais". Do ponto de vista da gramática, haveria aí um erro. O poeta se está referindo ao passado, a uma ação pretérita, e deveria ter escrito "comprida história que não *acabava* mais" – ou seja, se utilizaria do pretérito imperfeito para conferir duração a uma ação no passado. Mas optou por "comprida história que não acaba mais", no presente do indicativo. Cria-se um erro, entre aspas, gramatical, mas um grande acerto poético, do qual falaremos mais tarde.

Na segunda estrofe, algo vai alterar esse quadro de pacatas solidões:

> No meio-dia branco de luz uma voz que aprendeu
> a ninar nos longes da senzala – e nunca se esqueceu
> chamava para o café.
> Café preto que nem a preta velha
> café gostoso
> café bom.

O clima amistoso propiciado pela figura de origem africana faz-nos lembrar "Irene no céu" ("Irene preta/ Irene boa/ Irene sempre de bom humor"[12]), de Manuel Bandeira, publicado no mesmo ano de 1930 em *Libertinagem*. A figura carinhosa da ama de leite, da mucama no regime patriarcal, povoou o imaginário de nossos grandes modernistas, Bandeira e Drummond. Mas, aqui, a presença da preta velha vai exercer outras funções, mais complexas do que aquele símbolo bonachão do poema do Bandeira. Ela surge para romper a solidão do menino, chamando-o para o café. Em relação à família, não houve diálogo, não houve trânsito. É um elemento externo a ela que vai inserir o menino num universo sensorial, ligado a cheiros, a luzes, a sabores, numa figuração prazerosa. No meio-dia branco de luz, irrompe uma voz negra. Retomemos as pertinentes observações que o crítico Silviano Santiago[13] elaborou em sua leitura do poema: a voz negra num espaço

---

[12] Bandeira (1966, p. 125).

[13] Santiago (1976, p. 47 *et seq.*).

branco pode ser também entendida como metáfora de outro preto no branco, que é a tinta na superfície do papel onde o garoto estava lendo uma história. Então, a textura branca é invadida pelo discurso em negro que o chama para a vida e para a aventura, tanto no livro que lia como na voz da mulher. Começa a desenhar-se uma correspondência algo mágica entre o espaço da literatura, de onde provém esse primeiro preto no branco, e o espaço empírico da realidade, onde também ecoa uma voz negra no dia claro. E, se atentarmos para o livro que o menino lia, constatamos que nesse livro, *Robinson Crusoé,* o rompimento da solidão do protagonista se dá através do contato com uma etnia outra, a do índio Sexta-Feira. É exatamente esse o papel, no poema, da preta velha, representante de uma etnia diversa que desperta o garoto para a vida "real", mas um "real" correspondente ao encanto do literário, como se fosse sua duplicação: diluem-se as fronteiras entre o lido e o vivido. O local onde o garoto estava, entre mangueiras, é também a réplica da vegetação tropical onde Robinson viveu sua aventura.

Após o ambiente familiar da estrofe 1, o poeta descreveu um território externo de luz e prazer, na estrofe 2, para retornar ao espaço fechado e doméstico na estrofe 3:

> Minha mãe ficava sentada cosendo
> olhando para mim:
> – Psiu... Não acorde o menino.
> Para o berço onde pousou um mosquito.
> E dava um suspiro... que fundo!

Efetua-se a retomada quase literal de um verso da estrofe 1: "Minha mãe ficava sentada cosendo". Na nova versão: "Minha mãe ficava sentada cosendo/ olhando para mim". De início, é simples repetição de verso, mas agora num contexto em que tudo se altera. Em primeiro lugar, o pai desapareceu. Na nova ordem familiar remontada pelo poeta, o pai está ausente, uma vez que, ainda na primeira estrofe, fora para o campo: assim, já está "do lado de lá", no lado do longe. E o afastamento do pai propicia dois efeitos: o primeiro é a criação de outra hierarquia: em "ficava sentada cosendo/ olhando para mim", Drummond se insere após a mãe, e não deslocado para o derradeiro lugar, como ocorrera na primeira estrofe. Além de o menino galgar para o segundo posto, é na ausência do pai que a mãe, olhando para um filho, fala do outro. O isolamento do ponto, na estrofe 1, deixa de existir, como se, com a retirada paterna, a família começasse a se mover e, de alguma maneira, a convergir. A mãe que está cosendo é quem costura a relação familiar, na medida em que desata o nó paralisador da intransitividade, dela e das crianças. Todavia, poder-se-ia objetar que, quando se dirige a Drummond, a mãe lhe diz que *não fale*: "Psiu... Não acorde o menino"; desse ponto de vista, sua fala é uma incitação ao silêncio. Mas, por outro lado, ao preservar o silêncio, a mãe é a figura que permite o sonho. Leia-se a evocação madura do soneto "Carta", em *Lição de coisas* (1962):

[...]   A falta que me fazes não é tanto
à hora de dormir, quando dizias
"Deus te abençoe", e a noite abria em sonho.

É quando, ao despertar, revejo a um canto
a noite acumulada de meus dias,
e sinto que estou vivo, e que não sonho.[14]

Ora, se Drummond se queixa por não sonhar, recorda-se, como vão consolo, de que a mãe era aquela que permitia o sonho, que o liberava para o sonho. E, de alguma maneira, essa incitação ao silêncio de Drummond vai provocar a própria criação do poema: o poeta Drummond contesta e burla a proibição ao menino Carlos, falando sobre o fato de não ter podido falar, pois, em "Infância", a voz é das mulheres – na segunda estrofe, a preta velha, portadora da promessa de perfumes e sabores; na terceira, a mãe, portadora do sonho.

Já a figura paterna está de todo ausente, como se verifica na estrofe 4:

Lá longe meu pai campeava
no mato sem fim da fazenda.

Drummond, isola o pai, reforçando-lhe a carga de afastamento através de um dístico em que ele fica literal e graficamente apartado do resto da família. Ora, se o mato é sem fim, e se o pai se dirige ao mato, é claro que essa viagem não tem volta. Ele está perdido para sempre. Como o mato é infinito, há de haver sempre outros e longínquos caminhos para que ele se afaste mais e mais.

O poeta voltará a falar dessa perda irreversível no poema "A mesa", de 1951, em que convoca todos os familiares para uma impossível reconciliação, numa tentativa que finda nos seguintes versos:

---

[14] Andrade (2001, p. 490).

[...] Estais [o pai] acima de nós,
acima deste jantar
para o qual vos convocamos
por muito – enfim – vos querermos
e, amando, nos iludirmos
junto da mesa
vazia.[15]

"Infância" se fecha pela afirmação "E eu não sabia que minha história/ era mais bonita que a de Robinson Crusoé", que pode ser associada ao último verso da primeira estrofe: "*comprida história que não acaba mais*". Sim, porque a história de Crusoé acabou, não era tão bela assim. Acabou quando o herói se reintegrou à civilização. E Drummond, por ter sido poeta a vida inteira, pôde desenvolver esse faculdade de circular ininterruptamente entre o reino da realidade pragmática e esse espaço imaginário onde tudo é possível. Ele pôde brincar de ser Robinson Crusoé com uma ilha portátil de poesia – pois, na personagem náufraga de Robinson, nós localizamos a própria figuração do poeta, um ser apto a acolher vozes vindas de todas as direções, de todas as culturas e etnias, e recriá-las no timbre particular de sua intransferível dicção. E esse espaço mágico, que é o mais solitário e, ao mesmo tempo, o mais povoado de todos, espaço em que o indivíduo consegue transitar da solidão radical para a solidariedade mais irrestrita, atende pelo nome de literatura.

Referências

ANDRADE, Carlos Drummond de. *Poesia completa*. Rio de Janeiro: Nova Aguilar, 2001.

BANDEIRA, Manuel. Irene no céu. In: _____. *Estrela da vida inteira*. Rio de Janeiro, José Olympio, 1966.

SANTIAGO, Silviano. *Carlos Drummond de Andrade*. Petrópolis: Vozes, 1976.

A RASURA ROMÂNTICA

Quando examinamos a produção crítica dos poetas modernistas, observamos um número não desprezível de reflexões, de ensaios, de resenhas e de comentários consagrados ao legado romântico. A poesia do Romantismo, mais

---

[15] Andrade (2001, p. 300).

talvez do que qualquer outra anterior ao Modernismo, constituiu-se em alvo de constantes leituras levadas a cabo pelos maiores poetas do período.

Mário de Andrade escreveu um famoso ensaio, "Amor e medo", na *Revista Nova*, que, em 1931, homenageou Álvares de Azevedo. Em 1943, publicou uma provocativa análise da poesia de Castro Alves.

Manuel Bandeira também dedicou vários artigos a Castro Alves e foi responsável por uma notável edição das *Obras poéticas* de Gonçalves Dias, estampada em dois volumes, publicados em 1944. Oito anos depois, redigiu uma biografia de Gonçalves Dias, confessadamente inspirada na de Lúcia Miguel Pereira, de 1943. E não nos esqueçamos de que coube a Bandeira a primazia na elaboração de seletas de poemas consoante os critérios de periodização literária, tendo organizado em 1937 a *Antologia dos poetas brasileiros da fase romântica*.

Outro modernista, Cassiano Ricardo, talvez tenha sido o autor que de modo mais sistemático se dedicou ao estudo dos poetas românticos, em particular pelo viés do indianismo, que lhe interessava sobretudo pelo aproveitamento dos elementos autóctones na formação da nacionalidade, a ponto de a questão estear as bases ideológicas de seu grupo modernista, o Verdamarelo. No livro *Invenção de Orfeu*, de 1974, há um artigo em que Cassiano contrapõe Castro Alves a Álvares de Azevedo. No mesmo ano, lança *Sabiá e Sintaxe*, cujo título retoma uma declaração de Camilo Castelo Branco, hostil a Fagundes Varela: "Na poesia, um sabiá não substitui a sintaxe". Ou seja, não seria o simples traço nativo e tropical, o mero e espontâneo trinado lírico, um elemento capaz de ombrear-se à bem-urdida e castiça sintaxe lusíada. Também da autoria de Cassiano devemos citar *O indianismo de Gonçalves Dias* (1974), estudo de quase 200 páginas, em que a presença indígena é lastreada desde Anchieta até o poeta maranhense.

O ensaio de abertura do primeiro livro em prosa de Carlos Drummond de Andrade, *Confissões de Minas*, de 1944, intitula-se "Fagundes Varela, solitário imperfeito". Portanto, Drummond estreia em prosa falando de um poeta romântico. Se avançarmos um pouco, observaremos que o segundo ensaio se chama "O jardim público de Casimiro de Abreu". O terceiro é "O sorriso de Gonçalves Dias". Assim, os três ensaios inaugurais de Drummond giraram em torno do Romantismo. Curiosamente, o escritor, que de modo tão flagrante e reiterado abordou o tema, o abandonaria quase por inteiro, porquanto esses capítulos iniciais não apresentaram desdobramento na prosa do autor. Mas são, todos os três, textos sagazes, centrados em algumas das principais obsessões temáticas dos poetas românticos.

Em Varela, Carlos Drummond de Andrade localiza o que denomina de um "solitário algo falsificado, por contingência e não por opção", alguém extraído de um convívio, de cuja exclusão se lamenta. Com fineza, Drummond chega a negar, a propósito da vertente religiosa de Fagundes, que o apelo ao misticismo seja sinônimo de efetivo desejo de solidão:

> O místico não está só, pois tem comunicação pessoal e direta com a divindade. Está, mesmo, demasiadamente cheio de sociedade, pois se liga a todos os homens através de Deus, realizando uma comunhão ideal, que nenhum contato repugnante ou simplesmente incômodo virá comprometer.

A respeito de Casimiro de Abreu, emite juízo entre a censura e a benevolência. Lê-se na abertura do ensaio: "O encanto de Casimiro de Abreu está na tocante vulgaridade. Em sua poesia, tudo é comum a todos". A seguir, celebra, sem grande entusiasmo, é verdade, as supostas virtudes dessa mediania poética de Casimiro.

No terceiro estudo, Drummond analisa as faces da musa carrancuda de Gonçalves Dias: "Sua capacidade de ironia é nula, seu *humour* inexistente." Ainda assim Drummond destaca os "laivos de sorriso" de algumas passagens, como esta, das *Sextilhas de Frei Antão*: "Bom sancto foy Sam Gonçalo,/ Pezar que foi portuguez."

Tais práticas representam exercícios explícitos de metalinguagem, em que Drummond se despe da condição de poeta no sentido estrito e assume o papel de crítico. Mas, curiosamente, talvez sua melhor leitura da nossa poesia romântica, de Gonçalves Dias em particular, Drummond a tenha efetuado num poema, num exercício implícito de metalinguagem. Trata-se da "Nova canção do exílio", não por acaso dedicada ao maranhense Josué Montello.

A "Canção do exílio" original, escrita em 1843, em Coimbra, abre os *Primeiros cantos*, de 1846, na estreia em livro de Gonçalves Dias. Assim, a "certidão de batismo" poético do poeta se fez com o poema que se tornaria o mais famoso não só de sua obra, mas de toda a literatura brasileira. O poema gonçalvino fala de um lugar ideal: de certo modo, o próprio texto acabou se tornando esse *tópos* idealizado a que muitos outros poemas pretendem chegar, por meio de sucessivas imitações, glosas, paródias, estilizações e paráfrases. Um espaço textual de atração e de desejo, do qual os demais poetas estão afastados, palavra primordial, fundadora de nossa poesia e da nossa identidade: todos sentem-se, de algum modo, herdeiros, devedores e exilados da "Canção do exílio".

Uma história da poesia brasileira poderia ser contada a partir das versões que a "Canção do exílio" gerou. Para saber das características de um movimento literário, basta que saibamos como esse período leu, interpretou, reescreveu a

"Canção do exílio". Curiosamente, o primeiro nostálgico da "Canção", o primeiro escritor desejoso de reverenciar essa escrita, foi o próprio Dias. Conhecemos o seu poema inaugural, a "Canção do exílio", mas talvez poucos saibam que o último texto acabou regressando à origem... Sim: Gonçalves Dias, pouco antes de tomar o navio em que naufragaria, o *Ville de Boulogne*, escreveu, em Paris, um poema também exilado do *corpus* canônico de sua obra, coligido apenas postumamente. Esse texto, espécie de adeus à vida e à poesia, se intitula "Minha terra". No fim da existência, retornava ao verso 1 do poema de estreia, "Minha terra tem palmeiras". O poeta enfatiza, portanto, o desejo de reinserir-se nesse território que, insista-se, não é apenas geográfico, mas textual – lugar de um poema, do qual ele também se exilara.

O próprio Romantismo gerou paráfrase do famoso poema, através das "Canções do exílio" de Casimiro de Abreu. Os modernistas se tornaram reincidentes nas visitas à "Canção", com Oswald de Andrade, Murilo Mendes, Carlos Drummond de Andrade e outros. Num período mais recente, citemos "Sabiá", de Chico Buarque, e a *Canção do exílio aqui*, de Moacyr Félix.

Diversas estratégias foram utilizadas para reelaborar a "Canção do exílio", desde a mais reverenciosa paráfrase, em que o escritor se curva diante do texto original como se fosse um monumento e o traduz de modo reduplicador e pouco crítico, até a mais irreverente paródia, tônica das versões de Oswald de Andrade e de Murilo Mendes.

Drummond opta por outro caminho: o de uma estilização que se afasta tanto da paráfrase, quanto da paródia. Opera um "exercício de rasura", semiapagando o texto de Gonçalves Dias, tornando-se simultaneamente fiel e infiel à mensagem primeira. Fiel ao rigoroso arcabouço formal do poema. Infiel a certos componentes ideológicos que o atravessam. Reconstrói o primeiro texto no mesmo passo em que desloca o olhar nele embutido. Por meio dessa caligrafia da rasura, o poeta inscreve a sua letra no escrito alheio, e com ele dialoga. O sentido de tal diálogo se potencializa se tivermos em mente, passo a passo, o texto rasurado. Nos demais casos, os poetas reescreveram, digamos, "no atacado" a "Canção do exílio", pró ou contra, mas sem desenvolverem um trabalho de reconstituição minuciosa do original. Tal foi a estratégia ímpar de Drummond, como veremos a seguir.

A "Nova canção do exílio", contrariamente ao estrondoso sucesso da antiga, é texto discreto e algo atípico no conjunto de um livro importante, *A rosa do povo*, de 1945. A coletânea é das mais ostensivamente engajadas de Drummond e, em meio a tantos poemas com visão política definida e clara, contrapõe-se a "Nova canção do exílio", como espécie de corpo poético excluído da linha de força engajada da obra. Trata-se de uma ilha textual que parece evocar outros mundos, outras realidades, alheia ao presente e ao clamor imperativo da guerra que atravessa o livro. Recordemos as duas canções:

Canção do exílio
Gonçalves Dias

> Kennst du das Land, wo die Zitronen blühn,
> Im dunkeln Laub die Goldorangen glühn?
> Kennst du es wohl? — Dahin, dahin!
> Möcht' ich ziehn. (Goethe)

Minha terra tem palmeiras,
Onde canta o Sabiá;
As aves, que aqui gorjeiam,
Não gorjeiam como lá.

Nosso céu tem mais estrelas,
Nossas várzeas têm mais flores,
Nossos bosques têm mais vida,
Nossa vida mais amores.

Em cismar, sozinho, à noite,
Mais prazer encontro eu lá;
Minha terra tem palmeiras,
Onde canta o Sabiá.

Minha terra tem primores,
Que tais não encontro eu cá;
Em cismar – sozinho, à noite –
Mais prazer encontro eu lá;
Minha terra tem palmeiras,
Onde canta o Sabiá.

Não permita Deus que eu morra,
Sem que volte para lá;
Sem que desfrute os primores
Que não encontro por cá;
Sem qu'inda aviste as palmeiras,
Onde canta o Sabiá.

Coimbra, julho, 1843.

Nova canção do exílio

Um sabiá
na palmeira, longe.
Estas aves cantam
um outro canto.

O céu cintila
sobre flores úmidas.
Vozes na mata,
e o maior amor.

Só, na noite,
seria feliz:
um sabiá,
na palmeira, longe.

Onde é tudo belo
e fantástico,
só, na noite,
seria feliz.
(Um sabiá,
na palmeira, longe.)

Ainda um grito de vida e
voltar
para onde é tudo belo
e fantástico:
a palmeira, o sabiá,
o longe.

Parte-se de uns poucos elementos comuns: o sabiá, a palmeira, a distância, mas, de fato, a primeira impressão é a de que, em Drummond, navega-se em atmosfera algo difusa. Tal percepção preliminar logo se dissipa se atinarmos com o processo de composição do poeta. Ao invés de uma recriação baseada apenas a partir do estímulo das ideias do texto de Dias, Drummond opera uma releitura da *forma* original. A homenagem que prestará ao texto do passado será a de recriá-lo com o olhar do presente, sem endossá-lo em todos seus valores pretéritos, mas sem demoli-lo sob a acusação de não conter, extemporaneamente, as marcas do moderno.

Quanto à construção, ambos os poemas contabilizam 24 versos, distribuídos, de maneira sequencial, em 3 quadras e 2 sextilhas. Tal equivalência logo nos fornece uma chave de leitura: percorrer as duas canções dispondo-as lado a lado.

Drummond, como crítico do Romantismo, vai efetuar um trabalho de reconstituição econômica do texto original, verso a verso, quase palavra a palavra. O resultado será um novo poema, passado a limpo e escrito a seco. Basta notar que Gonçalves Dias ocupou os 24 versos com 114 palavras; Drummond vai-se valer de apenas 70 palavras para preencher igual contingente. O simples dado quantitativo, antes de adentramos em qualquer aspecto semântico, já testemunha uma lição da economia, pelo enxugamento de cerca de um terço dos vocábulos que compunham o antigo texto.

Além desse viés formal, a grande mudança virá do novo estatuto conferido ao sujeito lírico. Gonçalves Dias compara A e B – aqui e lá, Portugal e Brasil –, investe-se do papel de juiz e declara, sem hesitação, que B é melhor do que A. Drummond coteja A e B, constata que não são iguais e assinala não a superioridade de um sobre o outro, mas a pura diferença entre ambos. O endosso da alteridade será o substrato ideológico da nova canção.

Aprofundando essa premissa, comparemos, então, a primeira estrofe de Gonçalves Dias com a de Drummond: "Minha terra tem palmeiras,/ Onde canta o Sabiá"; "Um sabiá/ na palmeira, longe". Nesta, quase o rigor descarnado de uma equação, onde se fazem presentes os três elementos essenciais – sabiá, palmeira, longe –, a serem retomados mais tarde. "As aves, que aqui gorjeiam,/ Não gorjeiam como lá"; "Estas aves cantam/ um outro canto". A defasagem espacial, núcleo do poema de Gonçalves Dias, se resolve com o advérbio "longe", desprovido do patriotismo e da subjetividade contidos em "Minha terra". Drummond, com sagacidade, percebeu que a questão não reside na celebração do ponto de origem, mas na vivência dramática da impossibilidade do retorno. Se o romântico sempre acena para um "lá", "minha terra" expressa apenas uma das variantes do inatingível.

O poema de 1843 exibe uma profusão de possessivos em primeira pessoa, do singular ou do plural: "Minha terra", "Nosso céu", "Nossos bosques". Já Drummond, em "Estas aves cantam/ um outro canto", revela/oculta a presença da primeira pessoa através da terceira, na medida em que "esta" é pronome que indica proximidade ao emissor. Assim, ele se situa num espaço revelado através de um outro, a ave, cuja vizinhança se configura pela sábia utilização do demonstrativo.

A seguir, um aproveitamento hipossêmico: onde Gonçalves Dias declara "As aves, que aqui gorjeiam", Drummond replica: "Estas aves cantam/ um outro canto". "Gorjear" está sempre associado a sons agradáveis, melodiosos, de que a própria fluência do verso de Dias é bom exemplo, enquanto "cantar" é neutro, não contém *a priori* juízo de valor. Pode-se cantar, bem ou mal, em qualquer lugar; importa é que o canto seja *outro*.

Na estrofe seguinte, em Gonçalves Dias: "Nosso céu tem mais estrelas,/ Nossas várzeas têm mais flores,/ Nossos bosques têm mais vida,/ Nossa vida mais amores." Drummond: "O céu cintila/ sobre flores úmidas./ Vozes na mata,/ e o maior amor." Constata-se, primeiro, a inexistência do caráter comparativo-competitivo de "o céu tem mais...", "as várzeas têm mais...", "os bosques têm mais...", "a vida tem mais...". Segundo, a eliminação dos possessivos e o estabelecimento de uma releitura redutora: "céu" e "flores" surgem tanto em Dias quanto em Drummond; mas, a seguir, onde o romântico emprega "bosque" e "vida", o poeta de 1945 registra "mata" e "vozes". Mata é configuração mais "humilde" de bosque, vegetação mais despenteada e menos nobre. E se Gonçalves Dias invoca a "vida", que tudo engloba, Drummond fala de "vozes", apenas uma faceta da existência.

Torna-se claro que o poeta do século XX incide em contínuas deflações de sentido. Gonçalves Dias tende ao exagero; Drummond atenua esse viés, reduzindo a expressão e dimensionando-a em patamar de maior simplicidade. Até o sentimento amoroso, tão egocentricamente manifesto nos românticos, é projetado, em Drummond, numa esfera de universalidade: ele refere-se a "O maior amor", podendo ser de A, de B, de qualquer lugar, e não a "o meu (ou o "nosso") amor".

Na terceira estrofe: "Em cismar, sozinho, à noite,/ Mais prazer encontro eu lá;/ Minha terra tem palmeiras,/ Onde canta o Sabiá." Aos dois versos iniciais, contrapõe o novo texto: "Só, na noite,/ seria feliz:/ um sabiá,/ na palmeira, longe." Até aqui, o poeta mineiro conseguiu desvencilhar-se de todas as marcas da primeira pessoa em Gonçalves Dias (eu, meu, nosso, etc.). Mas, agora, pareceria praticamente impossível manter a proposta. Como traduzir "Em cismar, sozinho, à noite,/ Mais prazer encontro eu lá;" eliminando-se a primeira pessoa? Resposta: por uma sutil modificação num sinal gráfico... No texto de 1843, o verso 2 se encerra em ponto e vírgula; na "Nova canção", por dois-pontos. Os dois-pontos permitem que o sabiá possa exercer a função de sujeito da oração. Essa leve mudança faz com que o verso 1 flua, sintaticamente, para o posterior, gerando, desse modo, uma ambiguidade na concordância verbal: "seria" admite tanto o sujeito oculto "eu" (segundo a lição do original) quanto a supressão do "eu" em prol do outro (o sabiá, na lição drummondiana). Além disso, nos versos em

Suíte drummondiana   223

que Gonçalves Dias foi taxativo ("Mais prazer encontro eu lá;"), o emprego do condicional confere à "Nova canção" um caráter dúbio: "seria feliz:". Aventa uma hipótese de felicidade, sem a marca peremptória, assertiva, do vate romântico.

Os dois versos iniciais da "Canção do exílio" ("Minha terra tem palmeiras,/ Onde canta o Sabiá;") reaparecem no final da quarta estrofe. Igualmente os primeiros versos de Drummond – "Um sabiá/ na palmeira, longe" – ressurgem no mesmo espaço textual em que Gonçalves Dias os realocara: os versos 5 e 6 da estrofe 4. Nada escapa ao leitor-poeta Drummond no processo de reelaboração minuciosa do original. Mas, no ato de reconstruir, ele sempre instila a diferença. Em Gonçalves Dias, o retorno do refrão é antecedido por ponto e vírgula, estabelecendo uma não ruptura sintática entre o poeta e o sabiá, ambos alojados no mesmo período gramatical. Drummond, sutilmente, vai aprisionar seu sabiá na gaiola dos parênteses. Ao invés de a ave surgir sequenciada ao verso anterior, aparta-se do que a precede por meio dos parênteses, tornando ainda mais longínquo o contato entre o poeta e o sabiá: o pássaro dele se distancia geográfica e graficamente, na materialidade do poema.

Esta quarta estrofe apresenta, porém, um problema, na medida em que até então vínhamos enfatizando em Drummond uma operação deflacionadora de sentido. Agora, Gonçalves Dias registra: "Minha terra tem primores,/ Que tais não encontro eu cá;" e Drummond replica: "Onde é tudo belo/ e fantástico". Aparentemente, uma leitura hiperbólica do original. Fiquemos com a questão, para tentar obter-lhe resposta na estrofe derradeira.

Retornemos aos versos românticos: "Não permita Deus que eu morra,/ Sem que volte para lá;" e aos de Drummond: "Ainda um grito de vida e/ voltar". Gonçalves Dias: "Sem que desfrute os primores/ Que não encontro por cá;", Drummond: "para onde é tudo belo/ e fantástico:". Gonçalves Dias: "Sem qu'inda aviste as palmeiras,/ Onde canta o Sabiá."; Drummond: "a palmeira, o sabiá,/ o longe."

Na "Nova canção", há condensações que geram notáveis diferenças. Desaparece, de início, a referência religiosa, fundamental no Romantismo. Gonçalves Dias teme a morte: "Não permita Deus que eu morra,", Drummond proclama a vida: "Ainda um grito de vida e/ voltar". O original efetua uma pequena mudança no refrão: em vez de repeti-lo ("Minha terra tem palmeiras,/ Onde canta o Sabiá"), transforma-o em "Sem qu'inda aviste as palmeiras,/ Onde canta o Sabiá." O texto novo, portanto, também apresentará o refrão levemente alterado: no lugar de "Um sabiá/ na palmeira, longe.", deparamo-nos com "a palmeira, o sabiá,/ o longe."

Com a mudança, de "Um sabiá/ na palmeira, longe." para "a palmeira, o sabiá,/ o longe.", afloram outros aspectos. Drummond solucionou, a nosso ver, a questão da hipérbole, há pouco levantada. Lemos, no texto do século XIX: "Sem que desfrute os primores/ Que não encontro por cá;/ Sem qu'inda aviste as palmeiras,/ Onde canta o Sabiá.". Gonçalves Dias declara que há primores, e, *além* de tais primores, após o ponto e vírgula, existem as palmeiras e o sabiá. O que se lê na "Nova canção"? – "Onde é tudo belo/ e fantástico". Após os dois-pontos, simplesmente "a palmeira, o sabiá,/ o longe." Ou seja, ao transformar o ponto e vírgula original em dois pontos, o poeta permite que o "tudo", antes passível de leitura grandiloquente, se reduza à densa e concisa formulação já expressa no princípio do poema, nos sóbrios termos de "Um sabiá/ na palmeira, longe."

Ao reescrever o início do texto, Drummond, porém, desloca "longe" para o último verso, em que o advérbio, agora substantivado, soa como solitária e derradeira palavra. O "longe", substantivo, adquire forças e foros de categoria universal, como uma das chaves da sensibilidade romântica. Foi cruelmente simbólico, no desfecho da biografia de Gonçalves Dias, que ele tenha morrido em travessia, sem atracar no seu objeto de desejo, a terra brasileira. Sucumbiu no périplo entre o "lá" e um "cá": corpo nômade, náufrago do intervalo. Atingida a costa maranhense, o "lá" se dissiparia, transformado num reles "cá", abrigo de seus pés, mas dissipador de seu sonho. Teria o poeta, então, de imaginar-se um novo exílio, para dele lançar-se em outra fuga – nesse movimento incessante em direção ao impossível que, às vezes, se traduz pela palavra "poesia".

A ROSA, O POVO

Em junho de 1942, quando foi lançada a primeira reunião de sua obra, singelamente intitulada *Poesias*, Carlos Drummond de Andrade agregou uma coletânea inédita e pouco extensa, *José*, de apenas 12 poemas, aos livros anteriormente publicados. Esse pequeno conjunto tornou-se, portanto, o sucessor de *Sentimento do mundo* (1940) e o predecessor de *A rosa do povo*, vinda a lume em dezembro de 1945.

Situado entre duas publicações com títulos de nítida ressonância coletiva, *José* enfatiza o indivíduo, ainda que representante de numerosos e solitários josés. Também de solidão falam os dois primeiros poemas da obra: "A bruxa" e "O boi". O balanço das perdas e danos familiares, que, em menor ou maior intensidade, vinca toda a produção de Drummond, faz-se presente em "Os rostos imóveis" e "Viagem na família". A indagação metalinguística comparece em "O lutador". A prática explícita ou tangencial das formas fixas, por meio de versos regulares ou polimétricos constitui-se em outra característica de *José*.

Penetremos agora, nem tão surdamente assim, no reino d'*A rosa*.

Várias das grandes linhas de força da poesia drummondiana aí encontram abrigo. O componente público que sobressai no título não ostenta foros de exclusividade. Convém não acreditar depressa demais na convocação cívica do poeta, sob pena de pressupor o traço monolítico num espaço em que irão prosperar diferenças e sinuosidades.

Os embates já acontecem nos textos iniciais do volume, "Consideração do poema" e "Procura da poesia", que exibem aparente conflito, pelo fato de o primeiro promover o endosso de um "canto geral", de uma poesia pública fronteiriça à dissolução da instância autoral ("Furto a Vinicius/ sua mais límpida elegia. Bebo em Murilo. [...] Estes poemas são meus"); já no segundo, a prática do poema demanda o afastamento do espaço coletivo e o mergulho na introspecção ("Penetra surdamente no reino das palavras./ [...] Ei-los sós e mudos, em estado de dicionário./ Convive com teus poemas, antes de escrevê-los").

Criação compartilhada ("Ser explosivo, sem fronteiras") *versus* criação urdida ("O canto não é a natureza/ nem os homens em sociedade"). Como conciliar o poeta "do finito e da matéria", para quem, tal "uma lâmina", deve o povo atravessar o poema, com o outro, cultor das secretas rosas do texto, e para quem caberia ao criador abster-se dos "acontecimentos", "do corpo", "da cidade"?

A rigor, o que os primeiros textos estampam não implica contradição, e sim um tenso regime de contradicções, em que duas vozes poéticas se alternam, prefigurando desdobramentos de complexa interseção. O jogo entre o apelo ao convívio e o apego à retração pauta, de certo modo, a obra inteira – aliás, a mais alentada de todas até então publicadas por Drummond, qualquer que seja o critério aferidor: a quantidade de poemas (55), o tamanho dos textos, a extensão dos versos. Esse dizer copioso (se cotejado, por exemplo, à fatura mais contida de *Alguma poesia*) será aqui e ali contrabalançado por dúzia de textos curtos.

Correlatos e simétricos aos tópicos da comunhão e da reclusão, vigoram os conceitos de poesia evocada como verdade ou como enigma. Quando a voz lírica dirige-se ao povo, atribui-se um poder de verdade, respaldado pelo desejo de promover o bem e a justiça; quando, sozinha, opta por cultivar a rosa sem necessariamente remetê-la ao povo, mergulha em universo avesso a formulações categóricas.

Daí a dificuldade em vincular pacificamente os dois substantivos que nomeiam o livro: a *rosa*, o *povo*.

Numa ambígua configuração, ora a rosa expõe-se como símbolo de conexão com os outros, ora é resguardada como emblema daquilo que de mais recôndito o poeta preservasse. Nesse segundo sentido, o poema seria pura dádiva, sinalização gratuita e a esmo, indiferente ao fato de angariar ou não receptores. Gesto autossuficiente de beleza, que, em "Áporo", a partir do subsolo escuro de um minério, pode fazer eclodir uma orquídea.

Percebe-se que não é fácil expor, sem riscos, uma rosa ao povo quando, já no terceiro poema do livro, "A flor e a náusea", ela irrompe num contexto em que o ser humano exerce o papel de hostil contraponto: "Sua cor não se percebe./ Suas pétalas não se abrem./ Seu nome não está nos livros./ [...] É feia. Mas é uma flor. Furou o asfalto, o tédio, o nojo e o ódio".

Observe-se que tal flor inclassificável, portanto na esfera do enigma, surge *contra* o espaço urbano. A agregadora rosa do povo cede passo à frágil flor indefinida, em descompasso defensivo frente ao fluxo da população: "Passem de longe, bondes, ônibus, rio de aço do tráfego".

A flor imprevista e inominada, que o poeta vinculará ao campo da criação, reaparece em "Carrego comigo", quarto poema da coletânea: "Carrego comigo/ há dezenas de anos/ há centenas de anos/ o pequeno embrulho.// Serão duas cartas?/ será uma flor?/ [...] Sou um homem livre/ mas levo uma coisa.// Não sei o que seja./ [...] Não estou vazio,/ não estou sozinho,/ pois anda comigo/ algo indescritível".

Em "A flor e a náusea", homens "menos livres" levavam jornais (informação pública e cotidiana); agora, "livre", o poeta se faz portador e porta-voz *daquilo que ignora*, de um signo (uma "coisa") que resiste à unívoca decodificação.

Podemos, desse modo, n'*A rosa do povo*, demarcar dois territórios (com eventuais imbricações), regidos ora pela noção de poesia como mistério, tal qual ocorre em "Carrego comigo", ora pela afirmação da poesia como verdade.

À segunda vertente se filiam, em especial, os poemas diretamente vinculados à posição política do autor, infenso aos valores capitalistas (cf. "Nosso tempo") e entusiasta dos feitos soviéticos durante a Segunda Guerra. Nesse conjunto, o poeta não se inibe em assumir a condição de profeta: "território de homens livres/ que será nosso país/ e será pátria de todos./ Irmãos, cantai esse mundo/ que não verei, mas virá/ um dia, dentro em mil anos" ("Cidade prevista"); "Em teu chão calcinado onde apodrecem cadáveres,/ a grande Cidade de amanhã erguerá a sua Ordem" ("Carta a Stalingrado"); "sentir o negro, dormir a teu lado,/ irmão chinês, mexicano ou báltico./ [...] mas a um grito no escuro, respondia/ outro grito, outro homem, outra certeza./ [...] E ganhará enfim todos os portos,/ avião sem bombas entre Natal e China" ("Mas viveremos"); "Meus olhos são pequenos para ver/ as mãos que se hão de erguer [...]/ [...] ó povo!" ("Visão 1944"); "Olha a esperança à frente dos exércitos,/ olha a certeza [...]/ [...] Uma cidade atroz, ventre metálico/ [...] trabalhadores do mundo, reuni-vos/ para esmagá-la" ("Com o russo em Berlim").

O discurso da certeza vaza-se no modo imperativo, categórico. Dissolve a noção de indivíduo em prol do bem-estar coletivo, e veicula a crença numa fraternidade ecumênica onde se minimizam ou se elidem as marcas particulares da Geografia e da História, esmaecidas pela utopia do mundo que virá. Mais do que promessa, o futuro constitui-se numa imposição, corolário das bem-intencionadas convicções da voz zelosa em prescrever a compulsória "cidade prevista".

Na contracorrente de valores tão absolutos, captam-se em "América" as modulações do discurso da incerteza: "Sou apenas um homem./ Um homem pequenino à beira de um rio./ Vejo as águas que passam e não as compreendo./ Sei apenas que é noite porque me chamam de casa".

A vivência dilemática da decadência e o defrontamento da morte são marcas de uma vertente que passa ao largo da assertividade dos poemas engajados. Nestes, um tempo homogêneo e apaziguador das diferenças. Agora, o império das fraturas: "No quarto de hotel/ a mala se abre: o tempo/ dá-se em fragmentos.// Aqui habitei/ mas traças conspiram". É relevante, pela quantidade e pela qualidade, o contingente de textos que operam a contrapelo do triunfalismo profético.

No que tange ao encadeamento das peças, o livro comporta pares (ou trios, quartetos) de poemas que se vão entrelaçando, a partir de traços comuns ou aproximados.

Assim, "Anoitecer" encerra-se com o verso "desta hora, sim, tenho medo"; em diálogo, o poema seguinte intitula-se "O medo".

Um fio temporal costura outra sequência: "Passagem da noite" sucede "Passagem do tempo", sendo sucedido por "Uma hora e mais outra", a que se segue "Nos áureos tempos".

"Rola mundo" contém os versos "E vi minha vida toda/ contrair-se num inseto"; logo depois, "Áporo" inicia-se por "Um inseto cava/ cava sem alarme/ perfurando a terra/ sem achar escape".

De "Uma hora e mais outra" a "Assalto", montante de 14 poemas, o traço unificador é de natureza formal: a quase totalidade das peças de *A rosa do povo* vazadas em metro curto (até o hexassílabo) concentra-se nesse bloco.

A impregnação dos vestígios, explorada em numerosas direções no poema "Resíduo" ("De tudo ficou um pouco"), reaparece, condensada numa só peça de vestuário, em "Caso do vestido", texto seguinte. O caráter narrativo aí presente também será a tônica dos dois próximos poemas: "O elefante" e "Morte do leiteiro".

Após o *intermezzo* dramático de "Noite da repartição", outra história de finitude: "Morte no avião". À morte "concreta" detalhada em desastre aéreo sucede a simulada, em "Desfile": "Vinte anos ou pouco mais/ tudo estará terminado./ O tempo fluiu sem dor./ O rosto no travesseiro,/ fecho os olhos, para ensaio".

Segue-se um bloco de poemas que retrata a passagem do tempo sob a égide das memórias ancestrais, desde "Retrato de família" ("O jardim tornou-se fantástico./ As flores são placas cinzentas./ E a areia, sob pés extintos,/ é um oceano de névoa") até "No país dos Andrades". Nesse conjunto, sobreleva-se a figura paterna, que, anos mais tarde, seria celebrada em "A mesa", de *Claro enigma* (1951). Mas, já aqui, pulsa a demanda (frustrada) de interlocução com o pai extinto: "Guardavas talvez o amor/ em tripla cerca de espinhos.// Já não precisa guardá-lo./ No escuro em que fazes anos,/ no escuro/ é permitido sorrir" ("Como um presente"); "A chuva pingando/ desenterrou meu pai. [...] desejar amá-lo/ sem qualquer disfarce" ("Rua da madrugada").

Encadeiam-se, então, os 8 poemas de temática social explícita, todos, à exceção de "América", no âmbito do discurso da certeza.

Após três textos, os primeiros, "Indicações" e "Onde há pouco falávamos", dolorosamente retrospectivos, e o outro, "Os últimos dias", desencantadamente prospectivo ("Adeus, minha presença, meu olhar e minhas veias grossas,/ meus sulcos no travesseiro, minha sombra no muro,/ [...] adeus,/ vida aos outros legada"), fecham o volume dois extensos poemas-homenagem: "Mário de Andrade desce aos infernos" e "Canto ao homem do povo Charles Chaplin".

A expressão "rosa do povo" por duas vezes aflora em "Mário de Andrade desce aos infernos", penúltimo poema da coletânea. Nele, "uma rosa se abre, um segredo comunica-se" – e fecha-se, talvez, um ciclo, de crença no poder aglutinador da arte, que Mário, tão prodigamente, professava: "vai colhendo amigos de Minas e Rio Grande do Sul,/ gente de Pernambuco e Pará, todos os apertos de mão/ todas as confidências a casa recolhe". Em Mário, a flor é divisível, ou melhor, multiplicável – rosa aberta aos seres e às regiões de todo o país.

No derradeiro, "Canto ao homem do povo Charles Chaplin", Drummond descrê da redenção da humanidade, que em outros poemas celebrara. Se Chaplin é "homem do povo", não o é de *todo* o povo: alinha-se entre os transgressores e os excluídos, no dissídio a regras e protocolos.

O poeta identifica no personagem chapliniano os "vagabundos que o mundo repeliu, mas zombam e vivem/ nos filmes, nas ruas tortas" (tortas como o anjo do "Poema de sete faces"). Distante da utopia do mundo perfeito e algo asséptico dos poemas engajados, neste transparece a sedução do desafio e do desvio: "e vamos contigo arrebentar vidraças,/ e vamos jogar o guarda no chão".

À maneira inesperada do poeta, que consegue fecundar de aurora um encontro de leite e sangue (em "Morte do leiteiro"), Carlito concilia "chocolate e nuvens" nas dobras do casaco. Drummond ressalta a semelhança entre as ações do personagem e a criação artística. Sob o signo da fragmentação, revela-se inviável a rosa intacta, restando, tanto ao vate quanto ao vagabundo, o defrontamento com a precária flor urbana, reduzida a resto de paisagem: "falam as flores que tanto amas quando pisadas". Refugos de flor e refugos humanos convergem no poema: nele habitam "os párias, os falidos, os mutilados, os deficientes, os recalcados/ [...] os loucos e os patéticos".

Em amoroso gesto, Drummond coleta e recompõe os cacos do personagem, destruído pelas lâminas do trabalho alienado: "Colo teus pedaços. Unidade/ estranha é a tua, em mundo assim pulverizado".

Arma-se, assim, um claro jogo de correspondências. O poeta irmana-se a Carlito, na atitude comum de solapar a lógica do mundo, na invenção de "produtos de ar e lágrima, indumentos/ que nos dão asa ou pétala, e trens/ e navios sem aço". Ambos vibram em sintonia, no ofício de ressignificar o verbo envilecido: "Ó palavras desmoralizadas, entretanto salvas, ditas de novo/ [...] árvore irritada, contra a miséria e a fúria dos ditadores".

Numa ampliação do raio de abrangência, Drummond passa da primeira pessoa do singular à primeira do plural ("ó Carlito, meu e nosso amigo"), para, logo após, dirigir-se diretamente ao personagem, através da segunda pessoa ("teus sapatos e teu bigode/ caminham numa estrada de pó e esperança").

Carlito encarna a dupla voz da criação e da *pólis* ("há uma cidade em ti, que não sabemos"), o ansiado encontro da flor e dos homens, ambos ao desabrigo da lei e da ordem. A rosa, o povo – rara e instável confluência, pois tecida de matérias tão voláteis como o pó, a esperança, o sonho e a poesia.

Vista em conjunto, *A rosa do povo* representa a consolidação, em alto nível, do discurso pós-modernista de Carlos Drummond de Andrade. Se no livro são escassos ou ausentes o poema-minuto, o poema-piada, a paródia e outros recursos preconizados pelo arsenal vanguardista de 1922, deparamos, por outro lado, com uma personalíssima e complexa orquestração poética, vazada em formas e ritmos eventualmente contrapostos no interior de um mesmo texto. Verifica-se, a exemplo do que ocorre em "Caso do vestido", a utilização de um léxico desierarquizado, poroso ao popular e ao erudito, desvinculando a fala cotidiana do espartilho folclórico a que a submeteram alguns vates de 22.

Alarga-se o espectro temático, com a presença das miúdas tragédias do cotidiano, como na "Morte do leiteiro". Pratica-se um fino e oblíquo veio metalinguístico, perceptível tanto em "O elefante", com o bicho-poema, sem serventia, incansavelmente reconstruído pelo amor do poeta, quanto na "Nova canção do exílio", em que o discurso romântico é retraduzido verso a verso, palavra a palavra, por uma sensibilidade lacônica e elipticamente moderna.

Drummond aprofunda também os impasses do indivíduo no pós-guerra, prenunciando o vazio de valores que se seguiria à extirpação do horror nazifascista. N'*A rosa do povo*, a História da guerra pública irá conviver com a história das batalhas íntimas; essas, menos ruidosas, nem por isso provocam menor dano à consciência cindida entre a imantação do futuro e o peso atávico da herança mineira: "Uma rua começa em Itabira, que vai dar em qualquer ponto da terra", dirá o poeta, em "América".

O desejo centrífugo não apaga o ponto e o peso da origem. Se, às vezes, o cidadão do mundo soa excessivamente retórico, o "menino antigo" itabirano efetua o contradiscurso daquela voz universal e onipotente. O poeta exibe não os alicerces da "construção da nacionalidade", conforme alguns pretenderam em 1922, tampouco as bases da "ordem universal" do pós-guerra, mas o desmoronamento do sujeito, perplexo entre os escombros de sua própria e incompreensível história.

Essa vivência dolorosa e arraigadamente subjetiva do fluxo cronológico ganha densidade e tradução física nos versos lapidares de "Cemitério de bolso" (em *Fazendeiro do ar*, 1954): "Do lado esquerdo carrego meus mortos./ Por isso caminho um pouco de banda".

Diversamente de seu amigo Carlito, Drummond caminha por uma estrada onde há muito pó, e quase nenhuma esperança.

As ruas

O quinto poema do primeiro livro de Carlos Drummond de Andrade, *Alguma poesia* (1930), se chama "Construção". Nele lemos: "O sorveteiro corta a rua". No oitavo, "Lanterna mágica", o poeta percorre várias cidades; a sétima é – pela primeira vez – o Rio de Janeiro: "Meu coração vai molemente dentro do táxi" – portanto, em situação de travessia urbana. O poema seguinte é "A rua diferente", com o registro das rápidas transformações da paisagem: "Na minha rua estão cortando árvores/ botando trilhos/ construindo casas". Encontramos ainda nesse livro de estreia "Coração numeroso" – "Foi no Rio./ Eu passava na Avenida quase meia-noite" – e "Moça e soldado" – "Meus olhos espiam/ a rua que passa": relações incidentais com o espaço urbano.

Será na outra ponta de sua obra, já próxima ao fim, que Drummond vai declarar o amor mais explícito à cidade do Rio de Janeiro, e tornar esse espaço geográfico-social não referência de ocasião, mas o núcleo do texto. Refiro-me aos poemas "Retrato de uma cidade" e "Elegia carioca", do livro (de 1977) *Discurso de primavera*.

Mas nem sempre a cidade é solar e festiva. Existe um Rio de solidão, em "A bruxa" (de *José*, 1942): "Nesta cidade do Rio,/ de dois milhões de habitantes,/ estou sozinho no quarto,/ estou sozinho na América", e um Rio de desconforto, em "A flor e a náusea" (de *A rosa do povo*, 1945): "Vomitar esse tédio sobre a cidade".

Gostaria, porém, de propor a leitura de duas ruas não nomeadas, presentes em dois textos de forte carga simbólica: um deles, muito conhecido, é a "Canção amiga", de *Novos poemas*, 1948. Outro é o bem menos famoso "Paredão", de *Menino antigo* (1973). Referem-se a ruas, que apontam, todavia, para sentidos e sentimentos bem distintos.

Atravessemos a rua universal da "Canção amiga". Antes, porém, contextualizemos o texto.

Depois da poesia bélica, engajada, de *A rosa do povo*, e com o término da Segunda Guerra Mundial, nasceu certa esperança na paz universal, com a derrocada do nazifascismo. Esperança que logo se frustraria com o advento da chamada Guerra Fria. Muitos falam da passagem brusca do Drummond combativo de *A rosa do povo*, de 1945, para o Drummond "alienado" de *Claro enigma*, 1951, pleno de especulações genealógicas e metafísicas, caracterizado pelo cultivo das formas fixas e dos versos metricamente regulares.

Mas há um elo perdido, uma transição entre as fases. São os *Novos poemas*. Apenas 12, alguns deles obras-primas. Certos textos prolongam o clima engajado do livro anterior: "A Federico García Lorca", "Notícias de Espanha". Há um soneto, "Jardim", em decassílabos perfeitos, sem rima. O último poema se chama "O enigma", em prenúncio ao *Claro enigma*. A "Canção amiga" é um texto-ponte na oscilação entre formas livres, de 1945, e desejo de regularidade, métrica e estrófica, de 1951. Compõe-se de 4 quadras, o que remete à regularidade, e de um terceto, que a desfaz. Não apresenta rima. Os versos iniciais de cada estrofe contabilizam 7 sílabas – simetria; os seguintes transitam entre 7 e 9.

232

Canção amiga

Eu preparo uma canção
em que minha mãe se reconheça,
todas as mães se reconheçam,
e que fale como dois olhos.

Caminho por uma rua
que passa em muitos países.
Se não me veem, eu vejo
e saúdo velhos amigos.

Eu distribuo um segredo
como quem ama ou sorri.
No jeito mais natural
dois carinhos se procuram.

Minha vida, nossas vidas
formam um só diamante.
Aprendi novas palavras
e tornei outras mais belas.

Eu preparo uma canção
que faça acordar os homens
e adormecer as crianças.

A seu modo, a "Canção amiga" não deixa de ser um texto engajado. Costumamos associar o engajamento apenas à palavra em combate; aqui, o discurso também se engaja, mas num projeto de desarmamento e paz.

O presente do indicativo é absoluto em quase todo o poema, exprimindo uma ação que não cessa: eu preparo agora e preparo sempre. O presente é a expressão temporal daquilo que não quer se extinguir.

Na primeira estrofe o poeta opta por elaborar uma canção, uma vez que a linguagem da música independe de fronteiras para ser apreciada. Ele sai do particular ("minha mãe") para logo atingir o coletivo de "todas as mães" – não por acaso, com o pronome indefinido, a fim de que nenhuma fique excluída. Em "fale como dois olhos" elabora uma sinestesia auditivo-visual: assim como o som, a imagem é universal. Um paquistanês e um boliviano, mesmo que não se entendam linguisticamente, podem compartilhar sensações parecidas diante de um quadro ou de uma canção.

Suíte drummondiana   233

Na segunda estrofe, o mesmo movimento centrífugo: o poeta parte do específico ("uma rua") que desemboca no genérico ("muitos países"). Novamente comparecem o visual ("vejo") e o auditivo ("saúdo"), mas sob o impulso da generosidade, no gesto que se faz sem cobrança de retribuição, como pura dádiva: "Se não me veem, eu vejo". O eu também se desloca da esfera consanguínea (a mãe, a família) para o espaço social da amizade. E "amiga", adjetivo no título, se concretiza no substantivo "amigos".

A ideia de doação sem demanda de retorno abre a estrofe 3: "Eu distribuo um segredo" – no compasso reiterado desse passar do mundo íntimo (o segredo) ao público (segredo *distribuído*), na esperança de um espaço onde essas fronteiras se diluíssem. Os "dois carinhos" inserem o componente tátil, após o visual e o auditivo, em dimensão ainda mais íntima e acolhedora, pois tanto o visual quanto o auditivo poderiam ocorrer mesmo com os corpos afastados. Em "dois carinhos se procuram", pela primeira vez o outro responde, doando-se em reciprocidade.

A convocação da alteridade é alimentada pelo desejo de congraçá-la numa unidade maior. É o que se lê na estrofe 4:

> Minha vida, nossas vidas
> formam um só diamante.
> Aprendi novas palavras
> e tornei outras mais belas.

A 1ª pessoa do singular ("minha") logo cede o passo à 1ª do plural ("nossas"), e ambas se soldam na imagem unificada do diamante: que agrega os atributos da solidez (o mais duro mineral), do valor (pedra preciosa), da limpidez, da transparência. A seguir, uma talvez involuntária, mas muito bela, descrição do ofício de um poeta: "Aprendi novas palavras/ e tornei outras mais belas". Ressalta-se que a palavra vem sempre de um outro: o poeta é um perpétuo aprendiz, não cria do nada; devolve à comunidade as palavras que dela recebeu – mas as restitui banhadas de beleza, como um carvão subitamente transformado em diamante.

Na estrofe derradeira torna-se mais explícito o apelo ecumênico:

> Eu preparo uma canção
> que faça acordar os homens
> e adormecer as crianças.

Homens, todos, para além das mães, dos amigos, dos amantes. Há uma nítida oposição complementar entre "acordar os homens" – inseri-los na possibilidade de um mundo real e solidário, para o qual estão de olhos fechados – e "adormecer as crianças" – permitir que elas possam continuar a sonhar. Nesse quadro, o verso 2 injeta um suplemento de sentido: "acordar", além de "despertar", significa "colocar em acordo", "harmonizar", com o radical "cor", de "coração", e de que temos exemplo em "acorde" musical, ou no adjetivo "acorde".

Por fim, uma feliz coincidência: Milton Nascimento musicou o poema e, em 1978, gravou a "Canção amiga" num vinil cujo título é *Clube da esquina nº 2*. "Clube" remete a associação, consórcio e "esquina" traduz o encontro de duas vias; no jeito mais natural, duas ruas se procuraram, ambas oriundas de Minas.

Passemos, agora, ao espaço opressivo de "Paredão". O poema, conforme dissemos, integra o livro *Menino antigo*, de 1973, memórias em verso de Drummond, que se ocupa, maciçamente, dos tempos de infância.

Paredão

Uma cidade toda paredão.
Paredão em volta das casas.
Em volta, paredão, das almas.
O paredão dos precipícios.
O paredão familial.

Ruas feitas de paredão.
O paredão é a própria rua,
onde passar ou não passar
é a mesma forma de prisão.

Paredão de umidade e sombra,
sem uma fresta para a vida.
A canivete perfurá-lo,
a unha, a dente, a bofetão?
Se do outro lado existe apenas
outro, mais outro, paredão?

O título se estampa com o sufixo aumentativo "ão". Se casarão é uma casa ampliada, paredão não é exatamente uma parede com mania de grandeza: além do tamanho, releva o fato de ser algo deslocado do interior da habitação para uma área limítrofe do externo. Atua como barreira, inviabiliza e invisibiliza o acesso ao dentro, na contramão da transparência da "Canção amiga".

Quanto à forma, porém, algo da "Canção" ecoa no "Paredão": a convivência entre regularidade e desvio. Predominam versos brancos, mas há alguns rimados. As estrofes têm número próximo, mas não idêntico, de versos (5-4-6). Catorze versos são octossílabos, mas existe um decassílabo, a impedir a simetria perfeita – exatamente o que abre o poema.

Nesta leitura, tentarei pôr em evidência o processo da isomorfia, isto é, a correspondência entre forma e sentido: a materialidade do poema em diálogo com aquilo que o conteúdo declara. Retomemos a primeira estrofe:

> Uma cidade toda paredão.
> Paredão em volta das casas.
> Em volta, paredão, das almas.
> O paredão dos precipícios.
> O paredão familial.

O verso 1 apresenta uma espécie de síntese – a cidade-paredão – que a seguir se desdobra, ou se demonstra em camadas: paredão das casas – espaço fora das pessoas; almas – dentro; precipícios – fora; familial – dentro. E ainda: paredão das casas – concreto; das almas, abstrato; dos precipícios – concreto; familial – abstrato. Para isolar ainda mais os homens, todos estão enclausurados não só semanticamente pelos paredões, mas graficamente pela presença de um ponto no fim de cada linha.

A sensação de emparedamento é intensificada não por algo presente na estrofe, mas pela ausência de uma categoria: o verbo, que implicaria ação; sem ele, reina a imobilidade. Dez dos 15 versos do poema não contêm nenhum verbo. Em duas das três ocasiões surgem flexionados; o sujeito, ironicamente, não é o homem, mas o próprio paredão (verso 7; versos 14-15). Nas demais ocorrências, os verbos que poderiam indicar movimento, resistência – passar, perfurar – vêm "congelados" no infinitivo impessoal, isto é, sinalizam ações potenciais, mas sem que ninguém as esteja deflagrando. Portanto, a isomorfia aí se estabelece: o conteúdo opressivo da paralisia é manifesto na forma do texto pela quase ausência da categoria gramatical (o verbo) que remete à ação. Outro exemplo de isomorfia é a utilização gráfica do signo "paredão". Ele vai murando a própria estrofe, cercando-a no fim (verso 1), no começo (verso 2) e no meio (verso 3).

Algo similar ocorre na estrofe 2:

> Ruas feitas de paredão.
> O paredão é a própria rua,
> onde passar ou não passar
> é a mesma forma de prisão.

As ruas ocupam o começo do verso 1 e o epílogo do verso 2, mas suas duas extremidades encontram-se bloqueadas pelo paredão: quando ela principia, o paredão a interrompe no fim (verso 1), e, quando ela termina (verso 2), o paredão já a bloqueava no início. Tal informação não é veiculada pelo conteúdo, mas pela forma do texto; para captá-la, não basta *ler* o poema, é preciso também *vê-lo* em sua espessa materialidade. Entre as pontas das ruas, a presença intransponível do paredão. E a primeira rima do poema (paredão/prisão), reforça, pela identidade fônica, a identidade semântica ou sinonímica entre ambos os vocábulos.

Na estrofe final,

> Paredão de umidade e sombra,
> sem uma fresta para a vida.
> A canivete perfurá-lo,
> a unha, a dente, a bofetão?
> Se do outro lado existe apenas
> outro, mais outro, paredão?

percebe-se que a palavra "paredão" bloqueia os pontos extremos do primeiro e do último versos, para que nada ou ninguém dele escape. O miolo da estrofe relata as inúteis tentativas de libertação.

Descrito, no verso 1, como espaço de "umidade e sombra", o paredão prolonga a ideia de prisão, advinda da estrofe anterior. Tal espaço de sombra opressora é o oposto do brilho e da luz diamantina da "Canção amiga". Os versos 3 e 4 – "a canivete perfurá-lo/ a unha, a dente, a bofetão?" – revelam a inutilidade do esforço humano, pela desproporção entre o objetivo – a derrubada – e os parcos recursos para empreendê-la. "Agredido", o paredão responde com sua infinita capacidade de autopropagar-se. Nos versos finais, surge, em "outro lado", uma imagem multiplicada em abismo, em que paredões emparedam outros paredões, inviabilizando, desse modo, qualquer "fresta para a vida" – vida que, no poema de 1948, pulsava numa rua livre e universal, capaz de simultaneamente acolher o trabalho dos homens e o sonho das crianças.

Por isso, neste poema de impasse, no meio do caminho tinha um paredão. E no outro, poema de esperança, no meio do caminho tinha uma canção.

DUAS VEZES DRUMMOND

Quarteto

Mário amava Manuel que amava Carlos que amava João que não amava ninguém.

Mário se correspondia com todos, menos com João. João, com ironia, dizia ostentar orgulhoso troféu: o de único poeta brasileiro a jamais ter recebido uma carta de Mário.

Carlos julgava Manuel o maior, apesar de Manuel proclamar-se poeta menor.

Carlos se afeiçoou a João, que se dizia seu aluno. O primeiro livro de João foi dedicado a Carlos. O segundo, também. Carlos consagrou apenas um pequeno poema a João, mas foi seu padrinho nas primeiras núpcias. Também integrou o júri que, em 1954, concedeu a João o mais importante prêmio literário do país.

Manuel, oriundo de Pernambuco, morou a vida quase toda no Rio de Janeiro. O paulistano Mário percorreu bastante o país, mas pouco foi ao exterior. Carlos, de Itabira do Mato Dentro, tampouco apreciava as viagens internacionais; esteve em Buenos Aires, em visita a familiares, e olhe lá. João, recifense e diplomata, correu o mundo: Europa, África, América. Mas, em sua geografia poética, sempre dava um jeito de retornar ao Nordeste e à Espanha. Não gostava do Rio, a contragosto residiu na cidade, bem diferente de Carlos, que não cessava de celebrá-la.

Mário, o arlequim, morreu desgostoso poucos dias depois do Carnaval de 1945, convicto de que sua geração fracassara. Manuel viveu por 82 anos, 5 meses e 26 livros, até ir-se embora para Pasárgada, bem-amado pelo público e pela crítica. Supunha que morreria meio século antes, mas, em país como o nosso, nada chega mesmo na hora prevista. A presença de Manuel foi captada em várias sessões espirituosas nas tendas de Paraty, no ano de 2009. Carlos afastou-se de João: ex-aluno que nunca escreveu soneto e que detestava temas abstratos, acabou criando outra escola, na qual só admitiu a entrada de bem poucas lições do antigo mestre. João decidiu especializar-se na casa de máquinas do poema. Carlos optou pelas engrenagens da máquina do mundo. As minas de João eram do mais duro minério; a Minas de Carlos, do mais puro mistério.

238

Mário e Manuel acabaram solteiros. Carlos deixou viúva. E João se casou com os concretos, que não tinham entrado na história.

O dicionário devora o inseto

Às vezes, insetos devoram dicionários. O contrário, embora difícil, também pode ocorrer. "Áporo", dizem Aurélio e Houaiss, significa "problema insolúvel". Certo, mas pouco. Duas outras acepções da palavra, como veremos, foram engolidas pelos ilustres lexicógrafos.

"Áporo" é dos mais belos e ambíguos textos de *A rosa do povo*, de 1945, onde pululam poemas com grande teor de comunicabilidade. Leiamos:

> Um inseto cava
> cava sem alarme
> perfurando a terra
> sem achar escape.
>
> Que fazer, exausto,
> em país bloqueado,
> enlace de noite
> raiz e minério?
>
> Eis que o labirinto
> (oh razão, mistério)
> presto se desata:
>
> em verde, sozinha,
> antieuclidiana,
> uma orquídea forma-se.

O impasse – registrado em forma interrogativa – está expresso na estrofe 2: parece não haver meio de o inseto escapar do quase inexpugnável bloqueio mineral. Ora, uma das lacunas dos dicionários reside no fato de que "áporo" também significa "inseto"; portanto, com um só signo, o poeta nomeia simultaneamente a extrema dificuldade de se escapar da prisão ("áporo 1") e a figura do prisioneiro ("áporo 2"), o inseto. O esforço do animal em atingir a luz remete à luta do poeta – igualmente defrontado a um espaço mineral, a folha de papel – para chegar à poesia, a partir da confluência, no país noturno de sua imaginação, das categorias da "razão" e do "mistério", mescla do administrável e do imponderável presentes no ato criador.

Suíte drummondiana   239

De súbito, nas estrofes finais, a situação se inverte: desfeita a aparente aporia (pela ultrapassagem da escuridão), o inseto parece abeirar-se de inesperada flor, irrompida contra as leis tradicionais da representação do espaço: "em verde, sozinha,/ antieuclidiana,/ uma orquídea forma-se".

A questão, porém, é que o inseto não toca a flor: *ele transforma-se nela*. Com a ajuda de outro dicionário, o de Caldas Aulete, escavamos mais fundo para fazer aflorar um terceiro sentido de "áporo": orquídea esverdeada. Assim, magistralmente, Drummond concentra os três sentidos no mesmo nome: o impasse, o agente que o desafia (o inseto, o poeta), e o resultado da luta: a orquídea-poema, nascida não das leis regulares da natureza, mas do poder fecundador da palavra poética.

Ao consignarem apenas uma acepção de "áporo", alguns dicionários mataram o inseto e podaram a flor. Caso não recuperemos os dois significados banidos, a planta ainda floresce, mas o poema, certamente, se atrofia.

Vinicius de Moraes:
os caminhos de uma estreia

Em geral, os pontos extremos da produção de um autor costumam ser encarados com reservas: no início, o escritor ainda não é ele próprio; no final, ele é si mesmo demais. A ausência de marcas individualizadoras e a reiteração excessiva do próprio estilo parecem configurar os pontos de partida e de desfecho de uma obra literária. Daí a tentação, quase irresistível, de se procurar, no que ainda não é, aquilo em que esse não ser se tornará; e, na outra ponta, o desejo de descobrir, sob o manto do mesmo, as frestas de inovação que a forma cristalizada porventura ainda contenha.

Na moderna poesia brasileira, são poucos os grandes escritores cuja obra de estreia tenha escapado incólume de um severo olhar da crítica ou da severa autocrítica do autor: *Alguma poesia*, de Drummond, *Poemas*, de Murilo Mendes, ambos de 1930... Cecília Meireles eliminou, inclusive, ao que consta, no sentido físico, seu inaugural *Espectros* (1919), uma vez que apenas um exemplar parece ter fortuitamente sobrevivido. Vinicius renegou *O caminho para a distância*, alijando-o de suas antologias e poemas reunidos. É, portanto, com um misto de cautela e de atração frente a um material "proibido" que devemos nos acercar da obra, levando em conta, porém, dois aspectos, que legitimam a publicação, não obstante as restrições a ela expressas pelo poeta: nem sempre (ou raramente) o escritor é o intérprete mais abalizado de si próprio; e, de qualquer modo, num determinado momento, esta foi a melhor poesia que ele logrou produzir: quando pouco, o livro terá, assim, interesse histórico no chamado "processo de formação" do autor.

Aqui, o interesse histórico extrapola a aventura particular de Vinicius e se projeta no painel mais amplo do conceito de Modernismo em nossa poesia. Como se sabe, a hegemonia da versão paulistana do movimento acabou minimizando, quando não excluindo, a consideração das demais vertentes da literatura modernista. Afirmar que a geração de 1922 foi iconoclasta e a geração de 1930 representou a maturidade e a reconstrução poética significa traçar uma empobrecedora linha reta (quando a literatura é plena de sinuosidades) que parte de Mário e Oswald de Andrade e desemboca em Carlos Drummond de Andrade e no Manuel Bandeira de *Libertinagem*. Para além dessa versão, houve outras, dentre as quais uma que dialogou com a linhagem simbolista da modernidade (ignorada pelos modernistas de 22), e de que são exemplos as obras de Cecília Meireles e de Augusto Frederico Schmidt. Cecília, a bem dizer, só passou a ser reconhecida no Brasil a partir de *Viagem* (1939), mas a ressonância da poesia de Schmidt foi imediata, desde seu primeiro livro, *Canto do brasileiro*, de 1928. Seria absurdo classificar a obra desses dois poetas como "amadurecimento" das propostas dos protagonistas da Semana de Arte de 22, pois, a rigor, nada devem a ela, do mesmo modo que a "geração de 30" regionalista se formou na esteira de um diálogo com a literatura realista do século XIX, e não sob o influxo de narrativas transgressoras como *Macunaíma* e *Memórias sentimentais de João Miramar*. Cecília e Augusto Frederico tampouco são "antimodernistas", a menos que "modernismo" seja termo de uso privativo do grupo de 22; são, antes, *outros* modernistas. É a essa tendência que se filia o primeiro Vinicius, em 1933, com *O caminho para a distância*.

Que imagem se tem do Vinicius "canônico"? A de um escritor neorromântico, de grande maestria no domínio das formas fixas, e que privilegia a temática amorosa, sem prejuízo de bem-sucedidas incursões no campo da poesia social. O Vinicius inaugural já é – mais ou menos – assim. É isso, mais o peso de uma religiosidade explícita, e menos o domínio formal. No preâmbulo do volume, o escritor se vale do velho recurso da "autenticidade" como escudo ou escusa para o que, na fatura da obra, venha a se revelar menos consistente. Trata-se de textos "vivendo e pulsando juntos", num livro "virgem de remodelações". Como diria – quase um século antes – Álvares de Azevedo, o poeta odeia "o pó que deixa a lima", pretendendo-se, antes, o receptáculo de uma inspiração em estado bruto, intocável em sua (ainda que formalmente imperfeita) pureza lírica. Dizem os versos iniciais da obra:

> [...] O ar está cheio de murmúrios misteriosos
> E na névoa clara das coisas há um vago sentido de espiritualização...
> Tudo está cheio de ruídos sonolentos
> Que vêm do céu, que vêm do chão
> e que esmagam o infinito do meu desespero.

Ao esfumado da referência corresponde o impreciso da forma: pronome indefinido ("tudo"), muitos adjetivos, passividade do mundo, fragilização do sujeito lírico. Todo o poema é uma convocação à transcendência ("No olhar aberto que eu ponho nas coisas do alto/ Há todo um amor à divindade"), uma súplica pela redenção, e que, ao evocar as almas, recorre a imagens já trabalhadas à exaustão por Cruz e Sousa, inclusive no emprego das reticências finais: "Talvez/ [...] Eu pudesse quebrar os grilhões que vos prendem...".

Tal via de culpa e de expiação religiosa, com a subsequente retórica profético-salvacionista, reaparece em bom número de peças: "O terceiro filho", "O único caminho" ("Eu sei que a Verdade ainda habita minha alma"), "Inatingível", "Purificação", "Sacrifício". O jogo de salvação/perdição realimenta uma linguagem igualmente binária, em que cada termo traz em si o seu oposto: "Lá havia tempestade e havia bonança/ Havia sombra e havia luz" ("Velha história"). O desejo figura-se igualmente culposo, conforme se lê em "Ânsia" e "Tarde" ("Imensamente sem Deus/ Na tragédia da carne desfeita"). Efetiva profissão de fé simultaneamente romântica e simbolista é "O poeta": "O poeta é o destinado do sofrimento/ [...] E a sua alma é uma parcela do infinito distante".

O livro melhora – e muito – quando o infinito se torna mais táctil. Quando, em vez de falar genericamente no "homem", na "Verdade", o poeta fala do que está ao alcance dos sentidos, sem pretensão de alçar-se; quando fala de um mistério – inclusive o erótico-amoroso – circunscrito ao território da contingência humana. Esse viés é o que predomina no segundo terço do livro, a partir de "Mormaço" até "Velhice". Em seguida, no grupo final, de "Fim" ao conclusivo "A grande voz", mesclam-se os dois registros, com prevalência da dicção altissonante do repertório inicial.

No conjunto central – o que mais sinaliza as linhas que o futuro Vinicius iria superiormente desenvolver – opera-se uma espécie de "contracanto" que relativiza a afirmação de certezas religiosas até então expressas. Lê-se em "Mormaço": "Que importa que a imagem do Cristo pregada na parede seja a verdade...// Eu sinto que a verdade é a grande calma do sono/ [...] E que me esmaga nos cílios longos beijos luxuriosos...". O desejo enfim emerge, desataviado: "Meu peito vivendo teu peito/ Meus olhos bebendo teus olhos, bebendo teu rosto..." ("Suspensão").

De maior voltagem lírica, num discurso já bem próximo daquele que será a tônica do poeta, é "A que há de vir", poema de promessa à entrega do amor total:

> [...] Ela abandonará filho e esposo
> [...]
> Abandonará Deus e a Igreja de Deus
> [...]
> Se oferecendo à minha posse
> [...]
> Ela é o amor vivendo de si mesmo.
>
> É a que dormirá comigo todas as luas
> E a quem eu protegerei contra os males do mundo.

O corpo, vilipendiado em "Tarde", ressurge redimido em "Carne": "No céu e na terra é tua carne que palpita/ Em tudo eu sinto o teu olhar se desdobrando/ Na carícia violenta do teu beijo". De grande delicadeza é o quadro pós-relação sexual elaborado em "A uma mulher". A busca/perseguição frustrada da amada é o mote de um dos mais bem realizados poemas do volume, "Romanza", dez oitavas de versos brancos em redondilha maior. As formas fixas, aliás, escasseiam no volume, restringindo-se, além das oitavas de "Romanza", a apenas três sonetos, dois deles ("Solidão" e "Judeu errante") de sentenciosa fatura parnasiana, em que – *et por cause* – Vinicius permite-se a rima, e ainda a "A floresta" e "Minha mãe", vazados em decassílabos brancos. O humor, tão presente na obra a vir do poeta, comparece em tímidos lampejos, no par sequenciado "Vinte anos" ("Confessava-me todo domingo/ E tornava a pecar toda segunda-feira/ Tinha paixão por mulheres casadas") e "Velhice".

"Fim", conforme dissemos, assinala o retorno à grandiloquência: "Lançarei meu corpo à vala comum dos falidos/ Ou cairei lutando contra o impossível que antolha-me os passos/ Apenas pela glória de tombar lutando?". No mesmo diapasão de busca da Verdade, no texto seguinte o poeta confessa: "Chorei. Prostrado na terra eu olhei para o céu/ E pedi ao Senhor o caminho da fé". Sua voz também se infla em "Os inconsoláveis":

> [...] Por que fechar assim o espaço eterno
> Às águias gigantescas?
> Por que encadear assim à terra
> Espíritos que são do imensamente alto?

Nessa procissão de poemas enfileiram-se ainda "Senhor, eu não sou digno" e, em especial, as imprecações (de novo abastecidas no horror ao corpo) de "A grande voz":

[...] É terrível, Senhor! Só a voz do prazer cresce nos ares.
Nem mais um gemido de dor, nem mais um clamor de heroísmo
Só a miséria da carne, e o mundo se desfazendo na lama da carne.
[...]
E a alma do espaço aniquilará a lama da terra
Para que a Verdade subsista.

O tom se alteia ainda mais na sanha punitiva de versos que a obra posterior de Vinicius jamais chancelaria, a exemplo de: "Talvez, Senhor meu Deus, fora melhor/ Findar a humanidade esfacelada/ Com o fogo sagrado de Sodoma". É provável que versos como esses tenham contribuído para que Vinicius não desejasse a reedição de *O caminho para a distância*, ao propagarem um moralismo que vida e obra do poeta cabalmente desmentiriam. Mas, nesse bloco final de poemas, surgem textos como "Minha mãe", "O poeta na madrugada" e (apesar do título) "O vale do paraíso" que relativizam o peso dessa voz tão inquisidora e tribunícia. No primeiro, o poeta pede à mãe: "Afugenta este espaço que me prende/ Afugenta o infinito que me chama". Eis aí uma das grandes tensões do livro: o embate entre o apelo quase irresistível do infinito, que implica a submissão à transcendência, e um pulsante desejo de apegar-se à imanência. Vinicius circulou pelas duas vias, ainda inseguro de ambas.

Apesar de o autor haver afirmado a "unidade" do livro, nele distinguimos, conforme exposto, três blocos. Com isso – e para retomar a analogia inicial com Álvares de Azevedo – o poeta gerou também (e literalmente, pois nasceu em 1913), ainda que de maneira involuntária, uma *Lira dos vinte anos* – que, como a de Álvares, se triparte num segmento inicial ortodoxo, num segundo mais irônico e dessacralizador, e num terceiro que mescla os anteriores.

Em determinado poema, Vinicius indaga: "Será que cheguei ao fim de todos os caminhos.../ Ao fim de todos os caminhos?". Cronologicamente, estava apenas palmilhando o princípio de seu próprio itinerário, desde logo, porém, marcado pela ambição e pelo desassombro: pega-se um caminho para se chegar a algum lugar; Vinicius tomava um caminho para perder-se de todos eles: tendo por alvo "a distância", seu objetivo não era a aproximação, mas o afastamento. A "distância" nunca termina; melhor: margeia a promessa do inalcançável. Todavia, se o caminho não cessa de multiplicar-se, alimentando-se exatamente de suas inesgotáveis possibilidades de proliferação, o poeta, a cada momento, é levado a fazer opções. As escolhas do jovem Vinicius, superada a voz dogmática de alguns de seus poemas do livro de estreia, o (e)levariam à condição de maior poeta lírico da poesia brasileira do século XX. Mas essa é uma história a ser contada nos próximos livros.

Mário Quintana:
a desmontagem do mundo

O hipogrifo, todos sabem, é aquele animal mitológico misto de águia, leão e cavalo. Mas que diacho significa uma vaca? Na visão de Mário Quintana, trata-se de um bicho que voa lentamente, porque gosta de apreciar a paisagem – mais ou menos como os anjos, que "voam em câmara lenta", e os poetas, cúmplices de tudo que não tem pressa de passar.

A poesia de Quintana jamais é afobada. Detém-se, com minúcia joalheira, nas cintilações do precário e do mínimo. Apropria-se das coisas simples para transformá-las em inexaurível fonte de perplexidade: num *Baú de espantos*, conforme intitulou uma de suas obras. Para ele, "esse tão balado realismo fantástico existiu sempre: é a poesia".

Décimo-quarto livro do autor, *A vaca e o hipogrifo*, cuja primeira edição remonta a 1977, se constitui numa excelente amostragem do estilo enganosamente "fácil" do poeta. O tom é informal, as palavras provêm do registro cotidiano, e a predominância da prosa sobre o verso poderia acentuar ainda mais um clima de descontraída interlocução com o leitor. Mas, sob tantos elementos que parecem sustentar uma prática ingênua ou espontânea da criação literária, subjaz um discreto experimentador de formas, tanto mais vigoroso quanto menos explícito: "Se alguém acha que estás escrevendo muito bem, desconfia... O crime perfeito não deixa vestígios".

As obras de Quintana quase sempre navegaram à contracorrente das marés estéticas de seu momento de publicação. Numa época de intensa prática do versilibrismo, o poeta estreia (*A rua dos cataventos*, 1940) com um livro de sonetos de métrica ortodoxa. A seguir, quando predomina a disciplina formal da Geração de 45, nosso autor lança (1946) as *Canções*, várias delas vazadas em verso livre. Depois, rompe com o próprio verso, em *Sapato florido* (1948), substituído por fulgurações líricas em prosa. Se *O aprendiz de feiticeiro* (1950) é constituído por poemas de métrica e estrofação inconstantes, *Espelho mágico* (1951) apresentará 111 peças rigorosamente talhadas em forma de quadras, cujos versos serão sempre rimados. Como constatamos, cinco livros sequenciados com cinco configurações inteiramente diversas.

É no *Caderno H*, de 1973, que se localiza a matriz imediata do livro de 1977. Ambos investem na coabitação de gêneros (prosa/poesia). Os poemas, no sentido estrito do termo, são minoritários e, paradoxalmente (ou talvez por isso mesmo), acabam ganhando destaque: em *A vaca e o hipogrifo* perfazem 42 incidências num universo de 228 textos, sem contar algumas poucas configurações híbridas, que mesclam verso e prosa.

Plural em técnicas de composição e montagem, a poesia de Quintana também o é no espectro temático, embora, como todo autor, também ele cultive seu jardim de obsessões. Nele cabem a infância e o reino animal, acolhido inclusive em representações descartadas pela tradição lírica – leia-se "Parcialidade": "A irmã lesma, a irmã barata, o irmão piolho/ [...] por que também não os louvastes, ó amantíssimo São Francisco?". Cabe a metalinguagem, tanto na implicância contra os poetas concretistas, quanto no elogio à potência indomada da força criadora – sem, contudo, renegar a importância da carpintaria verbal: "Não, não existe geração espontânea".

Para ele, tudo é arbitrário, descontínuo e incompleto; compete ao poeta desdobrar, em vez de corrigir, o espetáculo inconcluso do mundo. Costuma-se associar Quintana à linhagem neorromântica da poesia, em decorrência de o escritor entender a arte como o território do mistério. Convém, todavia, atentar para sua noção particular de "mistério": não aquilo que transcende, mas, ao contrário, é tudo que, embora inexplicável, só se traduz em matéria terrena, conforme afirma, incisivo: "Mas um belo poema – já não será a Outra Vida?".

Humor e leveza desdramatizam as grandes questões da humanidade. Assim, em "Libertação", aprendemos que a morte não é passaporte para o Além, mas apenas um bom pretexto para, afinal, nos deitarmos sem ter de tirar os sapatos. Se os anjos povoam o imaginário do autor, não o fazem para fins redentores, fazem-no para eles próprios incidirem no pecado, graças (?) à inestimável colaboração de Quintana: "Os livros de poemas são os livros pornográficos dos anjos". São eles, os anjos, que ingressam no humano, ao invés de nos guiarem ao angélico.

Se tudo está no mundo, tudo poderia estar *de outro modo* no mundo: é nessa desmontagem do dado empírico que se compraz a arte do poeta. São frequentes as transfigurações de um objeto em outro, por meio de um olhar essencialmente desfuncionalizador. O poeta confessa, em "Pausa", sua "necessidade da recriação das coisas em imagens, para terem mais vida": óculos virados sobre a mesa logo se assemelham a um "ciclista tombado". Noutro passo ("Suspense"), aranhas pendidas do teto são entrevistas como possíveis enfeites das "árvores de Natal do diabo" – e relevemos, aqui, a deliciosa ironia de imaginar o diabo a festejar o Natal.

A noção de estranheza – assimilada, porém, sem desconforto, e sim como fundamento de outra ordem possível – permeia sua obra. Nela, os textos tramam uma espécie de poética do relance, do fortuito. Mário Quintana vê para desconhecer, não para reconhecer o real. E, ao desconhecê-lo, passa a conhecê-lo pelo ângulo de um olhar ao mesmo tempo inaugural e solidário a um mundo em perpétua reinvenção.

Suíte cabralina

Marcas

Em pelo menos três acepções podemos falar de marcas do discurso cabralino, conforme o ponto de vista se abalance para uma angulação retrospectiva, prospectiva ou interna. Pela primeira, cabe averiguar que traços da herança modernista se inscreveram na obra de Cabral; se esses traços sofreram transformações e qual o efeito dessas eventuais mudanças. Pela segunda angulação, prospectiva, cabe avaliar sua ressonância nos autores e movimentos que se lhe seguiram; pela terceira, cabe apontar os elementos que constituem a especificidade de seu universo poético. A primeira e a segunda perspectivas privilegiam o que, em Cabral, transborda para autores pregressos ou futuros; a última incide em núcleos idiossincrásicos que, conjugados, formam sem dúvida um corpo estranho no percurso de nossas letras: o que o precede não o anuncia, o que o sucede não o denuncia.

É claro que todo discurso é situado historicamente, e seria ingênuo sustentar a crença em falas absolutamente inaugurais. Negar as expectativas de um tempo não significa anulá-lo, mas reescrevê-lo sob outro viés. Autores que respondem canonicamente à demanda de suas épocas correm o risco de desaparecerem com elas, por não terem injetado em seus textos um suplemento de sentido que os capacitasse a suportar demandas vindouras. As notas dissonantes, ainda que pouco perceptíveis a olhares contemporâneos, constroem a precária ponte de onde um texto assina e encara a própria posteridade. Todavia, a institucionalização do novo a qualquer preço conduz ao seguinte impasse: se o texto que não rompe normas é em si previsível, também é previsível o texto que as rompa na obediência ao rompante estatutário prescrito pela gramática do novo. Conservar o dito, num caso, conservar o processo de destruição do dizer, no outro. Falta postular uma terceira hipótese, a do texto que irrompe fora do dualismo, às vezes rígido e artificioso, entre o antigo e o moderno, e que dissolve polarizações marcadas como boas ou más, em gesto dialético refratário às simplificações do direito e do avesso. Diríamos que, em larga medida, a tentação do avesso condensa o fascínio e o declínio das vanguardas. Tomemos o exemplo da paródia: com ela, supõe-se demolir um edifício, quando, a rigor, ele é reconstruído de cabeça para baixo no subsolo. Numa relação algo incestuosa com a linguagem, o texto-matriz cintila sobre os escombros, pois, pretensamente aniquilado, transforma-se na grande fonte de sustentação do novo texto que o acusa. Ao fim e ao cabo, o texto paródico termina endossando, mesmo às avessas, a força fecundadora daquilo que pretendeu, pela derrisão, sufocar. O mais grave é que vários procedimentos, estratégicos na linha de frente de 1922, quando ao menos correspondiam a ataques contra a máquina obsoleta do tardo parnasianismo, acabaram cristalizando-se em clichês de uma discutível tradição do contrapoético. Nem é mais preciso que o leitor, com sua abúlica indiferença, aponte a demissão da poesia: os próprios poetas, gostosamente, se incumbem da tarefa. Diversos autores da "geração mimeógrafo" (década de 1970), por exemplo, restringiram-se a criar paráfrases involuntárias a certos rituais estilísticos de 22. Qualquer espasmo verbal quis legitimar-se pelo filão da poesia-minuto; desajeitadamente, inventou-se a poesia-segundo. O desconhecimento flagrante do legado literário e cultural travestiu-se de "pureza primitiva de expressão"; afinal, não é necessário "ver com olhos livres?". O veio do coloquialismo serviu de respaldo à indigência vocabular. Matérias que exigissem reflexão mais densa eram *a priori* descartadas, por serem "coisa de literatos". Assim, a desritualização da linguagem literária – sempre empurrada pela ritualização do avesso – confinou a poesia, em mãos inábeis, a um receituário lúdico de ocasião, a uma estreiteza perceptiva que, na mitificação do antinormativo, só exigia do escritor, no limite, a condição de que não soubesse escrever. Oswald de Andrade não pode ser o culpado da "contribuição milionária de todos os erros"[1] cometidos em seu nome: seus próprios impasses já são suficientes. Mas é em Oswald, paradoxalmente, que podemos lastrear não apenas alguns pontos de conexão com a poesia de Cabral, como, sobretudo, pontos de desconexão similares com que ambos os poetas trabalham frente a certos padrões líricos. Em outros termos: a marca maior é pela ausência, espécie de poética negativa amparada em recusas comuns. É nítido, porém, que a operacionalização dessa recusa,

---

[1] Andrade (1967, p. 90).

ou seja, o desdobramento desse "não", leva a resultados inteiramente diversos, quer no plano detalhado da microcomposição do poema, quer no plano geral da arquitextura das respectivas obras: uma, tramada sob o signo da premência, da euforia, da elipse, da parataxe; outra, a cabralina, sob o signo da paciência, do ceticismo, da análise, da hipotaxe. A minimização do melódico, a diluição de fronteiras entre o prosaico e o poético, a utilização de léxico sem chancela literária, o gosto em solapar o sublime são pontos de contato entre os dois. Mas a densa urdidura do verso e do projeto cabralino é algo bastante distanciado do rigor destrutivista de Oswald, inventor de ruínas, incapaz ou indesejoso de desenvolver outro gesto que não fosse o da irrisão e da paródia, acrescido da satisfação orgulhosa de não saber metrificar.

Outro poeta costuma ser evocado por João Cabral na reconstituição de seu percurso: Murilo Mendes. Se de Murilo excluirmos a religiosidade, o hermetismo, a epifania, o encantatório, os sonetos brancos, a metafísica, o salvacionismo – isto é, se de Murilo excluirmos Murilo –, o que sobrar influenciou Cabral. E o que resta? A escrita onírica embebida no Surrealismo, a celebração do mundo em sua ostensiva plasticidade (diríamos, até, tactilidade). Ora, o influxo onírico comparece de forma nítida apenas no primeiro livro de Cabral, *Pedra do sono* (1942); já em *O engenheiro* (1945), reveste-se de tonalidades bastante esmaecidas. Se é cronologicamente restrito o tributo cabralino ao autor de *A poesia em pânico*, encontraremos mais tarde uma curiosa confissão no Murilo tardio de *Convergência* (1970): "Joãocabralizei-me".[2]

Não há na poesia brasileira, uma linhagem nítida onde comodamente se possa instalar a obra de João Cabral de Melo Neto. Essa espécie de orfandade, que faz dele um autor-ilha, não implica, insistimos, uma trajetória criadora isenta da História, inclusive porque uma ilha só se percebe referenciada ao continente. Frente a tal continente literário, com suas famílias e genealogias bem assentadas, a ilha cabralina é uma poesia encharcada de silêncio por todos os lados. Autor situado no tempo, mas não sitiado por ele, capaz, portanto, de grafar-lhe as marcas da recusa, da negação, da dissonância.

Examinemos, agora, o outro aspecto da questão: a poesia de Cabral terá forjado sucessores? Restrinjamo-nos aos principais grupos ou tendências: a Geração de 45, o concretismo, os poetas dos CPCs, a poesia marginal. Quanto a esta, julgamos desnecessário, aqui, xerocar o que já dissemos sobre o mimeógrafo; deste grupo, quase nada sobrevive. No que tange a 45, leiamos o depoimento do próprio poeta:

---

[2] Mendes (1970, p. 131).

Suíte cabralina   251

Pertencer a uma geração é um fenômeno biológico, não se pode mudar o ano de nascimento. Mas alguns reduzem uma geração à ideia de escola literária; nessa perspectiva, nada tenho a ver com a escola de 45 e com seu ideário estético.[3]

Já o projeto de poesia popular do início dos anos 1960 apenas comprova que, muitas vezes, é com a melhor das intenções que se faz a pior das literaturas. Poesias ditada pelo clamor cívico do momento, poesia datada pelo naufrágio estético dos poemas e pelo naufrágio político da esquerda.

É sem dúvida no Concretismo que a ascendência cabralina se faz convocar. João Cabral, como se sabe, é dos raros autores brasileiros a merecerem guarida no panteão dos concretos. Lê-se no "plano-piloto" do grupo: "João Cabral de Melo Neto: linguagem direta, economia e arquitetura funcional do verso".[4] A tática de autolegitimação através de parcos e nobres antecessores (Mallarmé, Oswald, Cabral) acaba, implicitamente, desqualificando a quase totalidade da poesia pregressa e contemporânea, culpada, dentre outras mazelas, pelo anacrônico hábito de utilizar versos para compor um poema. Algo inadmissível, dado que, por augusto decreto, o movimento comunicou à praça que estava "extinto o ciclo histórico do verso".[5] Os concretistas, que aspiravam a representar "o mínimo múltiplo comum da linguagem",[6] geraram, na prática, um máximo divisor de tendências, através de grupos e subgrupos envolvidos em guerrilhas pelo poder literário, com ramificações e controvérsias que até hoje perduram nas querelas da crônica menor de nossas letras. Seria equivocado maximizar os traços que aproximam Cabral e concretos em detrimento do imenso fosso ideológico que os distingue. No texto concretista, em sua vertente combinatória, a obra pode até ser aberta, mas só pelas chaves do dono. Por exemplo: no poema "Alea I, variações semânticas", de Haroldo de Campos, faz-se convite à "criatividade" do leitor, solicitado a efetuar permutações aleatórias em duas palavras de cinco letras. O autor antecipa que existem 3.628.800 combinações previstas – há mil maneiras de preparar um poema, invente a sua... Talvez a poesia comece na milésima primeira, aquela fora da legislação, que, cercando as combinações por todos os lados, reduz o poema a um jogo de cartas e letras marcadas. João Cabral não compartilha desse triunfalismo, dessa jubilosa certeza do verbo. Na sua obra, ao contrário, o vínculo entre palavra e realidade será sempre lacunoso, claudicante.

---

[3] Melo Neto (*in* SECCHIN, 1999, p. 325-333).

[4] Campos *et al.* (1965, p. 154).

[5] Campos *et al.* (1965, p. 154).

[6] Campos *et al.* (1965, p. 155).

Daí a necessidade das contínuas versões e leituras com que cerca um objeto, criando metáforas "até certo ponto", metáforas de vigência restrita, convocadas para serem suprimidas pela denúncia de sua própria insuficiência. Temos, pois, a palavra como assédio maciço a uma realidade inesgotável, a um território inacessível no todo, mas que deixa entrever seus restos no poema.

A partir dessas reflexões podemos acercar-nos das configurações específicas do universo cabralino, não sem antes examinarmos o registro pelo qual ele se quer demonstrar: o da objetividade. Em que consiste a objetividade num poema? Para tentar algumas respostas, recorramos à divisa predileta de Cabral, reiterada em inúmeros depoimentos: a poesia deve "dar a ver". Tal sintagma pressupõe um ponto de visibilidade ideal e a necessidade da remoção de obstáculos que estejam toldando essa idealidade. O problema já se instala no fato de que o instrumento apto a aclarar a percepção é o mesmo que serve para encobri-la: a palavra. A partir de quais critérios, portanto, podemos avaliar uma percepção como mais isenta e exata do que outra? A simplificação didática da expressão "poesia objetiva" esconde uma série de mal-entendidos e de contradições, sobretudo se nos ativermos a parâmetros de natureza formal, considerando, por exemplo, que seria objetivo o texto que não contivesse as marcas linguísticas da primeira pessoa. Nesse caso, onde catalogar as muitas descrições (em terceira pessoa) acintosamente emocionadas dos românticos? Como classificar os textos em que o "ele" é máscara transparente do próprio "eu", oculto no biombo da terceira pessoa?

Toda obra revela simultaneamente a percepção e o percebido, seja a percepção exterior ou interna, seja o percebido uma pedra ou o mais inefável dos sentimentos. A objetividade plena pressuporia eliminar-se o foco de enunciação, pois este se deixa repercutir inevitavelmente naquilo que está capturando. Dar a ver não é deixar o objeto objetivamente falar, é escolher estratégias propícias a uma *simulação* de objetividade, onde as impregnações mais visíveis do sujeito se camuflem em prol de uma cena em que os objetos pareçam falar de si, mas sempre por meio do sotaque de quem os vê. Por mais que o artista deseje, a escrita do mundo não é autógrafa. A fé num registro descontaminado foi enterrada com a hipostasia naturalista; destruída a fé, resta a simulação, conforme lemos no poema "Dúvidas apócrifas de Marianne Moore" (de *Agrestes*, 1985):

> Sempre evitei falar de mim,
> falar-me. Quis falar de coisas.
> Mas na seleção dessas coisas
> não haverá um falar de mim?

Suíte cabralina 253

Não haverá nesse pudor
de falar-me uma confissão,
uma indireta confissão,
pelo avesso, e sempre impudor?
[...]
Como saber, se há tanta coisa
de que falar ou não falar?
E se o evitá-la, o não falar,
é forma de falar da coisa?[7]

Por essa via, podemos concluir como são relativas as bases da proclamada objetividade cabralina; tratar-se-ia, ao contrário, de poesia sutilmente confessional, urdindo uma espécie de autobiografia em 3ª pessoa. É pela marca exaustiva sobre determinados signos que se vai desenhando o rosto de quem a imprime. Na "seleção dessas coisas" o poeta se reconhece. Auscultemos, pois, na sua obra, os elementos que insistem, consignando apenas, em sumário registro, obsessões de ordem formal, já apontadas à exaustão pela crítica: a quadra, a rima toante, o isossilabismo, os versos com metrificações pares.

No poema "Graciliano Ramos:", de *Serial* (1959), encontram-se os famosos versos:

[...] Falo somente com o que falo:
com as mesmas vinte palavras
girando ao redor do sol
que as limpa do que não é faca.[8]

Em "A lição de poesia" (de *O engenheiro*), deparamo-nos com:

[...] Vinte palavras sempre as mesmas
de que [o poeta] conhece o funcionamento,
a evaporação, a densidade
menor que a do ar.[9]

Não faltou, inclusive, quem submetesse ao computador a obra cabralina, à caça de pistas para esse "tesouro lexical" que, no fim das contas, está ali, à flor

---

[7] Melo Neto (2008, p. 522).

[8] Melo Neto (2008, p. 287).

[9] Melo Neto (2008, p. 55).

do texto. Ademais, devemos filtrar os dados cegamente quantitativos: às vezes, uma palavra reiterada em único livro poderia conotar dimensão que, de fato, não possui no conjunto da obra: é o caso da "bala" de *Uma faca só lâmina* (1955). Mais produtivo para nossos propósitos é fisgar os signos que abram uma extensa zona de ressonância ao longo de todo o percurso do autor. Acompanhar os diferentes matizes de suas reaparições é, de certa forma, verificar as transformações da própria obra refletidas nas reelaborações que ela empresta a tais signos. Pernambuco, Espanha, pedra, rio, terra, deserto, poema, pintura, cana, bicho, luz, tempo, homem, mulher, sol, fome, secura, canto, água, corpo, faca e silêncio estão entre os tópicos substantivos mais recorrentes do imaginário cabralino, muitos deles, evidentemente, comportando subconjuntos, como a Andaluzia e Sevilha, na Espanha; e sertão, Agreste, Zona da Mata e Recife, em Pernambuco. A observar no contingente a pequena incidência de termos abstratos e a preferência por signos que, de algum modo, evoquem experiência sensorial, como pintura, luz e canto. Mesmo o tempo, categoria passível de formulações abstratas, será traduzido pela materialidade dos sentidos; dele se diz, em "O alpendre no canavial" (*Serial*), que tem sabor e cheiro, que é palpável, audível, visível. Esse (não exaustivo) repertório estabelece entre seus componentes redes de infiltração recíproca, seja em caráter opositivo (água x secura, canto x silêncio), contrastivo (Pernambuco x Espanha, rio x terra) ou complementar (poema x pintura, homem x mulher). Do conjunto, alguns elementos – pedra, mulher, pintura, tempo – já foram bastante analisados por outros estudiosos. Propomo-nos aqui a verificar mais de perto o alcance do signo "cana", por entendermos que se trata de uma das marcas que mais exemplarmente operam na confluência entre linguagem e metalinguagem. A cana, progressivamente, deixará de ser registrada como simples referencial paisagístico para tornar-se modelo de uma arquitetura textual, atravessando de permeio outros níveis que iremos apontar.

A primeira referência data de *Os três mal-amados* (1943): "[o amor] comeu o verde ácido das plantas de cana"[10]; relevou-se a cor, não a forma. A "Fábula de Anfion" (1947) rememora "a flauta cana ainda".[11] Já em *O rio* (1954), lemos: "muita folha de cana/ com sua lâmina fina"[12] e "Que nem ondas do mar/ multiplicadas, elas [canas] se estendiam".[13] Agora, além da alusão à forma ("lâminas"),

---

[10] Melo Neto (2008, p. 39).

[11] Melo Neto (2008, p. 68).

[12] Melo Neto (2008, p. 103).

[13] Melo Neto (2008, p. 109).

surge outra imagem obsessiva de Cabral: a similitude entre o canavial e o mar. Essa aproximação, inicialmente adstrita ao nível da plasticidade, logo convocará desdobramentos sociais, pelo viés do sentido metafórico de coletividade e potencial de insubmissão que onda e cana compartilham: no poema "O mar e o canavial" (de *A educação pela pedra*, 1966), o poeta assinala a "veemência passional da preamar", "o desmedido do derramar-se da cana".[14] Multiplicada, a cana indicia o poder transfigurador do coletivo, o ímpeto que não aceita ser contido, como se lê em "O vento no canavial", de *Paisagens com figuras* (1956):

> [...] Se venta no canavial
> estendido sob o sol
> seu tecido inanimado
> faz-se sensível lençol
> [...]
> É solta sua simetria:
> como a das ondas na areia
> ou as ondas da multidão
> lutando na praça cheia.[15]

O mesmo poema traz à tona, pela primeira vez, a aproximação entre cana e texto, ao figurar um canavial sem vento como "papel em branco de escrita". Ainda em *Paisagens com figuras* ("Alto do Trapuá"), localiza-se outra vertente, a da sexualização da cana:

> [...] Só canaviais e suas crinas,
> e as canas longilíneas
> de cores claras e ácidas,
> femininas, aristocráticas.[16]

Tal concepção será retomada em *Quaderna* (1960), e a partir daí a feminilidade da cana desencadeará um torneio ambíguo de sedução e recato, de oferta e pudor, deixando entrever a nudez através da palha e valendo-se da palha para vedar a nudez. Cada vez mais o corpo da cana, feminino, passa a ser imagem

---

[14] Melo Neto (2008, p. 309).

[15] Melo Neto (2008, p. 127).

[16] Melo Neto (2008, p. 137).

do corpo do texto. Essa acumulação de sentidos se estampa com clareza em "A cana-de-açúcar de agora" (de *A educação pela pedra*), onde, antes de observar que a cana "Se resguarda, multiplicando as saias", o poeta se refere a seu "desenho preciso", à "coluna matemática", à "elegância fina e moderna".[17] A força centrífuga do signo cana ascende a outro patamar no livro *A escola das facas*, de 1980. Ao lado do persistente jogo erótico do velar/desvelar, em "O fogo no canavial" –

> [...]   O inferno [incêndio] foi fogo de vista,
> ou de palha, queimou as saias:
> deixou nua a perna da cana,
> despiu-a, mas sem deflorá-la.[18]

–, avulta na obra a consciência de que assinalar um objeto é inscrever nele a marca especular do sujeito; transforma-se o marcador na coisa marcada. Há um texto que, de modo explícito, trabalha a questão – "Menino de engenho":

> A cana cortada é uma foice.
> Cortada num ângulo agudo,
> ganha o gume afiado da foice
> que a corta em foice, um dar-se mútuo.
>
> Menino, o gume de uma cana
> cortou-me ao quase de cegar-me,
> e uma cicatriz, que não guardo,
> soube dentro de mim guardar-se.
>
> A cicatriz não tenho mais;
> o inoculado tenho ainda;
> nunca soube é se o inoculado
> (então) é vírus ou vacina.[19]

Dupla leitura em dois estágios: a foice, atacando a cana, dá-lhe ao mesmo tempo a lesão e o poder de corte; a cana, agredindo o menino, concede-lhe simultaneamente uma ferida e uma arma, no negativo do vírus e no positivo da vacina. A cicatriz é o denominador que atinge todos, inclusive o poeta, que

---

[17] Melo Neto (2008, p. 328).
[18] Melo Neto (2008, p. 402).
[19] Melo Neto (2008, p. 392).

consegue percebê-la, invisível, a partir do menino de ontem: não é por imaginária que uma ferida deixa de doer. O mesmo "dar-se mútuo", que aqui irmana poeta, menino, cana e foice, alicia outro personagem, o vento, no poema que dá título à obra, "A escola das facas":

> [...] O alísio ao chegar ao Nordeste
> baixa em coqueirais, canaviais;
> cursando as folhas laminadas,
> se afia em peixeiras, punhais.[20]

Ao frequentar as folhas da cana, o vento aprende-lhe a lição de corte: nenhuma leitura é impune. Desta maneira, em "A voz do canavial", o vento já surge exercitado por uma oficina poética *a palo seco*:

> [...] Voz sem saliva da cigarra,
> do papel seco que se amassa,
>
> de quando se dobra o jornal:
> assim canta o canavial.[21]

A secura do som e o despojamento da cana retilínea se correspondem, modulações diversas de um mesmo estilo. Já em "Moenda da usina", a construção do texto literário se faz sobre os destroços e ruínas do texto da cana; antes, no canavial, "esbelta, linear", ela chega à usina "despenteada e sem rima".[22]

Pudemos, portanto, flagrar na obra de Cabral as sucessivas (ou simultâneas) configurações que a cana foi assumindo até alçar-se a modelo de produção discursiva, chegando mesmo, em "Menino de engenho", a constituir-se num foco de irradiação ética e poética para o sujeito. Vimo-la feminina; é masculina em "Tio e sobrinho". É vegetal, mineral ("A cana-de-açúcar de agora") e animal ("Pernambucano em Málaga"). Em "Jogos frutais", de *Quaderna*, fora definida como "pura linha"[23] – linha que, do imaginário, lança-se para todos os lugares, prestando-se, desse modo, a uma notável pluralidade de sentidos.

---

[20] Melo Neto (2008, p. 403).

[21] Melo Neto (2008, p. 393).

[22] Melo Neto (2008, p. 419).

[23] Melo Neto (2008, p. 240).

Cabe-nos ainda registrar outro tema, que, sem integrar a reiterada "seleção de coisas" de Cabral, assume, em seus últimos livros, dimensão de tal maneira fecunda que chega inclusive a reorientar a compreensão da poesia anterior. Referimo-nos às relações familiares de infância, cuja presença se avoluma a partir de *A escola das facas*.

Tendo lançado, em 1968, as *Poesias completas*, o autor como que fechou um ciclo balizado por duas pedras: a primeira, *do sono*, e a última, d'*A educação*. Tresleu-se nisso um protocolo precoce de aposentadoria poética, desmentido cab(r)almente pelo vigor criativo de *A escola das facas*. A matéria garimpada na experiência autobiográfica franqueia a Cabral o acesso ao grupo dos grandes poetas brasileiros (dentre eles Bandeira e Drummond) que mergulharam no memorialismo. Estabeleçamos, pois, à guisa de confronto, alguns traços específicos no tratamento do tema em Manuel Bandeira, Carlos Drummond de Andrade e João Cabral de Melo Neto.

No primeiro, a infância é refúgio idílico, em que a imagem do menino se preserva, inteiriça, da contaminação do adulto, compondo a nostalgia de uma plenitude sem fraturas:

[...]   O menino que não quer morrer,
Que não morrerá senão comigo,
O menino que todos os anos na visita do Natal
Pensa ainda em pôr os seus chinelos atrás da porta.[24]

A perda é vivenciada por notações eufêmicas ("Estão todos deitados/ Dormindo/ Profundamente"[25]) e a sensação de alumbramento acolchoa a experiência pretérita sob a égide da alegria – perdida, mas alegria. Se conjecturas ensombreadas de melancolia acabam vincando o adulto ("A vida inteira que podia ter sido e que não foi"[26]), ele, mesmo defrontando-se com a morte, encena-lhe o ritual pelo compasso da desdramatização:

Quando a Indesejada das Gentes chegar
[...]
Encontrará lavrado o campo, a casa limpa,
A mesa posta
Com cada coisa em seu lugar.[27]

---

[24] Bandeira (1966, p. 160).

[25] Bandeira (1966, p. 122).

[26] Bandeira (1966, p. 107).

[27] Bandeira (1966, p. 121).

Já em Drummond, a meninice e os laços de família constituem polo de alta tensão, que emerge desde o segundo poema, "Infância", de seu primeiro livro:

> Meu pai montava a cavalo, ia para o campo.
> Minha mãe ficava sentada cosendo.
> Meu irmão pequeno dormia.
> Eu sozinho menino entre mangueiras
> lia a história de Robinson Crusoé,
> comprida história que não acaba mais.[28]

De fato, essa história não acabaria. A dispersão expressa nos versos iniciais de "Infância" – o pai no campo, a mãe na casa, o irmão no sono, o menino no quintal – levará o poeta à busca da impossível recomposição da fissura. Querendo a unidade, caminhará entre cacos, prisioneiro da dissipação ("Pai morto, namorada morta./ Tia morta, irmão nascido morto"[29]). Permeia sua obra a consciência do fracasso, o sentimento culposo da volatilização de uma herança. Não preserva em si a figura íntegra do menino, mas a dor de quem "ao sol posto/ perde a sabedoria das crianças".[30] Esse herdeiro "que melhor não fora nado",[31] como dirá em "Os bens e o sangue", carrega indelevelmente o peso e a frustração de seus mortos, pois herança não é apenas aquilo que recebemos, mas aquilo de que não conseguimos nos livrar.

Em Cabral, a infância perde a aura cúmplice de Bandeira, sem, com isso, estampar o selo angustiado de Drummond. É encarada como período de desafio de linguagens, sob o disfarce de anedotas enganosamente inócuas. Uma paráfrase do poema "Descoberta da literatura" diria que se trata da história do garoto João, que gostava de ler o cordel, escondido, para os trabalhadores do engenho, apesar de temer que lhe atribuíssem a autoria dos livretos. Um dia, sua família descobre essa prática e, muito provavelmente, a coíbe. O poeta, em aparência, não emite juízo sobre a censura familiar. Leiamos o texto, para depois verificar o que a malícia da forma pôde acrescentar a enredo tão simples:

---

[28] Andrade (1969, p. 3).

[29] Andrade (1969, p. 68).

[30] Andrade (1969, p. 270).

[31] Andrade (1969, p. 187).

No dia a dia do engenho,
toda a semana, durante,
cochichavam-me em segredo:
saiu um novo romance.
E da feira do domingo
me traziam conspirantes
para que os lesse e explicasse
um romance de barbante.
Sentados na roda morta
de um carro de boi, sem jante,
ouviam o folheto guenzo,
a seu leitor semelhante,
com as peripécias de espanto
preditas pelos feirantes.
Embora as coisas contadas
e todo o mirabolante
em nada ou pouco variassem
nos crimes, no amor, nos lances,
e soassem como sabidas
de outros folhetos migrantes,
a tensão era tão densa,
subia tão alarmante,
que o leitor que lia aquilo
como puro alto-falante,
e, sem querer, imantara
todos ali, circunstantes,
receava que confundissem
o de perto com o distante,
o ali com o espaço mágico,
seu franzino com o gigante,
e que o acabassem tomando
pelo autor imaginante
ou tivesse que afrontar
as brabezas do brigante.
(E acabariam, não fossem
contar tudo à Casa-grande:
na moita morta do engenho,

Suíte cabralina   261

um filho-engenho perante
cassacos do eito e de tudo,
se estava dando ao desplante
de ler letra analfabeta
de corumba, no caçanje
próprio dos cegos de feira,
muitas vezes meliantes).[32]

O poema se desenvolve em três etapas. Na primeira, do verso 1 ao 14, a ênfase é concedida ao evento da leitura e à apresentação dos personagens: o garoto leitor e os trabalhadores ouvintes. Na segunda, versos 15 a 34, estampa-se a avaliação do menino quanto ao que lia, incluindo-se aí tanto as características do cordel como o comportamento do público. Na última, registra-se, a partir do verso 35, a reação indignada da família de João.

No segmento inicial constatamos a oposição entre a ordem pragmática ("dia a dia do engenho") e a circulação clandestina do imaginário ("cochichavam-me", "conspirantes"). Conquanto o leitor vá expressar, na parte 2, a vontade de ser apenas porta-voz, observamos que sua função é dupla: ler e explicar, diferenças que pressupõem superioridade. De qualquer modo, o domingo (a feira) se infiltra no dia útil via literatura, abrindo um referencial de todo apartado do suor cotidiano. Esse referencial se desdobra na segunda parte: o mirabolante, crimes, amor, lances que eletrizavam o ambiente. Agora, o cordel demonstra a carga de impacto sobre a plateia, e outra vez o conivente leitor vai detectando diferenças: assinala a redundância dos relatos ("coisas já sabidas") e, mais do que isso, registra a cisão, mal percebida pelos demais, entre espaço real e imaginário ("receava que confundissem/ o de perto com o distante"). Frisemos que essas disjunções entre leitor e ouvintes parecem ocorrer à revelia do menino, cujas interferências ele próprio pretenderia evitar: "puro alto-falante", "sem querer imantara".

No segmento final, uma fala delatora ("contar tudo à Casa-grande") obsta o trânsito desse discurso – em duplo sentido – "na moita". A linguagem alheia, da "senzala", sofre duas sanções: uma intrínseca, por ser "letra analfabeta"; outra, na medida em que o erro linguístico é encarado como sintoma de desvio social: "cegos de feira,/ muitas vezes meliantes". A família, resguardada socialmente na casa-grande, e graficamente nos parênteses do texto, sabe que a tutela do discurso é arma eficaz

---

[32] Melo Neto (2008, p. 422).

para garantir que as coisas permaneçam em seus devidos lugares: o domínio formal da fala atua como emblema exteriorizado desse poder demarcatório. A infração ao código ocorre quando uma voz errante da casa-grande se põe a serviço da voz "errada" dos trabalhadores. O problema é que, recusando a chancela de origem para fazer-se cúmplice da palavra alheia, o personagem não consegue apagar a marca inicial, não consegue desalfabetizar-se, passando ingenuamente para o outro lado do discurso. Mesmo lá manterá vivos os sinais que tentou abafar, no afã de ser apenas "puro alto-falante". Algumas astúcias na construção do poema dramatizam o impasse desse discurso que bate às portas de outro, mas sem a inocência ou o cinismo de supor que se possa instalar sem sequelas dentro dele.

Vai-se perceber, no poema do adulto, um descompasso entre o desejo de imitar o cordel e as interferências letradas que inviabilizam a empreitada; trata-se de um texto que encena pela forma a própria impossibilidade de ser aquilo para o qual desejavelmente se dirige. Senão, vejamos: o lado-cordel se patenteia pelo teor narrativo, pela estrofe monorrímica, pelo emprego da redondilha maior. O poeta, com as marcas de menino de engenho (e arte), interfere nesses esquemas, dificulta-os. Assim, se existe uma só rima, ela não será em "ão" ou "ar", mas em "ante", opção que conduz a contingente lexical infinitamente mais restrito e sofisticado; na redondilha maior, o autor promove flutuação de tônicas, impedindo a cristalização rítmica dos tradicionais acentos em 3ª e 7ª sílabas. A forma, portanto, transmite ao mesmo tempo os rituais do cordel e a impossibilidade de fazer o texto soar plenamente como cordel. Essa dualidade entre o popular e o erudito acompanhará toda a obra do poeta, através de sistemas paralelos e eventualmente cruzados de dicções em entrechoque: a poesia de Cabral nunca desistiu de ser também a poesia do João.

Podemos, de regresso ao texto, destacar ainda as várias implicações do título: ele evoca a descoberta de uma literatura, a do cordel; a prática dessa leitura era descoberta, ao ar livre, e descoberta porque carente de legitimação. Finalmente, essa literatura descoberta foi descoberta pela casa-grande. O poema não revela os efeitos imediatos da ação censória, se o menino abriu ou não alguma brecha para continuar descobrindo a literatura. Mas o gesto inibitório – a longo prazo – fermentou ardilosa vingança simbólica contra a família, pois o revide diante da censura foi a criação de um texto abastecido na própria censura: "Descoberta da literatura". A proibição de falar levou-o a falar da proibição, não mais na condição de simples "alto-falante", e sim na de autofalante, tentando dizer-se nesse arco de linguagem estendido entre a casa-grande e a "senzala". Palavra plantada num hiato, e duplamente deslocada: as marcas de origem e a empatia para com o Outro social tornarão instável o assentamento do poeta em qualquer dos dois polos. Como vemos, as convocações biográficas da família, longe de trilharem os meandros da reconciliação póstuma, ou da complacência sentimental, iluminam uma nova leitura da poesia de Cabral, na medida em que trazem à tona um tenso processo de aprendizagem discursiva de que conhecíamos apenas o resultado – a obra –, mas não a árdua elaboração na confluência da trama tecida entre sangue e texto.

Examinamos, num primeiro momento, as marcas de João Cabral no processo literário brasileiro; em seguida, estudamos algumas das construções simbólicas obsessivas em sua poesia, para, depois, restringirmos o campo de investigação através de leitura mais cerrada de texto. Arriscaríamos ainda, neste encaminhamento final, invocar outra marca, de ordem subjetiva: aquela impressa em seus leitores, ou, mais exatamente, neste leitor que agora lhes fala. Após tantos anos de frequentação atenta e amorosa de sua obra, não me cansei de surpreender atalhos e desvios naquilo que supunha serem questões resolvidas. Descobri nesse poeta crítico que força criadora e rigor analítico podem partilhar o mesmo solo de linguagem. Convivi com poemas que não propõem um estoque de saberes, mas o exercício de sucessivas desaprendizagens para aprender melhor aquilo de que o olhar domesticado não consegue dar conta, na travessia tormentosa para o novo.

O poeta, um dia, falou de um recém-nascido Severino. Valho-me aqui dos versos que ele então escreveu, para, através deles, definir o próprio texto de João Cabral:

> [...] Belo porque é uma porta
> abrindo-se em mais saídas
> [...]
> Belo porque tem do novo
> a surpresa e a alegria
> [...]
> como o caderno novo
> quando a gente o principia.[33]

Referências

ANDRADE, Carlos Drummond de. *Reunião*. Rio de Janeiro: José Olympio, 1969.

ANDRADE, Oswald. *Trechos escolhidos*. Rio de Janeiro: Agir, 1967.

BANDEIRA, Manuel. *Estrela da vida inteira*. Rio de Janeiro: José Olympio, 1966.

---

[33] Melo Neto (2008, p. 177).

CAMPOS, Augusto de *et al. Teoria da poesia concreta*. São Paulo: Invenção, 1965.

MELO NETO, João Cabral de. Entrevista. In: SECCHIN, Antônio Carlos. *João Cabral: a poesia do menos*. 2. ed. Rio de Janeiro: Topbooks, 1999. p. 325-333.

MELO NETO, João Cabral de. *Poesia completa e prosa*. 2. ed. Rio de Janeiro: Nova Aguilar, 2008.

MENDES, Murilo. *Convergência*. São Paulo: Duas Cidades, 1970.

MORTE E VIDA CABRALINA

O sertão se comprime em poucas páginas da vasta obra de João Cabral de Melo Neto. Poeta pernambucano, sim, mas de um Pernambuco aquém-sertão, situado entre as muitas crinas dos canaviais da Mata e o apelo oceânico do Recife. Na contramão dos nordestinos que migram com e como o rio Capibaribe, João Cabral, retirante às avessas, sobe do Recife de *O cão sem plumas* (1950) para o sertão inaugural de *O rio* (1953). Duplamente inaugural – abre o poema e comparece pela primeira vez à obra do escritor:

> [...] lembro-me bem de que baixava
> entre terras de sede
> [...]
> Rio menino, eu temia
> aquela grande sede de palha
> [...]
> Por isso é que ao descer
> caminhos de pedra eu buscava.[34]

Curiosa aparição no imaginário do poeta – o sertão já nascendo sob a forma de lapso, de lacuna: "não consigo me lembrar/ dessas primeiras léguas/ de meu caminhar".[35] Fiel a essa marca de esquecimento, o sertão recalcou-se no discurso do poeta, para só reaparecer com vigor doze anos depois, em *A educação pela pedra*. Ao ocultar-se na memória do rio-criança, que dele se esqueceu, o sertão, todavia, não deixa de vincar a paisagem lexical do texto: "terras de sede", "caminhos de pedra". Coisas que o rio-menino, já no Agreste, nem sabe se viu, mas de

---

[34] Melo Neto (2008, p. 95).

[35] Melo Neto (2008, p. 95).

Suíte cabralina   265

que se fez testemunha "por ouvir contar"[36]; e o pior cego é o que não quer ouvir. Impossível apagar as imagens de um vazio "onde só pedra é que fica-va"[37]: domínio mineral de uma topografia ostensivamente cheia de nada. Em Cabral, o sertão nasce para anunciar a morte: sertão, serThânatos. Natureza desfalcada, palco de atores – bichos, homens, rios – em perpétua retirada, ele também não deixa de ser, em contraste, o incitador de uma afirmação vital: viver nele, apesar dele. É nesse jogo entre devastação e resistência que a poesia de morte e de vida cabralina vai tentar traduzir o sertão. Traduzi-lo num viés etimológico: atravessá-lo, levá-lo além, de um ponto a outro: do verso do poeta ao reverso do deserto (ou desertão), onde a vida severina pede passagem. Traduzir o deserto solar do sertão no deserto polar da página branca, pois o "sol de palavra/ é natureza fria".[38]

Por enquanto, fixemos este ponto: no início, Cabral apenas sabe que (h)ouve um sertão, sobre o qual não pode falar com justeza. Dele falará quando o discurso poético aprender a apreendê-lo no vazio e na vertigem da carência, numa linguagem rarefeita contra a cultura do supérfluo. Traduzir o sertão é traduzir-se nele: deixar-se conduzir com palavras desencapadas para o lado menos confortável da fala, onde nem mesmo exista o consolo de uma pedra no meio do caminho, pela simples razão de a pedra confundir-se com o caminho inteiro: "Por isso é que ao descer/ caminhos de pedra eu buscava"[39] – o rio fala, e Cabral assina. De tanto caminhar sobre palavras-pedra, e de tanto apanhar apanhando-as, o discurso cabralino desembarcou mais tarde em *A educação pela pedra*, livro que, sem dúvida, mais explicitamente incorpora e desenvolve a temática sertaneja. Nessa travessia, alguns poemas já foram sinalizando aquilo que, em Cabral, o sertão viria evocar – um modelo ético e poético:

[...] não o de aceitar o seco
por resignadamente,
mas de empregar o seco
porque é mais contundente.[40]

---

[36] Melo Neto (2008, p. 95).

[37] Melo Neto (2008, p. 96).

[38] Melo Neto (2008, p. 16).

[39] Melo Neto (2008, p. 95).

[40] Melo Neto (2008, p. 227).

Para que a missão da vida se transforme em insubmissão à morte, há que se fazer a travessia referencial do seco ao úmido da Mata, e textual do úmido de um discurso "piedoso" ao seco de uma fala só lâmina:

> [...] Falo somente com o que falo:
> com as mesmas vinte palavras
> girando ao redor do sol
> que as limpa do que não é faca.[41]

Análoga preocupação em transformar a palavra florida em palavra-ferida já acompanhava o poeta desde a longínqua (1947) *Fábula de Anfion*. Nela, e não à toa no cenário de um deserto, o personagem, derrotado pela súbita folhagem do acaso, opta pelo silêncio. Desfaz-se da flauta, devolvendo-a àquilo que não domina: a água, os imponderáveis caminhos – "A flauta, eu a joguei/ aos peixes surdo-/mudos do mar".[42]

Ambiguidade da água: portadora da vida, é também agente do excesso, da exuberância, da proliferação descontrolada que repugna ao poeta. Daí a água em Cabral ser aquela do sertão: fios de rios exíguos, que elevam à mais alta tensão o combate entre o líquido e o sólido. A água lhe interessa, antes de tudo, como elemento de trânsito, de articulação, espécie de correspondente metafórica da sintaxe, linha que tece a ligação entre elementos. Em Cabral há um discurso que fia e que desconfia, que apalpa o que vê para tentar fugir ao embuste, "folha prolixa, folharada,/ onde possa esconder-se a fraude".[43]

Água moldada pela terra – poeta fluvial, não marítimo. Ou água contida, imóvel – num poço ou garrafa, "forma correta e explorável",[44] como dissera em *Os três mal-amados* (1943). Essa obsessão da represa leva o poeta a imobilizar a própria água do oceano:

> [...] De flanco sobre o lençol
> paisagem já tão marinha,
> a uma onda deitada,
> na praia, te parecias.

---

[41] Melo Neto (2008, p. 287).

[42] Melo Neto (2008, p. 68).

[43] Melo Neto (2008, p. 287).

[44] Melo Neto (2008, p. 38).

Uma onda que parava
ou melhor: que se continha.[45]

O mar que mais atrai João Cabral é aquele passível de disciplina, de ordenação, "o avançar em linha rasteira da onda;/ o espraiar-se minucioso",[46] "o mar e seu tão puro/ professor de geometria".[47] Em outro poema, de caráter metalinguístico ("Catecismo de Berceo"), o poeta reafirma interesse pela água sinônima de ramificação, e não de volume:

[...] Nem deixar que a palavra flua
como rio que cresce sempre:
canalizar a água sem fim
noutras paralelas, latente.[48]

Chovem exemplos dessa aliança entre água e algo que a conduza, espécie de rede hidrossintática que irriga a superfície áspera do texto e da terra de João Cabral. Água sempre oriunda das entranhas do solo, sem referência a dádiva de nuvens. O arrancar-se de si mesmo é tópico obsessivo que o poeta recolhe da perscrutação ética da natureza, e será também vislumbrado no âmago da fala nordestina: "o caroço de pedra, a amêndoa pétrea,/ dessa árvore pedrenta (o sertanejo)/ incapaz de não se expressar em pedra".[49]

A singular harmonia entre forças contrárias vem expressa em "Na morte dos rios":

[...] Desde que no Alto Sertão um rio seca,
a vegetação em volta, embora de unhas,
[...]
faz alto à beira daquele leito tumba.[50]

Percebemos que o Alto Sertão é autossertão, ao disciplinar internamente suas relações, aqui entre os reinos vegetal e mineral. E compete ao ser humano quebrar essa harmonia de naturezas em trégua na mesma desolação:

---

[45] Melo Neto (2008, p. 236).

[46] Melo Neto (2008, p. 309).

[47] Melo Neto (2008, p. 88).

[48] Melo Neto (2008, p. 360).

[49] Melo Neto (2008, p. 310).

[50] Melo Neto (2008, p. 311).

[...] Desde que no Alto Sertão um rio seca,
o homem ocupa logo a múmia esgotada:
com bocas de homem, para beber as poças
que o rio esquece, e até a mínima água.[51]

O sertão de Cabral é singularmente silencioso. Não há urros animais ou gritos humanos, estrondo de águas, sequer o crepitar de folhas sob um sol assassino, ou o impacto de cascos na caatinga. Reduzida a sua expressão mais tosca – as pedras, o rio, e de vez em quando alguma coisa viva aí no meio –, a Natureza, ainda assim, não cessa de falar: não cessa de, ao dar-se a ver, exibir o modelo pelo qual se articula em paisagens e palavras: "Quando um rio corta, corta-se de vez/ o discurso-rio de água que ele fazia".[52]

O sertão não é unicamente um lugar; é um estilo. Captá-lo, traduzir-se nele, significa estar atento a suas numerosas configurações, sobretudo as discursivas. O que João Cabral absorve de um tio sertanejo não se restringe às anedotas, privilegiando, antes, a forma de contá-las:

[...] a lixa do Sertão
do que faz, em pedra e seco,
muito aprendeu desse tio
do Ceará mais sertanejo.[53]

O estilo-sertão, em tudo oposto ao estilo-doutor, incorpora-se à trajetória do poeta, que vai localizá-lo em realidades aparentemente distanciadas do foco de origem, Guimarães Rosa já não disse que sertão é quando menos se espera? Pode, por exemplo, compor o estilo das cabras mediterrâneas, sobre as quais declara o poeta:

[...] Mas não minto o Mediterrâneo
nem sua atmosfera maior.
descrevendo-lhe as cabras negras
em termos das do Moxotó.[54]

Atmosfera cheia de luz, espaço sempre diurno: sertão é uma palavra cercada de sol por todos os lados.

---

[51] Melo Neto (2008, p. 311).

[52] Melo Neto (2008, p. 324).

[53] Melo Neto (2008, p. 409).

[54] Melo Neto (2008, p. 235).

Chegamos, pois, a equação bastante curiosa. Aquilo que é empecilho à vida – a secura, a esterilidade – é exatamente a seiva de que se vale Cabral para sertanizar seu discurso. Alimentado por essa dupla operação do menos – a de um discurso "pobre" haurido numa realidade que lhe serve, na míngua, de espelho – o poema cabralino, a exemplo da fome, expande-se no interior de sua própria carência.

Gerado, portanto, a partir de um paradoxo – o de dizer, sim, que só se pode dizer no não –, o texto de Cabral, também na sua vertente sertaneja, se abastece na obsessão pelo avesso. Os signos se alargam pela convivência menos ou mais pacífica com seus opostos, num processo em que o choque se transforma em incorporação, horizonte de contínuas travessias de um a seu contrário. Em "Fazer o seco, fazer o úmido", o povo seco da caatinga produz a úmida, langorosa música do cordel[55]; em outro texto,[56] a entonação adocicada do sertanejo abriga um caroço de pedra. Minerais se animizam, animais se vegetalizam, homens se mineralizam.

Nesse universo em turbulência metafórica, cujo ponto último e ótimo parece ser a perfeição imortal da pedra, os minerais, por via alegórica, desempenham o papel vital de homens e bichos. Mas, quando assim investida, a água propende para a mesma autodestruição dos viventes. Como, em princípio, a natureza mineral é infensa à dicotomia vida/morte, cabe à metáfora matar aquilo que não pode morrer: "O rio corre; e assim viver para o rio / [...] viver vale suicidar-se todo o tempo".[57] O rio passa a ser exemplo de "suicídio permanente", e "induz ao suicídio a pressa deles", sobressaindo, nesse último verso, um componente ético. Já em "A fumaça no Sertão" a ênfase recai no estético: "Onde porém, porque não pode o barroco,/ ela [fumaça] pode empinar-se essencial, unicaule;/ [...] uma palmeira coluna, sem folhagem".[58] A nudez em riste do caule remete à obsessão da reta, do caminho mais econômico e sem interstícios, em clara recusa ao barroco, à volúpia da voluta. Cabral deseja um espaço que se componha por subtração, até, quem sabe, atingir a miragem da ausência absoluta.

Esse ir direto, esse defrontar-se com a coisa desguarnecido de acolchoamentos eufemizantes, está na origem do que alguns acusam ser a "desumanidade" do poeta, hostil à hipérbole e aos espasmos de comiseração. Não se encontram em seus textos conselhos ou incitações aos miseráveis do Nordeste. Não se procure em *A educação pela pedra* um único sertanejo personalizado, que possua um boi, uma esperança,

---

[55] Melo Neto (2008, p. 314).

[56] Melo Neto (2008, p. 309).

[57] Melo Neto (2008, p. 326).

[58] Melo Neto (2008, p. 312).

um chinelo. Só encontraremos *o* sertanejo, figura exemplar, conjugação potencial de traços localizáveis em séries de Severinos. Como também é figura exemplar, na planície geral da literatura brasileira, o poeta João Cabral de Melo Neto, autor de uma obra admirável pela coerência em rejeitar as avenidas noturnas e fáceis do lirismo, e pela ousadia de se embrenhar nos desvios mais íngremes da linguagem, para neles buscar as palavras e os poemas que esperam, sem pressa, amanhecer.

Referência

MELO NETO, João Cabral de. *Poesia completa e prosa*. 2. ed. Rio de Janeiro: Nova Aguilar, 2008.

DO FONEMA AO LIVRO

A crítica tende a situar João Cabral de Melo Neto e Carlos Drummond de Andrade como os maiores poetas brasileiros do século XX. Embora sejam ambos, efetivamente, poetas excepcionais, não o são do mesmo modo. Grandes poetas acrescentam capítulos à história da literatura, e certamente Drummond escreveu textos fundamentais de nossa poesia. Mas autores como João Cabral, em vez de acrescentarem capítulo, logram criar outra gramática. O capítulo, por extraordinário que seja, se conecta a outros, precedentes ou posteriores. A produção de Drummond é legível a partir da fermentação poética do Modernismo de 22, do qual representa a expressão mais perfeita. Nesse sentido, Drummond cria capítulos novos e importantes numa história que se explica pelo contexto literário e cultural do Brasil dos anos 1920 e 1930. Já a obra de João Cabral de Melo Neto apresenta-se quase isolada em nosso panorama literário, por não existir uma linhagem ostensiva na qual ela se possa inscrever, à exceção, talvez, da prosa de um Graciliano Ramos. Cabral não se coaduna com a Geração de 45, à qual cronologicamente pertence, e tampouco se caracteriza como simples continuador do complexo estético e ideológico da poesia de 22. Tal situação faz dele autor que inventa uma nova trilha, a exemplo de Machado de Assis e de Guimarães Rosa, nomes que explodem (n)a literatura trazendo consigo um olhar arraigadamente pessoal. Ora, o fato de o poeta propor outra gramática implica, de início, certo desconforto para o leitor, que vai defrontar-se com esse discurso a partir de gramáticas já conhecidas. A tendência inicial será de recusa, o que determina consequência algo paradoxal: trata-se de poeta muito valorizado, mas talvez insuficientemente lido em sua complexidade; dele fartamente se divulga apenas *Morte e vida severina,* sucesso extraordinário de público, talvez o livro brasileiro de poesia com maior número de edições em menor lapso de tempo. A obra, publicada em 1956, já ultrapassou o montante de setenta edições, o que, para um mercado tão refratário à poesia, é de fato espantoso. Texto efetivamente lido e propagado, transposto ao palco, ao cinema, à televisão, mas que revela apenas *um* aspecto da obra de João Cabral, não necessariamente o mais inovador.

Quando o poeta lançou, em 1956, sua primeira grande coletânea, deu-lhe, significativamente, o título de *Duas águas,* explicando o que elas queriam dizer: duas dicções, dois estilos de fazer poesia, um deles agregando os poemas "em voz alta", em que o receptor seria mais ouvinte do que leitor; nessa água se incluem, evidentemente, os textos de maior comunicabilidade, a exemplo de *Morte e vida e severina.* A outra compõe-se de poemas que exigiriam leitura e *releitura,* através de contato silencioso com o texto. Quase toda a obra de João Cabral, com certas infiltrações recíprocas, poderia ser distribuída entre poemas dessas duas fontes, a da comunicação imediata ou a da leitura reflexiva. A grandeza do poeta, porém, só se revela na consideração de ambas, e não no endosso unilateral da água que "comunica". Além do oceano comunicativo, há que se atentar para o minguado riacho nordestino, que é seco e exíguo, demandando um leitor paciente para infiltrar-se em seus cursos. O oceano da comunicação atinge mais de setenta edições e o filão (ou filete) da poesia mais reflexiva, complexa e silenciosa permanece em exígua quarta ou quinta edição.

É como se existissem na mesma pessoa dois poetas, o que atinge a graça do público e outro por ele quase ignorado. O leitor, porém, poderá sentir-se tão atraído pela poesia supostamente "difícil" quanto pela mais simples, ao descobrir que em ambas vigora a mesma inteligência criadora. A obra de Cabral é clara, de claridade, porque solar, meridiana, invadida de luz por todos os versos, e é também clara, de clareza, porque não propõe charadas. Não se cogita de "isso quer dizer o quê? qual a mensagem escondida?". Tudo está ali, à flor da página, à flor do texto. Mas o claro, quando excessivo, ofusca. Então, nos desnorteamos frente ao poema, não por ele ser hermético, mas por refugarmos diante de uma clareza que chega a ofuscar. É muito nítido o que ali se dá a ver, e nós, caçadores de profundezas mirabolantes, perdemos a chance de topar com um tesouro que está na superfície da folha, sem aspirar a mistério algum.

Quando falamos em superfície, de imediato pensamos na dimensão sintática. Cabral trama uma poesia em que seres e objetos se concatenam, se entrelaçam através de elaboradíssima sintaxe. O poeta abre período no verso 1 e, às vezes, só irá concluí-lo no 32. O leitor, habituado à poesia-minuto, em que a iluminação do vate não perdura além de três segundos, aturde-se ao constatar que já se encontra no meio de longo poema e Cabral ainda nem acabou de desenrolar seu primeiro fio. A premência da velocidade, o culto ao instantâneo, o endosso da explosão intuitiva são o contrário da poesia cabralina. Ela solicita leitura que se disponha a percorrer, lentamente, as muitas angulações de um olhar deslizante em meandros sintáticos, numa discursividade oposta à ideia de texto como *flash* ou instantâneo. O melhor correlato para sua arte não é a fotografia, mas o cinema, com o espraiar-se no espaço e no tempo.

João Cabral publicou vinte livros. Tentarei apontar a originalidade cabralina não pelo acompanhamento linear das obras, mas através de um recorte que localize seus elementos renovadores a partir da unidade menor, o fonema, até a maior, um livro inteiro. Entre o fonema e o livro, atravessam-se a palavra, o verso, a estrofe e o poema, em progressivo alargamento do campo de referência.

Partindo da oposição clássica entre consoantes e vogais, tendemos a associar de bom grado a poesia à tradição do melódico-vocálico; nem seria necessário recordar o famoso poema "Voyelles", de Rimbaud, pleno de sinestesias e devaneios. João Cabral, no entanto, busca o ruído das consoantes. Declara guerra à melodia, considerando-a entorpecente, e valoriza a áspera colisão dos encontros consonantais, em confronto à suave melodia vocálica. Tal atrito de consoantes apresenta como correlato semântico o signo "pedra", não como algo a evitar, mas a ser demandado. Uma pessoa vai pelo caminho, distraída, de repente tropeça. O tropeço é um acordar para a circunstância, pois implica trocar a passiva distração pelo choque com a realidade e com a agressão dos objetos que a integram. Para João Cabral, o acatamento do obstáculo é pressuposto da poesia. Em "Catar feijão", ele compara o ato criador ao prosaico gesto de catar feijão. Em ambos releva a prática manual, com uma ostensiva diferença: o catador retém o grão e descarta a pedra ou o caroço, enquanto o poeta faz o oposto; ele deve, ao peneirar as palavras no poema, guardar as pedras e com elas obstruir o verso, combatendo a melodia por meio de transtornos vocabulares, sintáticos e fonéticos. Lembremo-nos de outro poeta, Vinicius de Moraes, que costuma ser colocado em contraponto a João Cabral. Ambos partilharam pelo menos dois atributos: foram diplomatas, perseguidos e expulsos do Itamaraty; desenvolveram inequívoca vocação para a poesia, embora em direções diversas. Vinicius é o poeta da celebração, do sentimento, da mística, da noite, da metafísica, do amor, das vogais... João Cabral teria dito que Vinicius escrevia para embalar o leitor, enquanto ele o fazia para jogá-lo no chão. Considerava-o a maior vocação

Suíte cabralina   273

desperdiçada da poesia brasileira, com um potencial extraordinário, diluído, todavia, pelo trabalho como letrista da música popular.

Se passarmos do fonema à palavra, constataremos que em Cabral ela será quase sempre concreta, vinculada a uma experiência sensorial. Cabral sustentava que, quando dizia "mesa" ou "microfone", todos sabiam do que se tratava. Mas, se dissesse "beleza", "amor", ou "saudade", cada um iria entendê-las de modo particular, sacrificando o sentido comunitariamente partilhável a que o poeta aspirava. Verificamos em João Cabral o predomínio inconteste de substantivos concretos sobre os abstratos. Outro dado interessante é sua recusa em admitir a existência de palavras que fossem *a priori* "poéticas". Isso implicaria a demissão do próprio artista, reduzido, se assim fosse, a coletar ingredientes previamente preparados para adicionar à receita do texto. João Cabral sustentava que o poético provinha de efeito *sintático*, obtido no corpo a corpo com as palavras. Introduziu na poesia brasileira vocábulos que muito poucos até então ousaram utilizar: cabra, ovo de galinha, aranha, gasolina, signos prosaicos, "vulgares". Abria confessa exceção: jamais conseguiu incluir "charuto" em sua obra, considerando-o o termo poeticamente menos aproveitável da língua portuguesa.

Sobre a chancela da tradição poética, outra vez pode-se evocar Vinicius de Moraes, como esse outro, que é seu oposto: quando surgiu a bossa-nova, João Cabral ouvia Vinicius cantar as parcerias com Tom Jobim. Começou a se entediar: em todas as letras comparecia a palavra coração; mas, diplomata, nada comentou. Na quarta música, mais um coração. Não se conteve e suplicou: "Ô, Vinicius, não dá para trocar de víscera, não?". Uma letra de bossa-nova, quem sabe, com fígado, pulmão, pâncreas...

Outro dado relevante: João Cabral considerava que, além de substantivos, também existiam adjetivos concretos: "torto" e "áspero" são concretos; "belo" e "inteligente", abstratos. Para diferençá-los, bastaria verificar se o adjetivo é ou não vinculado a uma realidade sensorial: percebemos algo como rugoso ou redondo, mas belo ou inteligente vigorariam na mesma zona de impalpabilidade dos substantivos beleza e inteligência. Novamente é a pedra que simboliza à perfeição esse universo, agora não do fonema, mas do vocábulo, porque a pedra cabralina, contrariamente à de Drummond (que estava no meio do caminho), o acompanhou o tempo todo. Na edição das *Poesias completas* de 1968, há um fato revelador: o primeiro livro de João Cabral se chamava *Pedra do sono,* de 1942, e o (até então) derradeiro, de 1966, se intitulava *A educação pela pedra.* Pedra lançada no começo e no final do caminho, sendo a primeira, do sono, oriunda de um Cabral contrário a si mesmo no futuro, nessa obra noturna e de forte impregnação surrealista. Já o livro derradeiro acolhia uma pedra desperta, ativa e pedagógica, que propunha ao ser humano padrões de conduta: frequentá-la para aprender–lhe a resistência, a capacidade de não se dissolver, de perdurar. Em vez de projetar na realidade uma legião de fantasmas, João Cabral tentava dela extrair modelos éticos. O poeta não senhor, mas aprendiz do universo.

Inserindo a palavra numa unidade maior, chegamos ao verso. Além de combater o melódico, ele recusava os três padrões métricos mais recorrentes da língua portuguesa: a redondilha menor, a redondilha maior e o decassílabo. Daí advém um efeito particular: com frequência, as sílabas parecem sobrar ou faltar em seus versos. Com a medida tradicional, o leitor pode até se desligar do que se diz, para permanecer anestesiado pela música de fundo. Ao combater a escuta automatizada, João Cabral se valia de versos de 8, 9, 11 sílabas; ou então, empregando a redondilha, alternava a cesura na sequência do texto; o ritmo só se torna previsível quando são rigidamente determinadas as sílabas onde os acentos tônicos vão incidir.

Ao situarmos o verso em categoria mais ampla, chegaremos à estrofe. A partir de *O rio,* de 1954, o poeta passou obsessivamente a trabalhar com a quadra. Não se trata de simples detalhe formal, pois tal opção está ligada a um sentido muito preciso. Cabral abominava o ímpar, porque com ele algum termo ficaria solto: liga-se o um ao três, por exemplo, e o dois fica desconectado. Quando optava pelo quatro, o poeta pensava criar relações que lhe soavam mais estáveis e sólidas. Em *Museu de tudo*, publicou poema em homenagem ao número quatro. Para ele, a mesa era objeto perfeito, pela solidez, pelo equilíbrio e distribuição de seus pontos de apoio. João Cabral valorizava o que fosse anguloso, com pontas e arestas.

Às vezes um poema de Cabral se espraia em única e longa estrofe, aparentemente desvinculada do quatro. Mas, se contabilizarmos o total de versos, chegaremos a 16, 32, 64... De quatro em quatro sempre ocorre uma espécie de insulamento de sentido, como se o poeta necessitasse exatamente desse padrão quaternário para desenvolver o pensamento. Outro aspecto pouco enfatizado em sua obra é a profusão de rimas, sem que, todavia, elas soem evidentes. Sua rima não é a usual na lírica portuguesa: *consoante*, em que, a partir da vogal tônica, ocorre perfeita coincidência fônica. João Cabral, seguindo a prática espanhola, utilizava a rima *toante*, que o leitor distraído mal percebe. Nela há coincidência de vogal tônica, sem, todavia, plena identidade posterior: "negro" e "rede", por exemplo. Certa vez, João Cabral justificou por que rimava. Ele se comprazia em alardear repulsa à melodia, e a rima não deixava de constituir-se em recurso musical. Argumentou que a toante não era melódica, e que, por outro lado, precisava da

Suíte cabralina   275

rima como desafio para concluir o verso. E recorreu a uma curiosa comparação de Robert Frost: fazer versos sem rima equivaleria a jogar tênis sem rede...

Da estrofe, chegamos ao poema, onde cada palavra ou imagem só adquire sentido na conexão estabelecida com sua vizinhança e com o texto inteiro. Em entrevista concedida à revista *Veja,* em 1972, Cabral observou que a prática da poesia de língua portuguesa consiste em valorizar a tessitura em detrimento da estrutura. O artista, embevecido, penteia a metáfora, substitui uma palavra, borda outra imagem, tudo no varejo do verso, não no atacado do poema. O alvo dessa crítica talvez tenha sido Murilo Mendes, a cuja poesia João Cabral fez ao menos forte reparo: o de não saber estruturar-se. Poeta de imagens transbordantes, sim, mas, talvez por isso mesmo, incapaz de atá-las com um fio organizador. Esse dado é importante quando pensamos no papel que João Cabral conferiu à sintaxe, entendida como responsável pela transformação do caos em estrutura, linha que vai atravessar o poema, costurá-lo e garantir organicidade ao tecido poético.

Além da sintaxe no sentido tradicional da gramática, há em Cabral outra espécie de lance sintático: o de imagens que se desdobram a partir de metáfora-matriz, *continuum* imagístico similar ao novelo sintático do poeta. Além disso, seus textos aventuram-se a reelaborar formas poéticas abandonadas pela alta literatura desde o Romantismo. O escritor afirmou, em palestra na década de 1950, que o poeta moderno escrevia sem considerar a existência dos meios de comunicação de massa. Ao levar em conta os novos veículos, não foi à toa que pouco depois lançou seus poemas "em voz alta"... Também lamentou a convergência estabelecida, a partir do século XIX, entre poesia e lirismo. Até o século XVIII, a poesia não era refratária a contar uma história. Além de lírica, ela podia ser didática, narrativa, pastoril... Com a inflação do "eu" no século retrasado, o lirismo se assenhoreou de todo o latifúndio do verso e relegou ao quintal da literatura, na condição de subgêneros menores, as demais modalidades do poético. A narrativa em versos foi deslocada para nichos pouco "nobres", a exemplo da literatura de cordel. João Cabral propugnou a recuperação dessas formas populares; defendeu em teoria e realizou na prática. *O rio* é poema narrativo, em que o Capibaribe, em primeira pessoa, conta sua história, desde o nascimento no sertão até o desaguar no Atlântico. *Morte e vida severina* é poema dramático baseado no folclore do Nordeste e da Espanha. Em ambos os casos, a poesia popular operou em diálogo com a produção culta, através da revitalização de fontes há muito desconsideradas.

Em sequência ao poema, tratemos agora de seu aproveitamento em livro, entendido como reunião de textos ou enquanto objeto gráfico. João Cabral foi cônsul em Barcelona e lá adquiriu uma prensa para compor manualmente uma série de livros. Essa prática se coadunava com as concepções cabralinas de valorização da atividade artesanal: literalmente, ele pôs a mão na massa para criar a obra. Quanto à organização interna, Cabral, já a partir de *O rio* (1954), cuidou de evitar que os poemas fossem dispostos de maneira arbitrária. Muitas vezes a organização do próprio livro é tão laboriosamente arquitetada quanto a produção de cada texto em si.

O escritor levou esse compromisso com a estrutura a ponto máximo em *Serial*. O livro contém dezesseis poemas, ou seja, quatro ao quadrado. Quatro poemas valem-se de rima no esquema a-b-a-b. No tocante à métrica, há quatro textos com hexassílabos, quatro com heptassílabos, quatro com octossílabos, e quatro com diferentes combinações entre hexa e octossílabos. Cada poema de *Serial* é dividido em quatro partes; quatro deles possuem partes de duas estrofes, quatro de quatro, quatro de seis e quatro de oito estrofes. Em alguns textos há palavras grifadas, espécie de síntese temática; contabilizam-se oito poemas com palavras grifadas, sendo que os grifos incidem em quatro categorias gramaticais: verbo, substantivo comum, substantivo próprio e adjetivo. Finalmente, a separação entre as quatro partes de cada poema é efetuada pela utilização de quatro símbolos diversos, cada qual acarretando modo especifico de trabalhar o objeto referenciado no poema: travessão, asterisco, número ou sinal de parágrafo. Num grau progressivo de dificuldade, o poeta, certamente, traçou a planta baixa do livro e, a partir dela, mobiliou-o com dezesseis peças de rigoroso encaixe, perfazendo o mais belo e complexo poema, que é o próprio livro em sua arquitetônica inteireza.

Após essas considerações de caráter genérico, proponho que se veja, por fim, o funcionamento de parte dessa engenharia poética num texto em particular: "Tecendo a manhã". João Cabral conta que demorou oito anos para concluir o poema, do qual fez mais de trinta versões. Recordemo-lo, na íntegra:

> Um galo sozinho não tece uma manhã:
> ele precisará sempre de outros galos.
> De um que apanhe esse grito que ele
> e o lance a outro; de um outro galo
> que apanhe o grito que um galo antes
> e o lance a outro; e de outros galos
> que com muitos outros galos se cruzem
> os fios de sol de seus gritos de galo,
> para que a manhã, desde uma teia tênue,
> se vá tecendo, entre todos os galos.

2

E se encorpando em tela, entre todos,
se erguendo tenda, onde entrem todos,
se entretendendo para todos, no toldo
(a manhã) que plana livre de armação.
A manhã, toldo de um tecido tão aéreo
que, tecido, se eleva por si: luz balão.[59]

Percebem-se ao menos três níveis de leitura. O primeiro seria literal: trata-se do nascer de um dia cuja claridade não emana do sol, e sim de uma luz do chão, abrigada no bico do galo. As aves não emitem canto, mas fios que se entrelaçam e se encorpam, gerando a manhã, como dádiva para todos.

O segundo nível, facilmente perceptível, consiste na reescrita do ditado "uma andorinha só não faz verão": "um galo sozinho não tece uma manhã". Tal vertente politizada do texto implica o elogio do trabalho solidário. João Cabral contorna a previsibilidade do lugar-comum, ao situar o político onde menos se espera: no meio dos galos, e não na dicotomia do operário e do patrão, ou do escravo e do senhor, que configuram uma retórica já cristalizada na representação do bem e do mal.

Para passarmos à terceira leitura, observemos que os versos 1 e 2 se referem a um galo improdutivo: sozinho, não tece a manhã. Ora, o galo solitário está sintaticamente aprisionado nos versos iniciais através de ponto. Aqui forma e conteúdo se correspondem: Cabral fala de galo isolado e a sintaxe do texto reitera o isolamento na "prisão" do dístico. A partir do verso 3, a solidão é rompida. A sintaxe do poema faz-se de novo solidária, porque não se isola nem se encerra: um galo entrelaça seu fio ao de outro, enquanto uma frase se conecta à anterior e a lança à seguinte, antes de silenciar. Omite-se o verbo que daria caráter conclusivo a cada frase, capturada a meio caminho pelo poeta, como o fio do galo fora apanhado no ar por outro galo, num processo de convergência entre a matéria que está sendo expressa, o nascer do dia, e a forma do poema, réplica do que se narra. Há dois fios que se encontram, um de luz, outro de sintaxe, no discurso de um poeta que constrói ao mesmo tempo a manhã e o texto. Ocorre, portanto, nesse terceiro nível, sutil exercício de metalinguagem; à maneira do galo, uma palavra sozinha não tece um poema: ela precisará sempre de outra, que pegue esse fio que ela antes e o lance a outra, até que o texto, desde uma frase tênue, se

---

[59] Melo Neto (2008, p. 319).

vá tecendo, entre todas as palavras. Para materializar a ideia de algo muito leve, teia tênue, que se encorpa, João Cabral promove um adensamento semântico em torno do fonema /t/: "tela" é mais espessa do que "teia", e "tenda", mais do que "tela". A seguir, com "todos" e "toldo", a solidariedade de sentido reflete-se no estrato fônico, através do jogo paronomásico de palavras que reciprocamente se "entretendem": o texto inteiro se desenrola em teias solidárias de sentido, de sintaxe e de fonética, na confluência irreprimível em direção à manhã.

O poema desenha ainda um objeto simetricamente invertido no seu final; de início, dois versos com o galo encarcerado; no epílogo, dois versos com a manhã liberada, numa luminosa metáfora da liberdade.

Referência

MELO NETO, João Cabral de. *Poesia completa e prosa*. 2. ed. Rio de Janeiro: Nova Aguilar, 2008.

A LITERATURA BRASILEIRA & ALGUM PORTUGAL

I

A literatura brasileira

Muito se fala na maciça presença da Espanha na obra poética de João Cabral de Melo Neto. E com razão: a Espanha comparece em 129 de seus poemas, e essa forte presença tem sido, cada vez mais, objeto de teses, ensaios e livros.

Exatamente por isso – considerando a quantidade e a qualidade de estudos hispanizantes dedicados ao poeta – talvez, agora, fosse conveniente mudar o ângulo da investigação, e centrá-lo num ponto bem menos explorado: quais as marcas da literatura brasileira na produção de Cabral?

Diz-se, com alguma razão, que ele apenas superficialmente referiu-se às letras brasileiras, e nem sempre de modo favorável. Ainda assim, uma análise minuciosa – que aqui não desenvolveremos – poderia apontar novos caminhos para a compreensão da poesia cabralina, independentemente do notório apego por ele desenvolvido para com a cultura espanhola.

Apresentaremos, resumidamente, as principais conexões de João Cabral com a literatura brasileira, estabelecendo, de início, uma tipologia dessas relações, a partir de quatro polos distintos: 1) as dedicatórias; 2) as epígrafes; 3) os títulos de poemas; 4) as referências e alusões no interior dos textos.

Esses grandes eixos poderiam, por exemplo, ser submetidos a uma rigorosa investigação diacrônica. Com o passar do tempo, mantêm-se, aumentam ou diminuem as presenças brasileiras em títulos e referências textuais? Os nomes inicialmente citados persistem ao longo da obra? Há grandes homenageados? Ocorrem desaparecimentos súbitos? Tudo isso um mapeamento cronológico trataria de pôr em relevo.

Para retornarmos à nossa tipologia, salientemos que, no interior de cada categoria, poderíamos estabelecer uma tripartição de juízos emitidos pelo autor, a saber: comentário neutro, positivo, negativo. Nem sempre citação implica endosso; diríamos mesmo que a neutralidade e a crítica, velada ou explícita, acabam prevalecendo.

As dedicatórias

Aqui, cabe distinguir se as dedicatórias reportam-se a poema ou, mais prestigiosas, a livro inteiro; se estampam apenas um protocolo cordial, ou se estão acompanhadas de alguma motivação literária, para além da simples amizade.

Dos vinte livros do poeta, nada menos do que catorze são dedicados. Desses, porém, somente quatro apresentam algo além do nome do homenageado. São eles: *O engenheiro*, de 1945 – "A Carlos Drummond de Andrade, meu amigo"[60]; *O cão sem plumas*, de 1952 – "A Joaquim Cardozo, poeta do [rio] Capibaribe"[61]; *A educação pela pedra*, de 1966 – "A Manuel Bandeira, esta antilira para seus oitent'anos"[62]; *Agrestes*, de 1985 – "A Augusto de Campos", seguido de poema-homenagem.[63]

Na primeira dedicatória, ao externar seus vínculos de amizade, não é impossível que, de modo consciente ou não, houvesse também, por parte de Melo Neto, o desejo de legitimar de sua própria literatura através da afirmação de vínculos mantidos com Carlos Drummond de Andrade, o nome mais

---

[60] Melo Neto (2008, p. 42).

[61] Melo Neto (2008, p. 80).

[62] Melo Neto (2008, p. 308).

[63] Melo Neto (2008, p. 485).

importante da poesia brasileira do século XX. João Cabral, aliás, nunca escondeu a dívida estética para com Drummond, ainda que, anos depois, praticamente rompesse relações com ele, tanto poética quanto pessoalmente.

Relações que preservou a vida inteira com o segundo homenageado, Joaquim Cardozo, também, como João Cabral, nascido na cidade do Recife, e igualmente cantor da paisagem nativa: por isso chamado de "poeta do Capibaribe".

Na mesma cidade nasceu o terceiro poeta, Manuel Bandeira, primo de João Cabral, e, como Joaquim Cardozo, de geração anterior a Melo Neto. Manuel Bandeira, porém, cedo mudou-se para o Rio de Janeiro, e falou relativamente pouco da terra natal, o que, para um regionalista ferrenho à moda de Cabral, deveria ser quase uma ofensa. Além disso, a poesia de Bandeira é considerada um dos pontos mais altos do lirismo brasileiro, enquanto Melo Neto rejeita em seus versos a presença explícita do sentimento. Daí, portanto, que não deixe de ser metalinguisticamente depreciativa e irônica a dedicatória "A Manuel Bandeira, esta antilira para seus oitent'anos" – a rigor, uma antidedicatória.

Situação oposta à derradeira, dirigida ao poeta concretista Augusto de Campos, frente a quem João Cabral declara divergências que não escondem afinidades, enquanto, diante de Bandeira, adotou um tom aparentemente neutro para sublinhar a radical diferença (a "antilira").

Pelo pouco usual procedimento de uma dedicatória em forma de poema, vale a pena transcrever trechos desse texto, em que João eleva a arte de Augusto a um patamar superior ao da poesia que ele próprio pratica:

[...] Você aqui reencontrará
as mesmas coisas e loisas
que me fazem escrever
tanto e de tão poucas coisas:
[...]
Nada disso que você
construiu durante a vida;
muito aquém do ponto extremo
é a poesia oferecida
a quem pode, como a sua,
lavar-se da que existia,
levá-la à pureza extrema
em que é perdida de vista;
[...]

Por que é então que este livro
tão longamente é enviado
a quem faz uma poesia
de distinta liga de aço?
Envio-o ao leitor contra,
envio-o ao leitor malgrado
e intolerante, o que Pound
diz de todos o mais grato[64]

Cabral confessa-se redundante (escrever tanto de tão poucas coisas), declara que a obra de Augusto é mais radical do que a sua (situada "aquém do ponto extremo"), e diz desejar leitores exigentes e contestadores, personificados em Augusto de Campos e Ezra Pound. O suposto confronto, sob o manto da modéstia, era de tal modo autodepreciativo, que, posteriormente, Augusto de Campos replicaria:

[...]	e	não	encontro	nem
	palavras	para	o	abraço
	senão	as	do	aprendiz
			[...]	
	nunca	houve	um	leitor
	contra	mais	a	favor[65]

Quanto às demais dedicatórias de livros, em que nada consta além do nome do agraciado, observamos que a grande maioria contempla poetas, sejam eles de gerações anteriores, como Augusto Frederico Schmidt, Murilo Mendes, Vinicius de Moraes e (outra vez) Carlos Drummond de Andrade, sejam da geração de Cabral: Lêdo Ivo e Antônio Rangel Bandeira.

Com exceção de Murilo Mendes, cuja dicção surrealista reverberou no livro de estreia cabralino, *Pedra do sono* (1942), os demais escritores pouco têm a ver com a poesia de Cabral, alguns deles sendo considerados seus antípodas – é o caso dos líricos Schmidt e Vinicius de Moraes. Ambos, porém, figuras importantes na biografia do poeta. Schmidt pagou do próprio bolso a impressão do segundo livro de João Cabral, *O engenheiro*; ironicamente, financiou um tipo de poesia que iria destronar a sua própria. Vinicius de Moraes, na avaliação de João Cabral, era o poeta brasileiro de maior talento – desperdiçado, porém, nos

---

[64] Melo Neto (2008, p. 486).

[65] Campos (1994, p. 77).

descaminhos do lirismo amoroso. Talvez para provocar o amigo, Melo Neto tenha-lhe dedicado uma de suas mais cerebrais e complexas composições: *Uma faca só lâmina* (1956). Lêdo Ivo, escritor de gama variadíssima de recursos, foi amigo de João Cabral desde a adolescência e, à revelia, é considerado representante-mor da Geração de 45, estigmatizada pelos historiadores literários, e na qual, cronologicamente, João Cabral se insere, apesar de sempre haver sublinhado distâncias frente aos projetos estéticos e ideológicos do grupo de 1945.

A única dedicatória feminina – *et pour cause* – encontra-se no derradeiro livro de Cabral, *Sevilha andando* (1989): "Para Marly"[66] – trata-se da poetisa Marly de Oliveira, sua segunda esposa.

Curiosamente, João Cabral revelava-se, em termos proporcionais, menos pródigo na dedicatória de poemas do que na de livros. Em centenas de poemas, apenas 21 são dedicados. Nesse pequeno contingente, prevalece o protocolo da simples amizade, destituída de expressa sintonia literária. Eventualmente um adendo "justifica" a dedicatória; outras vezes, ela se fundamenta no local de nascimento do homenageado. Com efeito, *A escola das facas* (1980), repertório de textos circunscritos apenas ao estado natal do poeta, abriga vários poemas com dedicatórias a familiares, amigos ou escritores pernambucanos.

Outros exemplos da parcimônia cabralina: apesar de ser o poeta mais valorizado pela crítica e pelos estudos universitários na segunda metade do século XX, um único ensaísta mereceu-lhe dedicatória: Eduardo Portella (que, aliás, além de estudar em Pernambuco, residiu na Espanha, como João Cabral). Já a Félix de Athayde, primo do escritor, não coube sequer poema inteiro, mas somente uma parte: a ele foram dedicados 32 dos 128 versos de "O sim contra o sim", de *Serial* (1961).

As epígrafes

Um segundo eixo revelador da presença da literatura brasileira na obra de João Cabral são as epígrafes; aqui, as incidências são modestíssimas. É certo que o recurso, em geral, não abunda em sua poesia: no todo, onze registros. Em nove deles, porém, a procedência é estrangeira. As epígrafes brasileiras acolhem os assíduos Carlos Drummond de Andrade e Vinicius de Moraes.

Do primeiro, Cabral se vale do trecho inicial de famoso poema, "Quadrilha"[67] (1930): "João amava Teresa que amava Raimundo/ que amava Maria que amava Joaquim que amava Lili".

---

[66] Melo Neto (2008, p. 598).

[67] Andrade (1930, p. 103).

Suíte cabralina   283

O fragmento, extraído de uma composição de natureza humorística, e sub-traído desse contexto, serve de epígrafe ao segundo livro de João Cabral, intitulado *Os três mal-amados* (1943), integrado por monólogos alternadamente proferidos por João, Raimundo e Joaquim, cada um deles representante de determinada maneira de vivenciar o impacto amoroso e de reelaborá-lo em linguagem poéti-ca. Portanto, o texto de Drummond, mais do que mera epígrafe, converte-se em espécie de mote, a ser glosado diversamente pelos três personagens.

A epígrafe de Vinicius provém do algo enigmático poema "Retrato, à sua maneira",[68] encerrado pelo verso "Camarada diamante!", epíteto com o qual o poeta do Rio de Janeiro elogiava o poeta pernambucano. Cabral desconstruiu a homenagem, na "Resposta a Vinicius de Moraes" (1975):

> Não sou um diamante nato
> nem consegui cristalizá-lo:
> se ele te surge no que faço,
> será um diamante opaco,
> de quem, por incapaz do vago,
> quer de toda forma evitá-lo,
> se não com o melhor, o claro
> do diamante, com o impacto:
> com a pedra, a aresta, com o aço
> do diamante industrial, barato,
> que, incapaz de ser cristal raro,
> vale pelo que tem de cacto.[69]

Definindo-se, em sua dureza, como pedra industrial, de pouco valor, o poema se ergue *contra* a própria epígrafe.

Os títulos de poemas

Se contabilizarmos os poemas em cujos títulos se localizam nomes de autores brasileiros ou títulos de suas obras, chegaremos ao total de trinta.

Situação ímpar é a de Carlos Drummond de Andrade. Após nomear dois poemas nos livros iniciais de João Cabral, desaparece sem deixar vestígios.

---

[68] Moraes ([s.d.], p. 266).

[69] Melo Neto (2008, p. 364).

O escritor mais citado, de longe, é Joaquim Cardozo, com seis incidências, quase sempre favoráveis, ou, na pior das hipóteses, neutras.

São vários os textos de base anedótica, em que Cabral passa ao largo de qualquer avaliação literária (mas a ausência de avaliação já não seria uma avaliação?), para limitar-se ao relato de episódios curiosos, que testemunhou ou de que ouviu falar. Assim constroem-se "Murilo Mendes e os rios", "Rubem Braga e o homem do farol", "Contam de Clarice Lispector":

> Um dia, Clarice Lispector
> intercambiava com amigos
> dez mil anedotas de morte,
> e do que tem de sério e circo.
>
> Nisso, chegam outros amigos,
> vindos do último futebol,
> comentando o jogo, recontando-o,
> refazendo-o, de gol a gol.
>
> Quando o futebol esmorece,
> abre a boca um silêncio enorme
> e ouve-se a voz de Clarice:
> Vamos voltar a falar na morte?[70]

Também frequentador constante do tema, João Cabral presta homenagens póstumas em "A Willy Lewin, morto" e "Na morte de Marques Rebelo".

Contabilizam-se ainda uns poucos poemas em que João Cabral não nomeia apenas ou diretamente o escritor, e sim o título de obra, acompanhada ou não da identidade do autor. Em tais casos, que julgamos mais interessantes, o que se expõe, ou se contrapõe, são modalidades do discurso literário, afins ou não do discurso cabralino. Nesse grupo entrariam "Ilustração para a 'Carta aos puros', de Vinicius de Moraes", "*Casa-Grande & Senzala*, quarenta anos", "A pedra do reino" [de Ariano Suassuna], "Sobre *O sangue na veia*" [de Marly de Oliveira].

Nos textos relativos a Gilberto Freyre e a Ariano Suassuna, o poeta rende homenagens a visões de mundo e estilos bem contrastantes aos que pratica. Defensor da extrema lucidez, da vigília constante, do controle métrico-retórico, da artificialidade dos truncamentos sintáticos, assim se manifestou sobre Freyre:

---

[70] Melo Neto (2008, p. 528).

Suíte cabralina   285

Ninguém escreveu em português
no brasileiro de sua língua:
esse à vontade que é o da rede,
dos alpendres, da alma mestiça,
medindo sua prosa de sesta,
ou prosa de quem se espreguiça.[71]

Cultor do deserto, da paisagem e da linguagem esvaziada, da bruta contraposição cromática negro/branco (sua poesia é visual, mas não colorida), captou um outro Nordeste em Ariano Suassuna:

[...] Foi bem saber-se que o Sertão
não só fala a língua do *não*.
[...]
Tu, que conviveste o Sertão,
[...]
nos deste a ver que nele o homem
não é só o capaz de sede e fome.[72]

Três textos assumem particular relevo nesse nicho metalinguístico.

"O sim contra o sim" (1961) abriga o único elogio de João Cabral a poeta brasileiro anterior ao Modernismo. Não por acaso, refere-se a poeta do Nordeste – Augusto dos Anjos – avesso à musicalidade, e que injetava na poesia vocábulos considerados "prosaicos" ou vulgares, em contraste com a "pureza lexical" e o pendor pelas frases de efeito dos parnasianos:

[...] Tais águas [de Augusto dos Anjos] não são lavadeiras,
deixam tudo encardido:
o vermelho das chitas
ou o reluzente dos estilos[73]

Em "Graciliano Ramos:", pela primeira (e única) vez, João Cabral assume a *persona* de outro escritor brasileiro, com o qual, de resto, tem visíveis afinidades formais e temáticas (particularmente no romance *Vidas secas*, de 1938). A máscara

---

[71] Melo Neto (2008, p. 361).

[72] Melo Neto (2008, p. 394).

[73] Melo Neto (2008, p. 273).

alheia se patenteia no fato de o título do poema encerrar-se com dois pontos; logo, não se trata de poema *sobre* o autor, mas de simulação discursiva *de* Graciliano:

[...]   Falo somente com o que falo:
com as mesmas vinte palavras
girando ao redor do sol
que as limpa do que não é faca[74]

Tão refratário a expor-se, João Cabral o fez em "Autocrítica", onde as linguagens e os espaços referenciais soberanos no afeto do poeta surgem numa íntima e tensa convivência:

Só duas coisas conseguiram
(des)feri-lo até a poesia:
o Pernambuco de onde veio
e o aonde foi, a Andaluzia.
Um o vacinou do falar rico
e deu-lhe a outra, fêmea e viva
desafio demente: em verso
dar a ver Sertão e Sevilha.[75]

As referências e as alusões

Referências e alusões (não anunciadas em títulos de poemas, como no tópico anterior) podem traduzir-se em pequenas histórias envolvendo obras e autores brasileiros, ou apontarem também para questões de natureza metalinguística.

Enquanto a referência tende a ser mais facilmente compreendida pelo leitor, a alusão é oblíqua, comporta zonas de ambiguidade. É pelo jogo alusivo que o lado mais ferino, às vezes sarcástico, de João Cabral vai manifestar-se.

Novamente, o autor com maior número de referências – três – é o velho mestre Joaquim Cardozo. Em "Prosas na Maré da Jaqueira", Cardozo faz-se acompanhar de dois poetas nordestinos: Carlos Pena Filho (a quem, individualmente, Melo Neto já dedicara um poema) e Mateus de Lima; este, obscuro escritor, irmão do conhecido Jorge de Lima, cuja poesia, pela ausência de citação, é maliciosamente desvalorizada pela presença fraternal e pouco expressiva de Mateus.

---

[74] Melo Neto (2008, p. 287).

[75] Melo Neto (2008, p. 430).

Já em "À Brasília de Oscar Niemeyer", a peculiaridade reside na inserção de texto alheio, devidamente identificado, em meio ao poema: "símbolos do que chamou Vinícius/ 'imensos limites da pátria'".[76] A inserção desse fragmento do verso viniciano[77] constitui-se na única utilização literal da palavra de outrem no *corpus* cabralino.

O poeta praticamente ignora duas das principais figuras do Modernismo brasileiro: Mário de Andrade e Oswald de Andrade, citados de passagem em "Díptico: José Américo de Almeida": "bem antes de ouvir dos Andrades".[78] Essa desconsideração, aliás, parecia recíproca, pois em várias entrevistas Cabral relatou o silêncio com que sua produção inicial teria sido recebida (ou desprezada) pelos dois Andrades.

No que tange às alusões, percorreremos pontos extremos do afeto cabralino. Às vezes, ele é apenas irônico, como no início de "A cana dos outros" (1961):

[...]   Esse que andando *planta*
os rebolos de cana
nada é do Semeador
que se sonetizou.[79]

O alvo é a poesia de Péricles Eugênio da Silva Ramos, um dos líderes da Geração de 45, cujo livro *Sol sem tempo* (1953) contém o "Poema do semeador"; nele, as ações de um etéreo semeador são praticamente opostas aos gestos rudes do plantador de cana pernambucano. Péricles Eugênio evoca o "aroma de jardins sem consistência" e o "canto nupcial de polens tontos".[80]

Ironia também é arma (leve) dirigida contra Gilberto Freyre. Para João Cabral, Freyre, no clássico *Casa-Grande & Senzala* (1933), teria lançado um olhar excessivamente conciliador da formação social do Brasil. Em *Morte e vida severina* (1956), Melo Neto associa o nascimento de um menino a repentina explosão de esperança, na crença de um futuro melhor, por parte dos habitantes dos mocambos. A idealizada reversão de expectativas é assim expressa:

---

[76] Melo Neto (2008, p. 373).

[77] Moraes ([s.d.], p. 53). Verso 1 do poema: "Talvez os imensos limites da pátria me lembrem os puros".

[78] Melo Neto (2008, p. 526).

[79] Melo Neto (2008, p. 267).

[80] Ramos (1953, p. 12).

[...] Cada casebre se torna
no mocambo modelar
que tanto celebram os
sociólogos do lugar.[81]

João Cabral sobe o tom no já citado "Graciliano Ramos:", quando, para contrapor-se ao vigoroso estilo seco do romancista, alude a outro tipo de escrita, associada a uma "crosta viscosa,/ resto de janta abaianada".[82] Não é difícil atribuir tal estilo adiposo e "abaianado" a famoso ficcionista nordestino, que, ademais, costumava incluir receitas culinárias em alguns romances.

Melo Neto tampouco é complacente com o escritor Homero Pires, personagem não nomeado de "Um piolho de Rui Barbosa"[83] e autor de vários livros sobre o famoso jurista. Numa antiga conversa, reportada a Melo Neto, Pires teria falado mal dos pernambucanos, o que já foi bastante para acender a ira do poeta.

João Cabral passa da ironia ao sarcasmo em "Retrato de escritor", impiedosa descrição de autor de quem fora amigo na juventude, acusado agora de exibir na literatura sua (falsa) solidariedade à dor humana. Além disso, quanto mais distanciado estivesse o objeto da pseudocomiseração, mais "solidário" o escritor se mostraria – insensível, portanto, à dor e à miséria vizinhas:

[...] ele se passa a limpo
o que ele escreveu da dor indonésia
lida no Rio, num telegrama do Egito[84]

As alusões do afeto positivo concentram-se em *Sevilha andando*. Marly [de Oliveira], citada unicamente na dedicatória, espraia-se, alusiva, em dezoito poemas do livro. Configurada como metonímia feminina da cidade perfeita (Sevilha), Marly condensaria em si todos os atributos da beleza, da sensualidade e do aconchego, ainda que, na realidade, não fosse natural de Sevilha. Transmuda-se, então, na "Sevilhana que não se sabia". Alguns exemplos:

[...] Assim, não há nenhum sentido
usar o "como" contigo:
és sevilhana, não és "como a",
és Sevilha, não só sua sombra.[85]

---

[81] Melo Neto (2008, p. 172).

[82] Melo Neto (2008, p. 287).

[83] Melo Neto (2008, p. 529).

[84] Melo Neto (2008, p. 336).

[85] Melo Neto (2008, p. 604).

* * *

[...] Uma mulher que sabe ser
mulher e centro do ao redor,
capaz de na *calle* Regina
ou até num claustro ser o sol.[86]

* * *

[...] Eu a tenho, ali, a meu lado,
num sol negro de massa escura:

que é a de tua cabeleira,
farol às avessas, sem luz,
e que me orienta a consciência
com a luz cigana que reluz.[87]

II

& Algum Portugal

É bastante modesta a presença das letras portuguesas na poesia cabralina. Contudo, não faltariam motivos para que tal presença pudesse ter sido mais intensa, tanto do ponto de vista biográfico, quanto do ponto de vista literário.

Entre 1985 e 1987, João Cabral foi cônsul na cidade do Porto, de onde saiu para aposentar-se no Rio de Janeiro. Ali casou-se com a segunda esposa, Marly de Oliveira.

No terreno literário, em 1960 foi lançada em Lisboa, pela Guimarães Editores, a edição *princeps* de seu importante livro *Quaderna*. A Portugália Editora publicou, em 1963, a primeira antologia poética de João Cabral, intitulada *Poemas escolhidos*, com seleção de Alexandre O'Neill. Em 1982, a Fenda Edições deu a lume o ensaio cabralino *Poesia e composição: a inspiração e o trabalho de arte.* Em 1986, surgiu, pela Imprensa Nacional-Casa da Moeda, sua *Poesia completa*, com prefácio de Óscar Lopes. No ano de 2000, a revista *Colóquio Letras* lançou em número duplo *Paisagem tipográfica: homenagem a João Cabral de Melo Neto*, reunindo, em volume com mais de trezentas páginas, depoimentos, documentos e quinze ensaios inéditos sobre o poeta.

---

[86] Melo Neto (2008, p. 609).

[87] Melo Neto (2008, p. 612).

Apenas três escritores portugueses foram contemplados na poesia de Cabral. A primazia coube a Cesário Verde, em "O sim contra o sim", incluído em *Serial* (1961), décimo segundo livro do autor. O texto manifesta discreto elogio a Cesário, pelo fato de ele não pintar em excesso as cenas que apresenta. O verso "Descolorida nas maçãs do rosto",[88] com que Cesário se refere à aparência de uma vendedora, foi reelaborado pelo poeta brasileiro:

> [...] Assim [Cesário Verde] chegou aos tons opostos
> das maçãs que contou:
> rubras dentro da cesta
> de quem no rosto as tem sem cor.[89]

Camilo Castelo Branco protagoniza dois poemas do livro *Agrestes* (1985): "A Camilo Castelo Branco" e "Visita a São Miguel de Seide". É provável que, por motivos biográficos, Melo Neto se tenha sentido tocado pelas desditas camilianas, similares às suas próprias. O poeta sofria de progressiva e irreversível moléstia ocular, que o levaria à cegueira. Também manifestava tendências depressivas, em que fantasias suicidas não estavam de todo excluídas.

O nome de autor português mais bem acolhido na obra cabralina foi, decerto, o de Sophia de Mello Breyner Andresen, de quem João Cabral foi amigo. Para ela escreveu "Elogio da usina e de Sophia de Mello Breyner Andresen" (1966), em que descreve seus cristais "de luz marinha".[90] Anos depois, no *Auto do frade* (1982), cuja ação se passa no século XIX, o protagonista Frei Caneca assim se expressa:

> [...] – Sob o céu de tanta luz
> [...]
> sob o sol inabitável
> que dirá Sofia um dia,
> vou revivendo os quintais[91]

Numa anacrônica e amistosa intervenção, João Cabral faz o herói, em fala profética, antecipar o futuro verso "sob o clamor de um sol inabitável",[92] de Sophia, no livro *Navegações* (1983).

---

[88] Verde (1901, p. 31).
[89] Melo Neto (2008, p. 275).
[90] Melo Neto (2008, p. 313).
[91] Melo Neto (2008, p. 447).
[92] Andresen (1983, [s.p.]).

Escassas as presenças portuguesas, avulta uma grande ausência: a de Fernando Pessoa. Talvez por manifestar temperamento poético quase oposto, o fato é que João Cabral praticamente recalcou quaisquer vestígios pessoanos tanto em sua formação cultural quanto na prática literária. No entanto, podemos afiançar que ao menos um livro de Pessoa – *Mensagem* – passou pelo olhar de João Cabral na década de 1940. Localizamos exemplar da segunda edição de *Mensagem*, de 1946, com dedicatória autógrafa do então jovem poeta brasileiro. Portanto, ele travou contato com a obra de Fernando Pessoa ainda no Brasil, antes de efetuar a primeira viagem diplomática, para Barcelona, em 1947, num período crucial de consolidação dos próprios rumos poéticos.

Seu derradeiro deslocamento profissional, conforme dissemos, levou-o do Porto ao Rio de Janeiro. Cada vez mais recluso, praticamente cego, deu por encerrada sua obra, afirmando que, para escrever, ser-lhe-ia essencial a perdida capacidade de *ver* aquilo que escrevia. Graças ao insistente pedido de um amigo português – Arnaldo Saraiva –, ele, afinal, conseguiu romper a letargia e arrancou-se um derradeiro texto, cujo tema, em jogo de paradoxos, versava exatamente sobre a impossibilidade de escrever poesia. Intitulou-se "Pedem-me um poema":

[...] Pedem-me um poema,
um poema que seja inédito,
poema é coisa que se faz vendo,
como imaginar Picasso cego?

Um poema se faz vendo,
um poema se faz para a vista,
como fazer o poema ditado
sem vê-lo na folha inscrita?

Poema é composição,
mesmo da coisa vivida,
um poema é o que se arruma
dentro da desarrumada vida.[93]

Por fim, retornemos ao prólogo, quando falamos de dedicatórias.

Em 1945, num exemplar de *O engenheiro*, João Cabral compôs poema-dedicatória a Lêdo Ivo. O texto consistia na sugestão de futuro epitáfio para o amigo:

---

[93] Melo Neto (2008, p. 659).

Aqui repousa,
livre de todas as palavras,
LÊDO IVO,
poeta
na paz reencontrada
de antes de falar,
e em silêncio, silêncio
de quando as hélices param
no ar.[94]

O poema poderia igualmente servir como autoepitáfio cabralino: a "desarrumada vida" de João Cabral extinguiu-se em 9 de outubro de 1999. No entanto, aqui estamos, celebrando-lhe a voz, ou melhor, deixando que sua obra fale através de nós.

Porque, a rigor, é sempre falso o silêncio de um poeta verdadeiro: a todo momento, sopradas pela paixão dos leitores, as hélices de sua poesia recomeçam a girar, numa vitória definitiva contra a morte.

Referências

ANDRADE, Carlos Drummond de. Quadrilha. In: _____. *Alguma poesia*. Belo Horizonte: Pindorama, 1930.

ANDRESEN, Sophia de Mello Breyner. As ilhas. Poema VI. In: _____. *Navegações*. Lisboa: Imprensa Nacional-Casa da Moeda, 1983.

CAMPOS, Augusto de. João/Agrestes. In: _____. *Despoesia*. São Paulo: Perspectiva, 1994.

MORAIS, Vinicius de. Retrato, à sua maneira. In: _____. *Antologia poética*. Rio de Janeiro: A Noite, [s.d.].

MELO NETO, João Cabral de. *Poesia completa e prosa*. 2. ed. Rio de Janeiro: Nova Aguilar, 2008.

RAMOS, Péricles Eugênio da Silva. Poema do semeador. In: _____. *Sol sem tempo*. São Paulo: Clube de Poesia de São Paulo, 1953.

VERDE, Cesário. Num bairro moderno. In: _____. *O livro*. Lisboa: Manuel Gomes Editor, 1901.

---

[94] Melo Neto (2008, p. 657).

As Espanhas de Cabral

A Espanha, em João Cabral de Melo Neto, é bem mais do que um país. É ao mesmo tempo paisagem natural, arquitetura, música, urbanismo, religião, tauromaquia e literatura. É um modo de ser, de conviver, e também de vivenciar a plenitude dos sentidos: gostos, cores, ruídos, perfumes – e a força de Eros. Oferta-se também uma linguagem, modelo ético e estético que povoa a poesia de João Cabral. Todos esses territórios são atravessados pelo poeta, e com tal intensidade, que o país se torna plural: várias Espanhas convivem na Espanha ideal do escritor. Proponho-me a falar de algumas delas, e ressaltar a gradativa e sempre crescente importância que a experiência espanhola assumiu na vida e na obra de João Cabral.

No primeiro contato pessoal que tive com o poeta, em novembro de 1980, quando escrevia minha tese de doutorado sobre o conjunto de seus livros, indaguei como lhe havia surgido a ideia de aproximar a Espanha de Pernambuco, seu estado natal, e do Nordeste brasileiro, de um modo geral. Respondeu-me:

> Saí do Brasil em 1947. Meu primeiro posto foi o vice-consulado em Barcelona. Nos arredores da cidade, vi paisagens áridas como as do Nordeste, era uma espécie de volta a Pernambuco. Se me houvessem designado para um país verdejante, até hoje seria um diplomata inadaptado, queixoso.[95]

Como interpretar essa resposta? De início, ressaltando o componente do reconhecimento e da identidade: a Espanha seria um Pernambuco em outro lugar. Isso afirma o poeta, mas não é bastante. Na passagem de uma a outra paisagem, do Brasil à Espanha, podemos afirmar que, talvez até à revelia do escritor, houve também, ou principalmente, o aprendizado da diferença. A Espanha foi um "outro" que o poeta incorporou; tal incorporação deixou marcas e foi responsável por mudanças radicais em sua obra. Tentaremos demonstrar que marcas e mudanças são essas, acompanhando a trajetória da poesia cabralina.

Até 1955, João Cabral havia publicado seis livros, e a tênue presença hispânica se resumia a pequeno poema – "Homenagem a Picasso" – no livro de estreia, *Pedra do sono*, de 1942. Em 1955, com a coletânea *Paisagens com figuras*, a situação transforma-se totalmente. Com efeito, dos dezoito poemas do livro,

---

[95] Melo Neto (*in* SECCHIN, 1999, p. 325-333).

nada menos do que nove se referem à Espanha, e um outro estabelece diálogo entre ela e o Nordeste.

João Cabral, que confessava seu horror à música – por considerá-la anestésica ou entorpecente – só conseguiu reconciliar-se com a arte musical por meio do canto *gitano*. Apaixonou-se também pela tauromaquia, a ponto de sua biblioteca particular conter dezenas de livros sobre o tema. Assistindo às touradas, percebeu, na relação do toureiro com o touro, a mesma atitude que ele, poeta, exibia, na relação também tensa e perigosa, com a fúria da palavra:

[...]   sim, eu vi Manuel Rodríguez,
Manolete, o mais asceta,
não só cultivar sua flor
mas demonstrar aos poetas:

como domar a explosão
com mão serena e contida,
sem deixar que se derrame
a flor que traz escondida,

e como então, trabalhá-la
com mão certa, pouca e extrema:
sem perfumar sua flor,
sem poetizar seu poema.[96]

Manolete resume bastante da poética de João Cabral: a recusa da beleza não funcional; uma arte econômica (que denominei de "a poesia do menos"), com a emoção sob controle; o elogio do distanciamento ou frieza operacional: jamais deixar-se levar ou impressionar-se pelo objeto com o qual se defronta. O poeta elogia Manolete por ser "o toureiro mais agudo,/ mais mineral e desperto,// o de nervos de madeira", que deu "à vertigem, geometria", e ao susto "peso e medida".[97]

É bastante sugestivo o confronto entre Espanha e Pernambuco no poema "Duas paisagens", pois, para além das semelhanças apontadas pelo poeta na entrevista de 1980, o que avultam são as peculiaridades de cada espaço. A seguir, duas estrofes do texto, a segunda referente ao espaço brasileiro:

---

[96] Melo Neto (2008, p. 134).
[97] Melo Neto (2008, p. 134).

> [...] D'Ors em termos de mulher
> (Teresa, *La Ben Plantada*)
> descreveu da Catalunha
> a lucidez sábia e clássica.
> [...]
> Lúcido não por cultura,
> medido, mas não por ciência:
> sua lucidez vem da fome
> e a medida, da carência.[98]

Evidencia-se a Espanha por meio de metáfora cultural, literária, e Pernambuco através da natureza primária e sofrida, sem a intervenção da cultura. Paisagem, diríamos, descrita fora da História, enquanto a espanhola dela se abastece ou a ela se mescla. Essa forte impregnação do passado, com todas as suas lições, é constante no discurso do poeta, que fará a paisagem da Espanha transitar continuamente da referência natural à cultural, e vice-versa, sem que se possa dizer qual delas predomina. Basta dizer que, dos dez poemas espanhóis do livro, encontramos em seis citações explícitas a obras literárias ou autores (como Eugénio D'Ors), e em dois outros a presença de atividades artísticas ou culturais (o canto cigano e a tourada).

Poemas como "Imagens em Castela", "Medinaceli" e "Campo de Tarragona" não se interessam pela natureza em estado bruto: há sempre um elemento mediador que se interpõe para impedir a descrição da paisagem "pura". No primeiro desses poemas:

> [...] Se alguém procura a imagem
> da paisagem de Castela,
> procure no dicionário:
> *meseta* provém de mesa.
> [...]
> [...] palco raso, sem fundo,
> só horizonte, do teatro
> para a ópera que as nuvens
> dão ali em espetáculo:
> [...]

---

[98] Melo Neto (2008, p. 143).

No mais, não é Castela
mesa nem palco, é o pão:
[...]
Aquele mesmo equilíbrio,
de seco e úmido, do pão,
[...]
E mais: por dentro, Castela
tem aquela dimensão
dos homens de pão escasso,
sua calada condição.[99]

O poema se inicia com a paisagem e se concluiu com a figura humana: paisagens com figuras. Mas, se atentarmos bem, o poeta sequer fala da natureza, e sim das metáforas que ela propicia. No verso 1, já adverte: "Se alguém procura a imagem"; e esta imagem será encontrada no dicionário: "*meseta* provém de mesa". A mesa vazia de imediato servirá elemento de cênico (transformação do natural em cultural), para o espetáculo-ópera das nuvens. No fim, outra imagem surpreendente (Castela igual a um pão), e uma leitura política da paisagem: "dos homens de pão escasso/ sua calada condição". Maneira de lançar sutil protesto contra a Espanha de Franco. Toda a poesia social de João Cabral de Melo Neto, aliás, dirigida ao Brasil ou à Espanha, será sempre assim: incisiva e desprovida de grandiloquência ou demagogia. Em "Medinaceli", volta a falar dos homens que não podiam falar, que viviam em "calada condição": "hoje a gente daqui/ diz em silêncio seu *não*".[100] No belo "Encontro com um poeta", imagina um contato diferente com a obra de Miguel Hernández, quando passa a perceber informações para cuja captação é necessário ouvido bem atento:

[...] Não era a voz expurgada
de suas obras seletas;
era uma edição do vento,
que não vai às bibliotecas,
era uma edição incômoda,
a que se fecha a janela,
incômoda porque o vento
não censura, mas libera.[101]

---

[99] Melo Neto (2008, p. 126).

[100] Melo Neto (2008, p. 125).

[101] Melo Neto (2008, p. 132).

Já em "Campo de Tarragona" outro importante aprendizado espanhol é registrado por João Cabral: a lição de formas; não a forma empírica, mas aquela que apresenta uma organização ou sistema subjacente. Assim, ele afirma que no campo de Tarragona a terra não se esconde, mas se revela "como planta de engenheiro/ ou sala de cirurgião"[102] – ideal de organização que prescinde do supérfluo.

Importa registrar que essa "educação pela paisagem", que leva o poeta a perceber, por exemplo, que na Catalunha as colinas e montanhas "têm seios medidos",[103] não se restringe ao aspecto exterior ou visível: João Cabral também mergulha, se assim podemos dizer, na paisagem interna da linguagem, apreendendo, no convívio com a Espanha, novos ritmos, novas rimas, novos (e velhos) gêneros poéticos. Começou sistematicamente a utilizar a rima toante, em oposição à rima soante, bem mais tradicional na poesia em língua portuguesa; praticou o verso octossílabo, em vez do habitual heptassílabo (redondilha maior) português. No seu mais famoso poema, *Morte e vida severina* (de 1956), inteiramente situado no Nordeste brasileiro, valeu-se de modelos do romance castelhano e do folclore catalão. Seu melhor trabalho em prosa é *Joan Miró*, de 1950, excelente análise das técnicas de criação do pintor e que, feitas as devidas adaptações, poderíamos considerar como autoanálise de seus processos de criar poesia. Outro importante Joan – Brossa – mereceu-lhe poema em *Paisagens com figuras*. Na entrevista de 1980, depois de afirmar a devoção pela literatura espanhola (o que, aliás, sempre provocou certo ciúme nos poetas brasileiros contemporâneos) comentou:

> Comecei a estudá-la [a literatura ibérica] pelo poema do *Cid*. Fiquei no ouvido com o ritmo desse poema. [...] A literatura espanhola usa preponderantemente o concreto, e por isso me interessou. As literaturas primitivas me interessam.[104]

Prova disso é *O rio*, livro de 1954, que traz epígrafe de Berceo ("*Quiero que compongamos io e tú una prosa*"[105]), escritor a quem dedicará um poema na coletânea *Museu de tudo*, de 1975. Nesta obra, fará ainda o elogio de Quevedo. Antes, em *Serial*, de 1961, escrevera os poemas "Claros varones", tomando de empréstimo o título *Libro de claros varones de Castilla*, de Hernando del Pulgar e *Generaciones y semblanzas*, aproveitando título homônimo de Fernán Pérez Guzmán.

---

[102] Melo Neto (2008, p. 130).

[103] Melo Neto (2008, p. 142).

[104] Melo Neto (*in* SECCHIN, 1999, p. 333).

[105] Melo Neto (2008, p. 94).

Bastante zeloso de sua privacidade, João Cabral sempre evitou a exposição autobiográfica, e foi extremado cultor da poesia na terceira pessoa: para ele, o "eu" não deveria exibir-se em espetáculo, mas ocultar-se para que tudo mais que não fosse o próprio sujeito pudesse ocupar o poema, assim liberto em alta escala da sombra ou do peso do criador. Por isso, causou surpresa em *Quaderna,* de 1959, livro subsequente a *Paisagens com figuras,* a irrupção da temática feminina neste poeta tão hostil à tradição lírica. Na entrevista de 1980, indagado a respeito, assim se manifestou:

> É um tratamento feminino que não é usado para falar de mim, de minha vida. Quase sempre este tema se presta para confissões biográficas, veja o caso de Vinicius de Moraes. Além disso, por que só a mulher deve levar à criação? O poeta deve demonstrar seu estado de espírito até no ato de descrever um açucareiro. Na minha poesia a mulher é um tema como qualquer outro. Não o utilizo para confessar frustrações amorosas. Descrevo uma mulher sem biografia; o que ela representou na minha vida não vem ao caso.[106]

Ora, a frase final revela que alguma (ou muita) importância a mulher teve, ou essas mulheres tiveram, ainda que desprovidas de identificação. Se todos os críticos apontam em João Cabral, a partir de *Quaderna,* o surgimento de uma vertente mais propriamente erótica do que amorosa, o que se observou é que tal tipo de poesia somente nasceu a partir da experiência espanhola do poeta. Mesmo evitando relações imediatas de causa e efeito, é sempre bom recordar, com certa malícia, que João Cabral dizia escrever apenas sobre pessoas ou coisas que conhecia. Declarava-se poeta sem imaginação – mas com muita memória...

Abre o novo livro um de seus mais famosos poemas, "Estudos para una bailadora andaluza", em que, após associar a mulher ao fogo, a uma simbiose amazona/égua, e a uma estátua ardente, as imagens do poeta começam a desnudar inteiramente a bailadora:

> [...] porque, terminada a dança,
> embora a roupa persista,
>
> a imagem que a memória
> conservará em sua vista

---

[106] Melo Neto (*in* SECCHIN, 1999, p. 331).

Suíte cabralina   299

é a espiga, nua e espigada,
rompente e esbelta, em espiga.[107]

Assinalemos, porém, que o imaginário feminino, desencadeado em João Cabral depois da estada na Espanha apresenta ao menos duas configurações, uma delas algo surpreendente. A primeira, já vimos, responsável pela vertente erótica, em que o fascínio diante das bailadoras leva o poeta à celebração da mulher isenta de investimento sentimental, e fundada apenas no prazer da pura corporalidade. A outra faceta – de que a cidade de Sevilha será o melhor exemplo – revela o feminino maternal e acolhedor. Espanha sempre mulher, às vezes amante, outras vezes mãe:

[...] Que ao sevilhano Sevilha
tão bem se abraça
que é como se fosse roupa
cortada em malha.
[...]
O sevilhano usa Sevilha
com intimidade,
como se só fosse a casa
que ele habitasse.[108]

A esse espaço do aconchego e do conforto se opõe o sertão do Nordeste brasileiro, marcado com signos da masculinidade, da aspereza, da agressiva luminosidade, do desconforto e da secura. Curiosamente esses atributos, caros ao poeta, pois implicam desafio frente à vida, também se encontram na Espanha, não nas mulheres, decerto, e não muito na paisagem, mas na arte – em particular no *cante a palo seco*, título de uma das mais conhecidas "artes poéticas" de João Cabral. Como no ensaio sobre Miró, o poeta fala implicitamente da própria poesia ao falar explicitamente da dureza e da força do *cante*:

[...] Se diz *a palo seco*
o *cante* sem guitarra;
o *cante* sem; o *cante*;
o *cante* sem mais nada.

---

[107] Melo Neto (2008, p. 201).
[108] Melo Neto (2008, p. 229).

300

[...]
O *cante a palo seco*
é o *cante* mais só:
é cantar num deserto
devassado de sol;
[...]
A palo seco é o *cante*
de grito mais extremo:
tem de subir mais alto,
que onde sobe o silêncio;
[...]
cante que não se enfeita,
que tanto se lhe dá;
é *cante* que não canta,
é *cante* que aí está.[109]

Aproximações e confrontos entre Nordeste e Espanha voltam a aparecer em *Serial*. As estradas do sertão e as da Mancha são descritas em "O automobilista infundioso". Em "Pernambucano em Málaga", João Cabral opõe o aspecto dócil e doméstico da cana de Málaga ao caráter indisciplinado da cana nordestina:

[...] A cana doce de Málaga
dá domada, em cão ou gata:
deixam-na perto, sem medo,
quase vai dentro das casas.[110]

"Chuvas" compara o mesmo fenômeno meteorológico em três lugares distintos: o sertão, Sevilha e a Galícia; desta região, que pouco aparece em sua obra, afirma:

[...] Mas na *Galícia* a chuva,
de tanta, se descura:
cai de todos os lados,
inclusive de baixo.

---

[109] Melo Neto (2008, p. 226).
[110] Melo Neto (2008, p. 227).

Suíte cabralina   301

[...]
É a chuva feita estado:
nela se está em aquário,
onde ninguém atina
onde é embaixo, em cima.[111]

No jamais minimizado nível metalinguístico, João Cabral escreve "O sim contra o sim", ou seja: exercícios de admiração a poetas e pintores muito diferentes, louvados em suas características contrastantes e igualmente válidas; daí, o "sim" contra o "sim". Dentre os citados, de novo Joan Miró, e, pela primeira vez, Juan Gris:

[...] *Juan Gris* levava uma luneta
Por debaixo do olho:
uma lente de alcance
que usava porém do lado outro.

As lentes foram construídas
para aproximar as coisas,
mas as dele as recuava
à altura de um avião que voa.[112]

Em *A educação pela pedra*, de 1966, intensifica-se a já referida segunda vertente do feminino, identificada com repouso, proteção, aconchego. No poema "Nas covas de Baza", o poeta diz ser o cigano capaz de

[...] dormir na entranha da terra, enfiado;
dentro dela, e nela de corpo inteiro,
dentros mais de ventre que de abraço.
Contudo, dorme na terra uterinamente,
dormir de feto, não o dormir de falo;[113]

Na mesma direção caminha "A urbanização do regaço", ostensivo elogio à configuração dos velhos bairros de Sevilha:

---

[111] Melo Neto (2008, p. 292).
[112] Melo Neto (2008, p. 276).
[113] Melo Neto (2008, p. 317).

Os bairros mais antigos de Sevilha
criaram uma urbanização do regaço,
para quem, em meio a qualquer praça,
sente o olho de alguém a espioná-lo.
[...]
Eles tem o aconchego que a um corpo
dá estar noutro, interno ou aninhado,
[...]
para quem quer, quando fora de casa,
seus dentros e resguardos de quarto.[114]

Curiosamente, no livro, há um poema, "O regaço urbanizado", com os mesmos 24 versos deste, dispostos em outra ordem. Assim, podemos dizer que, do mesmo modo como o sevilhano está aninhado em seu bairro, um poema está aninhado no outro, pois cada qual já abriga em si todas as palavras do seu par poético.

Depois do longo silêncio de quase dez anos, João Cabral retornou à poesia com *Museu de tudo*, de 1975. Como o nome indica, trata-se de conjunto heterogêneo de textos. Nele comparecem as obsessões espanholas de Cabral: a antiga literatura, com "Catecismo de Berceo" e "A Quevedo"; a tourada, com "El toro de lidia"; a música cigana, em "Habitar o flamenco"; o feminino, em "Outro retrato de andaluza".

O livro seguinte, *Agrestes*, de 1985, contém seção de catorze poemas intitulada "Ainda, ou sempre, Sevilha". Mesmo com olhar criticamente antiturístico, conforme se lê em "Por um monumento no Pumarejo" –

[...]   Trini Espanha (e de Sevilha)
a dois pés do Pumarejo,
de sua cal branca poluída,
onde o turista não vai
nem gosta de ir a polícia.[115]

– encanta-se com "A Giralda":

---

[114] Melo Neto (2008, p. 333).
[115] Melo Neto (2008, p. 515).

[...] Sevilha de noite: a Giralda,
iluminada, dá a lição
de sua elegância fabulosa,
de incorrigível proporção.[116]

Nesse período, acentua-se em João Cabral a tendência ao poema narrativo, através de um veio memorialístico que tenta recompor algo das muitas histórias que viveu ou de que ouviu falar, todas, portanto, baseadas em "fatos reais". Exemplos da presença de elementos mais prosaicos, sob forma de narrativa, são os poemas de *Crime na* calle *Relator*, de 1987, oito dos quais registram anedotas acontecidas na Espanha. Destaquemos "O ferrageiro de Carmona", onde, conforme já fizera com os toureiros e com as cantadoras do flamenco, João Cabral atribui a outra atividade características que são as de sua própria poesia. Diz o ferreiro:

[...] Só trabalho em ferro forjado,
que é quando se trabalha ferro;
então, corpo a corpo com ele,
domo-o, dobro-o até o onde quero.

O ferro fundido é sem luta,
é só derramá-lo na fôrma.
Não há nele a queda de braço
e o cara a cara de uma forja.[117]

Demonstração ainda mais elevada do amor do poeta à terra espanhola encontra-se em seu último livro, *Sevilha andando*, de 1989, dividido em duas partes; a segunda intitula-se "Andando Sevilha". Na primeira, ele outorga à esposa, a escritora Marly de Oliveira, a síntese de todos os atributos positivos da cidade; daí porque, quando ela se locomove, o poeta afirma ver "Sevilha andando". Na segunda, ele circula pela cidade, "Andando [por] Sevilha", quando chega a declarar que, na medida em que é difícil civilizar a terra, seria necessário, ao menos, "sevilhizar" o mundo.

O poeta retornou ao Brasil em 1990, aposentado da carreira diplomática, para morar no Rio de Janeiro, mas permaneceu, conforme o título do livro de Pablo Neruda, com *España en el corazón*.

---

[116] Melo Neto (2008, p. 508).

[117] Melo Neto (2008, p. 561).

Como se tudo que escreveu sobre sua vivência espanhola não bastasse, João Cabral, no âmbito das comemorações do quinto centenário da viagem de Cristóvão Colombo à América, publicou, em 1992, a antologia *Poemas sevilhanos*, reunindo 91 textos dedicados à cidade e à região, que, ao lado do Recife, ocupa o lugar proeminente de sua geografia afetiva. Uma "Cidade de nervos", que

> [...] Tem a tessitura da carne
> na matéria de suas paredes,
> boa ao corpo que a acaricia:
> que é feminina sua epiderme.
>
> E que tem o esqueleto, essencial
> a um poema ou um corpo elegante,
> sem o qual sempre se deforma
> tudo o que é só de carne e sangue.[118]

O sonho de associar o Nordeste brasileiro à Espanha foi expresso no poema "Autocrítica", publicado, em 1980, em *A escola das facas*:

> Só duas coisas conseguiram
> (des)feri-lo até a poesia:
> o Pernambuco de onde veio
> e o aonde foi, a Andaluzia.
> Um o vacinou do falar rico
> e deu-lhe a outra, fêmea e viva
> desafio demente: em verso
> dar a ver Sertão e Sevilha.[119]

Esse foi o desafio do poeta: dar a ver, exibir, a irrestrita adesão a espaços geográficos, sociais e culturais tão distintos, sabendo amá-los em sua complementar diferença.

Nascido em Pernambuco, no ano de 1920, veio a falecer no Rio de Janeiro, em 1999. Visitei João Cabral de Melo Neto várias vezes, em seu apartamento frontal à Baía de Guanabara. Ele, escritor tão solar, mantinha sempre fechadas

---

[118] Melo Neto (2008, p. 608).

[119] Melo Neto (2008, p. 430).

as cortinas, como se não quisesse ser visitado pelo sol do Rio, cidade a que não dedicou sequer um poema.

Já quase cego, isolava-se do mundo, para que, naquele seu íntimo e recluso território, a imagem da Espanha, abrigada no nicho mais feliz da memória, tomasse conta do ambiente, e se espraiasse como luz súbita, sevilhana e feminina. Luz que devolvia ao poeta o conforto de um espaço protegido contra a corrosão da vida, e por ele celebrado em 129 poemas.

Referências

MELO NETO, João Cabral de. Entrevista. In: SECCHIN, Antonio Carlos. *João Cabral: a poesia do menos.* 2. ed. Rio de Janeiro: Topbooks, 1999. p.325-333.

MELO NETO, João Cabral de. *Poesia completa e prosa.* 2. ed. Rio de Janeiro: Nova Aguilar, 2008.

O Nobel para Gullar

Há poetas que se notabilizam pela pesquisa formal, pela experimentação da linguagem em busca de novas formas de expressão. Outros cultivam diálogo com as formas consolidadas e consagradas. Existem os que consideram a poesia como veículo das alegrias, naufrágios e perplexidades de sua própria experiência individual. Alguns vinculam a poesia à dimensão épica e coletiva de um povo perante a História. A obra de Ferreira Gullar, de modo ímpar, efetua um amálgama de todas essas tendências, revelando um compromisso ético e uma relevância estética que a situam, consensualmente, no mais alto patamar da criação artística contemporânea.

A literatura brasileira, apesar de ter produzido no século XX autores de dimensão internacional – e seria quase desnecessário citar, dentre vários, os nomes de João Guimarães Rosa, Clarice Lispector, Jorge Amado e João Cabral de Melo Neto–, ainda não foi contemplada com um Prêmio Nobel de Literatura. A premiação, portanto, abarcaria um duplo aspecto: de um lado, ressaltaria a pujança de uma literatura escrita numa língua – o português – cuja difusão, infelizmente, ainda é relativamente restrita; de outro, revelaria ao mundo não lusófono (porque este já o tem na mais alta conta) a extraordinária obra de Ferreira Gullar. Uma poesia, como dissemos, que ousou lançar-se, com sucesso, em várias e às vezes antagônicas direções, sempre aberta ao risco, numa vertiginosa dialética de teses e antíteses que jamais se acomodou em qualquer síntese. Poesia que já surgiu, com *A luta corporal* (1954), sob o signo do embate entre tradição e renovação, de que são exemplos tanto os admiráveis sonetos que abrem o livro e reverenciam o idioma quanto as desestruturações linguísticas que fecham a obra e praticamente "explodem" a língua portuguesa, numa disposição tipográfica que anteciparia os procedimentos do movimento de vanguarda conhecido como

Concretismo. Poesia que perscruta o mais íntimo ou ínfimo dos seres, como "Galo galo", do mesmo livro, mas que não se furta a soar em prol da multidão de desvalidos e miseráveis que integram dramaticamente a paisagem brasileira, sul-americana e mundial.

Poesia dos sentimentos abissais, da perda, da desilusão amorosa, do enfrentamento da loucura e da morte, narrados pelo poeta de voz cosmopolita radicado no Rio de Janeiro, mas enraizado na pequena São Luís, seu berço no Nordeste do país. Mas poesia, também, de esperança e de alegria: plena de vento, luz e sol contra o sombrio império do niilismo pós-moderno. E poesia, sempre, em busca do outro, ou melhor, de muitos outros: o outro que habita o eu, ou seja, a porção desconhecida e indomada de cada um de nós mesmos; o outro como protagonista do poema, no discurso solidário que se abre transitivamente para a aceitação do "ele" no universo antissolipsista do "eu"; e o outro como leitor/interlocutor, na medida em que, para Gullar, qualidade e comunicabilidade não são fatores excludentes. Num território onde, mesmo com bons resultados, alguns poetas praticam uma espécie de fetichização autocentrada do ato literário, parece-nos extremamente significativo o fato de Gullar, sem abdicar dos mais rigorosos padrões de exigência estética, saber conciliá-los com um registro que permite ao leitor comum, não especializado ou universitário, poder fruir da experiência poética: palavras e temas comuns, cotidianos, subitamente incendiados pela combustão da poesia, capturada no cerne do dia a dia e não mais emanada de um poder divino.

Importa destacar a atuação de Gullar não apenas no âmbito da criação poética, mas no da crítica da cultura. Grande estudioso e arguto analista dos movimentos culturais e artísticos do século XX, é autor de numerosos ensaios sobre a arte contemporânea (em especial, as artes plásticas), tanto em suas manifestações europeias e norte-americanas quanto em suas realizações brasileiras. O desejo de conhecer, transpor barreiras e modificar-se com o conhecimento é comum ao Gullar poeta e ao Gullar ensaísta. Daí sua obra ser tão avessa ao dogmático e tão porosa à mudança, motivada pelas sucessivas "verdades" que vai desconstruindo e reconstruindo ao longo da vida. Desdizendo-se para redizer-se, a poesia de Gullar não tem "centro", "ponto fixo", princípios imutáveis. Obra simultaneamente "em regresso" (para a São Luís natal) e em "progresso" para todas as cidades e linguagens do mundo.

Não se faz impunemente uma poesia de tão alto risco e coragem – estética e existencial. Aos que desejariam aprisioná-lo em determinado estilo poético, ele surpreendeu com sucessivas metamorfoses. E aos que desejaram, e conseguiram, aprisioná-lo por suas ideias à época da ditadura brasileira, ele respondeu com a tenacidade de seu canto contra a opressão. Sua biografia, de algum modo, é exemplar, pois tipifica, como nenhuma outra em nossa História recente, o engajamento do intelectual em prol das liberdades cívicas e da melhoria das condições de vida de seu povo. No período dos governos militares brasileiros, Ferreira Gullar foi preso, submetido a interrogatórios, forçado a exilar-se. Viveu em Moscou. Habitou no Chile até a queda de Salvador Allende. Residiu no Peru e na Argentina, onde compôs o que para muitos é uma das maiores realizações poéticas do século XX, o *Poema sujo*, de 1976. Retornando ao Brasil em 1977, foi novamente preso pelo "crime" de suas ideias contrárias à ditadura militar. Vida admirável pela capacidade de dizer não a toda forma espúria de poder, mesmo ao preço de pagar por isso com a própria liberdade. Poesia admirável pela inquietação e pela ampla gama de recursos, que tanto fere a nota pessoal do amor e da solidão quanto se ergue na defesa de valores éticos universais através de sua muralha luminosa de palavras. Por todos esses motivos, Ferreira Gullar é merecedor do Prêmio Nobel de Literatura.

Vida

Ferreira Gullar é o nome literário de José de Ribamar Ferreira, nascido no dia 10 de setembro de 1930 na cidade de São Luís, estado do Maranhão, no Nordeste brasileiro, uma das regiões mais pobres do país. Oriundo de família humilde – o pai era pequeno comerciante e a mãe, doméstica –, tem ascendência europeia, indígena e possivelmente africana.

Estudou até os 17 anos numa escola técnica profissionalizante, aprimorando-se a partir daí como autodidata. Com ajuda de velhos dicionários da Biblioteca Pública, aprendeu sozinho o francês e, ainda adolescente, passou a ser um leitor voraz de gramática e de poesia parnasiana. Em 1949 publicou, com recursos próprios e auxílio materno, seu primeiro livro de poemas, *Um pouco acima do chão*, posteriormente renegado, porque correspondia a um período em que o jovem Gullar ainda não havia descoberto a poesia moderna. Em entrevistas, o poeta se recorda de que, pela leitura constante de poetas antigos, durante dois anos ele próprio se comunicava oralmente através de versos de dez sílabas, que produzia sem cessar...

Em 1950, trabalhava como locutor da rádio Timbira, e já sonhava com horizontes mais largos do que o céu da província. Ganhou um Concurso Nacional de Poesia promovido por um importante jornal do Rio de Janeiro, e, munido de muita coragem e de pouco dinheiro, decidiu viajar para a então Capital Federal do Brasil. Como redigia bem, logo conseguiu colocação numa revista. A partir daí, foram vários empregos (sempre na área jornalística), algumas amizades com o meio literário do Rio de Janeiro e inúmeros domicílios, na dependência de salários menos ou mais generosos.

Em 1951, tornou-se amigo do crítico de arte Mário Pedrosa, e interessou-se vivamente pelo estudo da história e das técnicas da pintura, paixão que sempre conservou, seja como teórico e crítico, seja como pintor amador.

Há muito se familiarizara com a poesia moderna e se tornara também leitor de Dostoiévski, Rilke e Fernando Pessoa; mais tarde, receberia o impacto de T. S. Eliot. O verso livre foi o veículo ideal para seu crescimento artístico, conforme ficou demonstrado no segundo livro, *A luta corporal*, de 1954. Essa obra logo se consolidaria como uma das peças-chave da poesia brasileira do século XX, prenunciando o movimento de vanguarda intitulado Concretismo, ao qual Ferreira Gullar inicialmente aderiu, mas de que se desligou para, em 1959, com a participação de renomados artistas plásticos do Rio de Janeiro, fundar o Neoconcretismo, combatendo a excessiva frieza e desumanização do movimento em sua versão original.

No ano de 1961, foi nomeado presidente da Fundação Cultural de Brasília, a então novíssima capital do país. Com a crise política oriunda da renúncia do presidente Jânio Quadros, retornou ao Rio de Janeiro. Em 1962, ingressou no Centro Popular de Cultura da União Nacional de Estudantes, e passou a produzir uma poesia nitidamente engajada e afinada com os ideais da esquerda, clamando por reformas radicais que dessem dignidade aos milhões de brasileiros desamparados. No ano seguinte, foi eleito presidente do Centro e publicou o ensaio *Cultura posta em questão*.

O golpe militar de 31 de março de 1964 atingiria profundamente Gullar. No dia seguinte, a sede da União Nacional dos Estudantes foi invadida e incendiada, e queimou-se a edição de *Cultura posta em questão*. Pouco depois, foi um dos fundadores do grupo teatral Opinião, uma espécie de fortaleza do pensamento de oposição à ditadura. Até 1968, dedicou-se intensamente ao teatro, produzindo textos em coautoria e de forte impregnação social. Com o aumento da opressão do regime militar, em especial através da promulgação de ato institucional que sufocou de vez o Parlamento e as oposições, Ferreira Gullar foi preso pela primeira vez. Em 1970, para não ser novamente encarcerado, passou à clandestinidade, escondendo-se em casas de amigos pelo período de dez meses. Conseguiu fugir para Moscou, onde se exilou por quase dois anos.

A seguir esteve no Chile, até a queda de Salvador Allende. Morou também no Peru e, finalmente, na Argentina, última etapa do exílio. Em período de tanta dor e sofrimento, viveu também um drama de natureza familiar: seus filhos tornaram-se dependentes da droga, e daí lhes advieram graves sequelas psíquicas.

Em Buenos Aires, em 1975, escreveu seu livro de maior sucesso: *Poema sujo*, estonteante relato de um poeta ao mesmo tempo à beira da infância e à beira do aniquilamento. Sem a presença de Gullar, a obra foi lançada no Brasil em 1976.

Não suportando mais o exílio, retornou ao Brasil em março de 1977, sendo imediatamente preso pelo Departamento de Polícia Política e Social. Sofreu ameaças e foi interrogado durante 72 horas ininterruptas.

Retornou gradativamente às atividades culturais – assim como o país gradativamente começava a mover-se na direção da democracia. Aliou-se a consagrados nomes do cancioneiro popular, escrevendo letras para músicas que fizeram sucesso. Passou, com êxito, a escrever, em parceria com o dramaturgo Dias Gomes, roteiros para séries de grande qualidade na televisão brasileira. Em 1985, ganhou o Prêmio Molière por sua tradução de *Cyrano de Bergerac*.

Em 1991, morreu tragicamente seu filho Marcos. Dois anos depois faleceu a esposa Thereza, companheira desde 1954. Tanto infortúnio foi contrabalançado quando, em 1994, conheceu a segunda mulher, a poetisa Cláudia Ahimsa, que reacendeu no poeta a vibração pela vida.

Durante dois anos (1993-1994) presidiu a Fundação Nacional de Arte, o mais importante órgão federal para o apoio ao desenvolvimento artístico do país. No ano de 2000, recebeu muitas e tocantes homenagens. Foi eleito "O intelectual do ano" em prestigioso concurso nacional. A região praiana onde, menino, brincava na cidade de São Luís passou a chamar-se avenida Ferreira Gullar. No seu aniversário, em setembro, ocorreu no Museu de Arte Moderna do Rio de Janeiro a abertura da exposição "Ferreira Gullar 70 anos", que percorreu o Brasil.

Em 2010, ganhou o Prêmio Camões, a mais importante láurea concedida a escritores da língua portuguesa. Justo reconhecimento a uma das maiores vozes da lusofonia.

Obra

Ferreira Gullar estreou em 1949, aos 18 anos de idade, com o livro *Um pouco acima do chão*, publicado em São Luís numa edição particular. Obra de adolescência, que o autor suprimiria da coletânea *Toda poesia* (1980), revelava um poeta ainda preso a moldes parnasianos. Mesmo assim, se levarmos em conta as condições culturais adversas da província e a extrema inexperiência literária do adolescente Gullar, não deixam de ser surpreendentes, em "Adeus a Bizuza", as alusões a Keats, Shelley e Byron, revelando um leitor voraz do Romantismo ainda em busca de expressão própria, mas que, orgulhosamente, intuía ser sua poesia inicial "a primeira semente/ que trouxe consigo, latente,/ a pujança de todas as florestas".[1]

Tal pujança, de fato, já iria eclodir no livro seguinte, *A luta corporal*, de 1954. É verdadeiramente espantosa a diferença qualitativa que separa os poemas do livro anterior desta nova investida, que já revela um poeta maduro e em pleno vigor expressivo. *A luta corporal* é importante pelo que contém e pelo que prenuncia, em especial, algumas raízes da vanguarda concretista. Suas seis seções revelam uma travessia quase programática rumo à radicalização da linguagem poética. Assim, na primeira ("Sete poemas portugueses") se agrupam textos de recorte mais "clássico", como o belíssimo soneto de número 7:

[...] Neste leito de ausência em que me esqueço
desperta o longo rio solitário:
se ele cresce de mim, se dele cresço,
mal sabe o coração desnecessário.[2]

É possível interpretar as seções do livro como sucessivas desaprendizagens de um "poético" já codificado em prol de uma aventura em domínios menos confortáveis ou estabelecidos da linguagem. Não bastava ao poeta distanciar-se da realidade que o circundava; ele desejava, no mesmo passo, afastar-se das formas convencionais de representação dessa realidade. Se ainda era possível dizer o inefável –

Cerne claro, cousa
aberta;
na paz da tarde ateia, bran-
co,
o seu incêndio.[3]

– um salto além seria "desdizer" o indizível, na fronteira do puro significante incomunicável ("negror n'origens,/ flumes!"[4]) O abismo entre signo e representação

---

[1] Gullar (1949, p. 18).

[2] Gullar (2000, p. 7).

[3] Gullar (2000, p. 53).

[4] Gullar (2000, p. 63).

conduz a um impasse, na medida em que o signo nada mais representa, senão sua própria impossibilidade de representação. Sintomaticamente, é esse texto radical o derradeiro poema do livro, ou seja, trata-se de um texto à beira de um silêncio imediato. Gullar, no entanto, viria a recusar incisivamente esse território de escombros do verbo, esse desejo desesperado na fronteira do indizível e, desaprendendo a desaprendizagem que a si mesmo impusera, logo retomaria, nas obras subsequentes, o desafio da palavra claramente transitiva. É certo que em *Poemas* (1958) ainda se podem constatar o rigor e uma certa abstração linguística inerentes às experiências de vanguarda em que Gullar se envolvera,

> mar azul
> mar azul marco azul
> mar azul marco azul barco azul
> mar azul marco azul barco azul arco azul
> mar azul marco azul barco azul arco azul ar azul[5]

mas em o *Vil metal* (1954/1960) já se inscrevem com nitidez diretrizes que marcarão a poesia e a poética de Gullar: um certo jogo com a espacialidade da página, o predomínio do verso livre, a captação plástica de objetos colhidos no cotidiano:

> Sobre a mesa no domingo
> (o mar atrás)
> duas maçãs e oito bananas num prato de louça
> São duas manchas vermelhas e uma faixa amarela
> com pintas de verde selvagem:
> uma fogueira sólida
> acesa no centro do dia.
> O fogo é escuro e não cabe hoje nas frutas:
> chamas,
> as chamas do que está pronto e alimenta ("Frutas"[6])

A poesia mais explicitamente política de Gullar se concentraria na experiência dos "romances de cordel" escritos entre 1962 e 1967. Numa direção radicalmente oposta ao experimentalismo de linhagem vanguardista, Gullar mergulhava agora

---

[5] Gullar (2000, p. 97).

[6] Gullar (2000, p. 72).

nas fontes populares e iletradas da poesia, recuperando a tradição dos "cantadores" nordestinos, com seus poemas narrativos vazados em linguagem simples e apoiados em métrica e rimas de forte apelo mnemônico. Num mundo configurado como palco do embate entre o Bem e o Mal, Gullar expressava o pensamento da intelectualidade de esquerda, pressurosa em denunciar as mazelas do imperialismo, e ainda crédula nas revoluções socialistas que, a partir de Cuba, prenunciavam uma era de fraternidade e justiça social na América Latina, mediante uma feroz denúncia das oligarquias inescrupulosas e reacionárias.

Após um longo período de silêncio, Gullar publicou *Dentro da noite veloz*, com poemas datados do período entre 1962 e 1975. Sofistica-se a reflexão política do poeta, que, sem perder a combatividade, alarga o espectro de referências, anteriormente (por estratégias de comunicabilidade com plateias menos frequentadoras da poesia) centrado na luta entre o Bem e o Mal. O tom de denúncia direta perpassa alguns textos ("Poema brasileiro", "Não há vagas"), enquanto outros se urdem obliquamente por meio de uma vigorosa cadeia de imagens. É o caso do comovente canto de solidariedade ao povo do Vietnã:

> [...] A noite, a noite, que se passa? diz
> que se passa, esta serpente vasta em convulsão, esta
> pantera lilás, de carne
>   lilás, a noite, esta usina
> no ventre da floresta, no vale,
> sob lençóis de lama e acetileno, a aurora,
> o relógio da aurora, batendo, batendo,
> quebrado entre cabelos, entre músculos mortos, na podridão
> a boca destroçada já não diz a esperança,
>   batendo
> Ah, como é difícil amanhecer em Thua Thien.
>   Mas amanhece. ("Por você por mim"[7])

O veio lírico-existencial, presente em alguns poemas de *A luta corporal* e como que abafado no período de engajamento ostensivo, volta a manifestar-se em várias ocasiões. Importa assinalar que o lirismo não é o oposto do político, pois, a rigor, Gullar jamais dele se demite; é, antes, sua face matizada, em que as grandes causas universais do discurso engajado se transmudam nas pequenas

---

[7] Gullar (2000, p. 184).

causas individuais, numa espécie de política do cotidiano, em que o sujeito se defronta com a solidão,

> [...] A noite se ergue comercial
> nas constelações da Avenida.
> Sem qualquer esperança
> continuo
> e meu coração vai repetindo teu nome
> abafado pelo barulho dos motores
> solto ao fumo da gasolina queimada. ("Pela rua"[8])

com o imobilismo,

> [...] Tua casa está ali. A janela
> acesa no terceiro andar. As crianças
> ainda não dormiram.
> Terá o mundo de ser para eles
> este logro? Não será
> teu dever mudá-lo?
>
> Apertas o botão da cigarra.
> Amanhã ainda não será outro dia. ("Voltas para casa"[9])

e com a morte:

> [...] Sou um homem comum
> de carne e de memória
> de osso e esquecimento.
> Ando a pé, de ônibus, de táxi, de avião
> e a vida sopra dentro de mim
> pânica
> feito a chama de um maçarico
> e pode
> subitamente
> cessar. ("Homem comum"[10])

---

[8] Gullar (2000, p. 178).

[9] Gullar (2000, p. 161).

[10] Gullar (2000, p. 167).

Uma poesia no nível do chão ("Onde está/ a poesia? indaga-se/ por toda a parte./ E a poesia/ vai à esquina comprar jornal"[11]), impulsionada pela imaginação, decerto, mas abastecida na memória:

> [...] Eu devo ter ouvido aquela tarde
> um avião passar sobre a cidade
> aberta como a palma da mão
> entre palmeiras
> e mangues
> vazando no mar o sangue de seus rios
> ("Uma fotografia aérea"[12])

Recordação, também, de corpos femininos, numa vertente lírico-amorosa tecida com extrema delicadeza (leia-se, a propósito, a bela "Cantiga para não morrer"). Mas é num poema sintomaticamente intitulado "Memória" que localizamos uma das sementes daquela que, para muitos, é a obra-prima do poeta: o *Poema sujo*, de 1976. Ao evocar a infância, o poeta registra:

> [...] – um mar defunto que se acende na carne
> como noutras vezes se acende o sabor
> de uma fruta
> ou a suja luz dos perfumes da vida
> ah vida![13]

É da "suja luz" da vida que emana a seiva do *Poema sujo*, longo texto que, na edição original, se espraia sem interrupção por 93 páginas. Vertiginoso depoimento de um artista prestando contas a si mesmo e a seu tempo, nele se concentra, em dimensão superlativa, o melhor da poesia de Gullar. Do ponto de vista formal, a inventividade metafórica num estágio torrencial, a variedade rítmica, a sábia mescla lexical entre os estilos elevado e vulgar, os cortes cinematográficos, a magia sonora das aliterações e das onomatopeias, as voluntárias inserções do "prosaico" como controle do sublimemente "poético"... Do ponto de vista semântico, a motivação inicial do poema foi o desejo do poeta, então no

---

[11] Gullar (2000, p. 223).

[12] Gullar (2000, p. 210).

[13] Gullar (2000, p. 189).

exílio em Buenos Aires, de criar um texto visceral e radical a partir da reconstituição de sua infância em São Luís e que atravessasse, com a explosiva ausência de "lógica" da poesia, toda a experiência de sua vida. O impacto do livro foi de tal natureza que levou um de nossos maiores críticos, Otto Maria Carpeaux, a declarar que a obra deveria chamar-se "Poema Nacional, porque encarna todas as experiências, vitórias, derrotas e esperanças do homem brasileiro".[14]

Quatro anos depois, já de retorno ao Brasil, Gullar publicou *Na vertigem do dia*. À atenuação do poema-denúncia não corresponde o incremento do poema-renúncia: o poeta prossegue atento às engrenagens sujas, banais e todavia epifânicas da máquina do mundo. No novo livro, porém, avulta a atenção à máquina, também impura, do próprio poema. É expressivo, qualitativa e quantitativamente, o conjunto de textos que refletem sobre o próprio ato criador (quase um terço do total). Dentre esses o admirável "Traduzir-se", onde, com extrema economia verbal, Gullar revela o poeta cindido entre o compromisso com os homens seus pares ou com a verdade de si mesmo, necessariamente ímpar:

[...] Uma parte de mim
é todo mundo:
outra parte é ninguém:
fundo sem fundo.

Uma parte de mim
é multidão:
outra parte estranheza
e solidão.

Uma parte de mim
pesa, pondera:
outra parte
delira.[15]

Mas ao ano de 1980 não correspondeu apenas o lançamento de *Na vertigem do dia* – cujo título, aliás, parece estabelecer contraponto com *Dentro da noite veloz*, como se, finalmente, o poeta tivesse logrado romper a "treva" do exílio em que se encontrava. Na mesma época é publicada, com enorme sucesso, a primeira edição

---

[14] Gullar (1976, [s.p.]).
[15] Gullar (2000, p. 335).

de sua obra poética reunida: *Toda poesia*. De certo modo, essa coletânea propiciou a consolidação de Gullar no cânone brasileiro, pois alguns de seus livros anteriores circularam com pequena tiragem. Demonstração inconteste desse sucesso é o fato de, em 2015, *Toda poesia* ter atingido a 21ª edição, marca considerável quando se levam em conta as dificuldades inerentes (em qualquer país do mundo) à divulgação e à comercialização da poesia. Além disso, numa pesquisa realizada junto a cerca de 100 intelectuais brasileiros em fins da década de 1990, Gullar foi apontado como o mais importante poeta vivo do país, com mais de 70% das indicações.

Equivocaram-se os que julgavam ser *Toda poesia* o fecho, glorioso embora, da obra do autor. Depois de *Na vertigem do dia*, Gullar publicaria ainda *Barulhos* (1987), *Muitas vozes* (1999) e *Em alguma parte alguma* (2010), sem que sua máquina poética exibisse sinais de exaustão.

Barulhos dialoga com a vertente metalinguística estampada no livro anterior:

> [...] Há quem pretenda
> que seu poema seja
> mármore
> ou cristal – o meu
> o queria pêssego
> pera
> banana apodrecendo num prato
> e se possível
> numa varanda
> onde pessoas trabalhem e falem
> e donde se ouça
> o barulho da rua. ("Desastre"[16])

Muitas vozes foi ganhador de alguns dos principais prêmios literários do país. Além de abrigar uma persistente indagação sobre a morte, a obra revela o poeta com uma dicção cada vez mais despojada, na tensa e tênue fronteira entre a prosa e poesia, numa fala porosa à invasão de outras falas:

> [...] Toda coisa tem peso:
> uma noite em seu centro.
> O poema é uma coisa
> que não tem nada dentro,

---

[16] Gullar (2000, p. 362).

a não ser o ressoar
de uma imprecisa voz
que não quer se apagar
– essa voz somos nós. ("Não coisa"[17])

Em alguma parte alguma pulsa a urgência da vida, por meio de um olhar que se lança tanto microscopicamente à textura espessa das frutas condenadas ao apodrecimento, quanto telescopicamente à solidão esquiva e silenciosa do cosmo. Sua poesia se intensifica e se desdobra no cerco às fronteiras do impossível. Quando se diz uma coisa, a coisa não se diz. O lado além da linguagem é inacessível; resta inventá-lo do lado de cá, e a arte talvez seja o veículo que mais se abeire dessa impenetrável alteridade. *Em alguma parte alguma* a poesia está em toda parte, inteira.

Seria injusto para com a importância de Ferreira Gullar limitarmo-nos a sinalizar, como fizemos, sua trajetória poética, embora seja esta a sua face mais consagrada, inclusive no plano internacional; basta lembrar que seus livros foram traduzidos e publicados na Alemanha, na Argentina, na Colômbia, em Cuba, no Equador, na Espanha, nos Estados Unidos, na França, na Itália, no México, no Peru, na Suíça, na Suécia e na Venezuela. "Por você por mim" foi traduzido para o vietnamita e distribuído entre os guerrilheiros. Mas, além do poeta, convivem em Gullar o ensaísta, o tradutor, o memorialista, o dramaturgo e o ficcionista. Trouxe para o português, em criativas e impecáveis traduções, Jarry, Rostand, La Fontaine e *As mil e uma noites*. Recordou os anos de chumbo do exílio na envolvente prosa memorialística de *Rabo de foguete*. Traçou amplos painéis da sociedade brasileira na dramaturgia de *Vargas* e *Um rubi no umbigo*. Explorou os domínios do fantástico nos contos de *Cidades inventadas*. Atuou como lúcido crítico da arte brasileira e internacional nos numerosos ensaios em que estudou a crise das vanguardas e as manifestações do pós-moderno nos cenários da literatura e das artes plásticas, em obras como *Cultura posta em questão*, *Vanguarda e subdesenvolvimento* e *Argumentação contra a morte da arte*.

Para concluir, nada melhor do que transferir a palavra ao próprio Ferreira Gullar, que, em *Uma luz do chão* (1978), assim falou de sua poesia:

> E a história humana não se desenrola apenas nos campos de batalha e nos gabinetes presidenciais. Ela se desenrola também nos quintais, entre

---

[17] Gullar (2000, p. 452).

plantas e galinhas; nas ruas de subúrbios; nas casa de jogo, nos prostíbulos, nos colégios, nas ruínas, nos namoros de esquina. Disso quis eu fazer a minha poesia, dessa matéria humilde e humilhada, dessa vida obscura e injustiçada, porque o canto não pode ser uma traição à vida, e só é justo cantar se o nosso canto arrasta consigo as pessoas e as coisas que não têm voz. [...] Fazer o poema sempre foi, para mim, a tentativa de responder às indagações e perplexidades que a vida coloca. Não quis, ou não pude, buscar nele o píncaro serenamente erguido acima do drama humano. Antes, quis fazer dele a expressão desse drama, o ponto de ignição onde, se possível, alguma luz esplenderá: uma luz da terra, uma luz do chão – nossa. [...] Tornou-se então um desafio para mim elaborar uma linguagem poética que expressasse a complexidade do real sem, no entanto, mergulhá-lo na atemporalidade, na a-historicidade, na velha visão metafísica. Noutras palavras: uma poesia que revelasse a universalidade latente no nosso dia, no nosso dia a dia, na nossa vida de marginais da história, como outros poetas em seu próprio momento e à sua maneira já o tinham feito. Uma poesia que fosse por isso – e em função da própria matéria com que trabalha – brasileira, latino-americana. Uma poesia que nos ajudasse a nos assumirmos a nós mesmos.[18]

Referências

GULLAR, Ferreira. *Poema sujo*. Rio de Janeiro: Civilização Brasileira, 1976.

GULLAR, Ferreira. *Um pouco acima do chão*. São Luís: Edição do Autor, 1949.

GULLAR, Ferreira. *Uma luz do chão*. Rio de Janeiro: Avenir, 1978.

GULLAR, Ferreira. *Toda poesia*. 9. ed. Rio de Janeiro: José Olympio, 2000.

---

[18] Gullar (1978, p. 15; p. 39-40; p. 46).

Ferreira Gullar:
essa voz somos nós

(Discurso de Recepção na Academia Brasileira de Letras)

Outono de 1945. Na cidade de São Luís, um adolescente, nascido na rua dos Prazeres, matriculado na Escola Técnica, obtém nota 9,5 numa redação sobre o Dia do Trabalho, desenvolvendo a ideia de que exatamente nessa data ninguém trabalha. Para a nota máxima, faltou apenas meio ponto, retirado pela mestra devido a dois erros de português. Não obstante, a partir daquele momento, estimulado pelo entusiasmo que a professora manifestou pelo texto, José de Ribamar Ferreira começou a trilhar o caminho que o transformaria, poucos anos depois, em Ferreira Gullar. Se José nasceu em 10 de setembro de 1930, Gullar surgiu 17 anos mais tarde, com um soneto – será coincidência? – intitulado "O trabalho", do qual cito o verso "Deixo um rastro de luz por onde passo".[1]

Toda vossa trajetória consistiu em perseguir e projetar esse rastro de luz por onde quer que passastes. A luz da esperança contra a sombria face de um mundo hostil. A luz da alegria contra o sofrimento. A luz da lucidez contra a treva do obscurantismo. Não por acaso, destes o título *Uma luz do chão* ao livro em que refletis sobre vossa própria poesia, assim entendida: "Disso quis eu fazer a minha poesia, dessa matéria humilde e humilhada, dessa vida obscura e injustiçada, porque o canto não pode ser uma traição à vida, e só é justo cantar se o nosso canto arrasta consigo as pessoas e as coisas que não têm voz. [...] quis fazer [do canto] a expressão desse drama, o ponto de ignição onde, se possível,

---

[1] Gullar (2008, p. 494).

alguma luz esplenderá: uma luz da terra, uma luz do chão – nossa. [...] Noutras palavras: uma poesia que revelasse a universalidade latente no nosso dia, no nosso dia a dia, na nossa vida de marginais da história".[2]

Ao lado do poeta que sois, convivem o dramaturgo, o ficcionista, o biógrafo, o cronista, o tradutor, o teórico e crítico de arte, o ensaísta, o artista plástico, o memorialista. Vossa vasta obra representa o cabal desmentido contra o que, há muito tempo, alguém declarou sobre a índole dos maranhenses: "Não há terra no mundo que mais incline ao ócio, ou à preguiça".[3] O autor dessa frase foi o Padre Antônio Vieira, no ano de 1654.

Há muitos Gullares num só José. Pelas limitações de tempo inerentes a esta cerimônia, circunscrevo-me a percorrer vossa produção poética, que se iniciou, sob forma de livro, em 1949, com *Um pouco acima do chão*, e que, por enquanto, estende-se até *Em alguma parte alguma*, de 2010.

Do primeiro livro ao seguinte – *A luta corporal*, de 1954 – verificou-se um extraordinário salto qualitativo, a ponto de considerardes, com justiça, que somente na segunda obra surge, de fato, o poeta. Quando, em 2008, organizei com vossa assistência a *Poesia completa, teatro e prosa* de Ferreira Gullar, optamos por alocar *Um pouco acima do chão* em "Apêndice", considerando tal obra a manifestação de um escritor ainda incipiente. Aliás, outros importantes autores brasileiros da primeira metade do século XX expressaram idêntica reserva frente a suas produções iniciais. Mário de Andrade excluiu *Há uma gota de sangue em cada poema* (1917) das *Poesias completas*, para inseri-lo no volume *Obra imatura*. Cecília Meireles chegou ao ponto de suprimir em sua bibliografia qualquer referência ao inaugural *Espectros* (1919). Portanto, parece conveniente, para poupar futuras e severas autoavaliações, que um poeta trate logo de estrear pelo segundo livro.

A luta corporal ocupa uma posição destacada na poesia brasileira do século passado, tanto no que comporta de adeus à herança de nossa tradição lírica, quanto no que sinaliza como perspectiva da literatura a vir. Não nos esqueçamos de que, à época, vigorava o ideário da Geração de 45, propugnando o retorno às formas fixas e à reclassicização do discurso literário contra tudo aquilo que se acusava de ser os "excessos modernistas". Poesia formalmente bem-elaborada, de temas universais, avessa ao humor e apoiada num léxico de extração nobre, impermeável, portanto, à fala cotidiana e refratária a um leque de referências mais próximas do homem comum.

---

[2] Gullar (2008, p. 1074).

[3] Vieira (1959, p. 159).

Os "Sete poemas portugueses", na primeira parte de *A luta corporal*, constituem ao mesmo tempo a celebração e o epitáfio do "poema limpo" em sua pureza lexical, excluído das seções subsequentes do volume, como afirmação de recusa aos padrões poéticos já cristalizados. Sintomaticamente, todos os sete poemas portugueses se constroem com formas fixas – tercetos, quadras, quintilhas. Vossa insatisfação com o exercício de uma poesia com parâmetros prévios aflora no verso "eu colho a ausência que me queima as mãos".[4] Aí se verbaliza a consciência de que o artista se alimenta daquilo que não há, do invisível que se oculta num real sempre pouco e pequeno para nossa fome inestancável de compreendê-lo. Um real em perpétua fuga, inacessível, a deixar apenas as feridas de uma ausência, que cintila no esplendor de seu vazio. No mesmo poema, dizeis à amada-poesia: "Mas sempre que me acerco vai-se embora/ [...] Assim persigo-a, lúcido e demente".[5] Os poetas são, a rigor, Ulisses às avessas: aventureiros que perseguem sereias inalcançáveis e ensurdecidas. Intuem que elas jamais se deixarão conquistar, mas sabem também que, apesar disso, compete-lhes cantar até a absoluta exaustão do derradeiro fio da voz, conforme se lê no magnífico "Galo galo": "Eis que bate as asas, vai/ morrer, encurva o vertiginoso pescoço/ donde o canto rubro escoa./ [...] Vê-se: o canto é inútil".[6]

Os demais segmentos de *A luta corporal* testemunham vosso embate contra tudo que representasse estabilidade poética, num crescendo que culmina, em "Roçeiral", com a própria desintegração da linguagem, tentativa extremada de fazer o discurso nascer simultâneo ao poema, com o risco, aí implícito, de se criar um idioma artificial, na fronteira da incomunicabilidade. Cito: "MU gargântu/ FU burge/ MU guêlu, Mu".[7] Portanto, o poema que inventa a linguagem também decreta no mesmo passo a sua morte, pela intransitividade de uma fala que é puro fulgor do significante num processo de iminente autocombustão.

Essa vertente experimental, no entanto, associada, em muitos poemas da obra, a um criativo aproveitamento do espaço gráfico, propicia que em *A luta corporal* se percebam técnicas e procedimentos que, pouco depois, viriam a ser incorporados e desenvolvidos pelo Concretismo. Vossa aproximação com esse movimento de vanguarda, do qual vos separastes ao julgá-lo excessivamente tributário da mecanização/desumanização da escrita, legou a nossas letras, em

---

[4] Gullar (2008, p. 6).

[5] Gullar (2008, p. 6).

[6] Gullar (2008, p. 13).

[7] Gullar (2008, p. 51).

1958, um volume de textos concretos/neoconcretos, dentre os quais o antológico "mar azul", em que, à maneira de uma onda, o verso inicial se repete – pois uma onda nasce da outra – para logo se reelaborar, pois uma onda é diferente da outra. Do "mar azul", atravessamos o "marco azul", o "barco azul", o "arco azul", até chegarmos à claridade do "ar azul".[8]

O epílogo do livro deixava em aberto um problema: como ir além da desintegração da linguagem? Impossível prosseguir nessa via, que, radicalizada, conduziria ao impasse total de um discurso na beira da não linguagem ou do silêncio absoluto.

Dialeticamente, desintegrastes a desintegração, reintegrando o signo à esfera da comunicabilidade. Surge daí o *O vil metal*, coletânea de peças escritas entre 1954 e 1960. Alguns vestígios da dicção de *A luta corporal*, a exemplo da atomização linguística, ainda transparecem em "Fogos da flora" e "Definições", mas, no conjunto, despontam novas formas e temas, que encontrarão guarida em toda vossa obra futura. Assim a preferência ostensiva pelo verso e estrofação livres (contrabalançada, aqui e acolá, pela presença de quadras em redondilha ou decassílabos); assim a extrema sensorialização – tátil, visual e olfativa – da realidade; a pulsação lírico-amorosa; e o tempero do humor, conforme se lê no texto de despedida a um apartamento partilhado com dois amigos, no "Poema de adeus ao falado 56": "Meu anjo da guarda não/ levo; livro-me enfim/ desse que como um cão/ me protege de mim.// Deixo-o para a casa/ varrer e defender,/ e sumir sob a asa/ o que quer se perder".[9] Inventário de perdas, não só a do anjo da guarda, mas a do demônio do Modernismo, Oswald de Andrade, à época um nome de pouco valor no mercado de ações literário, mas que mereceu de vossa parte o comovente "Oswald morto". Curiosamente, o livro se encerra por outro necrológio: "Réquiem para Gullar".

De algum modo, fostes fiel a esse título, "matando" nas produções subsequentes o poeta refinado em prol dos sonhos da construção de uma sociedade mais justa. Refiro-me, é claro, ao período dos "romances de cordel" (1962-1967), onde o imperativo da imediata e maior comunicabilidade cobrava o preço da menor elaboração estética. No exercício da "poesia social", voluntariamente sacrificastes o substantivo em prol do adjetivo. Tempo de crença nas utopias coletivistas que iriam redimir a população sofrida do país, tempos que se encerraram no anticlímax de uma ditadura que vos escolheu como uma de suas vítimas preferenciais. O viajante Ulisses-Gullar teve então de tornar clandestino o seu canto. Em

---

[8] Gullar (2008, p. 87).

[9] Gullar (2008, p. 73).

breve o forçariam a se evadir não das sereias, mas das sirenes e holofotes que o perseguiam e tentavam acuá-lo *Dentro da noite veloz*, título publicado em 1975. Livro com muitos poemas que escrevestes no exílio, abriga igualmente algumas obras-primas de vossa vertente lírica. Talvez em decorrência das perseguições que sofrestes, difundiu-se o lugar-comum de que Ferreira Gullar é poeta político, quando, a rigor, só o fostes inteira e programaticamente na experiência do cordel. O contingente lírico-reflexivo de vossa obra suplanta sob qualquer critério, inclusive quantitativo, o quinhão especificamente político. Mesmo naquele período sob o jugo da injustiça, vosso canto encontrou frestas para a celebração amorosa, fazendo às vezes confluírem no mesmo e esperançado texto a experiência social e a experiência sensual: "Como dois e dois são quatro/ sei que a vida vale a pena/ embora o pão seja caro/ e a liberdade pequena// Como teus olhos são claros/ e a tua pele, morena// como é azul o oceano/ e a lagoa, serena// como um tempo de alegria/ por trás do terror me acena// e a noite carrega o dia/ no seu colo de açucena// – sei que dois e dois são quatro/ sei que a vida vale a pena// mesmo que o pão seja caro/ e a liberdade, pequena".[10]

Há outras peças de intensa celebração sensorial, a exemplo do originalíssimo "Verão", em que a voluptuosa atmosfera dos trópicos vos propicia a leitura do estio comparado a um bicho que não aceita a extinção, e que, mesmo em seus estertores, ainda vibra como uma conclamação à vida: "A carne de fevereiro/ tem o sabor suicida/ de coisa que está vivendo/ vivendo mas já perdida.// Mas como tudo que vive/ não desiste de viver,/ fevereiro não desiste:/ vai morrer, não quer morrer./ [...] O vento que empurra a tarde/ arrasta a fera ferida,/ rasga-lhe o corpo de nuvens/ dessangra-a sobre a Avenida/ [...] E nesse esquartejamento/ a que outros chamam verão,/ fevereiro ainda em agonia/ resiste mordendo o chão.// Sim, fevereiro resiste/ como uma fera ferida./ É essa esperança doida/ que é o próprio nome da vida".[11]

O veio memorialístico, aqui presente em "A casa" e "Fotografia aérea", passa a ocupar toda a cena no livro seguinte, o *Poema sujo*, editado em 1976, e de pronto reconhecido como obra ímpar na poesia brasileira do século XX. Num fluxo ininterrupto ao longo de dezenas de páginas, em vez de retratar a nostálgica e pitoresca São Luís da infância, resguardadas ambas, cidade e infância, na redoma protetora e distanciada de um "lá", esse livro-poema expressa a eclosão avassaladora de um espaço e de um tempo longínquos, mas que se tornam próximos e contemporâneos de vosso gesto de escrita: um ontem vivenciado como se estivesse renascendo com

---

[10] Gullar (2008, p. 157).

[11] Gullar (2008, p. 160).

transbordante intensidade no próprio momento da enunciação do texto. Daí a flutuação dos tempos verbais, num contínuo trânsito entre presente e pretérito. Não apenas as temporalidades se justapõem ("Muitos/ muitos dias há num dia só"[12]); também os espaços se interpenetram ("O homem está na cidade/ como uma coisa está em outra/ e a cidade está no homem/ que está em outra cidade"[13]).

A densa e escura carga de sofrimento encapsulada *Dentro da noite veloz* aparentemente cede passo à esperança de luz contida *Na vertigem do dia*, livro de 1980, sobretudo se acreditarmos rápido demais no título do poema de abertura do volume: "A alegria" – na verdade, um de vossos mais duros e doídos textos: "O sofrimento não tem/ nenhum valor./ Não acende um halo/ em volta da tua cabeça, não/ ilumina trecho algum/ de tua carne escura/ [...] A dor/ te iguala a ratos e baratas/ que também de dentro dos esgotos/ espiam o sol/ e no seu corpo nojento/ de entre fezes/ querem estar contentes".[14] *Na vertigem do dia* estampa, ainda, o celebrado "Traduzir-se". Após desenvolver uma série de antinomias entre um eu íntimo, excêntrico, e um eu público, sociável, o poema se encerra com a sugestão de que a arte residiria não em um ou outro polo, mas na coabitação, tensa embora, dessas metades aparentemente inconciliáveis: "Traduzir uma parte/ na outra parte/ – que é uma questão/ de vida ou morte –/ será arte?".[15] Sim, inclusive porque "arte" é um signo já contido no bojo da palavra "parte". Quando se desconstrói a "parte", eliminando-se o "p" inicial, ela deixa emergir, de dentro de seu corpo fragmentado, a inteireza da palavra "arte".

Barulhos, de 1987, dialoga acusticamente com *Muitas vozes*, de 1999. No primeiro, avulta o repertório de perdas – Oduvaldo Vianna Filho, Clarice Lispector, Armando Costa, Mário Pedrosa – e intensifica-se vossa vertente metalinguística, como em "Nasce o poema", relato da gênese de um texto, cujo estímulo, deflagrado em 1955, só materializou-se em 1987, num testemunho de que dados imponderáveis interferem no ato criador. Também metalinguístico é "O cheiro da tangerina", no questionamento da relação, nunca resolvida, entre os objetos e as palavras que supostamente os representam. Na mesma direção se insere, no livro de 1999, o poema "Não coisa": "O que o poeta quer dizer/ no discurso não cabe/ e se o diz é pra saber/ o que ainda não sabe./ [...] A linguagem dispõe/ de conceitos, de nomes/ mas o gosto da fruta/ só o sabes se a comes".[16]

---

[12] Gullar (2008, p. 220).

[13] Gullar (2008, p. 259).

[14] Gullar (2008, p. 263).

[15] Gullar (2008, p. 293).

[16] Gullar (2008, p. 377).

No prefácio a *Em alguma parte alguma*, de 2010, pude observar: "Poesia meditativa, sim, mas cuja alta reflexão não elide, antes convoca, a ostensividade da matéria, em todas as suas dimensões. Versos banhados em luz (em especial, a das manhãs maranhenses), versos atravessados pelos ruídos de risos e gorjeios, abastecidos no sabor de peras e bananas, aconchegados na epiderme feminina, embriagados pelo odor dos jasmins – em nossa poesia, Gullar é quem mais se destaca numa linhagem que erotiza o corpo do mundo./ [...] Subjaz nessa poesia uma nota renitente de que o homem é condenado à sua arbitrária individualidade e só lhe resta inventar – por exemplo, na arte – outras ordenações ou desordenações do real, em que a morte seja vencida, os encontros sejam possíveis, e as coisas enfim, ganhem algum sentido".[17]

Gostaria, por fim, de endereçar essas considerações para um terreno mais pessoal, destacando os laços de amizade que nos unem. Importa destacar, em vossa biografia, os vigorosos princípios éticos que a norteiam, e a correlata manifestação de tais valores no decurso de vossa produção literária, a ponto de eu haver denominado "Gullar: obravida" um estudo que lhe dediquei, com os dois substantivos comuns reunidos nesse neologismo. Não vou deter-me nos percalços que enfrentastes, tampouco no desassombro e na altivez de vossa resistência frente ao arbítrio. Prefiro concentrar-me nos anos mais recentes, marcados por episódios felizes, como o recebimento da mais alta láurea desta instituição, o Prêmio Machado de Assis, em 2005; a obtenção do título de doutor *honoris causa*, conferido pela Universidade Federal do Rio de Janeiro, em 2010; no mesmo ano, vossa vitória no Prêmio Camões; no dia 9 de outubro de 2014, vossa eleição para a Casa de Gonçalves Dias, chamemo-la assim, em homenagem ao patrono da cadeira 15 e vosso conterrâneo.

Agora, simbolicamente, 69 anos depois, a ABL vos restitui aquele meio ponto que a professora subtraiu na redação de 1945: aqui, sem dúvida, fostes acolhido com a nota máxima. Neste 5 de dezembro de 2014, respaldado por votação consagradora, assumis a cadeira 37, honrando a representação de um estado nordestino que já contribuíra com o expressivo montante de dez escritores para o quadro de membros efetivos da Casa. Como fostes jogador de futebol na equipe juvenil do Sampaio Correia, podemos afirmar que, com a entrada na Academia do décimo primeiro maranhense, a escalação do time estadual finalmente se completa.

Sinto-me particularmente sensibilizado pelo fato de sucederdes Ivan Junqueira, de quem fui amigo muito próximo antes mesmo de nossos dez anos de convívio acadêmico, e a quem homenageastes num belo discurso. Vários elos conectam

---

[17] Secchin *in* Gullar (2010, p. 18).

nossas três vidas. Ivan e eu dirigíamos a *Revista Poesia Sempre* quando, em 1998, nos concedestes aquela que talvez seja a mais extensa e relevante entrevista sobre vossa obra, espraiando-se por 42 páginas. Ivan foi editor da *Revista Piracema*, quando estivestes à frente da FUNARTE. No ano 2000, vosso antecessor assumiu a cadeira 37, na vaga de João Cabral de Melo Neto, outro escritor de minha particular consideração. Por fim, expresso a alegria de nesta noite receber o poeta que sucede ao poeta que me recebeu em 2004. O destino atou com perfeição as pontas desse triângulo delicadamente tramado na confluência do afeto e da poesia.

Em "I-juca-pirama",[18] de Gonçalves Dias, declara um personagem: "Em tudo o rito se cumpra". Nos primórdios da ABL, todos os discursos de recepção, ditos "de resposta", utilizavam a segunda pessoa do plural, o "vós"; tal tradição está longe de se extinguir, pois, já no século XXI, das quinze mais recentes saudações, oito se valeram dessa forma de tratamento. Neste instante, porém, peço licença para transformar "Vossa Mercê" em "você" e para cometer uma pequena transgressão ortográfica: mantenho o "vós", mas retiro o acento agudo e troco o "s" pelo "z".

Quero louvar a voz de um poeta maior que ingressa na Academia Brasileira de Letras. Com a tácita concordância de tantos confrades que lhe sufragaram o nome, despeço-me com a citação de um verso em que você proclama a vocação agregadora da palavra poética, convidando a que todos nela se reconheçam. Assim, compartilhando a alegria de sua chegada a esta Casa, ouso dizer que hoje "Essa voz somos nós".[19]

Rio de Janeiro, 5 de dezembro de 2014

Referências

DIAS, Gonçalves. I-juca-pirama. In: _____. *Poesia e prosa completas*. Rio de Janeiro: Nova Aguilar, 1998.

GULLAR, Ferreira. O trabalho. In: _____. *Poesia completa, teatro e prosa*. Organização de Antônio Carlos Secchin. Rio de Janeiro: Nova Aguilar, 2008.

SECCHIN, Antônio Carlos. Duas visões críticas sobre Ferreira Gullar. In: GULLAR, Ferreira. *Em alguma parte alguma*. Rio de Janeiro: José Olympio, 2010.

VIEIRA, Padre Antônio. Sermão da quinta dominga da Quaresma. In: _____. *Sermões*. Porto: Lello & Irmão, 1959. v. II, t. IV.

---

[18] Dias (1998, p. 388).

[19] Gullar (2008, p. 378).

Ivan Junqueira:
o exato exaspero

Entre mortos e feridos, salva-se ninguém. Com efeito, é de perdas e dissipações que se ocupa o novo livro de Ivan Junqueira, e não será exagero afirmar que, na muito intensa e pouco extensa poesia do autor, *A sagração dos ossos* representa a culminância de temas e formas obsessivamente trabalhados ao longo de mais de trinta anos de exercício criador. Já em *Os mortos* (1964), obra de estreia com a semiclandestina tiragem de trezentos exemplares, percebia-se o seguro domínio das formas fixas, a ousada carga metafórica ("No golfo um polvo hermético se move/ entre algas de silêncio e solidão"), o registro linguístico abastecido no padrão clássico, como a propor que o idioma da poesia se devesse alçar além das contrafações empobrecedoras que pretendem assumir-lhe todo o território. Não se pense, todavia, que o apego ao que no verso possa haver de solene ou hierático implique a prática meramente virtuosa dos torneios de salão. Ao contrário, a preservação de uma inegável "pureza" lexical em Ivan convive com a exploração dos meandros mais sombrios e inconfessáveis do ser humano, e o mergulho desse discurso requintado na matéria da miséria e da contingência gera uma zona de atrito responsável por alguns dos mais fecundos resultados de sua poesia, a exemplo dos 14 sonetos de *A rainha arcaica* (1980). Ao identificar a legenda de Inês de Castro ao mistério da própria poesia, Ivan Junqueira fornece várias pistas para a compreensão de seu universo criador, a começar pelo relevo concedido à pulsação de vida que o passado contém, essa "alquimia de morrer em vida/ e retomar na antítese do epílogo". Negando-se a fazer "da poesia um animal sem vísceras", Ivan nega-se também a fazê-la um animal sem história. No arcaico o poeta não busca a fixidez de um modelo enclausurado na perpetuação de uma voz definitiva, mas exatamente o que dali emana como seiva errante e impura a corroer o inamovível desejo de certezas em que nos abrigamos para a esquivança das questões primordiais.

Às duas epígrafes de *A sagração dos ossos* poderíamos acrescentar uma terceira, de *O grifo* (1987): "É sobre ossos e remorsos/ que trabalho". Mas de que tanto falam esses mortos, que saem da vida para entrar no verso? Falam, basicamente, do próprio ato de morrer, e da (pouca) esperança de que algo (ou alguém) os redima. Há poucas lembranças de vida; o poeta evoca seus mortos, quase sempre, no momento da morte ou da agonia. Ao sublinhar as asperezas e angulosidades de um convívio tenso, Ivan não recorre à complacência ou às tentativas de póstuma reconciliação: "ou essa boca impiedosa/ que jamais se abriu a um ósculo" ("Sótão"); 'Tornei-me o algoz/ do filho pródigo" ("Ossos").

São muitos os desdobramentos que Ivan Junqueira efetua com o tema da morte. De início, observemos que a morte sinaliza para outra categoria, a da perda. Tudo se perde, e em nada se transforma: cabe ao poeta exumar as longínquas miragens de felicidade, sendas que "desaguaram no vazio"; cabe-lhe a constatação de que "A infância é uma canoa que naufraga/ e a bordo não traz senão fantasmas", pois "o que a infância teceu entre sargaços/ as agulhas do tempo já não bordam". Articulando episódios de extração autobiográfica a outros, por assim dizer, de caráter universalizante e exemplar, a poesia de Ivan Junqueira se reveste de um acentuado aparato alegórico. O desamparo do mundo se projeta a partir das migalhas de nossa dor cotidiana, e o destempero se transmuda em estoica sabedoria. Nesse sentido, é paradigmático o poema "Onde estão?". Após indagar pelos pais e pela "ríspida/ irmã que se contorcia/ sob a névoa dos soníferos", o poeta consigna que

de nós mesmos nos sentimos

tão distantes quanto as cinzas
de uma estrela que se extingue
na goela azul dos abismos.
E ninguém, nem Deus, nos lastima.

A orfandade, concreta ou metafísica, alimenta aquilo que, no livro, se identifica com a semântica do desfalque: sucessão de "nada", "ninguém", "nenhum", "sem". Ausência de si para o outro, ausência de si em si próprio ("e eu a mim mesmo já não me conheça"). Se a palavra tenta amortecer a perda, pode, por outro lado, reforçá-la, na confissão de sua impotência. Atente-se para o *pathos* da primeira estrofe de "O enterro dos mortos":

> Não pude enterrar meus mortos:
> baixaram todos à cova
> em lentos esquifes sórdidos,
> sem alças de prata ou cobre.

A reapropriação simbólica, via palavra, desses corpos mal-carpidos, aponta para o duplo fracasso do poeta, tão inepto diante da morte quanto inerme durante a vida: "Sequer aos lábios estoicos/ lhes fiz chegar uma hóstia/ que os curasse dos remorsos".

Os fantasmas familiares não se reduzem aos vestígios que deles a memória acolhe, nem aos despojos esparramados sob as lápides. Persistem também no inventário de "Sótão", onde a pouco e pouco o que era compilação de restos se transfigura em herança abstrata de gestos e atos inúteis ou indesejados: "Do pai, o pôquer e a aposta;/ [...] de uma irmã, o infausto pólipo;/ de outra, a loucura e a cólera". E essa corrente de seres enredados no desvio assume foros de inelutabilidade quando, para além de sua mirada ancestral, parece projetar-se igualmente em linhagem prospectiva:

> Meu filho sobe a escada
> [...]
> E adormece entre as fadas,
> sob um lençol de lágrimas.
> Dos que já fiz, é o quarto,
> mas só o chamam de oitavo.

A ressaltar, evidentemente, o aspecto dinástico-hereditário que os numerais carreiam... "Meu filho é artista ou mágico?", indaga-se o poeta. E talvez seja por aí – sem abandonar a via do desvio – que uma ou duas opções se queiram contrapor à tonalidade ostensivamente merencória da obra. Desvios pujantes, o primeiro deles se chama paixão. Mas (felizmente para a poesia) as coisas não são tão simples assim. O discurso erótico-amoroso de Ivan Junqueira não representa um oásis ou pausa em sua angustiosa expressão da existência: ele faz transbordar para o espaço do prazer a tensão do inferno que o circunda. Simetricamente ao velório, onde se acionam os protocolos da dor da morte, o território de Eros é propício à ritualização da dor da vida: "É assim que vens, amor, surdo e traiçoeiro", ou ainda "Pois eis que o digo, amor. E logo esbarro/ em tua ausência – essa lâmina exata/ que me penetra e fere e sangra e mata". Com argúcia, Ivan Junqueira dissolve a crença em refúgios descontaminados;

cada elemento traz em si o vírus de seu avesso, e os sinais se misturam no gozo da indiferenciação derradeira:

> a morte é estrito desejo:
> deita-se lânguida e bêbeda
> à lenta espera daquele
> que a leve, sôfrego, ao êxtase.

É no segundo desvio – a arte – que reside a esperança contra o caos, tal como o demonstra, inclusive, a rigorosíssima construção do livro. *A sagração dos ossos* ostenta um domínio rítmico, melódico e imagístico raras vezes atingido na poesia brasileira de hoje. Seus 36 poemas englobam uma variedade estrófica e métrica que vai dos dísticos às oitavas, dos tetrassílabos de "Ossos" aos decassílabos de nove peças, dentre elas oito sonetos. A notar a incidência de um grande número de textos com medidas menos usuais em nossa tradição lírica, a saber, quatro poemas com versos hexassílabos e oito com octossílabos. A musicalidade, presente em jogos aliterativos e paronomásicos ("foi outrora a tua história/ e agora é o pó dos espólios"), faz-se ainda mais delicada na luminosa assonância de versos como "ou palavra que ruge na voragem/ das páginas sagradas desta saga", e, sobretudo, na magistral utilização de rima toante e única em 70% dos poemas, apogeu de um processo perceptível desde o livro de estreia (cf. "Os mortos" e "Signo & esfinge"). Nada disso, porém, teria valia intrínseca se não estivesse articulado a uma perquirição existencial simultaneamente clara e complexa. A rigor, não há hermetismo no poeta; há, isto sim, uma densidade especulativa refratária a reduções maniqueístas, na trilha de uma "lírica do pensamento" de escasso cultivo entre nós. A natureza que seus versos descortinam – bem mais entrópica do que tropical – é inóspita, banhada em desalento crônico e cósmico. Submeter-se a seu império significa, portanto, compactuar com a dissipação. Contranatura e contra a morte, o poeta ergue a barreira de sua voz:

> E ali, de pé, sob a estola
> de um macabro sacerdote,
>
> sagro estes ossos que, póstumos,
> recusam-se à própria sorte,
> como a dizer-me nos olhos:
> a vida é maior que a morte.

Como na deriva amorosa, a arte não expulsa a morte: enfrenta-lhe o desafio, tenta exorcizá-la em terreno inimigo. É sintomático que em cinco dos oito textos metalinguísticos haja menção a alguma espécie de aniquilamento. Conforme se lê em "A música dos mestres", a poesia não representa um espaço de trégua, mas um polo propulsor de novas tensões:

> Vagueia nos ciprestes
> e jamais te adormece
> nem cura a tua febre.
> Queima. Inquieta. Enlouquece.

Se o mote é a morte, a glosa é também a vida. O poeta é o ser cuja extinção física não impede a proliferação de efeitos, como se verifica nos admiráveis 73 versos das "Terzinas para Dante Milano". Milano, morto, transmuda-se em Virgílio, (des)encaminhando Junqueira ao "inferno" da criação, insuflando-lhe a "paixão da lucidez, verde vertigem/ de se arriscar sem guia à selva escura". Tal herança é a maldição e o júbilo do novo poeta assinalado:

> Descansa, ó poeta. Aperto em minha mão
> o que me deste: esse íntimo segredo
> que me fez teu herdeiro e teu irmão.
>
> E o resto é o vento no áspero rochedo.

Para Ivan Junqueira (em "Poética"), o artista existe para deixar seu testemunho de "exato exaspero", para conduzir fantasmas à "geometria das rosáceas". Foi, afinal, o que o autor logrou fazer em *A sagração dos ossos*. E à pergunta lançada nos primeiros versos do primeiro poema – "Onde estão os que partiram/ desta vida, desvalidos?" – podemos contrapor uma resposta com o último verso do livro: "a vida é maior que a morte". Por isso, sobre tantos mortos seja permitido dizer: continuam descansando na algidez da terra, e continuam despertando neste fogo indomável que só o exato exaspero da poesia é capaz de avivar.

Caminhos recentes da
poesia brasileira

O estudioso interessado em detectar os grandes movimentos da poesia brasileira mais recente será obrigado a reconhecer que eles não são tão recentes assim: remontam aos anos 1950, quando surgiu, em São Paulo, e posteriormente no Rio de Janeiro, o grupo da poesia concreta, tentando sintonizar o país com o que de mais avançado se produzia no âmbito da vanguarda internacional. Tempos de euforia desenvolvimentista, de liberdades políticas e poéticas. O núcleo inicial do Concretismo – os irmãos Augusto e Haroldo de Campos, mais Décio Pignatari – e ainda seus principais seguidores (Pedro Xisto, José Lino Grünewald, Ronaldo Azeredo), organizados em torno da revista *Invenção* (que, a partir de 1962, atingiria cinco números), surgem como referência obrigatória na paisagem da literatura brasileira do momento. E, se é lugar-comum afirmar que não mais coube à vanguarda (ao contrário do que ocorreu no início do século) a diretriz estética dos últimos quarenta anos, é impossível deixar de reconhecer no Concretismo a excelência teórica de seus principais formuladores (mesmo que às vezes a obra poética ficasse abaixo da teoria), a coerência e a obstinação com que defende(ra)m seu projeto artístico. Na dialética de formas entre a "espontaneidade" e a "construção", os concretistas se puseram decididamente contrários à primeira, e pinçaram, no processo evolutivo da literatura no Brasil, os nomes que, de algum modo, "prenunciariam" o rigor concreto: Gregório de Matos no Barroco, Sousândrade no Romantismo, Pedro Kilkerry no Simbolismo, Oswald de Andrade e João Cabral de Melo Neto no século XX.

Algumas realizações do grupo foram marcadas pelo pendor estetizante, pela tentação de cenas de formalismo explícito. Os três líderes do movimento iniciaram sua produção pré-concreta sob a égide da "Geração de 45", hoje estigmatizada, com ou sem justiça, pelos tiques beletristas e preciosismo formal. Agora, Augusto, Haroldo e Décio parecem estar em fase de "balanço geral" de suas obras. É evidente que o Concretismo, como movimento, há muito deixou de existir – sobreviveu como *atitude*, na saudável recusa ao sentimentalismo e à metafísica barata, em prol da concepção da arte como fenômeno de linguagem. Nesse sentido, tanto quanto a poesia do grupo, ressalte-se a grande importância de Haroldo de Campos como teórico e crítico de literatura; de Augusto de Campos como estudioso da música contemporânea; e de ambos como autores de algumas das melhores traduções de poesia da história da literatura brasileira. O "balanço geral" a que aludimos concretizou-se (sem jogo de palavras...) na publicação de *Poesia pois é poesia* (1977), de Décio Pignatari; de *Xadrez de estrelas* (1976), de Haroldo de Campos; e de *Poesia* (1979), de Augusto de Campos, cujo "ovonovelo" é dos mais bem realizados textos concretistas:

                    o v o
                  n o v e l o
                novo no velho
                o filho em folhos
                na jaula dos joelhos
                infante em fonte
                f e t o   f e i t o
                d e n t r o   d o
                centro

                    n u
                  des do nada
                a t e   o   h u m
                a n o   m e r o   n u
                m e r o   d o   z e r o
                crua criança incru
                stada no cerne da
                carne viva en
                fim nada

                    o
                  p o n t o
                onde se esconde
                lenda ainda antes
                e n t r e v e n t r e s
                quando queimando
                o s   s e i o s   s ã o
                peitos nos
                dedos

                    no
                  turna noite
                em torno em treva
                turva sem contorno
                morte negro no cego
                sono do morcego nu
                ma sombra que o pren
                dia preta letra que
                s e   t o r n a
                s o l

Quanto à fortuna crítica do movimento (que, sem dúvida, polarizou a intelectualidade brasileira nas décadas de 1950 e 1960), é fundamental conhecer a *Teoria da poesia concreta*,[1] compilação dos principais artigos do trio. E ainda *Alguns aspectos da poesia concreta* (1989), de Paulo Franchetti.

A vanguarda poética não se esgotou, porém, nos limites do Concretismo. Outro poeta de São Paulo – Mário Chamie, que inclusive colaborara nos primórdios concretos – rompeu espetacularmente com os irmãos Campos, e lançou a Poesia-Práxis (1962), que, se mantinha aceso o postulado da *construção,* incorporava à vanguarda o componente da participação social (a que também iria aderir, por seu turno, a poesia concreta). Inteligência brilhante, vocação polêmica, Chamie sustentou por longo tempo uma "guerra" anticoncretista (sendo, é claro, verdadeira a recíproca), e sistematizou em *Instauração praxis* (1974) os fundamentos teóricos de sua arte. Sua obra poética foi reunida em *Objeto selvagem* (1977), e é de seu último livro, *A quinta parede,* o poema a seguir transcrito:

O rei

Era um rei
que vinha
com mastros e bandeiras.
Era um rei oposto,
desses que trazem
a coroa
do lado do desgosto,
contra a força
do seu povo.
Não era um joão sem terra.
Era um rei sorrateiro
que pisa no reino
e quer o terreno
de todo o terreiro.

Sem porteira
vinha para ser dono.
Era um rei do mando
que desmandava

---

[1] Augusto de Campos *et al. (1979).*

entre o mastro e bandeira
do alto de seu trono.
Era um rei do mando.
Era um rei do engano.

Pôs o espanto
no rosto do seu povo
e o desgosto
no lado oposto do seu mando.
Era um rei deposto.[2]

Ao contrário do Concretismo e da Praxis, que, de alguma forma, permanecem vivos, em seus desdobramentos, na dinâmica cultural do país, hoje pouco se fala da terceira vertente de vanguarda: o Poema-Processo – que, em suas versões mais radicais, aboliu do poema a própria palavra, reduzindo-o a um jogo gráfico. Um dos líderes do movimento, Wlademir Dias-Pino, sintetizou suas ideias em *Processo: linguagem e comunicação* (1971). O livro *Poesia de vanguarda no Brasil* (1983), de A. Sérgio Mendonça e Álvaro Sá, procura analisar os três movimentos de vanguarda, detendo-se especialmente no Processo. Exemplo desse tipo de poema (extraído do livro de Pino) é "Erótica 2", de Nei Leandro de Castro:

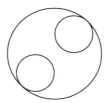

Enquanto a Praxis se quer uma oposição ao Concretismo, o Processo se julga um desdobramento (radicalizado) deste, valendo ainda lembrar outro desdobramento (não radicalizado): o do grupo Tendência, de Minas Gerais, encabeçado por Affonso Ávila. Uma posição diferente será assumida por um ex-adepto dos concretos: Ferreira Gullar. Com efeito, depois de um início ainda com matizes estetizantes, no belo livro *A luta corporal* (1954), Ferreira Gullar uniu-se aos concretos, deles afastando-se em dois estágios: no primeiro, mais brando, criticando a excessiva "desumanização" da produção paulista, lançou no Rio o Neoconcretismo.

[2] Chamie (1986, p. 152-153).

Depois, desligou-se de todo dos princípios vanguardistas, sustentando que a poesia no Brasil deveria voltar- se para outras realidades (sociais), ao invés de exibir-se na autocelebração de sua materialidade linguística. A necessidade da poesia *social* talvez impeça a plena floração da *poesia* social: aqui e ali percebe-se que Gullar não hesita em sacrificar o poético em prol do ético, da defesa altissonante dos desfavorecidos, do ataque feroz às mazelas capitalistas. O talento do poeta, porém, faz com que ele muitas vezes consiga escapar das armadilhas desse tipo de discurso – seja no próprio trato da coisa política, seja (com mais frequência) na vertente lírico-amorosa:

Cantiga para não morrer

Quando você for se embora,
moça branca
como a neve,
me leve.

Se acaso você não possa
me carregar pela mão,
menina branca de neve,
me leve no coração.

Se no coração não possa
por acaso me levar,
moça de sonho e de neve,
me leve no seu lembrar.

E se aí também não possa
por tanta coisa que leve
já viva em seu pensamento,
menina branca de neve,
me leve no esquecimento.[3]

A passagem de Gullar, de uma postura de vanguarda para uma poesia mais "conteudística", formalmente menos elaborada, não foi um gesto isolado no Brasil dos anos 1960. Já nos referimos ao fato de que as próprias vanguardas propuseram um "salto participante" – a diferença é que elas pretendiam a *conciliação* de procedimentos técnicos ousados com mensagens populares, e a onda engajada que então aflorou no Brasil repudiava os requintes formais do Concretismo: tachou-se

---

[3] Gullar (1980. p. 286).

Caminhos recentes da poesia brasileira   339

o movimento de "alienado" e tratou-se de minimizar as "intenções participantes", ironizadas como adesão oportunista aos novos tempos – tempos de textos simples e de mensagens claras, mas sobretudo – infelizmente – tempos de maus poemas. Não mais o "desenvolvimentismo" do período presidencial de Juscelino Kubitschek (1956-1960), mas o "populismo" de João Goulart (1961-1963), quando a esquerda, no poder literário e à beira do poder político, decidiu que era necessário "conscientizar o povo". A essa onda aderiram não só Ferreira Gullar, mas também outros poetas já famosos, como Joaquim Cardozo e Cassiano Ricardo, ou que viriam a sê-lo, como Affonso Romano de Sant'Anna. O testemunho mais notável desse período está compilado nos três volumes publicados da série *Violão de rua* – livros com grandes tiragens, vendidos a baixo preço, elaborados pelos Centros Populares de Cultura. Versos e mais versos pregando a derrocada do capitalismo, a solidariedade com os irmãos cubanos, a esperança na aurora da liberdade, a conscientização do proletariado:

Tem gente com fome

[...]   Trem sujo da Leopoldina
correndo correndo
parece dizer
tem gente com fome
tem gente com fome
tem gente com fome
Piiiiii[4]

A rigor, não se pode falar em "movimento" poético, pois os manifestos e plataformas praticamente se confundiram com os textos de apresentação dos volumes da série. A ordem era única, unívoca: "participar". E não se faz movimento artístico somente com palavras de ordem conteudísticas. De modo sintomático (ao contrário da zelosa colheita dos vanguardistas), muitos desses poemas sequer foram reaproveitados em livros individuais de seus autores, e vários dos colaboradores de então nunca chegaram ao livro próprio. Curiosamente, os populares *Violões* tornaram-se raridade bibliográfica, pois jamais foram reeditados. Poesia de circunstância, inebriada com a hipótese de mudanças sociais, sem suspeitar de que elas viriam, sim, mas sob a lamentável forma de uma ditadura dos militares de direita...

Também investindo na temática social, mas buscando um caminho autônomo, surge em 1960 Carlos Nejar, dono, hoje, de vasta obra. A partir do lirismo

---

[4] Trindade (1963, p. 135).

algo profético do livro de estreia, *Sélesis,* a poesia de Nejar, quase sempre vazada em metros curtos, procura transcender o simplesmente factual ou anedótico no trato de temas banalizados:

Contra a esperança

[...] É preciso esperar contra a esperança.
Esperar, amar, criar
contra a esperança
e depois desesperar a esperança
mas esperar,
enquanto um fio de água, um remo,
peixes
existem e sobrevivem
no meio dos litígios;
enquanto bater a máquina de coser
e o dia dali sair
como um colete novo.[5]

O golpe militar de 1964 representou um intenso e inevitável refluxo dessas manifestações de uma poesia tão bem-intencionada em seus propósitos quanto equivocada nos resultados. A rigor, o grande surto de renovação poética no fim dessa década não veio dos textos encontrados nos livros, mas nas letras de música de artistas que tiveram seus trabalhos nacionalmente divulgados através de festivais da canção. A partir desse período, destacaram-se os nomes de Chico Buarque, conciliando com maestria temas políticos e lírico-amorosos, e de Caetano Veloso, que viria, inclusive, a gravar um disco muito afinado com a estética concretista (*Araçá azul*). Não pretendemos, aqui, nos alongar na polêmica acerca da validade de se incluírem letras de música popular na rubrica "poesia", mas fique ainda o registro de que tanto Chico Buarque quanto Caetano Veloso já se tornaram objeto de vários cursos e teses universitárias.

Na década de 1970, o pêndulo espontaneidade/construção oscilou vigorosamente para o primeiro termo, com a denominada "poesia marginal". Surgiram, principalmente no Rio de Janeiro, vários poetas, jovens na maioria, com uma produção veiculada à margem do sistema "oficial" de edição, e cujos livros, precariamente compostos, vendidos muitas vezes em bares e filas de cinema, se situavam simultaneamente fora da linha política (isto é, da esquerda tradicional)

---

[5] Nejar (1984, p. 46).

e da linha vanguardista. A exemplo dos engajados dos anos 1960, também aqui não se pode falar de "grupo" (no sentido estrito), mas antes de uma espécie de sintonia de geração. Os principais nomes do período (que, não por acaso, logo passaram a ser publicados em edições "convencionais") foram Antônio Carlos de Brito, Ana Cristina César e Chacal – período do "desbunde" existencial, de aversão à política instituída, de uma geração desencantada e ao mesmo tempo disponível para o que fosse possível gozar. A poesia dos mais típicos "marginais", muitas vezes irreverente, quase sempre "antiliterária", desaguou no resgate, ainda que fortuito, de algumas das conquistas da "fase heroica" do Modernismo brasileiro (1922), tais como o verso curto, o poema-piada, a tematização do cotidiano. Ostensivamente alheia à tradição literária (alguns poetas pareciam ter secreto orgulho em alardear a própria ignorância), a poesia marginal, em seus piores momentos (infelizmente, numerosos) incorre no equívoco da facilidade, na crença ingênua de que a vida, em si, já é poesia. Em meio a uma produção tão díspar, de precária circulação (o que é outro fator que complica a avaliação global do período), os artistas mais talentosos, como Chacal, conseguiram conciliar ironia e ludismo em seus versos:

uma

palavra

escrita é uma

palavra não dita é uma

palavra maldita é uma palavra

gravada como gravata que é uma palavra

gaiata como goiaba que é uma palavra gostosa[6]

Hoje, apesar das dificuldades referidas, o fenômeno da poesia marginal já se encontra incorporado aos estudos universitários graças, sobretudo, ao trabalho de Heloisa Buarque de Hollanda. É dela a organização da antologia *26 poetas hoje* (de onde transcrevemos o poema anterior), obra que registra o essencial do período, abrindo, inclusive, espaço para alguns poetas (Roberto Piva, Francisco Alvim, Torquato Neto) que estavam, por assim dizer, à margem dos marginais. É da mesma Heloísa o livro *Impressões de viagem* (1980), numa perspectiva desfavorável aos concretistas, compreensiva aos engajados dos anos 1960 e simpática aos marginais dos 1970. O estudo mais completo desta fase se deve a Carlos Alberto Messeder Pereira: *Retrato de*

---

[6] In: Hollanda (1976, p. 178).

época (1981), onde, numa abordagem mais sociológica do que propriamente literária, o autor oferece um amplo panorama das questões e impasses dos artistas marginais.

Ainda nos anos 1970, merece menção um número especial da revista *Tempo Brasileiro,* editada em 1974, com o título *Poesia brasileira hoje.* Ao lado de uma seleção de poemas (a cargo de Heloisa Buarque de Hollanda), destaca-se o ensaio "Musa morena moça", de José Guilherme Merquior. Nele, os critérios valorizados para a detecção do novo em poesia são a presença do "estilo mesclado" (em oposição à "dicção pura") e, sobretudo, o distanciamento (anticelebratório) do poeta frente à realidade em que (sobre)vive. Duas constatações a partir desta publicação: a) quase em meio à década de 1970, ainda não se consolidara a designação "poesia marginal"; b) dentre os poetas colaboradores, figurava o nome de João Cabral de Melo Neto – um dos maiores escritores brasileiros de todos os tempos, mas cuja estreia remonta aos anos 1940.

Não podemos, portanto, esquecer que a produção brasileira dos últimos trinta ou trinta e cinco anos foi também, à margem das correntes que se formaram, consideravelmente enriquecida pelos "monstros sagrados" (e seus sucessores imediatos) oriundos do Modernismo de 1922 e que ainda continuavam a publicar livros de alto nível. Seria falha uma avaliação da poesia do país a partir de 1960 que não levasse em conta obras como *Lição de coisas* (1962), de Carlos Drummond de Andrade; *Estrela da tarde* (1963), de Manuel Bandeira; *Jeremias sem-chorar* (1964), de Cassiano Ricardo; *A educação pela pedra* (1966), de João Cabral de Melo Neto; *Convergência* (1970), de Murilo Mendes. Os chamados "mestres do passado" souberam acompanhar os novos tempos – como declarou Murilo Mendes, no pórtico de suas *Poesias* (1959): "Não sou meu sobrevivente, e sim meu contemporâneo".[7]

Apontados sumariamente os principais movimentos que marcaram a poesia brasileira dos últimos trinta anos, cabe-nos ainda assinalar algumas vozes independentes cuja omissão sem dúvida desfalcaria o panorama do que de mais importante se produziu no país. Sem pretensão à exaustividade, poderíamos citar um autor egresso do Poema-Praxis, Armando Freitas Filho, que logo soube individualizar sua expressão através de um verso ritmicamente impecável e imagisticamente inovador:

---

[7] Mendes (1959).

Leio, de um só gole
o que não sei:
as instruções de voo
um lance de degraus
no escuro
         um livro de dados
um palco sem aplausos
um lince de dígitos
disparado, não deixando
indícios,
grãos, índices.

Ao azar, sobram as asas
de um desastre, cenários
atos falhos, alguns planos
e um papel em branco.[8]

Ivan Junqueira, cuja dicção de molde clássico se conjuga à força verbal de uma densa rede metafórica:

Inês: o nome

[...] É mais ainda: tálamo do espírito,
dessa alquimia de morrer em vida

e retornar na antítese do epílogo.
E quem disser que Inês é apenas mito
– mente. E faz dela inútil pergaminho.
E da poesia um animal sem vísceras.[9]

Simpatizante dos concretistas, Paulo Leminski fez da concisão e do humor refinado suas maiores virtudes:

Amor, então,
também acaba?
Não, que eu saiba.
O que eu sei
é que se transforma

---

[8] Freitas Filho (1985, p. 49).

[9] Junqueira (1980, p. 114).

344

numa matéria-prima
que a vida se encarrega
de transformar em raiva.
Ou em rima.[10]

No rol dos poetas tardiamente revelados, destacam-se Manoel de Barros e Cora Coralina. O primeiro, a rigor, já publicava desde 1937, mas só nos anos 1980 começou a atingir um público mais numeroso. Hoje, com nove livros editados, caracteriza-se pelas raízes telúricas e pela relação lúdico-sensorial com as palavras:

Seis ou treze coisas que eu aprendi sozinho

1

Gravata de urubu não tem cor.
Fincando na sombra um prego ermo, ele nasce.
Luar em cima de casa exorta cachorro.
Em perna de mosca salobra as águas se cristalizam.
Besouros não ocupam asas para andar sobre fezes.
Poeta é um ente que lambe as palavras e depois se alucina.
No osso da fala dos loucos tem lírios.[11]

Cora Coralina talvez seja o exemplo mais temporão da literatura brasileira. Estreou em poesia aos 75 anos (1965), e sua obra vale exatamente pela despretensão em "fazer literatura":

Becos de Goiás

[...] Conto a estória dos becos,
dos becos da minha terra,
suspeitos... mal afamados
onde família de conceito não passava.
"Lugar de gentinha" – diziam, virando a cara.
De gente do pote d'água.
De gente de pé no chão.
Becos de mulher perdida.

---

[10] Leminski (1983, p. 89).

[11] Barros (1989, p. 9).

Becos de mulheres da vida.
Renegadas, confinadas
na sombra triste do beco.
Quarto de porta e janela.[12]

Com a crescente especialização dos estudos literários, avolumou-se também a contribuição dos professores-poetas (ou vice-versa). Nessa área, especificamente oriundos do magistério universitário, têm-se destacado Gilberto Mendonça Teles, Affonso Romano de Sant'Anna e Adriano Espínola. O primeiro, autor de dez livros reunidos em *A hora aberta,* apresenta-se como um herdeiro realizado da tradição "moderada" (não vanguardista) do verso brasileiro. O grande domínio técnico, de Gilberto, é posto a serviço de um largo espectro temático, a que refluem, com insistência, tanto os clamores do corpo quanto a consciência da linguagem:

Soma

Vou contornando a linha de teu ventre
como quem passa perto de quem ama.
Tenho ante os olhos tua imagem e entre
meus lábios os tecidos desta cama.

Vou enrolando os fios de teus cabelos
como quem fia o amor nalguma roca.
Entre meus dentes há vogais e pelos
e esta insatisfação que te convoca.

E cada vez vou deixando-me inteiro,
corpo e alma, no centro desta soma:
toda a sofreguidão de um brasileiro
na sensualidade do idioma.[13]

Affonso Romano de Sant'Anna, cuja obra completa se encontra em *A poesia possível,* também incorpora ritmos e temas diversos, enfatizando, no entanto, a presença do próprio sujeito lírico e sua imersão na concreta contemporaneidade:

---

[12] Coralina (1980, p. 80).
[13] Teles (1986, p. 63).

Uma geração vai, outra geração vem

Tenho 40 anos. Escapei
de afogamentos e desastres antes e depois das festas,
e atravesso agora a zona negra do enfarte.
Em breve
        estarei sem cabelos e com mais rugas na face.
Quando vier de novo nova ditadura
             estarei velho
e com tédio frente ao espelho
contemplando o desamparo em que vou deixar meus netos.[14]

Igualmente mergulhada em seu tempo é a obra de Adriano Espínola, autor de importante livro dos anos 1980: *Táxi* (1986). Nele, um poeta da "província" (nasceu no Ceará) faz seu veículo – o táxi-poema – transitar vertiginosamente numa dimensão cósmica, através de linguagem submetida a um ritmo frenético e estilisticamente porosa às "impurezas" da fala comum:

[...] Depois de tirar e enrolar no bolso minha gravata colorida;
depois do pique, atravessando ruas & portas,
bebendo a luz da tarde refletida em caras que nunca mais verei;
depois da ginástica bancária,
    dos trambiques dados,
    dos chopes no bar da esquina;
    [...]

Ó Pensamento rugoso de Deus sobre os muros!
Sílabas soltas que são papéis pelas calçadas;
    palavras que são pés que transitam apressados;
    ruas que são frases repentinas;

dias como sentenças cortando /
             a cidade indiferente:
    relâmpagos de sentido cruzando
             o corpo
      dentro da Noite[15]

---

[14] Sant'Anna (1987, p. 339).

[15] Espínola (1986, p. 63).

Cabem, ainda, algumas considerações sobre a poesia feminina. Praticamente excluído da cena vanguardista, o verso de autoria feminina encontrou sua melhor realização, no período da "poesia marginal", em Ana Cristina César e Leila Miccolis, e, fora dele, em Olga Savary, Marly de Oliveira e Adélia Prado. Ana Cristina César, em *A teus pés,* opera um lirismo dessentimentalizado, cujo aspecto confessional é fortemente revestido de ironia:

> O tempo fecha.
> Sou fiel aos acontecimentos biográficos.
> Mais do que fiel, oh, tão presa! Esses mosquitos
> que não largam! Minhas saudades ensurdecidas
> por cigarras! O que faço aqui no campo
> declamando aos metros versos longos e sentidos?
> Ah que estou sentida e portuguesa, e agora não
> sou mais, veja, não sou mais severa e ríspida:
> agora sou profissional.[16]

Em Marly de Oliveira o poema readquire foros de nobreza. Em sua *Obra poética reunida,* predomina uma poesia refinada, de teor conceitual e filosófico, herdeira da tradição da lírica de "pensamento", na defrontação com as questões cruciais (metafísicas) da existência humana:

> Quando um dia estiver morta
> e sobre mim caírem os adjetivos mais ternos,
> não vou mover um dedo
> de dentro do meu silêncio:
> vou desdenhar do eterno
> o que sempre chegou tarde
> demais, quando já nem era preciso.[17]

Adélia Prado é a poetisa que expõe com mais contundência a condição feminina, numa intensa mescla de erotismo e religiosidade. Poesia de palavras comuns postas a serviço de um momento de revelação:

---

[16] César (1982, p. 9).

[17] Oliveira (1989, p. 321).

A filha da antiga lei

Deus não me dá sossego. É meu aguilhão.
Morde meu calcanhar como serpente,
faz-se verbo, carne, caco de vidro,
pedra contra a qual sangra minha cabeça.
Eu não tenho descanso neste amor.
Eu não posso dormir sob a luz do seu olho que me fixa.
Quero de novo o ventre de minha mãe,
sua mão espalmada contra o umbigo estufado,
me escondendo de Deus.[18]

Sua poesia, com versos de ritmos largos, apoiada no confessionalismo e avessa ao distanciamento crítico, tangencia um transbordamento pouco "moderno", residindo aí, paradoxalmente (nessa espécie de emoção bruta), um dos fatores de seu sucesso.

Múltipla, oscilando entre a vanguarda, a tradição e a contradição, assim tem sido a poesia brasileira das últimas décadas. O derradeiro "grande poeta" ungido pela unanimidade crítica foi João Cabral de Melo Neto. Crise (talvez universal) de poetas em busca de interlocutores: de que fala e a quem fala o poeta de hoje? Muitas trilhas foram abertas em busca da poesia, e até contra ela, através de sucessivas "decretações de morte" – mas ela, sempre renascida em constantes metamorfoses, não parece incomodar-se com isso.

Referências

BARROS, Manoel de. *O guardador de águas.* São Paulo: Art, 1989.

CAMPOS, Augusto de. *Poesia.* São Paulo: Duas Cidades, 1979.

CAMPOS, Augusto de *et al. Teoria da poesia concreta.* 2. ed. São Paulo: Duas Cidades, 1979.

CAMPOS, Haroldo de. *Xadrez de estrelas.* São Paulo: Perspectiva, 1976.

CÉSAR, Ana Cristina. *A teus pés.* São Paulo: Brasiliense, 1982.

CHAMIE, Mário. *Instauração praxis.* São Paulo: Quiron, 1974. 2 v.

CHAMIE, Mário. *Objeto selvagem.* São Paulo: Quiron, 1977.

CHAMIE, Mário. *A quinta parede.* Rio de Janeiro: Nova Fronteira, 1986.

---

[18] Prado (1981, p. 57).

CORALINA, Cora. *Poemas dos becos de Goiás e estórias mais.* 3. ed. Goiânia: UFG, 1980.

DIAS-PINO, Wlademir. *Processo: linguagem e comunicação.* Rio de Janeiro: Vozes, 1971.

ESPÍNOLA, Adriano. *Táxi.* São Paulo: Global, 1986.

FRANCHETTI, Paulo. *Alguns aspectos da poesia concreta.* São Paulo: Ed. Unicamp, 1989.

FREITAS FILHO, Armando. *3 x 4.* Rio de Janeiro: Nova Fronteira, 1985.

GULLAR, Ferreira. *Toda poesia.* Rio de Janeiro: Civilização Brasileira, 1980.

HOLLANDA, Heloísa Buarque de (Org.). *26 poetas hoje.* Rio de Janeiro: Labor, 1976.

HOLLANDA, Heloísa Buarque de. *Impressões de viagem.* São Paulo: Brasiliense, 1980.

JUNQUEIRA, Ivan. *A rainha arcaica.* Rio de Janeiro: Nova Fronteira, 1980.

LEMINSKI, Paulo. *Caprichos & relaxos.* São Paulo: Brasiliense, 1983.

MENDES, Murilo. *Poesias.* Rio de Janeiro: José Olympio, 1959.

MENDONÇA, Antônio Sérgio; SÁ, Álvaro. *Poesia de vanguarda no Brasil.* Rio de Janeiro: Antares, 1983.

NEJAR, Carlos. *Os melhores poemas.* São Paulo: Global, 1984.

OLIVEIRA, Marly de. *Obra poética reunida.* São Paulo: Massao Ohno, 1989.

PEREIRA, Carlos Alberto Messeder. *Retrato de época: poesia marginal, anos 70.* Rio de Janeiro: Funarte, 1981.

PIGNATARI, Décio. *Poesia pois é poesia.* São Paulo: Duas Cidades, 1977.

PRADO, Adélia. *Terra de Santa Cruz.* Rio de Janeiro: Nova Fronteira, 1981.

SANT'ANNA, Affonso Romano de. *A poesia possível.* Rio de Janeiro: Rocco, 1987.

TELES, Gilberto Mendonça. *A hora aberta.* Rio de Janeiro: José Olympio, 1986.

TRINDADE, Solano. *Violão de rua.* Rio de Janeiro: Civilização Brasileira, 1963. v. III.

VÁRIOS. *Poesia brasileira hoje.* Rio de Janeiro: Tempo Brasileiro, 1974.

"As vitrines", de Chico Buarque:
a poesia no chão

Em 1981, quando o vinil ainda era conhecido como elepê, Chico Buarque lançou o disco *Almanaque*, cujo encarte, numa bela produção gráfica, apresentava, além das letras das canções, uma série de imagens, desenhos e grafismos, como se fossem parte integrante de um verdadeiro almanaque. No caso de "As vitrines", o brinde ao ouvinte-leitor consistia na presença de uma segunda letra, disposta ao avesso da primeira e que depois de, nos versos iniciais, repetir o texto original, subitamente começava a deformá-lo, como num espelho distorcido, formando sentenças a princípio desprovidas de sentido. Essa letra "avessa" não foi aproveitada na gravação do autor, tampouco nas que se seguiram, ou sequer nas transcrições em livro das letras de Chico Buarque, permanecendo, portanto, adstrita ao âmbito gráfico do encarte de *Almanaque* – uma brincadeira, ou algo, enfim, que à primeira vista não teria pertinência para a compreensão da letra "principal".

De que tratam, basicamente, "As vitrines"? De uma voz contra uma luz. A voz do sujeito lírico, que, em vão, soará em advertência a outra pessoa, tentando impedi-la de escapar de seu domínio. Ainda assim, a mulher se vai – atraída pela luminos(c)idade. A mulher, objeto incontrolável e perdido. O poeta, então, cuida de ganhar (ou de inventar) outro objeto, para suprir o que lhe escapou.

A primeira estrofe do texto já prepara uma cena em que a mudança (senão a perda) se insinua:

Eu te vejo sumir por aí
Te avisei que a cidade era um vão
– Dá tua mão
– Olha pra mim
– Não faz assim
– Não vai lá, não

O verbo inicial prepara o terreno de uma vigília, fundamentalmente escópica, que se fará acompanhar de um refluxo involuntário: o tempo todo, o poeta-guardião verá o que não quer ver, e dirá o que não será ouvido pela inacessível interlocutora (voz contra luz). E o que ele de pronto vê é um afastamento com destino incerto ("por aí"). O risco (talvez maior para si, na medida em que não terá mais controle sobre os passos alheios) é imediatamente apontado pelo verbo "avisar". Adverte-se sobre algum perigo, e o perigo é vinculado não somente à palavra "cidade", mas ao desdobramento de "cidade" no predicativo "vão". Se entendermos "vão" como buraco/ausência, inferimos que, exatamente por isso, *qualquer coisa* pode preenchê-lo, reforçando-se a semântica da imprecisão inaugurada em "por aí". O tempo todo o sujeito vai desejar o unívoco, o situado, ou, no limite, o estático e o aprisionado, enquanto o objeto de seu desejo será cada vez mais fugidio e impreciso. Para cercear essa área de escape do outro, algumas estratégias são convocadas, desde a tentativa de retenção física (em "dá tua mão") até a de direcionamento do olhar (em "olha pra mim"), numa escala em que se patenteia um gradativo afastamento do objeto: ele deixa de estar ao alcance dos dedos para estar apenas ao alcance da vista, embora, num caso ou noutro, se mostre surdo aos apelos de permanência ou retorno. Na intenção de querer que a amada olhe para ele, o sujeito deseja, sobretudo, impedir que ela veja tudo *que não seja ele*. Já os versos 5 e 6 são praticamente sinônimos, na medida em que "não fazer assim" significa "*não ir lá*" – lá, onde a luz e o desejo a convocam. O "não", do lado de cá, é barreira (inócua) para o "sim" implicitamente proferido pela mulher – de tal modo que, na estrofe 2, ei-la a circular nos vãos e desvãos da cidade:

Os letreiros a te colorir
Embaraçam a minha visão
Eu te vi suspirar de aflição
E sair da sessão, frouxa de rir

Adiante (estrofe 4), o sujeito se referirá ao espaço de uma galeria. Mas, já nesta segunda estância, surge um signo associado ao mesmo tempo à modernidade a ao consumo (o letreiro publicitário), e que, além disso, reforça o campo de extrema visibilidade em que a mulher se exibe, correlato e oposto à invisibilidade e à inaudibilidade (aos olhos e aos ouvidos dela) do narrador. Neste passo, se arma uma sutil triangulação: ele, do mesmo modo que intentava coibi-la de ver o outro/a luz/a cidade, tampouco se interessa em vê-los – deseja apenas a mulher. Todavia, no ato de contemplá-la, acaba recebendo de viés os efeitos ou reverberações da luz que, positivos quando nela incidem, se tornam negativos, num irônico ricocheteio, quando a ele se dirigem: "Os letreiros a te colorir/ Embaraçam a minha visão". É sugestivo que, no interior do cinema, o sujeito, em vez de assistir ao filme, o perceba "filtrado" apenas pelas oscilações (aflição/riso) da mulher. Pouco importa que ele se recuse a enxergar as manifestações da luz: ele irá obliquamente "sofrê-las" pela mediação refletora do corpo feminino. Na terceira estrofe, tal situação se acentua:

> Já te vejo brincando, gostando de ser
> Tua sombra a se multiplicar
> Nos teus olhos também posso ver
> As vitrines te vendo passar

A atmosfera lúdica e prazerosa que envolve a mulher deixa como resto, ao homem, uma sombra multiplicada. Em vertiginosos deslocamentos propiciados pelo desfile feminino, suprimem-se distâncias entre observadores e observada, entre sujeito que vê e objeto que é visto. Desejando-a unívoca, o homem se depara com o múltiplo (verso 2): disseminada em várias imagens, a qual delas se agarrar, ainda mais se, para ele, o que sobra é somente o escuro, ou, no máximo, um brilho de tabela? Vai-lhe cabendo apenas o contrapeso algo paródico da cintilação alheia. E, mais uma vez, ele, de esguelha, é defrontado com aquilo que tentou interditar, vendo as vitrines não por voluntária opção, mas através de um espelhamento propiciado pelo olhar feminino. A notar, ainda, o recorte sintático operado no verso 1, em que a ausência inicial de predicativo, via *enjambement*, acaba conferindo um grau de plenitude ou satisfação existencial às situações vivenciadas pela mulher, na medida em que ela nos é apresentada como alguém "gostando de ser".

A miragem de uma luz contínua emana da última estrofe:

"As vitrines", de Chico Buarque: a poesia no chão

> Na galeria
> Cada clarão
> É como um dia depois de outro dia
> Abrindo um salão
> Passas em exposição
> Passas sem ver teu vigia
> Catando a poesia
> Que entornas no chão

Ao dia da mulher não se sucede a noite, mas outro dia, cabendo ao homem coletar as so(m)bras. Perpétuo movimento feminino, assinalado pela reiteração do presente do indicativo e pela modalização contínua do gerúndio. Em todo o texto, o sujeito dirigiu-se a um "tu" inexpugnavelmente vedado a seu contato, e do qual recolheu apenas restos incômodos: brilho ofuscante de letreiros, impalpáveis e múltiplas sombras. Também aqui se fala de um resto: "Passas sem ver teu vigia/ Catando a poesia/ Que entornas no chão". O transbordamento dessa mulher que "gostava de ser" permite a ele, mesmo de modo involuntário (pois ela passa sem vê-lo), apossar-se de sobras ou cacos de poesia, como a metonímia possível do outro, definitivamente perdido. O "resto", aparentemente um consolo do todo que não se possui, aprofunda a consciência da perda, em vez de mitigá-la. Mas, quando tal resto é poesia, alguma vereda talvez se abra em meio ao sufoco – quem sabe, sob forma de mais uma criação, quem sabe como a letra "invertida" a que nos referimos no parágrafo inicial desta leitura?

A primeira estrofe da "letra 2" (que, conforme dissemos, integrou unicamente o encarte do disco *Almanaque*, sem transpor-se aos livros) é rigorosamente idêntica à versão original, como um espelho que avessa a imagem sem alterá-la. No começo da segunda estrofe, todavia, o verso "Os letreiros a te colorir" se converte na "letra 2" em "Ler os letreiros aí troco". Em seguida à afirmação "aí troco", todo o segundo texto, de modo isomórfico, atua como espelho deformante do primeiro, eventualmente até conservando-lhe alguns vocábulos, mas introduzindo sucessivos estranhamentos verbais, numa atmosfera onírica bastante oposta à limpidez narrativa da letra matriz. Eis o resultado:

> Ler os letreiros aí troco
> Embaçam a visão marinha
> Vi tuas fúrias e predileção
> Errar sisuda sã fora de eixos

Doce vento, grandes beijos do jantar
Um militar saber tuas polcas
Bem postos meus veros antolhos
Patinavas, sorvetes, Diner's

Na alegria
A cara do clã
Um doutor doido me cedia poesia
Um Absalão rindo
Pião, sexo, asa, espaço
És súpita virgem avessa
A asteca do piano
Quão sonha no Center

Parece difícil compreender do que se trata, mas o que de fato importa é perceber *o modo de produção* da "letra 2": um anagrama, verso a verso, do modelo inicial. Apesar da aparência surrealista, o novo texto não é gerado por associações livres do inconsciente, e sim por associações "presas" ao estoque de formas do texto de origem: "Na galeria", por exemplo, transformou-se em "Na alegria". O anagrama, abastecido na de/recomposição de grafemas do lado A, no mesmo passo reiterou os significantes e embaralhou o significado do espaço discursivo de onde proveio.

Ora, essa operação foi desencadeada ao término da primeira parte: lá estava o sujeito catando a poesia entornada no chão. Literalmente, foi com tais cacos da palavra poética que ele construiu o "lado B" do texto. Se os cacos anagramáticos representaram o gancho de entrada para a segunda versão, a palavra "Center", no desfecho da "letra 2", circularmente nos restitui à atmosfera de brilhos e letreiros característica da versão original. Em "As vitrines", portanto, o anagrama é bem mais do que uma brincadeira "de almanaque". No espelho sem fundo tramado pela poesia, abolimos toda fronteira, circulando incessantemente entre os lados de dentro e de fora.

Referência

BUARQUE, Chico. As vitrines. *Almanaque*. Produzido por Marco Mazzola. São Paulo: Ariola, 1981. Vinil.

Poesia e gênero literário:
alguns contemporâneos

De uma pessoa supostamente afetada, diz-se que "faz gênero"; de um texto supostamente pós-moderno, diz-se que faz "não gênero". Com efeito, transformou-se em lugar-comum afirmar que o texto contemporâneo efetua o encontro de todos os desencontros: linguagens desencontradas e descentradas, convívio de dicções em contradição, desierarquização de registros linguísticos, incorporação de falas historicamente marginalizadas... a listagem, aqui, seria imensa. Tudo isso me parece correto, mas gostaria de introduzir uma nota algo dissonante frente a essa jubilosa unanimidade que se ergue contra a noção de gênero: examinado de perto, o cadáver talvez ainda respire. A própria insistência em proclamar sua falência indica, nem que seja pelo avesso, a necessidade constante de exumar o fantasma, para, através da oposição com a escrita de agora, assegurar a todos que ele não assusta mais. É como se o escritor precisasse dizer: "Vejam como eu rompo com a noção de gênero!", e, a partir daí, implicitamente esperasse o aplauso de seu interlocutor. Duas questões se embutem nessa atitude. A primeira é que o tal escritor muito provavelmente estaria batendo em conceito morto. Tantos foram os que romperam a barreira dos gêneros que, hoje, cinicamente, se poderia argumentar que um gesto pós-pós-moderno seria o de tapar as fissuras que fizeram ruir o edifício monolítico do gênero; mas acautelemo-nos diante dessa hipótese conservadora, porque ser crítico do contemporâneo não implica o endosso da ordem que o antecedeu. Estamos cansados do agora, já constatamos a exaustão de seus truques mais visíveis, mas o ontem não nos serve de guarida. Combater a concepção da impermeabilidade dos gêneros não é nem mesmo uma conquista do século XX. Vivemos uma época, para valer-me de expressão cara ao poeta Alberto Pucheu, de fronteiras desguarnecidas. Mas, se as desguarneço, é porque admito que, de alguma forma, elas existem – no mínimo, para serem contestadas, flexibilizadas, postas em risco. Digo mais: talvez eliminar essa fronteira seja o horizonte extremo de uma linguagem da total indiferenciação, e a literatura pareça cindida entre o desejo de chegar lá (nesse lugar onde inclusive a noção de "lá" perderia sentido, pois não há um "lá" onde não há fronteira) e a sensação de que chegar à plena indiferenciação seria decretar seu próprio suicídio enquanto linguagem portadora de uma diferença. *Para fazer diferença,* conforme sugere o belo título de recente livro de Luís Augusto Fischer, é necessário ao menos um outro – e como percebê-lo senão através da constatação de que não somos o mesmo, isto é, de que entre eu e ele uma fronteira (desguarnecida embora) se estabelece?

A segunda questão diz respeito à expectativa de endosso que os textos "transgressores" esperam obter do público. Aqui, a estratégia é mais ardilosa. O que é, simplesmente, um procedimento técnico – a mescla de prosa e verso, por exemplo, ou a utilização do registro paródico – passa a ser veiculado como valor. Daí à elaboração de "mandamentos" a tentação é grande e a distância é curta: os temerosos aprendizes de poetas são instados a usar tal e tal procedimento se não quiserem ser tachados de reacionários, e jurar em nome do Papa que jamais cometerão um decassílabo. O leitor, aturdido, finge que gosta de um texto que finge ser poético – e como não poderia sê-lo, se os passos da cartilha foram todos seguidos? E não o é exatamente por isso; contra a catequese do "politicamente correto", contra manifestos e mandamentos, a poesia é o espaço do desmandamento, território que desmonta toda previsibilidade, inclusive aquela que se disfarça em antinormativa. Nada mais inócuo: onde se lê "a", leia-se "anti-a"; "b", "anti-b". Sim, porque o antinormativo é o imprevisível com hora marcada.

Mas, "entre o sim e o não, talvez". A meu ver, o discurso mais efetivo e consequente é aquele que, recusando-se a repetir algo, não se contente em soletrar o seu oposto, mas consiga criar-lhe um avesso não simétrico, deslocando seu ponto de percepção e enunciação. Aí, o contrário de alto passa a ser amarelo, o sinônimo de escada passa a ser helicóptero, e eis-nos próximos da poesia.

A partir dessas considerações iniciais, gostaria de retomar aqui as reflexões que desenvolvi em artigo recente publicado numa revista com circulação concentrada no Rio de Janeiro, a *Veredas,* do Centro Cultural Banco do Brasil. O texto foi dedicado especificamente à poesia brasileira da década de 1990, mas, em vez de transformá-lo num catálogo de nomes de poetas e de obras, preferi assinalar o contraste entre duas vertentes de repercussão no período mas, a rigor, quase opostas, como vamos ver adiante.

O primeiro aspecto a ser ressaltado é que nos últimos anos assistiu-se a uma vigorosa retomada da produção, publicação e discussão da poesia, em contraste com a entressafra dos anos 1980. E, se é lugar-comum acentuar a independência dos novos autores em relação à tutela dos caciques do verso, é bom destacar que existem múltiplos modos de exercer essa liberdade. Além disso, convém examinar as condições materiais que favoreceram o surgimento dessa polifonia poética dos anos 1990, e, dentro dela, atentar para as vozes (ou os coros) que se fizeram ouvir com maior nitidez.

Um dado relevante foi a consolidação, na grande imprensa e em algumas editoras e instituições, de um espaço específico para a poesia e para matérias a ela relacionadas – debates, resenhas, entrevistas. Atualmente os quatro principais jornais do Rio e de São Paulo mantêm com regularidade suplementos literários em que, não raro, a poesia é assunto de destaque. Existem duas publicações de circulação nacional integralmente a ela dedicadas: *Poesia sempre*, da Fundação Biblioteca Nacional, criada em 1993, na gestão de Affonso Romano de Sant'Anna; e *Inimigo rumor*, lançada em 1997 pela Sette Letras, editora que se notabilizou pela publicação sistemática de livros de poesia, contemplando dezenas de autores, em sua maioria estreantes no gênero. Outras editoras, embora de modo não tão exclusivo, também investiram neste que é considerado o menos rentável filão da literatura (no que tange, é claro, a retorno financeiro, não a prestígio): Iluminuras, Nova Aguilar, Nova Fronteira, Record e Topbooks, dentre outras, mantiveram sempre a poesia em catálogo, eventualmente ousando investir em nomes não consolidados. O índice de vendas, salvo raríssimas exceções, situa-se num patamar bastante modesto. E, neste ponto, defrontamo-nos com um nó que antecede (e certamente sucederá) o período em questão: a discrepância numérica entre criação e consumo. Se houve incremento de publicações, nada indica, na outra ponta do circuito, que a isso correspondeu um aumento significativo do público leitor. Cada vez mais publica-se; imprime-se, porém, cada vez *menos*: ficaram no passado as tiragens (já em si ínfimas) de 2 mil exemplares, substituídas por número escandalosamente menor: começa a tornar-se costumeira a edição de 200 exemplares, o que, convenhamos, abastece apenas uma boa sessão de lançamento e a caixa de correio de duas dezenas de críticos. A prática das edições semidomésticas acaba transformando a busca de novos e bons poetas naquele "tiro nas lebres de vidro/ do invisível", conforme disse, noutro contexto, João Cabral. E autores com ressonância além da mídia especializada devem expressiva parcela desse sucesso ao fato de já serem conhecidos *independentemente* da poesia. Antonio Cicero e Waly Salomão, por exemplo, tiveram deslocada para o livro de poemas a expectativa de qualidade que haviam conquistado por suas intervenções na esfera da música popular.

Aqui não poderei dar conta de tudo que se produziu nos anos 1990, pois, se assim fosse, teria também de considerar a obra de autores que se consolidaram *antes* da atual década, o que não é meu propósito. Vou-me limitar a uma reflexão baseada em poucos nomes, representantes de linhas de força que, não obstante sua desigual repercussão, acabaram marcando o período. Saliento de início que, apesar das flagrantes (e incontornáveis) áreas de atrito entre as tendências mais recentes, elas partilham ao menos um traço comum: o resgate da noção do "literário" como componente fundamental do discurso poético, em oposição ao registro distenso ou informal que era a tônica da poesia da geração de 1970. Eis-nos, agora, diante de um grupo predominantemente culto, oriundo em grande parte do meio universitário, estudioso das técnicas do verso, e poliglota (não é casual, no período, o notável incremento de poetas-tradutores). Mas, se quase todos parecem desejar um texto explicitamente cultivador do literário, a diferença já se estabelece a partir da pergunta inicial: de que literatura se está falando? Daquela que dialoga com a tradição da "alta literatura" ocidental e reconhece no século XIX raízes que ainda hoje podem ser reprocessadas? Ou daquela que se quer permeável a outras manifestações da arte contemporânea, numa assimilação e intercâmbio de processos? As opções irão gerar resultados inteiramente diversos. Exemplo consumado de crença no poder mítico da palavra poética é Alexei Bueno, cuja obra se tece como uma espécie de herdeira ou defensora da linhagem romântico-simbolista em seus desdobramentos no século XX. Além da qualidade intrínseca de seus textos, cabe assinalar a persistência quase pedagógica do poeta em denunciar o que, a seu ver, consiste numa usurpação do Modernismo às expensas da modernidade: a crença de que só haveria *uma* "boa versão" do moderno – a que se funda na paródia, no ludismo, no humor, na coloquialização do discurso, na valorização do efêmero e do precário em oposição ao eterno e ao monumental. O verso de Alexei, grave mas não avesso à ironia, convoca outra família, onde se aninham Antero de Quental, Cruz e Sousa, Augusto dos Anjos e Fernando Pessoa, nomes fundamentalmente marcados por uma consciência dilemática e dramática da existência.

Em contraste com esse universo fundado numa arraigada fé e numa ostensiva celebração do literário, a poesia de Carlito Azevedo busca seus parâmetros não na pujança, mas numa espécie de rarefação do verbo. Para ele a literatura, insuficientemente acomodada em sua própria dimensão, propende para diálogos com outros domínios de realizações artísticas. Na esteira do Concretismo (de que é um fiel, digamos, não ortodoxo), para ele a contiguidade *no espaço* representa algo semelhante ao que, para Alexei, representa a continuidade *no tempo*: a mais idônea representação de um projeto e de uma ética poética. Em Carlito, transparece a face apolínea do verso, em releitura da vertente construtivista-racionalista abastecida primordialmente em João Cabral.

Se o caminho de Alexei, da ritualização do verbo, parece, hoje, atrair menos adeptos – pois, quando trilhado sem talento, dilui-se em mera verborragia tardoparnasiana – o perigo da outra opção é também propiciar fórmulas excessivamente facilitadas. Foram incontáveis as contrafações "minimalistas" que assolaram a poesia brasileira ao longo da década: sílabas recortadas ao arbítrio do dono, ausência de pontuação, referencialidade (?) imperscrutável, e mais um poema vinha pronto do forno (ou da forja). Qualquer suspeita frente a tal modelo era sumariamente desqualificada como "conservadora". Ora, se o "estético" não é relevado, o "politicamente correto" insinua-se de imediato para assumir-lhe o lugar, e, combatendo o cânone, propugna um anticânone que, ao fim e ao cabo, aspira à mesma legitimação daquilo que combate... Heloisa Buarque de Hollanda, no prefácio a *Esses poetas: uma antologia dos anos 90* (1998), refere-se à "poesia negra", à "sensibilidade judaica", ao *outing gay*. O maior dano que se pode fazer a um poeta é reconhecê-lo através da versão edulcorada que dele fazem seus epígonos: o vigor criativo se transforma em tique clonado à exaustão, desvinculado de um modo intransferível de expressar a realidade para se deixar copiar em suas mais óbvias e anêmicas exteriorizações. De alguns poetas, poder-se-ia quase dizer que não elaboraram livros de poesia, mas catálogos de exposições, tantas são as alusões ao domínio do pictórico, em especial a telas que ninguém conhece e cuja reprodução é sonegada ao leitor. Um neo-ornamentalismo e muitas voltas em torno do nada caracterizam a produção de inúmeros autores, que, da dicção *clean* e econômica de Carlito, de sua elegância sintática, só lograram capturar três ou quatro receitas elípticas de como traduzir no mundo verbal o mundo plástico-visual. O risco é que todos esses poetas acabem mudos de tanto ver.

Desse impasse escaparam, em meio ao caldeirão poético da década, vários escritores, cujas produções iniciais se revestem de ingredientes poéticos que os credenciam a reivindicar marcas de individualidade e qualificação poética: Afonso Henriques Neto, Alberto Pucheu, Augusto Massi, Bluma Vilar, Cláudia

Roquette-Pinto, Donizete Galvão, Fabrício Carpinejar, Felipe Fortuna, Floriano Martins, Geraldo Carneiro, Heitor Ferraz, Jaime Vaz Brasil, Lu Menezes, Nelson Ascher, Régis Bonvicino, Rita Moutinho, Rodrigo Petrônio, Salgado Maranhão, Suzana Vargas, entre alguns outros. Destaquemos, por fim, nomes como os de Adriano Espínola, Eucanaã Ferraz e Paulo Henriques Britto, que, à margem tanto da ritualização do literário, quanto de sua instrumentalização a serviço da "ilustração" de outros territórios, vêm elaborando textos abastecidos simultaneamente num diálogo inquieto com a tradição e na persistência de uma discreta e refinada nota de emotividade lírica.

Paulo Henriques Britto,
desleitor de João Cabral

A estreia de Paulo Henriques Britto, com *Liturgia da matéria* (1982), já continha um ingrediente básico de toda a sua poesia: o jogo tenso entre acolhimento e recusa do legado de João Cabral, por meio de sutis operações que captam e reprocessam em desleitura alguns traços marcantes do poeta pernambucano. Nesse sentido, a obra de Britto acabará, em parte, sendo tecida *contra* a cabralina, sem que o *contra* implique hostilidade; trata-se de deslocamentos e desestabilizações de matriz altamente considerada no interior do dissídio. Bem diferente, por exemplo, da oposição movida, na década de 1970, por vários nomes da geração marginal, para quem João Cabral foi autor descartado, e igualmente diverso do acolhimento acrítico por parte dos subCabrais que cerebrinamente lhe copiavam os procedimentos mais explícitos. Nesse panorama, cindido entre os "espontâneos" e os "afilhados da vanguarda", a voz inicial de Paulo Henriques já soava com desassombrado talento e individualidade.

Se, como supomos, PHB lê e deslê João, importa assinalar certas afinidades entre ambos, para a seguir percebermos a demarcação de diferenças. Na contramão do discurso atomizado na linhagem da poesia-minuto, ambos são poetas *da sintaxe*, vale dizer, neles a poesia reside antes no processo da construção do que no fulgor ocasional de um verso. O primeiro e o sétimo dos "Dez sonetos sentimentais", de Britto, desdobram-se num solitário período gramatical. O texto seccionado em segmentos numerados e vazado em quadras (cf. "Elogio do mal") também é constante em Cabral, bem como a prática da métrica regular e das formas fixas. Nos sonetos, Paulo Henriques tende a mostrar-se mais ortodoxo no campo da métrica, fazendo incidir no decassílabo as usuais cesuras em quarta ou sexta sílaba, ao passo que João, no verso longo, abdica das marcações rítmicas do heroico e do sáfico e tece variações entre 9 e 11 sílabas, sem, todavia, renunciar à rima, toante. Em Britto, por seu turno, a utilização da rima, nos livros iniciais, é esporádica, em prol dos versos brancos.

Mas, paralelas aos aspectos da técnica versificatória (crucial para os dois poetas), avultam diferentes estratégias para urdir o esvaziamento do sujeito lírico. João Cabral se vale de recursos explícitos, na sempre referida busca da "objetividade", ao subtrair de cena a primeira pessoa do singular. A poesia de PHB, aparentemente, investe no oposto, encharcando-se de subjetividade.

Examinada de perto, contudo, a questão está longe de ser tão simples assim, de um e outro lado. Certas obsessões cabralinas duplicam-se nos seres e situações que as representam; de certo modo, eles e elas compõem um sistemático, posto que oblíquo, retrato do artista, chegando-se portanto, por meio dos tais objetos de eleição, à elaboração de uma autobiografia em terceira pessoa: "eles" são "eu". Em Paulo Henriques, ao contrário, inexistem vetores de estabilidade que constituam imagem sólida de uma *persona* poética: "eu" não sou "eu". Se Cabral mostra-se coeso e coerente por sob o véu dos outros a que delegou poder de representação (o sol, a seca, a pedra), Britto elabora uma "autobiografia desautorizada", divagações de um "eu" (e de um "tu" também, inconstante e amável leitor) em perpétuo descrédito. Incisivas doses de autoironia impedem a cristalização de crenças e apontam a fragilidade de projetos alicerçados na falácia da unidade do sujeito. Conforme dirá no segundo dos "Sete sonetos simétricos", de *Macau* (2003), tudo é irrisório, quando circunscrito ao "cais úmido e ínfimo do eu".[1]

Em *Liturgia da matéria*, três poemas parecem responder quase pontualmente a incitações cabralinas. No ano de 1947, João escrevera, na *Psicologia da composição*: "Esta folha branca/ me proscreve o sonho"[2]; Paulo Henriques replica, na "Logística da composição": "Só o sonho é inevitável".[3] Na mesma direção, "Persistência do sonho" evoca "névoa densa e teimosa/ que não há sol que dissolva",[4] enquanto Cabral, "Num monumento à aspirina" (1966), elogiava o medicamento por constituir-se no "mais prático dos sóis" e assim dissipar os borrões do entorno, propiciando um clima "cartesiano".[5] Os complexos raciocínios

---

[1] Britto (2003, p. 42).

[2] Melo Neto (2008, p. 69).

[3] Britto (1989, p. 39).

[4] Britto (1989, p. 56).

[5] Melo Neto (2008, p. 335).

do poeta pernambucano desenvolvidos em "Rios sem discurso" e "Os rios de um dia" (1966) encontram revide em "Dos rios", de Britto: "os rios foram feitos pra fugir,/ fluir, não para analisar".[6]

Um gesto interlocutório sem subterfúgios ocorre em "Indagações" (de *Mínima lírica*, 1989), cuja parte inicial intitula-se "Para João Cabral". Em 1985, o poeta pernambucano publicara em *Agrestes* o texto-homenagem "Dúvidas apócrifas de Marianne Moore", com o qual o poema de Britto estabelece sofisticado diálogo de formas. Senão, constatemos: nos títulos dos dois textos comparece o nome de outro poeta; ambos contêm 4 estrofes; as terceiras e quartas encerram-se igualmente em pontos de interrogação; o substantivo "coisa", no singular ou no plural, surge no verso 1 das duas terceiras estâncias, e o advérbio "não" abre as respectivas estrofes 2. Por fim (ou no começo), os dois poemas partem de versos bastante próximos, uma espécie de mote do que na sequência se lerá. Em Paulo Henriques Britto: "Não escrever sobre si".[7] Em João Cabral: "Sempre evitei falar de mim".[8]

Em "Dois amores rápidos" – "Dar tanto, tanto/ para dar no que deu.// Pensando bem,/ o errado fui eu.// Mas já que terminou,/ adeus"[9] –, assoma o veio lírico e sintético, de fatura e humor leminskianos, inexistente em Cabral, cuja impregnação, porém, é nítida nos quatro belos sonetos em decassílabos rimados de "Mínima poética". O primeiro registra: "Palavra como lâmina só gume/ que pelo que recorta é recortada,/ [...] a fala – esquiva, oblíqua, angulosa – / do que resiste à retidão da prosa".[10] Para além da clara evocação de *Uma faca só lâmina* (1956), destaca-se imagem aparentada à de "Menino de engenho" (1980), de JCMN: "A cana cortada é uma foice./ Cortada num ângulo agudo,/ ganha o gume afiado da foice/ que a corta em foice, um dar-se mútuo".[11] No soneto 2 há sentidos contrastivos: Cabral, diversas vezes, elogiou o caráter duro e incorruptível da pedra, sua frieza e densidade, enquanto Britto parece replicar: "A pedra só é bela, embora dura/ se meu desejo em torno dela tece/ uma carne de sentido, e acredita/ que desse modo abranda e amolece".[12] O terceiro soneto, endosso da potência do verbo, mas repúdio à sua fetichização, ataca a intransitividade

---

[6] Britto (1989, p. 64).

[7] Britto (1989, p. 88).

[8] Melo Neto (2008, p. 522).

[9] Britto (1989, p. 83).

[10] Britto (1989, p. 90).

[11] Melo Neto (2008, p. 391).

[12] Britto (1989, p. 91).

da metalinguagem, por meio de léxico aparentado ao cabralino "A palo seco", então relido, em alguns tópicos, num viés de recusa. Paulo Henriques invectiva a "forma subversa, insignificante, / [que] se fecha em não – canto sem quem o cante",[13] ao passo que Cabral louvara "o cante sem mais nada", o "cante que não canta".[14] Por fim, no soneto 4, Britto associa escrever a "pintar, mas não como aquele que pinta/ de branco o muro que já foi caiado"[15]; João, em "Paisagem pelo telefone", destacara o branco de "muros caiados",[16] de algum modo tornados ainda mais alvos pela luz do sol que neles incidia.

O livro seguinte, *Trovar claro* (1997), comporta peças com a marca da rima toante, obsessiva em Cabral: assim "O prestidigitador", o primeiro dos "Dois noturnos". O ideal de um mundo nítido e ordenado, tão patente em João desde "O engenheiro" – "O engenheiro sonha coisas claras:/ superfícies, tênis, um copo de água./ [...] o engenheiro pensa o mundo justo/ mundo que nenhum véu encobre"[17] – é solapado pelo "Idílio" henriquiano, que, após simular a adesão aos valores da ordem e da transparência – "Desejo de formas claras e puras/ de nitidezes simples, minerais,/ certezas retilíneas como agulhas" – acaba associando-os ao abafamento da pulsação e da nervura da existência: "Nada de nebuloso, frouxo ou úmido/ [...] sem olhos malcheirosos e carnais./ O sonho quer estrangular o mundo"[18] – o sonho da razão imperativa, entenda-se. PHB acolhe e acalenta o espaço da imprecisão, ainda que seja rigoroso no gesto de formulá-lo. Como dirá em "História natural" (título, aliás, homônimo a peça cabralina), o sujeito almeja "a forma exata da sombra difusa".[19]

As obras subsequentes darão continuidade ao diálogo crítico entre incorporação e recusa do legado de Cabral. A *Psicologia da composição,* conforme vimos, antes já transformada em "logística", é reapropriada como "Fisiologia da composição", em *Macau* (2003). Suas partes encontram-se separadas e sequenciadas por algarismos romanos, recurso similar ao da *Psicologia* de João. O dissenso, porém, já irrompe na declaração anticabralina que arremata o segmento I: "Por fim o acaso./

---

[13] Britto (1989, p. 91).

[14] Melo Neto (2008, p. 226).

[15] Britto (1989, p. 93).

[16] Melo Neto (2008, p. 202).

[17] Melo Neto (2008, p. 46).

[18] Britto (1997, p. 77).

[19] Britto (1997, p. 83).

Sem o qual, nada".[20] O poeta recifense sempre tentou minimizar a importância do acaso em sua produção. No desfecho da *Fábula de Anfion* (1947), o protagonista prefere silenciar a render-se ao poder sem controle da criação. Alguns traços do cabralino "Tecendo a manhã" (1966) reaparecem, difusos, na parte V da "Fisiologia": nos dois se evoca a construção de um objeto, o balão-poema, e o esforço para fazê-lo decolar. "Estrutura", "coisa sólida", "artificial", signos recorrentes em Cabral, surgem para serem sutilmente ironizados no desígnio final do texto-balão de Britto, que demanda "Menos arquitetura/ que balística. É claro que é difícil".[21] Em "Bagatela para a mão esquerda", de Paulo Henriques, e "O sim contra o sim" (1960), de João Cabral, porém, ambos os poetas se irmanam no endosso ao poder criador que ultrapassa a maestria automatizada: "A esquerda (se não se é canhoto)/ é mão sem habilidade;/ reaprende a cada linha,/ a cada instante, a recomeçar-se"[22]; "À mão esquerda é vedado/ o recurso falso e fácil/ de dispensar partitura, / a fraqueza (dita força)/ do hábito."[23]

No livro *Tarde* (2007), o já citado "Num monumento à aspirina" é reprocessado em "Para um monumento ao antidepressivo". Enquanto o texto cabralino celebra o efeito do medicamento, o de PHB atenta para o fato de que o alívio momentâneo somente mascara a revelação "dura, doída" da "humana condição".[24]

Finalmente, *Formas do nada* (2012) releva, em "Fábula", o fértil poder do improviso e do acaso (tão duramente repelido na *Fábula de Anfion* cabralina), em confronto com o impasse estéril e autofágico da mentação excessiva: "Um pensamento pensado/ até a total exaustão/ termina por germinar/ no mesmo exato lugar/ sua exata negação./ Enquanto isso uma ideia/ trauteada numa flauta/ faz uma cidade erguer-se –/ é claro, sem alicerces,/ mas ninguém dá pela falta".[25]

A João Cabral incomodava o soar aleatório da flauta ("Uma flauta: como/ dominá-la, cavalo/ solto, que é louco?"[26]); em Paulo Henriques Britto não há como descer desse cavalo, ainda que não saiba direito para onde aquilo tudo

---

[20] Britto (2003, p. 13).

[21] Britto (2003, p. 17).

[22] Melo Neto (2008, 274).

[23] Britto (2003, p. 19).

[24] Britto (2007, p. 63).

[25] Britto (2012, p. 42).

[26] Melo Neto (2008, p. 68).

– o poema, a vida – conduz. Enquanto um poeta sinaliza a poética do "não", da contenção e do silêncio, o outro, em *Trovar claro*, aconselha, desabusado: "Escreve, escreve até estourar. E tome valsa".[27]

Referências

BRITTO, Paulo Henriques. *Mínima lírica*. São Paulo: Duas Cidades, 1989. Inclui *Liturgia da matéria* e *Mínima lírica*.

BRITTO, Paulo Henriques. *Trovar claro*. São Paulo: Companhia das Letras, 1997.

BRITTO, Paulo Henriques. *Macau*. São Paulo: Companhia das Letras, 2003.

BRITTO, Paulo Henriques. *Tarde*. São Paulo: Companhia das Letras, 2007.

BRITTO, Paulo Henriques. *Formas do nada*. São Paulo: Companhia das Letras, 2012.

MELO NETO, João Cabral de. 2. ed. *Poesia completa e prosa*. Rio de Janeiro: Nova Aguilar, 2008.

---

[27] Britto (1997, p. 85).

Este livro foi composto com tipografia Minion Pro e impresso
em papel pólen soft 80 g/m² na Imprensa Universitária UFMG.